Kohlhammer

Die Autoren

Joachim Müller, 1950 in Bonn geboren, verbrachte seine Ausbildungszeit einschließlich des Studiums (Mathematik, Informatik und Volkswirtschaftslehre) in Bonn. Die Berufswahl führte nach Köln in die Wirtschaftsprüfung und so war die erforderliche Ausbildung zum Steuerberater und Wirtschaftsprüfer unvermeidlich. Nach 5 Berufsjahren erfolgte einerseits eine Fokussierung der Tätigkeit auf gemeinnützige Unternehmen, insbesondere Krankenhäuser und andererseits eine Ausweitung der Tätigkeit auf Themen der Unternehmens- und Transaktionsberatung von gemeinnützigen Unternehmen, speziell Altenpflegeeinrichtungen und Krankenhäusern. Die berufliche Arbeit wurde ergänzt um: Facharbeit für das Institut der Wirtschaftsprüfer im Krankenhaus-Fachausschuss, Fachvorträge und seit 1997 die Autorenschaft für das Buch »Jahresabschluss im Krankenhaus« nunmehr in 7. Auflage. Am 01.08.2017 hat der Autor seine Berufstätigkeit bei BDO AG, Köln, beendet und ist nunmehr als Unternehmensberater tätig.

Georg Alten, Jahrgang 1964, ist Wirtschaftsprüfer/Steuerberater und Partner der BDO AG Wirtschaftsprüfungsgesellschaft und verfügt über eine mittlerweile 20-jährige Erfahrung in der Prüfung und Beratung von Krankenhäusern und sozialen Einrichtungen unterschiedlichster Rechtsformen.

Bei BDO verantwortet Georg Alten die Betreuung des Marktsegmentes Health Care übergreifend für alle Unternehmensbereiche (Wirtschaftsprüfung, Steuerberatung, Unternehmensberatung, Rechtsberatung).

Er ist Mitglied im Krankenhausfachausschuss des IDW (Institut der Wirtschaftsprüfer in Deutschland e.V., Düsseldorf) und bringt in dieser Funktion die Belange des Marktes und der Prüfungskolleginnen und -kollegen in die Facharbeit des Berufsstandes ein. Intern koordiniert Herr Alten die fachliche Ausbildung der Kolleginnen und Kollegen im Health-Care Bereich, ist Vortragender bei unseren internen und externen Fachveranstaltungen und Referent in zahlreichen fachlichen Webinaren.

Joachim Müller
Georg Alten

Der Jahresabschluss im Krankenhaus

Leitfaden zur Aufstellung des Jahresabschlusses nach der KHBV und dem Krankenhausfinanzierungsrecht

7., überarbeitete Auflage

Verlag W. Kohlhammer

7., überarbeitete Auflage 2022

Alle Rechte vorbehalten
© W. Kohlhammer GmbH, Stuttgart
Gesamtherstellung: W. Kohlhammer GmbH, Stuttgart

Print:
ISBN 978-3-17-040858-6

E-Book-Formate:
pdf: ISBN 978-3-17-040859-3
epub: ISBN 978-3-17-040860-9

Inhalt

Übersicht über das elektronische Zusatzmaterial[1]

> Den Weblink, unter dem die Zusatzmaterialien zum Download verfügbar sind, finden Sie zu Beginn der jeweiligen Kapitel.

- Checkliste zur Dokumentation der Jahresabschlussaufstellung (▶ Anlage 2)
- Inhaltsverzeichnis Dauerakte (▶ Anlage 3)

---

1 Wichtiger urheberrechtlicher Hinweis: Alle zusätzlichen Materialien, die im Download-Bereich zur Verfügung gestellt werden, sind urheberrechtlich geschützt. Ihre Verwendung ist nur zum persönlichen und nichtgewerblichen Gebrauch erlaubt. Jede Verwendung außerhalb der engen Grenzen des Urheberrechts ist ohne Zustimmung des Verlags unzulässig und strafbar. Das gilt insbesondere für Vervielfältigungen, Übersetzungen, Mikroverfilmungen und für die Einspeicherung und Verarbeitung in elektronischen Systemen.

Vorwort

Seit der Veröffentlichung der 6. Auflage des Buchs »Der Jahresabschluss im Krankenhaus« im November 2016 hat sich im deutschen Krankenhauswesen und seiner Rechnungslegung schon wieder so viel geändert, dass eine neue überarbeitete Auflage erforderlich ist.

Die bereits im Vorwort früherer Auflagen angesprochene notwendige Überarbeitung des KHBV-Kontenrahmens steht bisher immer noch aus. Der Gesetzgeber hatte mit der Schaffung der KHBV auch die Aufgabe übernommen, regelmäßig die Regeln und Konten an die sich ständig ändernden Vorschriften der Krankenhausfinanzierung anzupassen. Das hat er seit Jahren unterlassen und deshalb muss sich jedes Krankenhaus seine fehlenden Konten – insbesondere die Umsatzerlöskonten für die Entgeltsystematik in der Somatik, Psychiatrie, für die Vergütung der Pflegepersonalkosten, die Vielzahl der Zu- und Abschläge auf den Rechnungen sowie und für die Vergütungen der Ausbildungsbetriebe – selbst einrichten. Eine ähnliche Entwicklung zeichnet sich jetzt bei den Personalkosten – speziell bei den Kosten des Pflegedienstes – ab.

Die nachstehenden Ausführungen geben Hinweise zur zutreffenden Aufstellung, Dokumentation und Prüfung eines Jahresabschlusses eines Krankenhauses. Der Schwerpunkt liegt einerseits auf den Aspekten, die sich aus den besonderen Krankenhausfinanzierungsvorschriften ergeben, andererseits sollte nicht vergessen werden, dass für Krankenhäuserträger grundsätzlich auch die Regeln des Handelsrechts gelten. Hier sind umfangreichen Rechtsänderungen durch das Bilanzrichtlinie-Umsetzungsgesetz (BilRUG) zum 01.01.2016 planmäßig in Kraft getreten.

In der Krankenhausfinanzierung auf Bundesebene sind seit 2017 insbesondere die Vorschriften des

- PpSG – Pflegepersonal-Stärkungsgesetzes vom 14.12.2017,
- MDK-Reformgesetzes vom 14.12.2019,
- COVID-19-Krankenhausentlastungsgesetz vom 24.03.2020 und
- KHZG – Krankenhaus-Zukunftsgesetzes vom 23.10.2020

parlamentarisch verabschiedet worden. Wegen der Corona-Pandemie wurden zahllose Gesetze und Verordnungen verabschiedet bzw. geändert. Diese Änderungen wegen der COVID-19-Pandemie haben wir in einem Exkurs zusammengefasst. Die vorliegende 7. Auflage berücksichtigt grundsätzlich den Rechtsstand bis Ende Dezember 2021.

Georg Alten   Köln, im März 2022
Joachim Müller

1 Einführung

Das deutsche Gesundheitswesen ist aufgrund der politischen Vergütungsvorgaben für die eingerichteten Kapazitäten unterfinanziert. Statt nun die Kapazitäten – und hier liegt der Fokus zuallererst auf den Krankenhauskapazitäten – an den Bedarf anzupassen, werden die verfügbaren Finanzmittel politisch für alle Krankenhäuser begrenzt bzw. gekürzt, um Krankenhausträger »freiwillig« – ohne Handlungen, die direkt der Politik zugerechnet werden können, – aus dem Markt zu drängen.

Dass in der stationären Versorgung im europäischen Vergleich bezogen auf Deutschland Überkapazitäten bestehen, war lange Zeit ein Dogma der deutschen Gesundheitspolitik. Diese Grundthese kam angesichts der auftretenden Kapazitätsengpässe in der Corona-Krise – insbesondere bei den Intensiv- und Beatmungskapazitäten – deutlich ins Wanken (▶ Abb. 1.1).

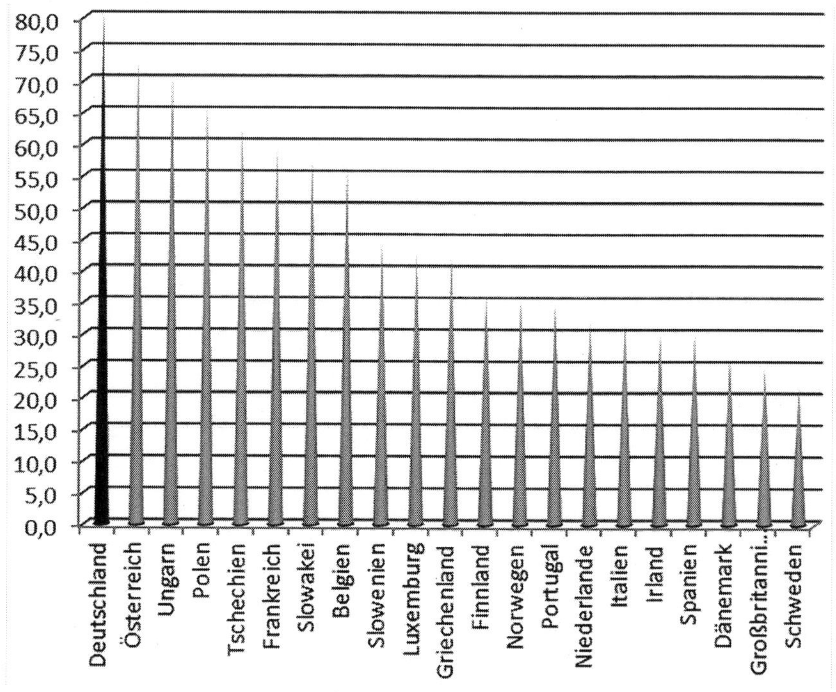

Abb. 1.1: Betten je 10.000 Einwohner (Quelle: Statista 2021, Daten 2019 basierend auf OECD-Health at a Glance)

Bei der Intensivversorgung von Corona-Patienten kam es in einigen europäischen Nachbarstaaten, z. B. England, Frankreich, Italien, Portugal, zu Überlastungssituationen und Deutschland leistete humanitäre Unterstützung, wenn die dortigen regionalen Behandlungskapazitäten erschöpft waren.

In Deutschland wurde seit Anfang April bis Ende September 2020 die Aufstellung von neuen Intensivbetten mit Beatmungsmöglichkeit einmalig mit EUR 50.000 je Bett bezuschusst. Leider mangelte es auch in Deutschland an examiniertem Pflegepersonal, das diese schwerstkranken Patienten pflegen konnte. Die Vorhaltung von Intensivpflegepersonal wurde vor dem 01.01.2020 nicht bezahlt und dementsprechend wurde auch nicht in ausreichender Menge in den Kliniken Intensivpflegepersonal ausgebildet und vorgehalten. Wenn diese Spezialisten nicht auf dem Arbeitsmarkt zu finden sind, nützen auch Gehaltsverbesserungen wenig (▶ Tab. 1.1).

Tab. 1.1: Wie viele Krankenhausbetten stehen 10.000 Einwohnern in welchem Bundesland zur Verfügung? (Quelle: Fläche: Wikipedia, Betten und Einwohnerzahlen: Statistisches Bundesamt)

Land	Fläche (km^2)	Einwohnerzahl 2019	Betten	Betten pro 10.000 Einw.	Bettendichte qkm
Baden-Württemberg	35.752	11.100.394	55.462	49,96	1,6
Bayern	70.552	13.124.737	75.934	57,86	1,1
Berlin	892	3.669.491	20.636	56,24	23,1
Brandenburg	29.479	2.521.893	15.207	60,30	0,5
Bremen	419	681.202	5.110	75,01	12,2
Hamburg	755	1.847.253	12.791	69,24	16,9
Hessen	21.115	6.288.080	36.187	57,55	1,7
Mecklenburg-Vorpommern.	23.180	1.608.138	10.190	63,37	0,4
Niedersachsen	47.624	7.993.608	41.376	51,76	0,9
Nordrhein-Westfalen	34.085	17.947.221	117.869	65,68	3,5
Rheinland-Pfalz	19.853	4.093.903	24.450	59,72	1,2
Saarland	2.569	986.887	6.782	68,72	2,6
Sachsen	18.416	4.071.971	25.775	63,30	1,4
Sachsen-Anhalt	20.446	2.194.782	15.055	68,59	0,7
Schleswig-Holstein	15.799	2.903.773	15.759	54,27	1,0
Thüringen	16.172	2.133.378	15.743	73,79	1,0
Gesamt	**357.108**	**83.166.711**	**494.326**	**59,44**	**1,4**

Es wäre an der Zeit, eine ernsthafte politische Diskussion über die Frage zu führen, wie viel medizinische Angebote gewollt und welche Kapazitäten grenzwertig bzw. überflüssig sind. Die Kommunal- und Landespolitik kämpft besonders in zeitlicher Nähe zu Wahlen für jedes kleine ortsnahe Krankenhaus. Dabei gilt aber auch: Wenn ein Patient ernsthaft erkrankt, geht er doch lieber in das größere Krankenhaus im weiter entfernten Oberzentrum – in der Hoffnung, je größer das Krankenhaus, desto größer ist dessen medizinische Kompetenz.

Das somatische deutsche Fallpauschalensystem impliziert darüber hinaus eine betriebswirtschaftliche Gesetzmäßigkeit, die immer stärker ihre ökonomischen Wirkungen entfaltet: Die **Gewinnschwellenanalyse**, also die Antwort auf die Frage, wie viele Fälle muss eine medizinische Behandlungseinheit behandeln, damit sie ihre Kosten deckt. Sie benötigt eine Fallschwere x, eine Fallzahl y bei einen Einheitspreis z, um überhaupt dauerhaft bestehen zu können (**Beak-Even-Menge**). Praktische Beispiele zeigen, dass Entbindungsabteilungen mit weniger als 700 Geburten pro Jahr zumindest in Westdeutschland grundsätzlich verlustträchtig arbeiten.

Beispielsweise chirurgische, herzchirugische, urologische oder gynäkologische Abteilungen sind aufgrund der im laufenden Betrieb teuren Operationssäle und der aufwendigen Nachsorge ebenfalls auf Mindestfallzahlen angewiesen, weil anderenfalls die Vorhaltekosten (Fixkosten) dieser Behandlungseinheiten nicht durch die aus der Arbeit dieser Abteilung resultierenden Fallpauschal-Erlöse gedeckt werden können. Die Behandlungseinheit arbeitet dann mit negativem Deckungsbeitrag.

Es verwundert immer wieder, warum für bestimmte große Behandlungspfade keine Break-Even-Mengen in der Fachliteratur diskutiert werden, denn eine Krankenhaus-Fachabteilung, die ihre Break-Even-Mengen nicht erreicht, kann nur mit Dauersubventionen am Netz gehalten werden.

Um in diesem Umfeld verknappter ökonomischer Ressourcen dauerhaft bestehen zu können, benötigen die deutschen Krankenhäuser gute Fachleute im Rechnungswesen und Controlling.

Nachdem das **deutsche Fallpauschalen-Entgeltsystem (G-DRGs)** zum 01.01. 2003 optional und zum 01.01.2004 verpflichtend eingeführt worden war, ist dieses zum 01.01.2009 in seinen **Regelbetrieb** eingetreten. Alle somatischen Krankenhäuser bzw. Fachabteilungen waren nach 10 Jahren Regelbetrieb Ende 2019 mit dem sehr komplexen System – etwa 1.275 DRG-Fallpauschalen – mehr oder weniger gut vertraut. Die Umsatzerlöse waren gemäß den Vorgaben der Krankenhausplanung optimiert, die Betriebskosten (Personal- und Sachkosten) wurden mit dem Ziel hinreichender Deckungsbeiträge gesteuert und die Investitionsfinanzierung der Länder war in hohem Maße unzureichend. In dieses vertraute Umfeld platzte das Pflegepersonal-Stärkungsgesetz (PpSG) wie eine Revolution:

- Statt der Regel »Geld folgt der Leistung« gilt ab 2020 »Selbstkostendeckung« für alle Kosten der Pflegekräfte am Patientenbett (Vorhaltung).
- Galten bis 31.12.2019 feste Fallpauschalen, so werden ab 01.01.2020 gewichtete, tagesbezogene Entgelte zusätzlich zur aDRG abgerechnet und bezahlt.
- Das Leistungsentgelt für die Pflege wird buchhalterisch als durchlaufender Posten durch die Gewinn- und Verlustrechnung ausgestaltet. Es gibt keine Möglichkeit,

aus der Pflegevergütung ein Teilergebnis bzw. einen Deckungsbeitrag zu generieren.

- Diese anteiligen Umsatzerlöse aus dem Pflegebudget sind der Dispositionshoheit der Geschäftsführung insoweit entzogen, als ausschließlich die tatsächlich angefallenen Pflegepersonalkosten am Patientenbett vergütet werden. Höhere abgerechnete Abschlagszahlungen auf diese Personalkosten sind den Kostenträgern zu erstatten; sind dagegen die tatsächlichen Pflegepersonalkosten höher als die Abschlagszahlungen, wird dem Krankenhaus der fehlende Betrag erstattet.

Der vom Institut für das Entgeltsystem im Krankenhaus (InEK) jährlich kalkulierte DRG-Entgeltkatalog musste für das Kalkulationsjahr 2020 um die »Personalkosten der Pflege am Patientenbett« bereinigt werden. Diese neuen Fallpauschalen ohne Pflegekosten heißen jetzt **aDRGs**. Dabei steht das »a« für ausgegliedert (▶ Tab. 1.2).

Tab. 1.2: Kennzahlen im G-DRG-System (Quelle: Statistisches Bundesamt, Zweigstelle Bonn)

Jahr	Fälle insgesamt	Fälle männlich	Fälle weiblich	Kurzlieger 1–3 Tage	Durchschn. Verweildauer (in Tagen)
2009	18.161.404	8.530.096	9.631.308	6.568.703	8,0
2010	18.412.117	8.662.490	9.749.627	6.663.642	7,9
2011	18.714.863	8.839.431	9.875.432	6.979.197	7,7
2012	18.991.497	8.978.837	10.012.660	7.255.597	7,6
2013	19.152.535	9.066.164	10.086.371	7.473.897	7,5
2014	19.531.642	9.241.697	10.289.945	7.859.366	7,4
2015	19.654.138	9.344.534	10.309.604	8.081.740	7,4
2016	19.960.086	9.496.906	10.463.180	8.385.247	7,3
2017	19.952.735	9.523.654	10.428.932	8 636 473	7,3
2018	19.808.687	9.486.268	10.322.410	8 735 426	7,2
2019	19.855.784	9.535.870	10.319.847	8 917 196	7,2

Der Leitsatz in der DRG-Vergütung lautete bis Ende 2019: »**Das Geld folgt der Leistung**«. Für jeden stationären DRG-Fall gibt es ein festes Entgelt. Entsprechend diesem Anreizsystem vermehrte sich die Fallzahl in deutschen Krankenhäusern bis 2016 stetig. 2017 bis 2019 stagnierte die Fallzahl oder entwickelte sich sogar rückläufig, bis 2020 bedingt durch die Corona-Pandemie die Fallzahl in vielen Krankenhäusern um etwa 12–15 % einbrach.

Der Gesetzgeber reagiert auf diese Entwicklung mit finanziellen Zu- bzw. Abschlägen oder Ausgleichszahlungen zu den Entgelten. Auch diese Zu- und Abschläge bzw. Ausgleichszahlungen sind verursachungsgerecht im Entstehungsjahr zu erfassen.

Gemäß § 4 KHG (Bund) werden die Investitionskosten im Wege der öffentlichen Förderung (durch die Bundesländer) übernommen. Da die Bundesländer selbst unter einer Finanznot leiden, leidet dementsprechend auch die Krankenhausfinanzierung unter der Finanzknappheit. Aus dem Rückzug der Länder aus der Krankenhausfinanzierung sind buchhalterische und betriebswirtschaftliche Konsequenzen zu ziehen. Mit der Kennziffer prozentualer Anteil der jährlichen Fördermittel an den Gesamtkosten (eines Krankenhauses, eines Bundeslandes oder der Bundesrepublik Deutschland) soll der Rückgang der Fördermittel beschrieben werden. Die folgende grafische Darstellung verdeutlicht den Umfang des Problems.

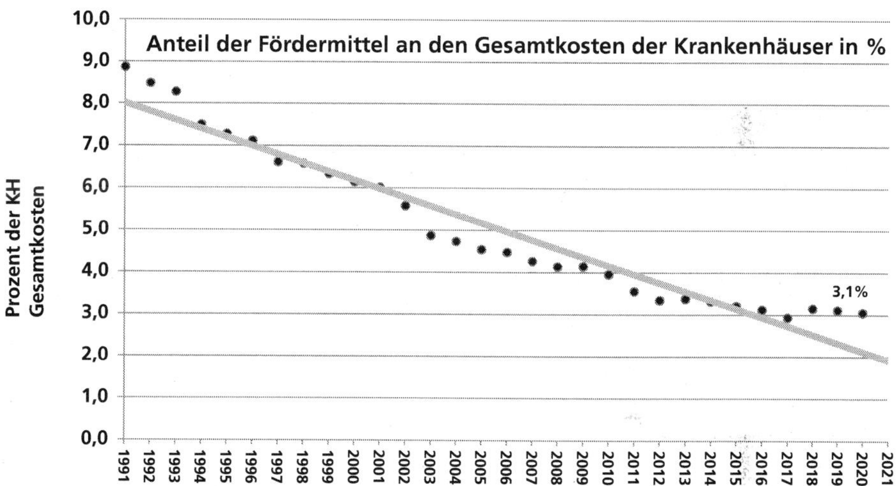

Abb. 1.2: Anteil der Fördermittel an den Gesamtkosten in Deutschlands Krankenhäusern (Quelle: Eigene Berechnungen aus Daten des Statistischen Bundesamtes – Fachserie 12 Reihe 6.3 und der DKG Bestandsaufnahme zur Krankenhausplanung und Investitionsfinanzierung in den Bundesländern 2021)

Im Jahr 1972 wurde die duale Finanzierung, also die Investitionsfinanzierung als Aufgabe der öffentlichen Hand, in den § 4 Krankenhausfinanzierungsgesetz (KHG) geschrieben. Knapp 50 Jahre später findet sich auf der Internetseite der Deutschen Krankenhausgesellschaft unter dem Stichwort Investitionsfinanzierung der Krankenhäuser:

3,7 Mrd. Euro fehlen den Krankenhäusern jährlich für dringende Investitionen!

Als Folge zeigt sich, dass die jährliche **EBITDA-Marge** (EBITDA = Earning before interests, depreciation and amortisation) auch im gemeinnützigen Krankenhaus bei rund 5–6 % liegen muss, damit die fehlenden Fördermittel aus dem operativen Ergebnis kompensiert werden können. Aber Achtung, die Zeiten, in denen eine Unterbesetzung beim Pflegepersonal als Sparmodell für fehlende Investitionsförderung dienen konnte, sind seit 01.01.2020 vorbei.

Die Krankenkassen ihrerseits haben den Erosionsprozess bei der KHG-Fördermittelfinanzierung ebenfalls fest im Blick und erklären, dass sie nicht bereit wären, durch höhere Landesbudgets den Fördermittelrückgang auszugleichen.

Die Gesundheitspolitik des Bundes versucht mit dem Instrument des Krankenhaus-Zukunftsfonds – angesiedelt beim Bundesamt für Soziale Sicherung in Bonn –, dotiert mit EUR 4,3 Mrd. (davon EUR 3,0 Mrd. Einzahlungen des Bundes und 1,3 Mrd. Einzahlungen der Länder) finanziellen Druck abzubauen. Diese Mittel sollen ab 01.01.2021 bis 31.12.2024 zur Verfügung gestellt werden und sie unterliegen einer gesetzlich bestimmten Verwendungsbeschränkung: Gefördert werden nur Maßnahmen zur Modernisierung der Notfallkapazitäten, Verbesserung der digitalen Infrastruktur der Krankenhäuser in den Bereichen der internen und sektorübergreifenden Versorgung, Ablauforganisation, Kommunikation, Telemedizin, Robotik, Hightechmedizin und Dokumentation sowie IT- und Cybersicherheit.

Schließlich sei an dieser Stelle noch hervorgehoben, dass auch in der Wirtschaftsprüfung eine deutliche Schwerpunktverschiebung eingetreten ist. Nicht mehr das Zahlenwerk der Buchhaltung steht im Mittelpunkt des prüferischen Interesses, sondern die verbalen Ausführungen in Anhang und Lagebericht. Die Treiber dieser Entwicklung sind auf Seiten des Gesetzgebers (Bundesministerium der Justiz – BMJ), des Instituts der Wirtschaftsprüfer e.V. (IDW), des Deutschen Rechnungslegungsstandardisierungsinstituts (DRSC) und der Wirtschaftsprüferkammer (WPK) zu finden.

1.1 Rechnungswesen ist mehr als Buchhaltung und Jahresabschluss

Die Eingrenzung des Themas ausschließlich auf die Finanzbuchhaltung, ihre Nebenbuchhaltungen und den Jahresabschluss unter Außerachtlassen der sonstigen Teile des Rechnungswesens eines Krankenhauses ist erforderlich, um die Ausführungen in einem überschaubaren Rahmen und Umfang zu halten. Definiert man das **Rechnungswesen eines Krankenhauses** als die Summe **aller** Wert- und Mengendaten, die erforderlich sind, um prospektiv zu kalkulieren, eine pagatorische (zahlungsbezogene) Buchführung zeitnah zu führen und aus Gründen der Wirtschaftlichkeitsanalyse und der Pflegesatzverhandlungen Kostenstellenkosten oder Kostenträgerstückkosten nachzukalkulieren, dann bedeutet ein Abschluss des **gesamten** Rechnungswesens – sei es ein Monats-, Quartals- oder Jahresabschluss –, dass sämtliche Werte und Mengen abgegrenzt auf die betreffende Periode fristgerecht vorliegen müssen. Das zu beschreiben und zu organisieren, würde den Rahmen dieses Leitfadens sprengen.

Die Schwierigkeiten, im Krankenhaus zu **aussagefähigen Monatsabschlüssen** zu gelangen, wenn sich – wie in den letzten Jahren zu beobachten – die Pflegesatzverhandlungen bis in das 2. oder sogar 3. Quartal des laufenden Geschäftsjahres hinauszögern, und die dazukommenden Probleme der **Mehrleistungsabschläge,** der **innerjährlichen Ausgleichsbe- und -verrechnung** nach dem Krankenhausentgeltgesetz (KHEntgG) und/oder nach der Bundespflegesatzverordnung (BPflV) – Verrechnung der alten Ausgleiche und Erfassung der neuen Ausgleiche des laufenden Geschäftsjahres – sollen **nicht** Schwerpunkt dieser Abhandlung sein. Soweit die Jahresabschlussaufstellung betroffen ist, werden die Ausgleichsregeln im Folgenden auf dem Rechtsstand September 2021 behandelt.

Ein besonderes Problem besteht darin, dass die Preisbildungsmechanismen, die Entgeltverhandlungen und die nachträglichen Ausgleiche und Berichtigungen völlig verrechtlicht sind. »Schnell« geht nicht, wenn zuvor erst ein Gesetz verabschiedet oder geändert werden muss.

Die Finanzbuchhaltung mit ihren Nebenbuchhaltungen wird schwerpunktmäßig unter der **Perspektive des Jahresabschlusses** betrachtet. Welche Bereiche des Rechnungswesens sind von den Abschlussarbeiten vorrangig betroffen? Wie organisiert man einen ordnungsgemäßen und termingerechten Jahresabschluss?

1.2 Anwendungsbereich der KHBV

Der **Jahresabschluss des Krankenhauses** ist ein spezieller **Betriebsstättenabschluss,** dessen begriffliche Umschreibung umgangssprachlich weiter gefasst ist als sein rechtlich definierter Anwendungsbereich. Umgangssprachlich werden oftmals unter dem Begriff »Krankenhaus« zusammengefasst: Kliniken aller Art, z. B. Reha- und Kurkliniken, Diagnosekliniken, Nachsorgekliniken, orthopädische oder neurologische Fachkliniken, aber auch Akutkrankenhäuser, psychiatrische Landeskrankenhäuser, Bundeswehrkrankenhäuser, BG-Kliniken, Universitätskliniken etc. Bei der Abgrenzung des hier zugrunde liegenden Begriffs »Krankenhaus« im speziellen Sinne der »**Krankenhaus-Buchführungsverordnung (KHBV)**« hilft die Definition des § 2 KHG (»*Krankenhäuser sind Einrichtungen, in denen durch ärztliche und pflegerische Hilfeleistung Krankheiten, Leiden oder Körperschäden festgestellt, geheilt oder gelindert werden sollen oder Geburtshilfe geleistet wird und in denen die zu versorgenden Personen untergebracht und verpflegt werden können*«) **nicht** weiter. Nach dem Willen des Gesetzgebers ist der Anwendungsbereich gem. § 1 Abs. 1 KHBV deckungsgleich mit der Bundespflegesatzverordnung (BPflV). Seit der Einführung des deutschen Fallpauschalensystems durch das GKV-Gesundheitsreformgesetz 2000 wird man den Anwendungsbereich der KHBV um die Krankenhäuser erweitern müssen, die ihre Leistungen nach dem KHEntgG abrechnen. Ausdrücklich hat der Gesetzgeber Bundeswehrkrankenhäuser und Krankenhäuser in Trägerschaft der gesetzlichen Unfallversicherung vom Anwendungsbereich ausgeschlossen (§ 1 Abs. 2 Nr. 3 KHBV).

Das Krankenhaus, das Entgelte nach § 10 BPflV a.F. bzw. § 7 BPflV n.F. und/oder nach § 7 KHEntgG abrechnet, muss demnach die besonderen Buchführungspflichten der KHBV erfüllen. Im Umkehrschluss heißt dies aber auch, wer seine Entgelte **nicht** nach der BPflV oder dem KHEntgG verhandelt, ist nicht zur Anwendung der KHBV gezwungen.

Somit fallen alle **Universitätskliniken**, wenn sie in ein Hochschulverzeichnis eines Bundeslandes eingetragen sind, und alle **Plankrankenhäuser**, wenn sie in den Landeskrankenhausplan eingetragen sind, unter die BPflV oder das KHEntgG. Die **Krankenhäuser, mit** denen ein schriftlich **abgeschlossener Versorgungsvertrag** (§ 108 Nr. 3 SGB V) besteht, sind zu unterscheiden in solche, die wegen § 5 Abs. 1 Nr. 2 KHG keine Fördermittel erhalten, weil sie die Anforderungen des § 67 Abgabenordnung (AO) nicht erfüllen, und solche, die Fördermittel erhalten. Wenn das Versorgungsvertragskrankenhaus Fördermittel erhält, ist die KHBV verbindlich anzuwenden, im anderen Fall empfiehlt der Krankenhausfachausschuss (KHFA) des Instituts der Wirtschaftsprüfer in Deutschland e.V. (IDW) die Anwendung (IDW RS KHFA 1 vom 03.02.2011, Tz. 3 letzter Satz).

Durch § 1 Abs. 2 Nr. 3 KHBV sind **Bundeswehrkrankenhäuser** und die **Krankenhäuser der Träger der gesetzlichen Unfallversicherung** (BG-Kliniken) vom Anwendungsbereich der KHBV ausgenommen, selbst wenn sie überwiegend GKV-Patienten behandeln. Etwas anders könnte der Sachverhalt zu beurteilen sein, wenn **BG-Kliniken** mit bestimmten Teilbereichen in den Landeskrankenhausplan eingetragen sind und sie Fördermittel nach KHG erhalten haben. Fraglich ist schließlich, ob auch Krankenhäuser, die auf Grund eines **Modellvorhabens** nur einen Belegungsvertrag mit einer Gruppe von gesetzlichen Krankenkassen abgeschlossen haben, z. B. mit dem VdAK oder der AOK, die KHBV anwenden sollten. Die Praxis zeigt jedoch, dass die gesetzlich ausgegrenzten Kliniken i. d. R. auch den Kontenrahmen der KHBV verwenden, einfach weil er auch deren Anforderungen genügt.

1.3 Gemischte Einrichtungen

Dass die KHBV grundsätzlich nur für Krankenhäuser – eingegrenzt auf solche im o. g. Sinne – anzuwenden ist, versteht sich bereits aus ihrer Bezeichnung. Wie ist aber zu verfahren, wenn der Einrichtungsträger, z. B. eine GmbH, neben dem Krankenhaus noch einen ambulanten Pflegedienst und ein Altenheim betreibt? Für den ambulanten Pflegedienst (ab 01.01.1998) und das Altenheim (ab 01.01.1997) gelten grundsätzlich gesonderte Rechnungs- und Buchführungspflichten nach der **Pflegebuchführungsverordnung (PBV)**. Diese Verordnung legt zugelassenen Pflegeeinrichtungen ab 1997 eine **branchenbezogene Buchführungs- und Abschlusspflicht** auf. Dabei ist die Tatsache, dass die vorgegebenen Kontenpläne und Abschlussgliederungsschemata der KHBV und der PBV nicht kompatibel sind, für Praktiker im Rechnungswesen ausgesprochen störend.[2]

§ 1 PBV sieht im Gegensatz zur KHBV Regelungen für sogenannte **»gemischte Einrichtungen«** vor. Als gemischte Einrichtungen werden dabei solche Pflegeeinrichtungen definiert, bei denen der Träger parallel andere Leistungen, die nach dem SGB finanziert werden, erbringt. Hierzu zählen auch die Leistungen der gesetzlichen Krankenversicherung nach dem SGB V. Nach der Regelung der PBV kann der Träger in diesen Fällen von dem Wahlrecht Gebrauch machen, für die Pflegeeinrichtung, begrenzt auf die Leistungen nach dem SGB XI, lediglich eine separate Gewinn- und Verlustrechnung sowie einen eigenen Anlagen- und Finanzierungsnachweis zu erstellen. Zusammenfassend gilt: Pflegeeinrichtungen, wenn sie zur Behandlung von gesetzlich pflegeversicherten Bedürftigen zugelassen sind, dürfen **in einer Buchhaltung** mit einem Krankenhaus gebucht werden, wenn für sie eine **separate Gewinn- und Verlustrechnung** sowie ein **eigener Anlagen- und Finanzierungsnachweis** aufgestellt werden kann. Diese Anforderung ist oftmals mit Hilfe der Kostenrechnung und der Anlagenbuchhaltung zu erfüllen, ohne dass zwei getrennte Buchführungen eingerichtet werden müssen.

Die **KHBV** enthält keine derartige Regelung. Ihr Anwendungsbereich ist grundsätzlich auf Krankenhäuser beschränkt. Allerdings hält der Krankenhausfachausschuss des IDW gemäß seinem Rechnungslegungsstandard RS KHFA 1 auch die Einbeziehung von Nicht-Krankenhausbetrieben (z. B. Pflegeeinrichtungen) in den Jahresabschluss nach KHBV für zulässig, wenn es sich um untergeordnete Nebentätigkeiten handelt (IDW RS KHFA 1 vom 03.02.2011 Tz. 14).

Die **Kombination großes Pflegeheim mit kleinem Krankenhaus** in einer Buchhaltung wäre danach **nicht** möglich, obwohl die Praxis zeigt, dass es solche Komplexeinrichtungen mit nur einer Buchführung gibt und diese auch vernünftig steuerbar sind. Die unterschiedlichen Bilanzierungskonzepte der PBV und der KHBV können somit das Führen einer einheitlichen Buchhaltung für gemischte Einrichtungen verhindern.

---

2 Durch das Pflege-Weiterentwicklungsgesetz vom 28.05.2008 (BGBl. I S. 874), in Kraft getreten zum 01.07.2008, wird § 75 Abs. 7 SGB XI dahingehend geändert, dass der Spitzenverband Bund der Pflegekassen und die Vereinigung der Träger der Pflegeeinrichtungen auf Bundesebene gemeinsam und einheitlich Grundsätze ordnungsmäßiger Pflegebuchführung für die ambulanten und stationären Pflegeeinrichtungen vereinbaren. Die Vereinbarung nach Satz 1 ist den zugelassenen Pflegeeinrichtungen durch die Landesverbände der Pflegekassen bekanntzugeben. Sie ist für alle Pflegekassen und deren Verbände sowie für die zugelassenen Pflegeeinrichtungen nach Aufhebung der gemäß § 83 Abs. 1 Nr. 3 SGB XI erlassenen Rechtsverordnung unmittelbar verbindlich. Mit Bekanntgabe der einheitlichen Grundsätze tritt die Pflegebuchführungsverordnung außer Kraft.

1.4 Betriebsaufspaltung

In den vergangenen Jahren sind in zunehmender Zahl rechtliche Umstrukturierungen bei traditionellen Krankenhausträgern zu verzeichnen gewesen. Ein bevorzugtes Modell war und ist dabei die sog. Betriebsaufspaltung. In Anlehnung an die **steuerliche Betriebsaufspaltung**, die dann vorliegt, wenn wesentliche Betriebsgrundlagen im Privatvermögen des Kaufmanns gehalten werden und dem steuerlichen Betriebsvermögen im Wege der Verpachtung oder Nutzungsüberlassung zur Verfügung gestellt werden, spricht man auch **bei bestimmten Eigentumskonstruktionen im (gemeinnützigen) Krankenhaus** von einer Betriebsaufspaltung.

Diese ist beispielsweise dann gegeben, wenn eine Ordenskongregation, weltlich verfasst in der privatrechtlichen Rechtsform eines eingetragenen Vereins, ein Grundstück nebst Krankenhausaufbauten einer dem Orden – genauer gesagt dem eingetragenen Verein – mehrheitlich gehörenden Krankenhaus-Betriebsgesellschaft (GmbH) nicht überträgt, sondern der Betriebsgesellschaft nur zur Nutzung überlässt.

In der Praxis haben sich verschiedene Formen der **Betriebsaufspaltung von Krankenhäusern** herausgebildet, deren **Grundformen** im Folgenden kurz skizziert werden sollen.

a) Die Krankenhausimmobilie ist Eigentum einer Gebietskörperschaft (z. B. Landkreis, Stadt oder Land) oder eines Trägervereins (z. B. Ordensvermögen); der Krankenhausbetrieb ist einem anderen Träger (z. B. Betriebs-GmbH) übertragen, der im Eigentum des o. g. Besitzunternehmens steht; die Gestellung der Immobilie erfolgt im Wege des **Erbbaurechts**. Die Krankenhausbetreibergesellschaft wird Eigentümerin der Krankenhausgebäude und muss diese in ihrem Jahresabschluss aktivieren. Das Erbbaurecht wird zum Erinnerungswert von EUR 1 oder mit dem Wert der Einmalzahlungen, wenn eine solche geleistet wird, aktiviert. Bei laufend zu entrichtender Erbpacht erfolgt die buchhalterische Erfassung derselben als Pachtaufwand.

b) Die Krankenhausimmobilie ist Eigentum einer Gebietskörperschaft (z. B. Landkreis, Stadt oder Land) oder eines Trägervereins (z. B. Ordensvermögen); der Krankenhausbetrieb ist einem anderen Träger (z. B. Betriebs-GmbH) übertragen, dessen Anteile (mehrheitlich) im Eigentum der Gebietskörperschaft oder des Ordensvermögens stehen; die Gestellung der Immobilie erfolgt im Wege der **befristeten** Nutzungsüberlassung (**Fortbestand der wirtschaftlichen Einheit Krankenhaus** entsprechend des IDW RS KHFA 1 vom 03.02.2011, Tz. 12).

Bei einer schuldrechtlichen **Nutzungsüberlassung** wird grundsätzlich ein Miet- oder Pachtverhältnis anzunehmen sein, das keine Aktivierung von Gebäuden bei der zu nutzenden Krankenhausbetriebsgesellschaft zulässt. Ob ausnahmsweise durch die Nutzungsüberlassung wirtschaftliches Eigentum bei der Krankenhausbetriebsgesellschaft angenommen werden muss, was dann im Abschluss der Krankenhausbetriebsgesellschaft zur Aktivierung von Grundstücken mit Betriebs- oder Wohnbauten führt, wird von der vertraglichen Ausgestaltung des Einzelfalles abhängen. Zusätzlich ist in den Fällen der Nutzungsüberlassung zu prüfen, ob trotz der erfolgten Betriebsaufspaltung für Zwecke des KHBV-Abschlusses von einem Fortbestand der wirtschaftlichen Einheit Krankenhaus auszugehen ist, mit der Folge, dass im KHBV-Abschluss weiterhin das Grundvermögen auszuweisen wäre. Der KHFA geht von einem Fortbestand der wirtschaftlichen Einheit Krankenhaus aus, wenn das Besitzunternehmen weiterhin (Einzel-)Fördermittel erhält (IDW RS KHFA 1 vom 03.02.2011, Tz. 12–14).

c) Die Krankenhausimmobilie ist Eigentum einer Gebietskörperschaft (z. B. Landkreis, Stadt oder Land) oder eines Ordensvermögens; der Krankenhausbetrieb ist einem anderen Träger (z. B. GmbH) übertragen, der im Eigentum der Gebietskörperschaft oder des Ordensvermögens steht. Erstgenannter stellt die Immobilie im Wege der **unbefristeten** und nur aus wichtigem Grunde kündbaren Nutzungsüberlassung der Betriebs-GmbH zur Verfügung, sodass **wirtschaftliches Eigentum** bei der GmbH entsteht. Die letztgenannte Konstruktion ist förderrechtlich und grunderwerbssteuerlich nicht unumstritten.

Die Fälle b) und c) werfen auch die Frage nach dem Krankenhausträger auf. Ist Krankenhausträger, wer die Grundstücke bilanziert und ggf. die Fördermittel erhält und verwendet, oder ist es derjenige, der das Krankenhaus betreibt? Diese Frage ist im BayKrG in Art. 9 Absatz 4 Satz 2 abschließend geklärt: »**Krankenhausträger ist, wer das Krankenhaus betreibt.**«

Diese Eindeutigkeit fehlt in den meisten Landesgesetzen zur Umsetzung des Bundes-KHGs. Insbesondere ist aus NRW zu berichten, dass oft Jahre nach einer Betriebsaufspaltung immer noch der Rechtsträger des Krankenhausgrundstücks und nicht der Rechtsträger des Krankenhausbetriebs im Landeskrankenhausplan verzeichnet ist. In der Praxis behandelt dann ein nicht nach § 108 SGB V zugelassenes Krankenhaus GKV-Patienten. Spätestens bei gerichtlichen Auseinandersetzungen führt das zu sehr überraschenden Ergebnissen.

1.5 Krankenhausabschluss als Trägerabschluss

Probleme bereitet in der Praxis der Wunsch, den **Krankenhaus-Betriebsstättenabschluss zugleich auch als handelsrechtlichen Abschluss des Krankenhausträgerunternehmens**, z. B. einer GmbH, zu verwenden. Dann treffen die Ansatz-, Bewertungs- und Ausweisvorschriften der KHBV (Krankenhausabschluss) mit denen des Handelsgesetzbuchs (HGB; z. B. GmbH-Abschluss) zusammen. Der Gesetzgeber hat die sich daraus ergebenden Probleme erkannt und in **§ 1 Abs. 3 KHBV** deshalb ein **Wahlrecht** eingeräumt, aufgrund dessen das Krankenhaus grundsätzlich

- **zwei Jahresabschlüsse** – einen Abschluss nach der KHBV und einen nach dem HGB – aufstellen darf oder
- nur **einen Jahresabschluss** – nach den Regeln des HGBs aufstellt, der jedoch nach den Anlagen zur KHBV gegliedert ist.

Was ist hier zu empfehlen? Grundsätzlich ist **ein Jahresabschluss**, der beiden gesetzlichen Anforderungen genügt, sinnvoll, weil er weniger Arbeit für das Rechnungswesen bedeutet. Warum dann also die Diskussion der Möglichkeit, **zwei Jahresabschlüsse** aufzustellen?

Die Kostenträger (Krankenkassen) interessieren sich durchaus für die Jahresabschlussdaten der Krankenhäuser. Hierzu stehen **zwei legale Informationswege** offen: Erstens die Offenlegung im elektronischen Bundesanzeiger bzw. den Gesellschaftsblättern, die die Satzung vorschreibt, des **veröffentlichten Jahresabschlusses** (z. B. § 325 HGB) und zweitens die Betriebskostenauswertung laut der **Krankenhaus-Statistikverordnung**. Die gesetzliche Veröffentlichungspflicht hat bis **spätestens vor Ablauf des 12. Monats des dem Abschlussstichtag nachfolgenden Geschäftsjahres** bei den Betreibern des elektronischen Bundesanzeigers zu erfolgen.

Folgende Unterlagen sind im Internet (www.bundesanzeiger.de) für jeden zugänglich offenlegungspflichtig:

- Jahresabschluss einschließlich Bestätigungsvermerk oder Vermerk über dessen Versagung,
- Lagebericht,
- Bericht des Aufsichtsrates,
- die nach § 161 AktG vorgeschriebene Entsprechenserklärung, die Regelungen des Dt. Corporate Governance Codex (nur bei börsennotierten Aktiengesellschaften).

Soweit sich die folgenden Angaben nicht aus dem eingereichten Jahresabschluss ergeben, sind zusätzlich offenzulegen:

- Vorschlag für die Verwendung des Ergebnisses,
- Beschluss über seine Verwendung unter Angabe des Jahresüberschusses oder Jahresfehlbetrages.

Es kann vor dem Hintergrund der **Offenlegung** also grundsätzlich sinnvoll sein, zwei Jahresabschlüsse aufzustellen, wobei der offenlegungspflichtige HGB-Abschluss dem externen Leser grundsätzlich weniger Informationen bietet als der zusätzliche KHBV-Abschluss, welcher nicht von den Gesellschaftern festgestellt und offengelegt werden muss, der also in den Archiven verschwindet und nur auf Anforderung der Förderbehörde oder in strittigen Auseinandersetzungen mit den Kostenträgern vorgelegt werden muss.

1.6 Krankenhausabschluss als Konzernabschluss

Wiederholt wurde die Frage gestellt, ob es möglich ist, in einem Krankenhauskonzern die einzelnen KHBV-Abschlüsse zu konsolidieren. Um es sofort klar auszusprechen: Nein, das geht nicht. Die KHBV-Abschlüsse müssen einzeln mittels einer so genannten Handelsbilanz II in je einen HGB-Abschluss umgewandelt werden, damit dann eine Konzernkonsolidierung und ein Konzernjahresabschluss gesetzeskonform aufgestellt werden können.

1.7 Randbemerkung zu rein handelsrechtlichen Jahresabschlüssen

In der geübten Praxis findet man in rein handelsrechtlichen Jahresabschlüssen oder in Krankenhausabschlüssen nach IAS/IFRS die Sonderposten und die passiven Ausgleichsposten für Darlehensförderung zum 01.01. mit dem Anlagevermögen saldiert, die aktiven Ausgleichsposten für Eigenmittelförderung und manchmal auch für Darlehensförderung werden zum 01.01. mit dem Eigenkapital saldiert.

Die Inhalte der noch immer gültigen HFA-Stellungnahme 1/1984, die für die Investitionszuschüsse weitgehend deckungsgleich mit den Anforderungen der KHBV sind, lassen sich – wie folgt – zusammenfassen:

»Der Zuwendungsertrag soll so lange abgegrenzt (passiviert) werden, bis dieser und der zugehörige Verwendungsaufwand in der gleichen Periode erfasst werden.«

Die Regeln für die handelsrechtliche Bilanzierung von Zuwendungen sind in Abbildung 4.2 (► Abb. 4.2) zusammengefasst.

Beispiel 1:

Der Investitionszuschuss wird als Sonderposten so lange abgegrenzt, wie die Nutzungsdauer des Anlagegutes währt.

Beispiel 2:

Das Krankenhaus sammelt Spenden für krebskranke Kinder aus der Ukraine. Die Spendenmittel werden als Passivposten abgegrenzt, bis die Kinder im Krankenhaus behandelt werden.

Von besonderer Problematik sind in einigen Bundesländern die Bilanzierung der **Zahlungen im Zusammenhang mit geförderten Investitionsprojekten**, die aber nach dem KHG i. d. R. nur anteilig gefördert werden, während der fehlende Restbetrag von der jeweiligen Gebietskörperschaft, die das Krankenhaus betreibt (Träger des Krankenhauses), zu tragen ist. Die Bilanzierung dieser anteiligen KHG-Zahlungen erfolgte in der Praxis unterschiedlich. So ist beispielsweise zu beobachten, dass einige Krankenhäuser diese Zuschüsse als **Kapitalrücklagen** passivieren, während andere Krankenhäuser den Ansatz eines Sonderpostens bevorzugten. Wenn dann in einer Gebietskörperschaft mehrere kommunale Krankenhäuser existieren und jedes bilanziert diese Zahlungen des Trägers anders, dann ist spätestens der Zeitpunkt gekommen, diese offenbare Unklarheit zu hinterfragen. Nach den Grundsätzen der Bilanzierung unter der Herrschaft des dualen Finanzierungssystems sollen Investitionen und ihre Fördermittel-Finanzierung grundsätzlich keine Ergebnisauswirkung zeigen. Also kann nur eine **Bilanzierung als Sonderposten richtig** sein. Zweitens fehlt es i. d. R. an einem **Einlagebeschluss** in das haftende Eigenkapital des Krankenhauses. Dennoch bleiben Zuwendungen aus dem kommunalen Vermögenshaushalt ohne präzise Verwendungsbeschlüsse für das bilanzierende Krankenhaus immer interpretationsbedürftig für den bilanzierenden Buchhalter.

Klarstellend sei darauf hingewiesen, dass die **Baupauschalen in NRW** diesen Grundsätzen nicht unbedingt genügen müssen. Es handelt sich nicht mehr um eine Projekt- oder Maßnahmenfinanzierung, sondern um jährlich neu bewilligte Pauschalen, die pro Jahr durch einen speziellen Verwendungsbeschluss der Krankenhausgeschäftsführung eingesetzt und somit verwendet werden. Es gibt keinen Grundsatz der Förderstetigkeit bei den Grundsätzen ordnungsmäßiger Buchführung. Aber man kann mit guten Argumenten die Auffassung vertreten, dass in Fällen einer stark bilanzpolitisch motivierten Mittelverwendung eine Berichtspflicht gemäß § 264 Abs. 2 HGB im Anhang besteht.

Ähnliche Probleme haben sich i. d. R. bei öffentlich-rechtlichen Krankenhäusern in der Form des Eigen- bzw. Regiebetriebes ergeben, wenn **Liquiditätshilfen** gewährt wurden. Waren diese Zahlungen rückzahlbare Darlehen, eigenkapitalverstärkende Kapitalrücklagen oder handelte es sich um ertragswirksame Aufwandszuschüsse? Problematisch werden diese Zahlungen immer dann, wenn aus dem Ratsbeschluss der Verwendungszweck nicht eindeutig hervorging. In diesen Fällen kann eine Passivierung nur durch Auslegung und Ableitung des Gewollten erfolgen. Die gewählte Bilanzierung wird spätestens durch die Feststellung des Krankenhaus(träger)abschlusses von den Gesellschaftern nochmals überprüft.

Die Position »**Rückstellungen**« wurde in der Vergangenheit oftmals gleichgesetzt mit **Bilanzpolitik**. Dem ist jedoch energisch zu widersprechen, denn bevor Bilanzpolitik überhaupt Platz greifen kann, müssen zunächst alle **Pflichtrückstellungen** dotiert sein. Bilanzpolitik kann möglicherweise erst in einer späteren Phase der Bilanzaufstellung betrieben werden.

Die Position Rückstellungen kennt insoweit noch eine Besonderheit, als dass Rückstellungen sowohl für ungewisse Verbindlichkeiten und drohende Verluste (**Verbindlichkeitsrückstellungen**), als auch nach § 249 Abs. 1 Satz 2 Ziff. 1. und 2. HGB für im Geschäftsjahr unterlassene Aufwendungen für Instandhaltung, die im folgenden Geschäftsjahr innerhalb von drei Monaten, oder für Abraumbeseitigung, die im folgenden Geschäftsjahr nachgeholt werden, und/oder für Gewährleistungen, die ohne rechtliche Verpflichtung erbracht werden (**Aufwandsrückstellungen**), gebildet werden müssen.

Für andere als die vorstehend bezeichneten Zwecke dürfen Rückstellungen nicht gebildet werden. Rückstellungen dürfen nur aufgelöst werden, soweit der Grund hierfür entfallen ist (§ 249 Abs. 2 HGB).

2 Organisation einer sach- und termingerechten Jahresabschlussaufstellung, -dokumentation und -prüfung

2.1 Abschlussarbeit als Teamarbeit

Die **Aufstellung** (Dokumentation der Aufstellung) des Jahresabschlusses eines Krankenhauses **ist Teamarbeit**. Die Mitwirkenden im Team sind u. a.:

- Geschäftsführung
- Verwaltungsdirektion
- Finanzbuchhaltung
- Patientenverwaltung
- Betriebswirtschaftliches und Medizin-Controlling
- Kostenrechnung
- Personalabteilung
- Einkaufsabteilung
- IT
- Apotheke
- Technik
- Ärzteschaft
- Medikamentenverantwortliche Pflegekräfte

Auf den Punkt gebracht: Die genannten Abteilungen müssen zusammenwirken, damit die Aufstellung des Jahresabschlusses sach- und fristgerecht gelingt. Dabei empfiehlt es sich, eine Projektleitung oder ein Führungsteam Jahresabschluss zu definieren, damit die **Verantwortung** für die frist- und sachgerecht zu erledigenden Arbeiten klar geregelt ist. Diese Person oder dieses Team ist funktionsgemäß die **Leitung Finanzen** oder **Leitung Rechnungswesen** des Krankenhauses.

Die Zusammenarbeit einer solchen Anzahl von Personen erfordert ein **planmäßiges Vorgehen**; nur so ist sichergestellt, dass alle Prozessbeteiligten ausreichend im Voraus informiert werden, welche Arbeiten den einzelnen Beteiligten zugewiesen sind und zu welchem Zeitpunkt diese erledigt sein müssen. Der Einzelne kann sich seine Arbeit einteilen, kann sich im Vorfeld auf terminliche Engpässe einrichten und rechtzeitig Rücksprache nehmen oder Rat einholen, wenn etwas Unvorhergesehenes eintritt. Aus diesem Grund empfiehlt es sich, einen Maßnahmenplan zur Aufstellung des Jahresabschlusses, wie er in **Anlage 2** beispielhaft beigefügt ist, aufzustellen und den Beteiligten bekannt zu machen (▶ Anlage 2). Die Ergebnisse dieser Maßnahmen zur Aufstellung des Jahresabschlusses bezeichnet man auch als Dokumentation.

2.2 Gesetzliche Fristen für die Aufstellung des Jahresabschlusses

Die KHBV schreibt vor, dass **Krankenhäuser** – gleich welcher Rechtsform – ihren Jahresabschluss binnen **vier Monaten** nach Ablauf des Geschäftsjahres aufzustellen haben (§ 4 Abs. 2 KHBV).

Für **Kapitalgesellschaften** im Sinne des 2. Abschnitts des 3. Buches des HGB (Aktiengesellschaften, Kommanditgesellschaften auf Aktien, Gesellschaften mit beschränkter Haftung und Personengesellschaften, bei denen nicht mindestens ein persönlich haftender Gesellschafter vorhanden ist) gelten die Aufstellungsfristen **drei bzw. sechs Monate** (§ 264 HGB). Dabei haben **große und mittlere Kapitalgesellschaften** – wegen der Größenkriterien vgl. § 267 HGB – ihren Jahresabschluss binnen **drei Monaten** nach Ablauf des Geschäftsjahres aufzustellen und **kleine sowie Kleinst-Kapitalgesellschaften** haben für die Aufstellung sogar **sechs Monate** Zeit, sofern im Gesellschaftsvertrag keine kürzeren Fristen vereinbart sind. Vom 31. Dezember als Abschlussstichtage abweichende Abschlussstichtage können für Krankenhäuser nicht gewählt werden (▶ Tab. 2.1).

Tab. 2.1: Pflicht zur Aufstellung eines Jahresabschlusses (Quelle: §§ 267, 267a HGB)

Einzelabschluss	Bilanzsumme EUR	Umsatz EUR	Arbeitnehmer (AN) Zahl
Kleinstkapitalgesellschaften i. S. d. HGB	Nicht mehr als 350.000	Nicht mehr als 700.000	Nicht mehr als ⌀ 10 AN
Kleine Kapitalgesellschaften i. S. d. HGB	Nicht mehr als 6.000.000	Nicht mehr als 12.000.000	Nicht mehr als ⌀ 50 AN
Mittelgroße Kapitalgesellschaften i. S. d. HGB	Nicht mehr als 20.000.000	Nicht mehr als 40.000.000	Nicht mehr als ⌀ 250 AN
Große Kapitalgesellschaften i. S. d. HGB	Mehr als 20.000.000	Mehr als 40.000.000	Mehr als ⌀ 250 AN

Die Rechtsfolgen bzgl. der Aufstellungsfristen, der Aufstellungs- und der Offenlegungserleichterungen treten nur ein, wenn mindestens zwei der vorstehenden Merkmale in zwei aufeinanderfolgenden Geschäftsjahren über- bzw. unterschritten wurden. Im Falle der Umwandlung oder Neugründung treten die Rechtsfolgen schon ein, wenn die Voraussetzungen am ersten Abschlussstichtag nach der Umwandlung oder Neugründung vorliegen.

Achtung: Gehören die (Kapital-)Gesellschaften zu einem Konzern im Sinne des § 290 Abs. 1 HGB, sind die Fristen für die Aufstellung des Konzernabschlusses bestimmend für die Fristen zur Aufstellung der Jahresabschlüsse. Die gesetzlichen Fristen für den Konzernabschluss betragen grundsätzlich fünf Monate; die kapitalmarktorientierten Konzernunternehmen – Unternehmen, die einen organisierten

Markt im Sinn des § 2 Abs. 5 des Wertpapierhandelsgesetzes durch von ihr ausgegebene Wertpapiere im Sinn des § 2 Absatz 1 des Wertpapierhandelsgesetzes in Anspruch nehmen oder die Zulassung solcher Wertpapiere zum Handel an einem organisierten Markt beantragt haben (§ 264d HGB) – müssen den (geprüften) Konzernabschluss binnen vier Monaten im Bundesanzeiger veröffentlichen (§ 325 Abs. 4 HGB). Hier bietet es sich an, einen sogenannten »fast close« zu organisieren. In der Praxis sind die Jahresabschlüsse i. d. R. bis Ende Januar, also vier Wochen nach dem Bilanzstichtag, aufzustellen und zu prüfen, um dann im Konzernabschluss weiter verarbeitet werden zu können.

Für **Krankenhäuser in der Rechtsform der Kapitalgesellschaft** – bei Inanspruchnahme des Wahlrechts zum Einheitsabschluss § 1 Abs. 3 KHBV – sind jeweils die kürzeren Fristen verbindlich. Damit haben Krankenhäuser in Trägerschaft einer **großen oder mittleren** Kapitalgesellschaft eine Aufstellungsfrist von **drei Monaten** und **kleine** Kapitalgesellschaften gem. § 4 KHBV von **vier Monaten** nach dem Bilanzstichtag zu beachten.

Ähnliches gilt übrigens i. d. R. auch bei **kommunalen Krankenhäusern**, bei denen die Eigenbetriebsverordnung oder eine Gemeindekrankenhaus-Betriebsverordnung oder die Gemeindeordnung regelt, dass die Jahresabschlüsse der Eigenbetriebe oder der Regiebetriebe **nach den Regeln für große Kapitalgesellschaften** aufzustellen sind.

In der Praxis ist ein »fast close« nicht nur bei (kapitalmarktorientierten) Krankenhauskonzernen gängig, sondern auch bei Krankenhäusern in hierzu alternativer Trägerschaft, um frühzeitig etwa den Aufsichtsgremien oder finanzierenden Banken geprüfte Jahresabschlüsse vorlegen zu können.

Sofern an den Jahresabschluss auch der Anspruch gestellt wird, die Erkenntnisse aus den Abschlussdaten nicht nur für Zwecke der Rechenschaft über die Erledigung der Geschäfte in der Vergangenheit, sondern auch zu Steuerungszwecken zu verwenden, ist eine schnellstmögliche Aufstellung des Jahresabschlusses geboten. Die Steuerung eines Krankenhauses mit mehrere Monate zurückliegenden Daten ist unternehmerisch nicht sinnvoll.

2.3 Aufstellungszeitpunkt

Ein aufgestellter Jahresabschluss setzt zunächst voraus, dass **alle Buchungen des laufenden Geschäftsverkehrs erfolgt** sind. Hierunter ist insbesondere zu verstehen:

a) **Vollständige Buchung aller Geldbewegungen** auf den Bank-, Darlehens- und Kassenkonten,

b) **Vollständige Verbuchung** aller stationären, ambulanten und sonstigen **Erlöse, Forderungen sowie die Erlösverprobung inklusive Ausgleichsforderungen/-verbindlichkeiten** des Geschäftsjahres sowie Abwicklung der Ausgleiche aus dem Vorjahr / den Vorjahren,

c) Verbuchung **sämtlicher Verbindlichkeiten** das alte Geschäftsjahr betreffend,
d) Erfassung der Bestandsveränderungen der Vorräte: **Roh-, Hilfs- und Betriebsstoffe** sowie der unfertigen Leistungen – sog. **Überlieger** –
e) **Buchung aller Geschäftsvorfälle des Anlagevermögens zunächst in der Anlagenbuchhaltung und anschließend im Hauptbuch** sowie der Bewilligungsbescheide, der **Sonderposten und der Verbindlichkeiten aus noch nicht verwendeten Fördermitteln**, Abstimmung des Fördermittelkreislaufes,
f) **Abgrenzung der Personalaufwendungen** einschließlich der variablen Lohnbestandteile i. d. R. aus den Monaten November und Dezember.

Damit sind in einem ersten Schritt die Finanzbuchhaltung abgeschlossen und die Geschäftsvorfälle der Berichtsperiode erfasst. Es bietet sich an, hier eine erste interne Kontrolle durchzuführen, um die Vollständigkeit des Buchungsstoffes sicherzustellen. Daran anschließend werden die Abschlussbuchungen ausgeführt.

Hier ist zu denken an: Die **Ausnutzung von Bilanzierungs- und Finanzierungswahlrechten** im Anlagevermögen mit Erfolgswirksamkeit (z. B. ob kurzfristige geringwertige Anlagegüter aus pauschalen Fördermitteln finanziert werden sollen oder nicht), **Abwertung** der Roh-, Hilfs- und Betriebsstoffe wegen Beachtung des Niederstwertprinzips oder der Gängigkeit, sowie **Bewertungswahlrechte** bei der Herstellungskostenermittlung der unfertigen Leistungen, wie z. B. Ansatz der Kosten für allgemeine Verwaltung, soziale Einrichtungen, freiwillige soziale Aufwendungen, betriebliche Altersversorgung und aktivierungsfähiger Zinsaufwand, **Wertberichtigungen** zu Forderungen, Bildung aktiver und passiver **Rechnungsabgrenzungsposten**, Abwicklung und Bildung der **Rückstellungen** etc.

Der Jahresabschluss **ist aufgestellt**, wenn im zweiten Schritt die Abschlussbuchungen durchgeführt sind, die **bilanzpolitischen Anpassungen** vollzogen sind und die daraus resultierende Bilanz, Gewinn- und Verlustrechnung, der Anhang und ggf. der Lagebericht (z. B. bei Kapitalgesellschaften) **von der Geschäftsführung genehmigt** wurden.

Gleichwohl ist es möglich, dass es im Rahmen der später erfolgenden **Abschlussprüfung** noch zu **Um- oder Nachbuchungen** kommt. Diese werden in Absprache mit der Geschäftsführung nachgebucht bzw. Umgliederungen vorgenommen. Sollte kein Konsens zwischen den Abschlussprüfern und der Geschäftsführung bestehen, können diese nicht gebuchten oder im Anhang oder Lagebericht nicht korrigierten Angaben in einer sogenannten »Aufstellung nicht korrigierter Prüfungsdifferenzen« erfasst werden, sofern diese sowohl einzeln als auch bei mehreren Sachverhalten in Summe unwesentlich sind. Hierzu haben die gesetzlichen Vertreter im Rahmen der Abschlussprüfung schriftlich zu erklären, dass ihrer Auffassung nach die nicht korrigierten Prüfungsdifferenzen im Jahresabschluss und nicht korrigierten Angaben im Anhang und Lagebericht sowohl einzeln als auch insgesamt unwesentlich sind.

Auch ist es möglich, dass die **Gesellschafter** oder ein dazu befugter **Aufsichtsrat bzw. Beirat** durch Beschluss den aufgestellten Jahresabschluss vor Feststellung **ändern** lassen.

Schließlich sollte der folgende Beschluss des Bundesfinanzhofs vom 12.12.2012, Az. I B 27/12, zur Wertaufhellung bei verspäteter Bilanzaufstellung beachtet werden, wonach Rückstellungen nur bis zum letzten Tag der gesetzlichen Aufstellungsfrist zu berücksichtigen sind (maßgeblich ist hier das Buchungsdatum).

2.4 Ziel des Maßnahmenplans

Ziel des **Maßnahmenplanes** (▶ Anlage 2) ist es, eine **optimale Arbeitsplanung** für die Aufstellung des Jahresabschlusses und die daran anschließende Jahresabschlussprüfung zu ermöglichen. Eine Planung der Abschlussarbeiten beginnt weit vor dem Bilanzstichtag – im laufenden Geschäftsjahr – mit den **Entscheidungen zur Sachverhaltsgestaltung**. Aufgrund der Änderungen durch das Bilanzrechtsmodernisierungsgesetz (BilMoG) sind zahlreiche Bilanzierungswahlrechte entfallen, sodass die Bilanzpolitik durch Sachverhaltsgestaltung deutlich wichtiger wird, als sie es bisher war. Beispielsweise können

- ein **Aufbau von Beständen** – Roh-, Hilfs- und Betriebsstoffen –, festgestellt werden und Maßnahmen ergriffen werden, die Bestände wieder abzubauen (und ggfs. Material einzusparen),
- ein **zu hoher Bestand an nicht genommenen Urlaubstagen**, der zum Bilanzstichtag zu einer hohen Urlaubsrückstellung führen würde, durch eine entsprechende Dienstanweisung noch reduziert werden oder
- ein **Fakturierrückstand** durch entsprechende Maßnahmen noch bis zum Bilanzstichtag abgebaut werden mit entsprechend positiven Folgen für die Liquidität.

Der richtige Zeitpunkt für eine Bilanzgestaltung durch Sachverhaltsgestaltung ist **etwa drei bis vier Monate vor dem Bilanzstichtag**, was nicht heißen soll, dass die genannten Parameter in der übrigen Zeit völlig außerhalb der Kontrolle durch die Geschäftsführung bleiben können.

2.5 Zeitliche Einteilung der Abschlussarbeiten

Die Abschlussarbeiten können im Hinblick auf den Zeitpunkt der Erledigung der Arbeiten eingeteilt werden in

- Arbeiten **vor** dem Bilanzstichtag,
- Arbeiten **am** Bilanzstichtag und
- Arbeiten **nach** dem Bilanzstichtag.

Die **Arbeiten vor dem Bilanzstichtag** umfassen:

a) Aufstellung des Ablaufplanes zur Abschlussaufstellung (bis Ende Oktober),
b) Inventurvorbereitungen (bei Stichtagsinventur bis Ende November),
c) Interne Kontenabstimmungen zum Stichtag Ende Oktober/November (im Dezember),
d) Abfrage der Änderungen in den rechtlichen Veränderungen bei der Geschäftsführung (im November),
e) Abstimmung der Fördermittel (im Dezember),
f) Durchführung einer vorverlegten Stichtagsinventur (von Anfang Oktober bis zum Bilanzstichtag 31.12.) und
g) zeitliche Begleitung der Arbeiten durch den Wirtschaftsprüfer im Rahmen einer Vorprüfung.

Zu den wichtigsten **Arbeiten am Bilanzstichtag** bzw. unmittelbar um den Bilanzstichtag zählen:

a) Kasseninventur am 31.12. zum Kassenschluss des Bilanzstichtages,
b) Inventuren der Lager bei Durchführung einer »echten« Stichtagsinventur,
c) Buchinventur der Patienten, die im alten Geschäftsjahr aufgenommen wurden und im neuen Geschäftsjahr entlassen werden (sog. Überlieger) zwecks Ermittlung der unfertigen Leistungen aus Fallpauschalen, ggf. Zusatzentgelten,
d) Buchinventur der Urlaubsrückstände der Mitarbeiter zum Bilanzstichtag und
e) Buchinventur der Überstunden und Arbeitszeitguthaben der Mitarbeiter zum Bilanzstichtag.

Die **Arbeiten nach dem Bilanzstichtag** betreffen alle übrigen Abschlussarbeiten des Rechnungswesens.

2.6 Abschlussprüfung

Gegenstand der Abschlussprüfung ist der aufgestellte Jahresabschluss, bestehend aus Bilanz, Gewinn- und Verlustrechnung und Anhang und bei mittelgroßen und großen Kapitalgesellschaften als weiteres Berichtswerk dem Lagebericht.

Der zu prüfende Jahresabschluss muss zum Beginn der Prüfung prüffähig vorliegen. Eine Mitwirkung des Abschlussprüfers an der Abschlussaufstellung oder gar der zugrunde liegenden Buchhaltung führt von Gesetzes wegen zum Ausschluss des Abschlussprüfers von der Prüfung (§ 319 Nr. 3a HGB). Dem liegt der Gedanke zugrunde, dass der Abschlussprüfer nicht in die Erstellung involviert sein kann, mit der Konsequenz, sich im Nachgang selbst zu prüfen. Im Verlauf der Jahresabschlussprüfung können sich allerdings Feststellungen ergeben, welche zu Nachbuchungen oder Umbuchungen führen, insofern sie wesentlich für die Aussagekraft des Jahresabschlusses sind. Hier ist es durchaus üblich, die Feststellungen des Abschlussprüfers in Buchungsstoff zu transformieren. Dies bedeutet nicht, dass der Abschlussprüfer an der Erstellung mitgewirkt hat.

Um eine Abschlussprüfung für alle Beteiligten so reibungslos wie möglich zu gestalten, empfiehlt es sich, im Vorfeld der Vorprüfung die Dokumentationserfordernisse mit dem Abschlussprüfer abzustimmen und vor der Hauptprüfung einen weiteren Termin mit dem verantwortlichen Wirtschaftsprüfer durchzuführen, in dem die Zweifelsfragen der Bilanzierung und die Bilanzpolitik Gegenstand eines Abstimmungsgespräches sind.

Die Abschlussprüfungen finden entweder **vor Ort oder remote** (das hat sich in der Pandemie beginnend in den Abschlussprüfungen im Geschäftsjahr 2020 eingestellt), also aus der Ferne, durch die Prüfungsteams in Büros oder Homeoffice statt. Die zu prüfenden Unterlagen werden i. d. R. hierbei digital zur Verfügung gestellt und den Prüfern ein externer Zugang zur Finanzbuchhaltung der Mandanten eingerichtet.

Bei einer Erstprüfung ist der Aufwand der bereitzuhaltenden prüfungsnotwendigen Unterlagen ungleich größer als bei Folgeprüfungen, da neben den laufenden Prüfungsunterlagen auch die sog. Dauerakte aufzubereiten ist.

Wegen eines Musters zum Inhalt der Dauerakte vgl. **Anlage 3** (▸ Anlage 3). Für **jede Folgeprüfung** ist die Dauerakte bzw. das dafür vorgesehene digitale Verzeichnis hinsichtlich eventueller Änderungen kritisch zu überprüfen und ggf. zu ergänzen.

Schließlich gilt für steuerliche Außenprüfungen aber kraft Mitwirkungspflicht des geprüften Unternehmens gemäß § 320 HGB die Bereitstellungspflicht der sog. GDPdU-Schnittstelle (GDPdU = Grundsätze zum Datenzugriff und zur Prüfbarkeit digitaler Unterlagen) gemäß BMF-Schreiben vom 16.07.2001 auf der Grundlage des § 147 Abs. 6 AO, die den Prüfern den Datenzugriff auf die Buchhaltung des Krankenhauses ermöglicht. Mit Datum vom 01.01.2020 ist das BMF-Schreiben (BMF IV A 4 – S 0316/19/10003:001) betreffend die Grundsätze zur ordnungsmäßigen Führung und Aufbewahrung von Büchern, Aufzeichnungen und Unterlagen in elektronischer Form sowie zum Datenzugriff (GOBD) in Kraft getreten. In diesem BMF-Schreiben hat das Bundesfinanzministerium die GOBD-Grundsätze zur ordnungsgemäßen Führung und Aufbewahrung von Büchern, Aufzeichnungen und Unterlagen in elektronischer Form sowie zum Datenzugriff neu gefasst. Zulässig ist es nunmehr, Buchungsbelege auch durch Scannen bzw. Abfotografieren zu erfassen und zur Verfügung zu halten.

Wann ist ein Krankenhaus überhaupt prüfungspflichtig? Es gibt **zwei Gründe**, warum ein Krankenhaus der Pflichtprüfung unterliegen kann.

Erstens, aus der gewählten Formulierung wird erkennbar, dass nicht alle Krankenhausbetriebe prüfungspflichtig sind. **In einigen Bundesländern** besteht **eine generelle Prüfungspflicht für jedes zugelassene Krankenhaus.** Dabei ist die Prüfungspflicht des Krankenhaus-Jahresabschlusses u.U. erweitert um die Prüfung der wirtschaftlichen Verhältnisse, der sonstigen Teile des Rechnungswesens und der ordnungsgemäßen, sparsamen und wirtschaftlichen Verwendung der (pauschalen) Fördermittel des Landes [Hamburg (§ 29 Abs. 2 HmbKHG), Hessen (§ 16 Abs. 2 Nr. 3 HKHG), Mecklenburg-Vorpommern (§ 42 LKHG M-V), Saarland (§ 20 SKHG), Sachsen (§ 35 Abs. 2 Nr. 3 SächsKHG) und Thüringen (§ 30 ThürKHG)]. In anderen

Bundesländern ist gesetzlich geregelt, dass der Verwendungsnachweis der Fördermittel zu prüfen ist (Sachsen-Anhalt § 12 Abs. 1 KHG LSA und Brandenburg § 22 Abs. 1 LKG Bbg). Schließlich gibt es Bundesländer, die keine Pflichtprüfung für Krankenhäuser kennen (Bayern, Baden-Württemberg, Berlin, Bremen, Niedersachsen, Rheinland-Pfalz und Schleswig-Holstein). In besonders schlanker Weise ist die Prüfungspflicht für Krankenhäuser in Nordrhein-Westfalen seit 01.01.2008 ausgestaltet worden.

Gemäß § 30 KHGG NRW obliegt dem Wirtschaftsprüfer die Prüfung der Mittelverwendung der beiden Pauschalförderarten des Landes

- für Bauinvestitionen (Neubau, Umbau, Erweiterungsbau) – **Baupauschale** – und
- für die Wiederbeschaffung der kurzfristig abnutzbaren Anlagegüter.

Für eine genaue Übersicht über die Prüfungsgegenstände bei Krankenhausprüfungen vgl. **Anlage 7** (▶ Anlage 7).

Als zweite Quelle für eine Prüfungspflicht des Krankenhauses kann die **Rechtsform des Trägers** in Frage kommen. Wird das Krankenhaus in der Rechtsform der **Kapitalgesellschaft** (GmbH oder AG) geführt, besteht eine gesetzliche Prüfungspflicht gemäß § 316 ff. HGB. Auch Krankenhäuser in der Rechtsform des **Eigen- oder Regiebetriebs** sind i. d. R. prüfungspflichtig (vgl. landesrechtliche Regelungen). Hier ist in der Regel zu klären, ob die Abschlussprüfung auch die Prüfung nach § 53 HGrG beinhalten soll.

Schließlich bestehen für **kirchliche bzw. bestimmte öffentlich-rechtliche Krankenhäuser** (z. B. geführt in der Rechtsform der Anstalt öffentlichen Rechts) i. d. R. interne, **satzungsmäßige Prüfungspflichten**.

Die Jahresabschlussprüfung ist bei den Krankenhäusern um diverse Bescheinigungen erweitert, so z. B.:

- Pflegestellenförderprogramm nach dem Krankhausstrukturgesetz
- Pflegepersonal-Stärkungsgesetz
- Hygieneförderprogramm
- Einhaltung der Pflegepersonaluntergrenzen
- Aufstellung des Pflegebudgets
- Vereinbarkeit von Familie, Pflege und Beruf
- Aufstellung der Erlöse des Krankenhauses gemäß § 4 Abs. 3 S. 7 KHEntgG in der Fassung des KHRG
- Mittel aus Ausbildungszuschlägen, Zahl der besetzten Ausbildungsplätze und Mittelverwendung für die Ausbildung gemäß § 17a Abs. 6 KHG
- Verwendung der pauschalen Fördermittel
- Verwendung der Baupauschale

2.7 Offenlegung

Der Abschluss der Betriebstätte Krankenhaus – also der sog. KHBV-Abschluss – ist **nicht** offenzulegen. Es gibt keine Vorschriften zur Offenlegung des Krankenhausabschlusses. Sind jedoch Krankenhausabschluss und Trägerabschluss (z. B. GmbH-Abschluss) identisch – das ist i. d. R. der Fall, wenn ein Krankenhaus in der Rechtsform einer Kapitalgesellschaft geführt wird –, dann ist der Krankenhausabschluss nach §§ 325 ff. HGB bis zum 31.12. des dem Bilanzstichtag folgenden Geschäftsjahres im elektronischen Bundesanzeiger offenlegungspflichtig.

Die gesetzlichen Vertreter von Kapitalgesellschaften (§ 78 Abs. 1 und 2 AktG; § 35 Abs. 1 GmbHG) haben den Jahresabschluss, bestehend aus Bilanz, Gewinn- und Verlustrechnung (§ 242 Abs. 3 HGB), Anhang (§ 264 Abs. 1 S. 1 HGB) und Lagebericht (§ 289 HGB), bei prüfungspflichtigen Gesellschaften der Bestätigungs- bzw. Versagungsvermerk (§ 322 HGB), den Bericht des Aufsichtsrats und ggf. die Erklärung zum Corporate Governance Kodex (§ 161 AktG) und, soweit nicht aus dem Jahresabschluss ersichtlich, unter Angabe des Jahresergebnisses den Vorschlag für die Ergebnisverwendung und den Beschluss über diese beim Bundesanzeiger einzureichen.

Der Betreiber des Bundesanzeigers nimmt eine formale Prüfung der Rechnungslegungsunterlagen vor. Bei nicht fristgerechter Befolgung der Offenlegung führt das Bundesamt für Justiz gem. § 335 Abs. 1 S. 1 HGB von Amts wegen ein Ordnungsgeldverfahren gegen die Organmitglieder oder auch gegen die Gesellschaft durch, welches sich in Höhe und Durchführung nach § 335 Abs. 4 HGB richtet. Das Ordnungsgeld kann bis zu EUR 25.000,00 betragen, wenn die Kapitalgesellschaft nicht kapitalmarktorientiert ist. Dem Ordnungsgeld vorangehend erfolgt eine Androhung eines Ordnungsgeldes und eine sechswöchige Frist, der gesetzlichen Verpflichtung nachzukommen.

3 Wichtige Gesetze für Buchführung und Krankenhausfinanzierung

Um einen rechtlich korrekten Jahresabschluss für ein Krankenhaus aufzustellen, genügen Gesetzeskenntnisse allein des **Handelsgesetzbuchs (HGB)** nicht aus. Aufbauend auf dem HGB, dem Einführungsgesetz zum HGB (EGHGB) und der Rückstellungsabzinsungsverordnung (RückAbzinsV) werden die krankenhausspezifischen Rechtsgrundlagen in einer besonderen **Buchführungsverordnung für die einzelnen Krankenhäuser (KHBV)** zusammengefasst.

Zusätzlich zu HGB und KHBV benötigt der Bilanzierende **umfangreiche Kenntnisse der Krankenhausfinanzierungsvorschriften.** Eine Aufstellung der wichtigsten Gesetze, die bei der Bilanzierung eines Krankenhauses zu beachten sind, findet sich in **Anlage 4** (▶ Anlage 4).

Anders als in Industrie- oder Handelsunternehmen erfolgt **im sog. Plankrankenhaus** (einschließlich der Hochschulkliniken) langfristig **nicht die gesamte Unternehmensfinanzierung über den Umsatzprozess,** sondern teilweise – nämlich mit dem investiven Anteil – grundsätzlich über **Landeszuschüsse** (Fördermittel). Nur der laufende Geschäftsbetrieb – oft auch kurz Benutzerkostenbereich genannt – wird über (leistungsgerechte) Entgelte für Krankenhausbehandlung (§ 39 SGB V) finanziert (§ 4 KHG). Man kann diesen Umstand auch anders ausdrücken: Ein Krankenhaus braucht nach der reinen Lehre der Krankenhausfinanzierung seine Abschreibungen nicht zu verdienen, da deren Refinanzierung über besondere Landeszuschüsse erfolgt. Dieses Krankenhausfinanzierungssystem aus zwei Finanztöpfen bezeichnet man auch als **duales Finanzierungssystem.**

Seit Jahren zwingt die Herrschaft der **knappen öffentlichen Länderkassen** immer mehr Krankenhäuser **zu anderen, nicht KHG-konformen Finanzierungen,** sodass das völlige Außerachtlassen der Investitionsrefinanzierung immer mehr Theorie und immer weniger gelebte Praxis darstellt. Schließlich sei noch erwähnt, dass ein Bundestagsbeschluss aus 1992 vorliegt, langfristig das duale Finanzierungssystem abzuschaffen. Hierzu passt das Zitat von J.M. Keynes: »In the long run we are all dead«.

Die Bundesregierung und das Bundesgesundheitsministerium haben 2008 einen zaghaften Versuch unternommen, die Krankenhaus-Investitionsfinanzierung neu zu gestalten, und in § 17d KHG i. d. F. des KHRG die Rechtsgrundlage für eine Umgestaltung der Fördermittelgewährung an die Krankenhäuser gelegt. Das InEK wurde beauftragt, DRG-bezogene Investitionspauschalen (Bewertungsrelationen) zu kalkulieren. Diese Kalkulation liegt seit dem 01.01.2014 vor, jedoch hat bisher kein Bundesland seine Investitionsförderung auf dieses System umgestellt.

Ob es im weiteren Ausblick zu einer Zusammenführung der Benutzerentgelte und der Investitionsentgelte kommt, ist nicht absehbar.

3.1 Das deutsche Fallpauschalensystem (G-DRG)

Die Jahre **2003 und 2004** waren die sog. »**DRG-Umstellungsjahre**«, d. h. die somatischen Krankenhäuser und die somatischen Abteilungen an psychiatrischen Fachkliniken sollten bis Ende 2004 von den tagesgleichen Pflegesätzen (Selbstkostendeckungsprinzip) auf das deutsche G-DRG-System umgestiegen sein. Diese Umstellung ist inzwischen Geschichte. Das davor geltende Gesamtbudget wurde in dieser Umstellung neu aufgeteilt:

- in das (somatische) **Erlösbudget** (Fallpauschalen und Zusatzentgelte),
- in die **Erlössumme** nach § 6 Abs. 1 bis 2a KHEntgG, das Budget aus krankenhausindividuellen Zusatzentgelten und teilstationären Leistungen oder besonderen Einrichtungen,
- in das **Psychiatriebudget** und
- ab 2005 erstmals in das **Ausbildungsbudget** (Mehrkosten für Schülerinnen und Schüler, die Kosten der Praxisanleiter sowie die Kosten der Ausbildung).

Das Gesetz fasst in § 4 Abs. 3 KHEntgG das Erlösbudget und die Erlössumme als sog. **Gesamtbetrag** zusammen; diesen gilt es in den Pflegesatzverhandlungen (im Vorhinein) zu vereinbaren und nach Ablauf des Vereinbarungsjahres auszugleichen. Durch den sog. Mehr- oder Mindererlösausgleich werden die bewerteten vereinbarten Leistungen mit den tatsächlich erbrachten, bewerteten und gebuchten Leistungen miteinander abgeglichen und durch Ausgleiche und Berichtigungen aneinander angenähert.

Das geschieht während der Jahresabschlussarbeiten durch Einbuchen einer Forderung oder einer Verbindlichkeit, um die Ist-Erlöse der Buchhaltung an die vereinbarten Erlöse gemäß den gesetzlichen Vorschriften aneinander anzugleichen.

Ein ähnliches Ausgleichssystem regelt § 3 BPflV für das **Psychiatriebudget**. Im Unterschied zum G-DRG-System wird das Psychiatriebudget nach Tagen abgerechnet.

Zur Finanzierung des **Ausbildungsbudgets** wird ab 2006 ein Ausbildungszuschlag für alle voll- und teilstationären Fälle in gleicher Höhe von **allen** Krankenhäusern eines Bundeslandes erhoben und an die jeweilige Landeskrankenhausgesellschaft abgeführt (vgl. § 17a KHG). Diese zahlt an diejenigen Krankenhäuser, die Krankenpflegeschüler ausbilden, monatliche Pauschalbeträge zur Finanzierung der Ausbildungskosten. Das verhandelte Ausbildungsbudget wird mit den Pauschalbeträgen später »spitz« ausgeglichen und abgerechnet.

Das Ausbildungsbudget ist zweckgebunden nur für die Ausbildung zu verwenden. Und weil die Kostenträger dem Grundsatz huldigen, Vertrauen ist gut, Kontrolle ist besser, muss der Krankenhausträger für die Budgetverhandlungen betreffend das Ausbildungsbudget eine **vom Jahresabschlussprüfer bestätigte Aufstellung** für das abgelaufene Jahr über die Einnahmen aus dem Ausgleichsfonds und den in Rechnung gestellten Zuschlägen, über Erlösabweichungen zum vereinbarten Ausbildungsbudget und über die zweckgebundene Verwendung der Mittel vorlegen (vgl. § 17a Abs. 7 KHG).

Buchhalterisch handelt es sich bei den von allen Krankenhäusern zu erhebenden und an die Landeskrankenhausgesellschaften abzuführenden Ausbildungszuschlägen um sog. durchlaufende Posten, die die Erfolgskonten der Gewinn- und Verlustrechnung nicht berühren. Die Einnahmen werden als »sonstige Verbindlichkeit« (KUGr. 374) nur bilanziell erfasst und bei der Weiterleitung an die Landeskrankenhausgesellschaft wieder ausgebucht.

Die monatlichen Zahlungen der Landeskrankenhausgesellschaft an die ausbildenden Krankenhäuser stellen dort Erlöse aus Krankenhausleistungen (KGr. 40) dar. Sie sind originäre Krankenhausleistungen (§ 2 Nr. 1a KHG) und die Ausbildungskapazitäten werden in einer besonderen Landesplanung auch kapazitätsmäßig planerisch verwaltet (Feststellungsbescheid an das Krankenhaus über die Anzahl der vorzuhaltenden Ausbildungsplätze der Schule).

Die Jahre **2005 bis 2010** waren bei den somatischen Krankenhäusern die sog. **»DRG-Konvergenzjahre«**, in denen die krankenhausinternen Basisfallwerte gegen die Landesbasisfallwerte konvergierten. Ab dem Jahr 2010 galten in jedem Bundesland betragsmäßig einheitliche Basisfallwerte für alle Krankenhäuser. »Gleicher Preis für gleiche Leistung« war das politische Motto.

Um den betriebswirtschaftlich begründeten Wettbewerb um Fallzahlsteigerungen zu reduzieren, greift der Gesetzgeber zum Instrument des sog. Mehrleistungsabschlags bzw. ab 01.01.2017 Fixkostendegressionsabschlags bei den Krankenhäusern, die Mehrleistungen in der Budgetvereinbarung festschreiben wollen. Letztlich handelt es sich um Preispolitik zur Dämpfung der Fallzahlsteigerungspolitik der Krankenhausträger. Die Vereinbarung und Erbringung von Mehrleistungen sollen sich betriebswirtschaftlich nicht lohnen.

Weil zwischenzeitlich verstärkt privatwirtschaftlich geführte Krankenhausträgerunternehmen mit Gewinnerzielungsabsicht sowie frei-gemeinnützige und kommunale Krankenhausträgerunternehmen mit Kapitaldienst-getriebenen Renditezwängen am Markt für Krankenhausleistungen agieren, kommt es zu einem Wettbewerb um den geringsten Personaleinsatz in der Krankenpflege und um die kürzesten Verweildauern der Patienten.

Der Beruf der Krankenschwester und des Krankenpflegers wird wegen der hohen Arbeitsbelastung, der vergleichsweise familienfeindlichen Arbeitszeiten und der unzureichenden Bezahlung immer unattraktiver. Es kommt zu einem politisch sogenannten »Pflegenotstand«, auf den die Gesundheitspolitik Ende 2018 mit dem Pflegepersonalstärkungsgesetz (PpSG) reagiert hat.

Seit 01.01.2020 werden sämtliche Kosten für Pflegekräfte am Patientenbett betreffend die stationären Krankenhausleistungen von den Krankenkassen gesondert – mittels eines Zuschlags – bezahlt. Dazu müssen zuerst vom InEK die Pflegekostenanteile aus den DRG-Bewertungsrelationen herausgerechnet werden.

Für den Fallpauschalkatalog des Jahres 2019 gibt es beide Varianten:

a) Der **DRG-Katalog mit Pflegekosten** (für die Rechnungsstellung)
b) Der **aDRG-Katalog ohne Pflegekosten** (für betriebswirtschaftliche Analysen)

Damit der Leser ein Gefühl dafür bekommt, wieviel Geld für die Pflege aus den DRG herausgenommen wurde, sind in Tabelle 3.1 drei praktische Beispiele dargestellt (▶ Tab. 3.1).

Tab. 3.1: DRG-Fallpauschalenkatalog 2019 mit und ohne Pflegekosten (Quelle: Institut für das Entgeltsystem im Krankenhaus, DRG-Kataloge; eigene Berechnungen mit dem LBFW für NRW 2019)

DRG-Kode	Bewertungsrelation bei Behandlung in Hauptabteilung	G-DRG 2019	aDRG 2019	LBFW NRW 2019	Fallpauschale mit Pflege	Fallpauschale ohne Pflege	Differenz Pflege
D30B	Tonsillektomie außer bei bösartiger Neubildung oder verschiedene Eingriffe an Ohr, Nase, Mund und Hals ohne äußerst schwere CC, ohne aufwendigen Eingriff, ohne komplexe Diagnose oder Alter < 12 Jahre	0,777	0,622	EUR 3.537,00	EUR 2.748,25	EUR 2.200,01	EUR 548,24
F06E	Koronare Bypass-Operation ohne mehrzeitige komplexe OR-Prozeduren, ohne komplizierende Konstellation, ohne invasive kardiologische Diagnostik, ohne intraoperative Ablation, ohne schwerste CC, ohne Implantation eines herzunterstützenden Systems	4,160	3,478	EUR 3.537,00	EUR 14.713,92	EUR 12.301,69	EUR 2.412,23
G72B	Andere leichte bis moderate Erkrankungen der Verdauungsorgane, Alter > 2 Jahre oder Abdominalschmerz oder mesenteriale Lymphadenitis, Alter > 2 Jahre und Alter < 56 Jahre oder ohne CC	0,394	0,314	EUR 3.537,00	EUR 1.393,58	EUR 1.110,62	EUR 282,96

Bis August 2021 hatte das Gros der deutschen Akutkrankenhäuser ihr individuelles Pflegepersonalkostenbudget für die Jahre 2020 und 2021 noch nicht verhandelt. Das liegt nicht nur an Corona und der für die Krankenhäuser ökonomisch bedeutsamen Kalkulationsaufgabe, sondern die Kostenträger selbst lassen sich für diese Verhandlungen viel Zeit und verlangen ständig neue Auslegungen der für die Kalkulation entscheidenden Rechtsbegriffe.

Die allgemeinen (stationären) Krankenhausleistungen der Somatik in Deutschland dürfen nur mit den in § 7 Abs. 1 KHEntgG abschließend aufgezählten Entgelten abgerechnet und vergütet werden. Es gilt, dass die Entgelte für alle Benutzer des Krankenhauses – Kassenpatienten oder Privatpatienten bzw. inländische Patienten oder ausländische Patienten – einheitlich zu berechnen sind (§ 8 Abs. 1, 1. Halbsatz KHEntgG). Im Einzelnen dürfen abgerechnet werden:

(1) **Fallpauschalen** des vereinbarten Entgeltkatalogs (§ 9 KHEntgG)
(2) **Zusatzentgelte** des vereinbarten Entgeltkatalog (§ 9 KHEntgG)
(3) **Gesonderte Zusatzentgelte** nach § 6 Abs. 2a KHEntgG
(4) **Diverse Zu- oder Abschläge nach § 17b Abs. 1a KHG,** insbesondere für
  – die Notfallversorgung gemäß Notfallstufe des Krankenhauses,
  – die besonderen Aufgaben (Früherkennung von Krankheiten während des Krankenhausaufenthalts, vom Krankenhaus veranlasste Leistungen Dritter, medizinisch veranlasste Mitaufnahme von Begleitpersonen, Zentren und Schwerpunkten, Frührehabilitation, Entlassmanagement),
  – die vom G-BA festgelegten Leistungen oder Leistungsbereiche mit außerordentlich guter oder unzureichender Qualität,
  – die Beteiligung der Krankenhäuser an Maßnahmen zur Qualitätssicherung und die Beteiligung ganzer Krankenhäuser oder wesentlicher Teile der Einrichtungen an einrichtungsübergreifenden Fehlermeldesystemen, sofern diese den Festlegungen des G-BA nach § 136a Absatz 3 Satz 3 SGB V entsprechen,
  – Zuschläge für die Finanzierung von Mehrkosten auf Grund von Richtlinien des G-BA,
  – Den Zuschlag für die Sicherstellung einer für die Versorgung der Bevölkerung,
  – den Zuschlag für die Aufnahme von Begleitpersonen mit ärztlicher Notwendigkeitsbescheinigung nach § 2 Abs. 2 Satz 2 Nr. 3 KHEntgG und § 2 Abs. 2 Satz 2 Nr. 3 BPflV,
  – den Ausbildungszuschlag nach § 17a Abs. 6 KHG,
  – den Aufwand, der den verantwortlichen Gesundheitseinrichtungen im Sinne des § 2 Nr. 5 Buchst. a des Implantateregistergesetzes (IRegG) obliegt und
  – die sonstigen Zu- und Abschläge, wie beispielsweise der Fixkostendegressionsabschlag, Zu- oder Abschläge bei Eingliederung besonderer Einrichtungen in das DRG-Budget, der Hygienezuschlag, Telematikzuschlag, Zu- oder Abschläge für Ausgleiche und Berichtigungen im Rahmen der Erlösausgleiche bezogen auf den Gesamtbetrag und auf Zu- oder Abschläge bei der Spitzabrechnung vorläufiger Entgelte (§ 12 Satz 3 KHEntgG).
(5) **Entgelte der besonderen Einrichtungen** und für Leistungen, die noch nicht mit den auf Bundesebene vereinbarten Katalogen für Fallpauschalen und Zusatzentgelten erfasst werden (§ 6 Abs. 1 KHEntgG)

(6) Entgelte für **neue Untersuchungs- und Behandlungsmethoden,** die noch nicht in die Entgeltkataloge nach § 9 Abs. 1 Satz 1 Nr. 1 und 2 KHEntgG aufgenommen sind (§ 6 Abs. 2 KHEntgG)

(7) Tagesbezogene **Pflegeentgelte zur Abzahlung des Pflegebudgets** (§ 6a KHEntgG)

(8) **Qualitätssicherungszuschläge nach § 17b Abs. 1 Satz 5 KHG und Qualitätssiche**rungsabschläge nach § 8 Abs. 4 KHEntgG

(9) **Versorgungszuschlag** nach § 8 Abs. 10 KHEntgG

(10) Darüber hinaus werden der **DRG-Systemzuschlag** nach § 17b Abs. 5 KHG, der **Systemzuschlag für den G-BA und das IQWiG** nach § 91 Abs. 3 Satz 1 SGB V i. V. m. § 139c SGB V und der **Telematikzu- oder-abschlag** nach § 291a Abs. 7a Satz 1 und 2 SGB V abgerechnet.

(11) **Corona-Mehrkostenzuschlag:** Ganzjähriger Erlösausgleich zur Finanzierung nicht anderweitig finanzierter Corona bedingter Mehrkosten nach § 9 Absatz 1a Nr. 9 KHEntgG

(12) Zuschlag nach dem **Hebammenstellenförderprogramm** für die Jahre 2021 bis 2023

(13) **PpUG-Sanktionsabschlag:** Die Sanktion nach § 137i Abs. 5 SGB V können sein: ein Erlösabschlag oder eine Absenkung der vereinbarten Fallzahl soweit bis rechnerisch die Untergrenzen der Pflegepersonalbesetzung im Verhältnis zu den Fallzahlen eingehalten werden

(14) Zuschlag für **klinische Obduktionen** gemäß § 9 Abs. 1a Nr. 3 KHEntgG

Mit diesen Entgelten werden alle für die Versorgung des Patienten erforderlichen allgemeinen Krankenhausleistungen vergütet; dieses Preissystem ist somit abschließend geregelt, sieht man von den gesetzlich zulässigen Modellvorhaben ab.

Für die Finanzbuchhaltung wird empfohlen in der KUGr. 40 je Zu- bzw. Abschlag ein separates Erlöskonto zu führen und in der Fakturierung zu hinterlegen.

Die Höhe der Entgelte bestimmt sich wie folgt:

Zu (1) Fallpauschalen:

Die Patientenbehandlung wird – stets bezogen auf den Aufnahmetag – nach dem an diesem Tag gültigen Entgeltkatalog bewertet, was mit Hilfe eines speziell zertifizierten Groupers (jährlich neue Software auf der Basis eines speziellen Bewertungsalgorithmus) erfolgt.

Eine Liste der zertifizierten Grouper findet sich auf der Homepage des InEK (www.g-drg.de). Im Ergebnis kommt es zu folgender Rechenoperation:

Fall × CMI × LBFW = DRG-Entgelt (KH-Erlös)

Eff. Casemix × LBFW = DRG-Entgelt (KH-Erlös)

Der abzurechnende Fall ist beschrieben durch seine Diagnose (erfasst nach ICD-10-GM), seine Komplikationen/Komorbiditäten (zusätzliche Erkrankungen bzw. Nebendiagnosen) und seine Behandlung (O = operativ, M = medizinisch, A = andere). Der Grouper ermittelt aus diesen fallbeschreibenden Daten den zutreffenden CMI, also die Bewertungsrelation. Der CMI (= Casemix Index; deutsch: Fallschwere-Index im DRG-System) ergibt sich aus dem zutreffenden DRG-Katalog vom Aufnahmedatum des Falls. Er ist ein Maß für die Fallschwere bzw. den durchschnittlichen Ressourcenverbrauch bei der Behandlung dieses Falles. Die DRG-Bewertungsrelation kann sich noch verändern, wenn der Fall besonders kurz im Krankenhaus liegt, weil er in ein anderes Krankenhaus verlegt wird, oder weil er besonders lang im Krankenhaus liegt.

Der Landesbasisfallwert (LBFW) ist für das einzelne Krankenhaus ein vorgegebener Wert, den es nicht beeinflussen kann. Er wird jährlich zwischen den Vertragsparteien auf Landesebene (Landeskrankenhausgesellschaft und Landesverbände der Kranken- und Ersatzkassen sowie dem Verband der Privaten Krankenversicherungen) neu verhandelt. Richtwert ist dabei der Bundesbasisfallwert (BBFW) und dessen Korridor-Eckwerte:

- Obergrenzenwert = BBFW + 2,5 %
- Untergrenzenwert = BBFW - 1,02 %

In diesem Entgeltkorridor sollte der Landesbasisfallwert angesiedelt sein.

Um dem Grundsatz der Beitragssatzstabilität zu genügen, darf der BBFW nur maximal um die Steigerungsrate nach § 71 Abs. 3 SGB V erhöht werden, es sei denn, die notwendige medizinische Versorgung ist auch nach Ausschöpfung von Wirtschaftlichkeitsreserven ohne Beitragssatzerhöhungen nicht zu gewährleisten. Seit 2009 werden die maximalen Steigerungsraten gem. § 71 Abs. 3 SGB V für die Landesbasisfallwerte der somatischen Krankenhäuser und die vereinbarten Krankenhausbudgets bei den psychiatrischen Einrichtungen nur noch einheitlich für das gesamte Bundesgebiet veröffentlicht (▶ Tab. 3.2).

Tab. 3.2: Steigerungsraten gem. § 71 Abs. 3 SGB V (Quelle: Veröffentlichungen des GKV Spitzenverbands Bund)

Jahr	Obergrenzen der Steigerungsraten für Krankenhaus-Entgelte
2008	0,64 %
2009	1,41 %
2010	1,54 %
2011	1,15 %
2012	1,98 %
2013	2,03 %
2014	2,81 %
2015	2,53 %
2016	2,95 %
2017	2,50 %

Tab. 3.2: Steigerungsraten gem. § 71 Abs. 3 SGB V (Quelle: Veröffentlichungen des GKV Spitzenverbands Bund) – Fortsetzung

Jahr	Obergrenzen der Steigerungsraten für Krankenhaus-Entgelte
2018	2,97 %
2019	2,65 %
2020	3,66 %
2021	2,53 %
2022	2,29 %

Die Landesbasisfallwerte können auch Preisbestandteile enthalten, die später ausgleichspflichtig gestellt werden. Eine unmittelbare buchhalterische Konsequenz hat die Vereinbarung von ausgleichspflichtigen Bestandteilen für Folgejahre im Landesbasisfallwert nicht. Es ist jedoch zu prüfen, ob u.U. Angaben im Lagebericht oder Anhang erforderlich sind, um den sicheren Einblick in die Vermögens-, Finanz- und Ertragslage zu verbessern.

Die in Tabelle 3.3 aufgeführten Landesbasisfallwerte wurden in den letzten Jahren in den Bundesländern vereinbart (▶ Tab. 3.3).

Tab. 3.3: Entwicklung der Landesbasisfallwerte (Quelle: Veröffentlichung des Verbandes der Ersatzkassen e.V. (vdek) vom 06.04.2021)

Bundesland (Stand 29.04.2021)	2019		2020		2021	
	LBFW o. Ausgleiche/ Kappung	LBFW mit Kappung + Ausgleichen	LBFW o. Ausgleiche/ Kappung	LBFW mit Kappung + Ausgleichen	LBFW o. Ausgleiche/ Kappung	LBFW mit Kappung + Ausgleichen
	EUR	EUR	EUR	EUR	EUR	EUR
Baden-Württemberg	3.539,12	3.539,12	3.662,15	3.672,40	3.750,41	3.750,41
Bayern	3.536,70	3.533,70	3.654,45	3.660,92	3.738,70	3.739,35
Berlin	3.532,50	3.532,50	3.659,00	3.670,45	3.750,11	3.750,11
Brandenburg	3.530,00	3.530,00	3.652,00	3.662,36	3.741,00	3.741,50
Bremen	3.547,00	3.547,00	3.664,35	3.674,63	3.749,00	3.749,00
Hamburg	3.534,91	3.534,91	3.657,00	3.667,25	3.743,70	3.743,70
Hessen*)	3.532,67	3.532,67	3.654,15	3.664,56	3.740,21	3.740,21
M-V	3.529,85	3.529,85	3.656,00	3.666,23	3.746,00	3.746,00

Tab. 3.3: Entwicklung der Landesbasisfallwerte (Quelle: Veröffentlichung des Verbandes der Ersatzkassen e.V. (vdek) vom 06.04.2021) – Fortsetzung

Bundesland (Stand 29.04.2021)	2019		2020		2021	
	LBFW o. Ausgleiche/ Kappung	LBFW mit Kappung + Ausgleichen	LBFW o. Ausgleiche/ Kappung	LBFW mit Kappung + Ausgleichen	LBFW o. Ausgleiche/ Kappung	LBFW mit Kappung + Ausgleichen
	EUR	EUR	EUR	EUR	EUR	EUR
Niedersachsen**)	3.528,55	3.528,55	3.652,68	3.662,97	3.739,40	3.739,40
NRW	3.537,00	3.537,00	3.654,19	3.664,45	3.738,55	3.738,55
Rhld.-Pfalz	3.683,97	3.683,97	3.786,00	3.786,00	3.876,66	3.851,85
Saarland	3.568,00	3.568,50	3.685,50	3.695,80	3.773,00	3.773,00
Sachsen	3.528,65	3.528,65	3.652,90	3.663,09	3.738,74	3.738,74
Sachsen-Anhalt	3.528,65	3.528,65	3.652,90	3.663,13	3.738,74	3.738,74
Schleswig-Holstein	3.528,50	3.528,50	3.652,50	3.662,73	3.739,00	3.739,00
Thüringen	3.528,65	3.528,65	3.652,90	3.663,17	3.738,74	3.738,74
Bundesbasisfallwerte:		3.544,97		3.671,18		3.747,98
Obergrenze (= +2,5 %):		3.633,60		3.762,96		3.841,68
Untergrenze: (= -1,02 %):		3.508,81		3.633,73		3.709,75

*) Zahlbasisfallwert ab 01.03.2019: 3.550,30; ab 01.05.2021: 3.783,24
**) Zahlbasisfallwert ab 01.02.2019: 3.536,69; ab 01.02.2021: 3.747,28

Zu (2) Zusatzentgelte:

Zusatzentgelte dürfen nur zusammen mit einer Fallpauschale (DRG) oder einem Entgelt nach § 6 KHEntgG abgerechnet werden. Auch sie ergeben sich aus dem jeweils gültigen Zusatzentgeltkatalog des Tages der Aufnahme.

Zu (3) und (6) Zu- und Abschläge:

Auf das Instrument des Zu- oder Abschlags wird finanzierungstechnisch immer dann zurückgegriffen, wenn Sachverhalte finanziell zu regeln sind, die nicht alle Krankenhäuser betreffen. Die Zu- und Abschläge werden auf der jeweiligen Krankenhausrechnung – Datensatz nach §§ 301 ff. SGB V – individuell aufgeführt.

Teilweise werden die Zu- und Abschläge krankenhausindividuell verhandelt, teilweise sind die Beträge auch als Vereinbarung der Selbstverwaltung oder gesetzlich festgelegt.

Die Buchhaltungen der Krankenhäuser stehen vor der Aufgabe, für diese Erlösbestandteile die notwendigen Konten anzulegen, damit die Erlösverprobung und die Ausgleichsberechnung auch innerjährig und bei auftretenden Differenzen Abstimmmöglichkeiten bietet. Detaillierte Ratschläge sind hier nicht möglich, sie müssen sich nach den EDV-technischen Angeboten und Möglichkeiten der jeweiligen EDV-Programme richten. Auf jeden Fall ist es sachgerecht, die abrechnungsrelevanten Zu- und Abschläge kontenmäßig von den DRG-Erlösen, Erlösen für Zusatzentgelte, Erlösen für Entgelte nach § 6 KHEntgG sowie bei Bedarf den Entgelten nach der BPflV (Psychiatrie-Entgelte) zu trennen.

3.2 Die Vergütung stationärer psychiatrischer, psychosomatischer und psychotherapeutischer Krankenhausleistungen (PEPPs)

Das »Selbstkostendeckungsprinzip« in der Benutzerkostenfinanzierung der Psychiatrien und der Psychosomatik sollte mit der Grundsatzentscheidung des Krankenhaus Reformgesetz (KHRG) von 2009, den § 17d KHG als neue Grundlage der Krankenhausfinanzierung zu verabschieden endgültig abgeschafft werden. Aber ein weltweit neues Entgeltsystem für die stationären, psychiatrischen, psychosomatischen und psychotherapeutischen Krankenhausleistungen neu zu erschaffen braucht Zeit. Hier ein kurzer Überblick über die Umsetzung (▶ Tab. 3.4).

Tab. 3.4: Zeitlicher Ablauf PEPP-Einführung

Datum	Gesetz/Ereignis	Inkrafttreten
07.11.2008	**Krankenhausfinanzierungsreformgesetz (KHRG) § 17d KHG**	25.03.2009
	Erteilt der Selbstverwaltung den Auftrag, ein neues Entgeltsystem für den Bereich der Psychiatrie, Psychotherapie und Psychosomatik (PEPP-Entgeltsystem) zu entwickeln.	
30.11.2009	**Vereinbarung der Selbstverwaltung über die Grundstrukturen des PEPP-Entgeltsystems**	–
	Vereinbarung über die Einführung eines pauschalierten Entgeltsystems für psychiatrische und psychosomatische	

Tab. 3.4: Zeitlicher Ablauf PEPP-Einführung – Fortsetzung

Datum	Gesetz/Ereignis	Inkrafttreten
	Einrichtungen gemäß § 17d KHG (Psych-Entgeltsystem) vom 30.11.2009.	
16.03.2012	**Ergänzungsvereinbarung der Selbstverwaltung** Ergänzungsvereinbarung vom 16.03.2012 zur Vereinbarung über die Einführung eines pauschalierenden Entgeltsystems für psychiatrische und psychosomatische Einrichtungen gemäß § 17d KHG (Psych-Entgeltsystem) vom 30.11.2009.	01.04.2012
21.07.2012	**Psychiatrie-Entgeltgesetz** Einführung eines pauschalierenden und leistungsbezogenen Entgeltsystems für psychiatrische, psychosomatische und psychotherapeutische Krankenhäuser in Stufen: 2013 oder 2014 freiwillig bzw. 2015 verpflichtend; ab 2017 bis 2021 mit einer Konvergenzphase, in der die krankenhausinternen Basisentgeltwerte gegen einen Landesentgeltwert konvergieren sollen.	01.01.2013
05.06.2014	**GKV-Finanzstruktur- und Qualitäts-Weiterentwicklungsgesetz (GKV-FQWG)** Durch das Gesetz wurden die sogenannte **Optionsphase** und der gesamte Einführungsprozess des pauschalierenden Entgeltsystems **um zwei Jahre verlängert**. Zudem wurden für die Einrichtungen finanzielle Anreize gesetzt, das neue Vergütungssystem frühzeitig freiwillig anzuwenden.	01.01.2015
23.12.2016	**Gesetz zur Weiterentwicklung der Versorgung und der Vergütung für psychiatrische und psychosomatische Leistungen (PsychVVG)** Ab dem Jahr 2018 ist dieses – so die Optionsphase nicht abermals per Gesetzgebung verlängert wird – verpflichtend anzuwenden. Neu ist, dass die Entgelte künftig auf Basis der Häuser bundesweit kalkuliert werden sollen, die bestimmte Qualitätsanforderungen erfüllen – insbesondere zur Personalausstattung. Dazu wird der Gemeinsame Bundesausschuss (G-BA) bis zum 01.01.2020 verbindliche Mindestvorgaben definieren. In der Zwischenzeit sollen die Vorgaben der Psychiatrie-Personalverordnung (Psych-PV) möglichst umfassend umgesetzt werden.	01.01.2017
13.03.2019	**Abschluss der »Psych-Krankenhausvergleichs-Vereinbarung« durch die Selbstverwaltung** Die Vereinbarung regelt die Datengrundlage, die Darstellung der Ergebnisse, die Definition der Vergleichsgruppen, die Datenübermittlung an das InEK sowie die Zugangsrechte für die Anwender des Krankenhausvergleichs.	Erstmals zum 31.07.2019

Tab. 3.4: Zeitlicher Ablauf PEPP-Einführung – Fortsetzung

Datum	Gesetz/Ereignis	Inkrafttreten
	Der Vergleich basiert im Wesentlichen auf den **Vereinbarungsdaten der Krankenhäuser**. Die Übermittlung soll binnen 21 Tagen nach der Genehmigung der Entgeltvereinbarung erfolgen; erstmals zum 31.07.2019 für die Daten von 2018.	
19.09.2019	Richtlinie des Gemeinsamen Bundesausschusses über die Ausstattung der stationären Einrichtungen der Psychiatrie und Psychosomatik mit dem für die Behandlung erforderlichen therapeutischen Personal gemäß § 136a Absatz 2 Satz 1 SGB V (PPP-RL)	01.01.2020
15.04.2021	Beschluss des Gemeinsamen Bundesausschusses über eine Änderung des Servicedokuments gemäß § 16 Abs. 5 Personalausstattung Psychiatrie und Psychosomatik-Richtlinie (PPP-RL): Technische Korrektur von Teil B für das Erfassungsjahr 2021	Korrektur für das Jahr 2021

Die von der Gesundheitspolitik beauftragte sog. Selbstverwaltung im Gesundheitswesen – bestehend aus dem Spitzenverband Bund der gesetzlichen Krankenkassen (GKV) und dem Verband der Privaten Krankenversicherungen (PKV) sowie der Deutschen Krankenhausgesellschaft (DKG) – konnte sich bis 2012 nicht auf ein pauschalierendes Entgeltsystem einigen und so hat die Bundesgesundheitspolitik auf der Grundlage eines Vorschlags des Instituts für das Entgeltsystem im Krankenhaus (InEK) den PEPP-Entgeltkatalog sowie die dazugehörigen Abrechnungsbestimmungen für 2013 im Wege der Ersatzvornahme – für die Kliniken optional – eingeführt. Die optionale Einführung eines neuen »pauschalierenden Entgeltsystems in der Psychiatrie und der Psychosomatik (PEPP)« für 2013 und 2014 durch die Bundespflegesatzverordnung 2013 hat sich rückblickend als Fehlentscheidung erwiesen. Viel zu wenig psychiatrische Krankenhäuser oder selbständige Fachabteilungen sind freiwillig auf das PEPP-System umgestiegen.

Die Ablehnung in der Fachwelt war einfach zu groß und so wurde mit dem PEPP-Katalog 2015 ein neuer Entgeltalgorithmus beschlossen, der mit besonderen ökonomischen Anreizen zum Umstieg versehen wurde. Mit dem 2016 in Kraft getretenen PsychVVG gab die Gesundheitspolitik endgültig den Versuch auf, für die Psychiatrie und Psychosomatik ein Vergütungssystem zu schaffen, das dem DRG-System nachgebaut sein sollte. Das Projekt, einen landeseinheitlichen Basisentgeltwert zu schaffen, gegen den ab 2019 die krankenhausindividuellen Tagesentgelte bis 2023 vollständig konvergieren sollten, wurde gestrichen. Dafür kam nach einer neuerlichen Verschiebung, die Verpflichtung bis Ende 2018 auf das PEPP-System umzustellen.

Nach der Einführung des PEPP-Entgeltsystems für die psychiatrischen, psychosomatischen und psychotherapeutischen Krankenhausleistungen wird nun ein neues Konzept verfolgt, die klinikindividuellen Preise endgültig abzuschaffen. Krankenkassen und Gesundheitspolitik wollen nun mit Hilfe des InEK aus den Daten der

Entgeltverhandlungen ein leistungsbezogenes Normbudget erschaffen, das der Klinik und den Krankenkassen für die Entgeltverhandlungen als Leitlinie zur Verfügung gestellt wird. Über einen leistungsbezogenen Krankenhausvergleich sollen sich die Basisentgeltwerte vergleichbarer Krankenhäuser einem einheitlichen Niveau anpassen. Die Ergebnisse aus dem Krankenhausvergleich werden den Verhandlungspartnern quartalsweise zum 31.03., 30.06., 30.09. und 31.12. eines Jahres vom Institut für das Entgeltsystem im Krankenhaus (InEK) offengelegt. Zwei Entgeltregelungen sind offensichtlich im derzeit gültigen Normensystem der Psychiatriefinanzierung nicht mehr zu finden:

1. Wie soll der Budget-Anpassungsmechanismus ablaufen, mit dem ein im Branchenvergleich »teures«, aber nicht so leistungsstarkes Budget auf seine Leistungen abgesenkt werden soll?
2. Wie wird im neuen Psych-Finanzierungssystem sichergestellt, dass die Beitragssatzstabilität gewahrt wird?

Nach den neuesten Eckpunkten der Gesundheitspolitik zur Neuordnung der Entgelte in der Psychiatrie, Psychosomatik und Psychotherapie vom 18.02.2016 sollen an die Stelle der Konvergenzphase kurzfristig folgende neue Überlegungen in ein Gesetzesvorhaben eingebracht werden:

- Stärkung der sektorenübergreifenden Versorgung durch Einführung einer komplexen psychiatrischen Akutbehandlung im häuslichen Umfeld (Hometreatment)
- Neue Ausgestaltung als Budgetsystem:
  - Konvergenz zu landeseinheitlichen Preisen ist entfallen,
  - Verhandlungspartner vor Ort werden gestärkt,
  - regionale Versorgungsverpflichtungen werden in bedarfs- und leistungsgerechten Budgets berücksichtigt.
- Kalkulation bundeseinheitlicher Bewertungsrelationen auf Basis empirischer Daten
- Verbindliche Mindestvorgaben für die Personalausstattung (G-BA muss sich an PPP-RL orientieren und die medizinischen Leitlinien berücksichtigen)
- Krankenhausvergleich als Transparenzinstrument (Auftrag an Bundesebene) mit dem Ziel, »Gleiches gleich und Ungleiches ungleich« zu vergüten.

3.3 Krankenhauspolitik über die Veränderungsrate gesteuert

Auf längere Sicht scheint es so, als ob die Nachfrage nach mehr Finanzmitteln seitens der medizinischen Leistungserbringer eine unabänderliche Grundfunktion des deutschen Gesundheitswesens darstellt.

Hatte man zunächst in Entgeltverhandlungen vor Ort versucht, die Selbstkosten eines wirtschaftlich und sparsam arbeitenden Krankenhauses zu ermitteln, so hat man inzwischen die Finanzhoheit über das Gesundheitswesen – auch über die Krankenhäuser – zentralisiert, um in makroökonomischer Denkweise gesundheitspolitische Ziele (z. B. Kapazitätsabbau) über den Transmissionsriemen des Geldes durchzusetzen.

Um die divergierenden Landesbasisfallwerte betragsmäßig anzugleichen, hat man gesetzlich den Bundesbasisfallwert (BBFW) und seinen Korridor (Ober- und Untergrenze geschaffen, um mittelfristig alle Landesbasisfallwerte in diese Bandbreite zu zwingen. Die Bundesbasisfallwerte sind in Tabelle 3.5 dargestellt (▶ Tab. 3.5).

Tab. 3.5: Entwicklung der Bundesbasisfallwerte 2017–2021

	Untere Grenze		Bundesbasisfallwert (BBFW)	Obere Grenze	
	EUR	v.H.		v.H.	EUR
2021	3.709,75	-1,02 %	3.747,98	2,5 %	3.841,68
2020	3.633,73	-1,02 %	3.671,18	2,5 %	3.762,96
2019	3.508,81	-1,02 %	3.544,97	2,5 %	3.633,59
2018	3.431,93	-1,02 %	3.467,30	2,5 %	3.553,98
2017	3.341,67	-1,02 %	3.376,11	2,5 %	3.460,51

Ein Abgleich der Landesbasisfallwerte mit dem BBFW-Korridor lässt erkennen, dass 2021 drei LBFW nur geringfügig über dem Bundesbasisfallwert, zwei LBFW deutlich über dem Bundesbasisfallwert und in 11 Bundeländern der Landesbasisfallwert zwischen der Korridoruntergrenze und dem Bundesbasisfallwert vereinbart wurden. Der Landesbasisfallwert von Rheinland-Pfalz liegt EUR 113,30 über dem niedrigsten LBFW, dem des Landes Nordrhein-Westfalen (▶ Abb. 3.1).

Fazit: Vor diesem Hintergrund ist die jahrelange Diskussion um stichhaltige Gründe für eine Preisdifferenzierung bei den LBFW ad absurdum geführt; denn trotz jahrelanger Absenkungsverhandlungen liegt der Landesbasisfallwert von Rheinland-Pfalz immer noch deutlich über dem oberen Grenzwert des BBFW-Korridors.

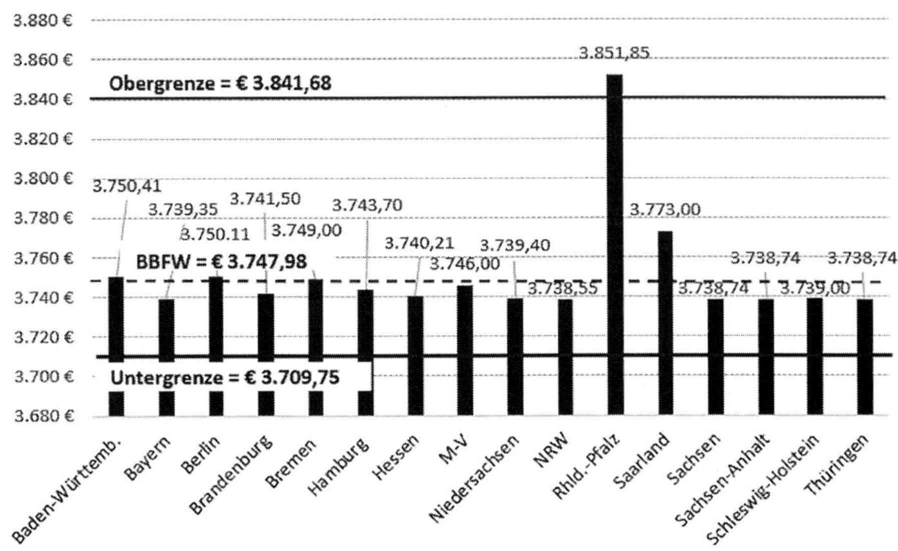

Abb. 3.1: Landesbasisfallwerte 2021

3.4 Finanzierung der Ausbildungsstätten

Gemäß § 2 Nr. 1a KHG sind aus Krankenhausmitteln auch die mit den Krankenhäusern notwendigerweise verbundenen Ausbildungsstätten staatlich anerkannter Einrichtungen an zugelassenen Krankenhäusern zur Ausbildung für die Berufe

a) Ergotherapeut, Ergotherapeutin,
b) Diätassistent, Diätassistentin,
c) Hebamme, Entbindungspfleger,
d) Krankengymnast, Krankengymnastin, Physiotherapeut, Physiotherapeutin,
e) Pflegefachfrau, Pflegefachmann,
f) Gesundheits- und Kinderkrankenpflegerin, Gesundheits- und Kinderkrankenpfleger,
g) Krankenpflegehelferin, Krankenpflegehelfer,
h) medizinisch-technischer Laboratoriumsassistent, medizinisch-technische Laboratoriumsassistentin,
i) medizinisch-technischer Radiologieassistent, medizinisch-technische Radiologieassistentin,
j) Logopäde, Logopädin,
k) Orthoptist, Orthoptistin,
l) medizinisch-technischer Assistent für Funktionsdiagnostik, medizinisch-technische Assistentin für Funktionsdiagnostik,

zu finanzieren, wenn Krankenhäuser Träger oder Mitträger entsprechender Ausbildungsstätten sind.

Die staatliche Anerkennung beruht auf einem Bescheid der Krankenhausaufsichtsbehörde, aus dem hervorgeht, wie groß die Ausbildungskapazität der Einrichtung ist.

Beispiel:

Eine Krankenpflegeschule mit 60 Plätzen – also 20 Plätze je Schuljahr – kann nicht Kosten für 75 Schülerinnen und Schüler abrechnen. Das sind 15 Ausbildungen über der staatlichen Anerkennung, diese Ausbildungskosten dürfen dann nicht vergütet werden.

Bis zum Jahr 2005 wurden die Betriebskosten der Ausbildungsstätten und die Mehrkosten der Krankenpflegeschüler und -schülerinnen sowie die Kosten der Praxisanleitung in den tagesgleichen Pflegesätzen zusammen mit den Krankenhauskosten abgerechnet. Es gab keine gesondert auf der Rechnung ausgewiesenen Entgelte zur Finanzierung der Ausbildung.

Als die DRGs über die unterschiedlichen Preise Wettbewerbselemente zeigten, waren Krankenhäuser mit Krankenpflegeschulen plötzlich teurer als Krankenhäuser ohne Ausbildungsstätten. Als Folge wurden die Betriebskosten der Ausbildungsstätten, die Mehrkosten der Krankenpflegeschüler und -schülerinnen sowie die Kosten der Praxisanleitung separiert und gesondert abgerechnet.

Diese neuen Teilentgelte – ausgestaltet als Zuschläge auf der DRG-Rechnung – konnten nicht von den Krankenhäusern mit Krankenpflegeschulen abgerechnet werden, dann wäre der Wunsch nach gleichem Entgelt für gleiche Leistung nicht zum Tragen gekommen. Vielmehr mussten alle stationären Leistungen aller zugelassenen Krankenhäuser die Ausbildungszuschläge in gleicher Höhe tragen, gleichgültig, ob das Krankenhaus über eine Ausbildungsstätte verfügt oder nicht. Diese zweckgebundenen Erlösbestandteile mussten an eine neutrale Stelle (z. B. die Landeskrankenhausgesellschaft) abgeführt werden, die dann die Vergütungen an die Krankenhäuser mit Ausbildungsstätten bezahlt. Diesem Finanzierungssystem der Krankenpflegeschulen lagen drei Kalkulationen zugrunde:

(1) Eine Vorauskalkulation (Kosten und Schülerzahlen) auf Landesebene betreffend den per Umlage zu erhebenden Finanzbedarf aller Ausbildungseinrichtungen im Land.

(2) Je eine Kalkulation je Ausbildungsstätte, um die Leistungsentgelte festzulegen (Entgeltverhandlung der Ausbildungsstätte).

(3) Dazu gab es noch eine Nachkalkulation, ob die vorauskalkulierten Entgelte gemäß (2) mit den entsprechenden Leistungen (tatsächlich ausgebildeten Schülern) und für die nachgewiesenen tatsächlichen Kosten der Ausbildungsstätte verwendet wurden.

Der Krankenhausträger hat den Krankenkassen/Kostenträgern für die Budgetverhandlungen der Ausbildungsstätte eine vom Jahresabschlussprüfer bestätigte Aufstellung für das abgelaufene Jahr über die Einnahmen aus den Umlagen zu (1), deren Weiterleitung an den Ausgleichsfonds und den in Rechnung gestellten Zuschlägen, über Erlösabweichungen zum vereinbarten Ausbildungsbudget und über die zweckgebundene Verwendung der Mittel vorzulegen.

Ab 2020 musste dieses Finanzierungssystem an die neuen Ausbildungsvorschriften des Pflegeberufegesetzes angepasst werden. Es gibt keine Krankenpflege-, Kinderkrankenpflege- oder Altenpflegeausbildung mit getrennten Ausbildungsgängen mehr, sondern mindestens 2 Jahre erfolgt eine generalistische pflegerische Ausbildung, die im 3. Ausbildungsjahr spezialisiert werden kann, aber nicht muss.

Die Ausbildung zur Pflegefachkraft nach dem Pflegeberufegesetz dauert in jedem Fall drei Jahre. Es handelt sich um eine schulische Ausbildung mit praktischen Einsätzen. Träger der Ausbildung können Kliniken, Krankenhäuser, Altenheime oder andere soziale Einrichtungen sein (▶ Abb. 3.2).

Die neuen Ausbildungsentgelte gelten für Ausbildungsverträge ab dem 01.01.2020. Bereits zuvor abgeschlossene Ausbildungsverträge werden vereinbarungsgemäß abgewickelt. Das heißt: Alle Krankenhäuser und Pflegeeinrichtungen müssen in den nächsten Jahren zwei Finanzierungsverfahren bearbeiten.

Beispiel NRW:

Die neuen pauschalierten Ausbildungsentgelte, die der Ausbildungsfonds des Landes an die Träger der Pflegeschulen und an die Träger der praktischen Ausbildung bezahlt, betragen:

- für die Pflegeschulen für das Jahr 2020 pauschal 7.350 Euro pro Jahr je Schülerin oder Schüler. Für 2021 steigt dieser Betrag auf 7.563 Euro;
- für die Träger der praktischen Ausbildung einigte man sich für 2020 auf 8.000 Euro pro Jahr je Auszubildenden, für 2021 auf 8.232 Euro.

Insgesamt ergibt dies eine Finanzierung von 15.350 Euro für 2020 und 15.795 Euro für 2021 in NRW. Zusätzlich wird die Ausbildungsvergütung, die sich nach der tatsächlich gezahlten Vergütungshöhe richtet, gezahlt.

In anderen Bundesländern gibt es ähnliche Finanzierungsmodelle, die bei Bedarf im Internet recherchiert werden können.

Nach derzeitigem Stand der Entgeltkalkulation und -verhandlung ist sicherzustellen, dass bei einem kalkulierenden Krankenhaus Kosten nicht mehrfach angesetzt und kalkuliert werden (▶ Abb. 3.3).

Es sind Vorkehrungen zu treffen, dass beispielsweise Pflegekräfte nicht doppelt angesetzt werden, möglicherweise einmal als Pflegekräfte im Rahmen des Pflegebudgets und ein zweites Mal als Praxisanleiter im Ausbildungsbudget, oder dass Mitarbeiter des technischen Dienstes nicht sowohl im DRG-Budget als auch im Psychiatrie-Budget und im Ausbildungsbudget kalkuliert werden.

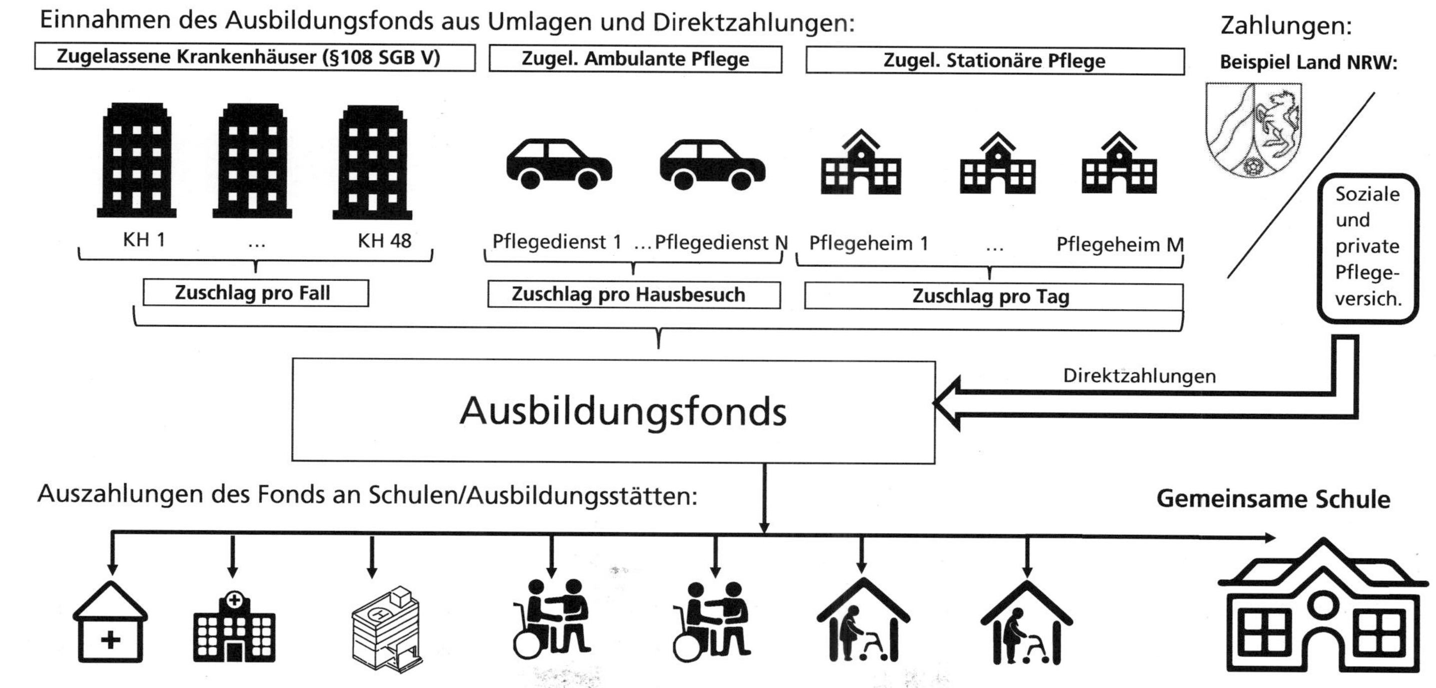

Abb. 3.2: Finanzierungssystem der Krankenpflegeschulen

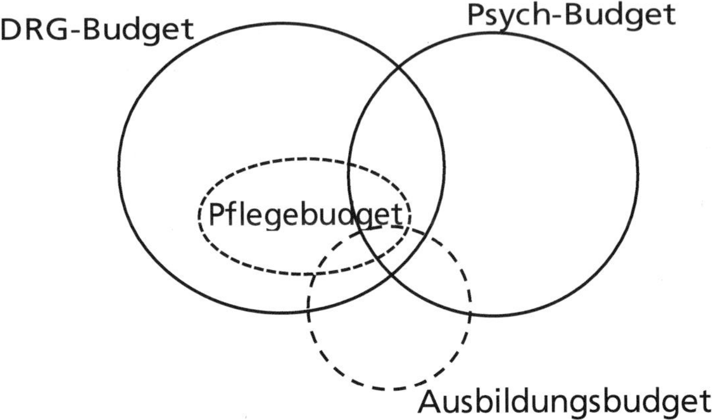

Abb. 3.3: Schnittmenge der zu kalkulierenden Kosten (Kostenabgrenzungen bei der Kalkulation für die Entgeltverhandlungen)

3.5 Selbstbeteiligung bzw. Beitreibung der Eigenanteile

Grundsätzlich hat die Erbringung der Krankenhausleistung – die Patientenbehandlung – nichts mit dem gesetzlichen (Pflicht-)Versicherungsverhältnis bestehend zwischen dem versicherten Patienten und der gesetzlichen Krankenversicherung oder Ersatzkasse zu tun (▶ Abb. 3.4).

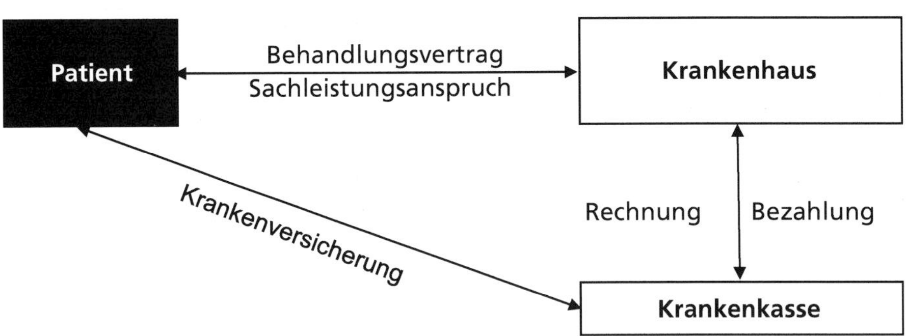

Abb. 3.4: Vertragsverhältnis Krankenhaus/Krankenkasse/Patient (Sachleistungsanspruch)

Dennoch hat der Gesetzgeber die aus dem Versicherungsverhältnis stammende Selbstbeteiligung des versicherten Patienten zwangsweise in den Behandlungsvertrag einbezogen. Gemäß § 39 Abs. 4 SGB V hat grundsätzlich jeder Versicherte, der das 18. Lebensjahr vollendet hat, vom Beginn der vollstationären Krankenhausbehandlung an innerhalb eines Kalenderjahres für längstens 28 Tage den sich nach § 61 Satz 2 SGB V ergebenden Betrag je Kalendertag (zzt. EUR 10,00 pro Tag) an das behandelnde Krankenhaus zu bezahlen.

Bis zum Inkrafttreten des KHRG galt, dass das Krankenhaus das Geld bei den Patienten während des Krankenhausaufenthalts anfordert und bei Nicht-Zahlung diesen Betrag noch einmal anmahnt. Bezahlte der Patient trotz Mahnung nicht, hat das Krankenhaus den vollen, d. h. ungekürzten Betrag der Krankenkasse in Rechnung gestellt. Die Krankenkasse musste dann selbst organisieren, wie sie an ihre Zuzahlungsgelder kommt. Ein Ausfallrisiko (Delkredere) hatte die jeweilige Krankenkasse des Patienten zu tragen.

Diese Verwaltungspraxis hat sich durch § 43c Abs. 3 SGB V zu Lasten der Krankenhäuser verändert. Nunmehr reduziert sich der Rechnungsbetrag kraft Gesetzes um den Patientenzuzahlungsbetrag. Praktisch besitzt das Krankenhaus nunmehr nur noch einen Zahlungsanspruch auf den geminderten Rechnungsbetrag gegen die Krankenkasse. Eine zweite Rechnung des Krankenhauses ist an den GKV-Patienten zu stellen. Ein Beispiel:

- Eine DRG-Behandlung über 0,7865 CM-Punkte und einem Basisfallwert von EUR 2.800,00 beläuft sich auf EUR 2.202,20. Der Patient hat 5 Belegungstage im Krankenhaus verbracht. Die Rechnung spaltet sich in eine Teilrechnung an die GKV und eine weitere Rechnung an den Patienten über EUR 50,00.
- **Debitor 1**: An die GKV-Kasse des Patienten wird ein Betrag von EUR 2.152,20 berechnet
- **Debitor 2**: An den Versicherten (Patient 27 Jahre alt) wird ein Zuzahlungsbetrag von EUR 50,00 berechnet

Wenn der Patient die Rechnung nicht bereits bis zu seiner Entlassung aus dem Krankenhaus bezahlt, wird dann folgendes Verfahren in Gang gesetzt (▶ Abb. 3.5)

Das Krankenhaus bedarf noch weiterer Informationen, um die Rechtmäßigkeit der Anforderung einer Zuzahlung beurteilen zu können, so z. B. die Information, ob und wie viel der Patient in diesem Jahr bereits an Zahlungen auf sein Pflichtkontingent von EUR 280,00 Zuzahlung geleistet hat bzw. ob er von Zuzahlungen freigestellt ist.

Das Krankenhaus fragt diese Information bei den Krankenkassen ab und erhält i. d. R. eine Information zu irgendeinem Buchungsstand zeitlich vor der Anfrage zur Kostenübernahme. Ob der Patient in der Zwischenzeit vielleicht bereits ein anderes Krankenhaus aufgesucht hatte und er dort weitere EUR 10 Zuzahlungsbeträge je Tag bezahlt hatte, bleibt dabei offen und ist dann meistens streitbefangen.

Für die Ausstellung des Anhörungsbogens und des Mahnbescheids erhält das Krankenhaus eine Verwaltungspauschale in Höhe von EUR 8,50 als »angemessene Pauschale«.

Weiter obliegt dem Krankenhaus nun die Pflicht, die Zuzahlungsbeträge zu vollstrecken. Es kann sich dazu der öffentlichen Gerichtsvollzieher oder eigener Vollstrecker bedienen. Das Krankenhaus – gleich welcher Trägerschaft – handelt dann kraft seiner Beleihung hoheitlich. Wenn das Krankenhaus die erfolglose Vollstreckung nachweist, darf es der Krankenkasse den Zuzahlungsbetrag in Rechnung stellen. Die Kosten des Vollstreckungsverfahrens und eventuelle Gerichtskosten trägt dann die Krankenkasse.

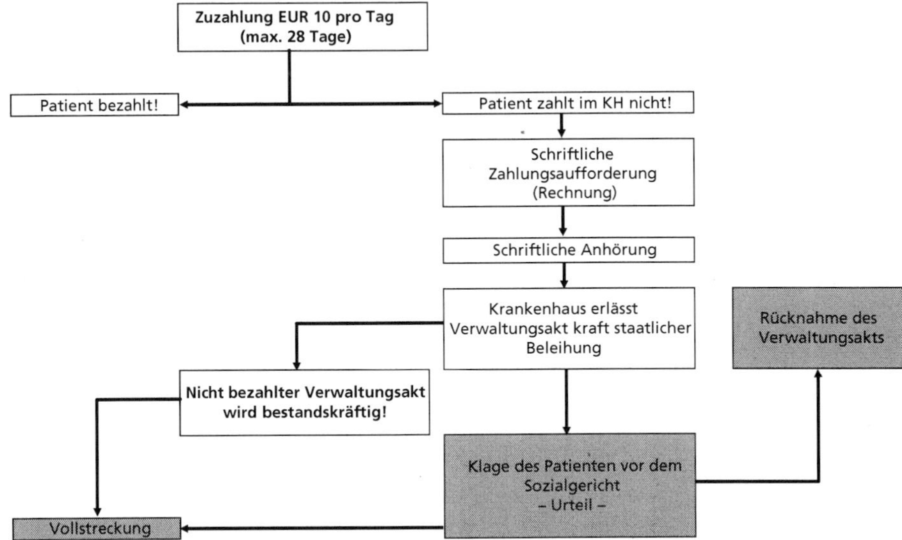

Abb. 3.5: Verfahren zur Einbehaltung/Beitreibung von Eigenanteilen

Mit diesem beschriebenen Verfahren, um in der Regel rund EUR 50 bis 70 pro Fall einzunehmen, wird die größtmögliche Verwaltungsintensität im deutschen Gesundheitswesen in Gang gesetzt.

In der Praxis wird im Verhältnis Krankenhaus/Krankenkasse häufig von § 43c Abs. 3 letzter Satz SGB V Gebrauch gemacht: *»Zwischen dem Krankenhaus und der Krankenkasse können abweichende Regelungen zum Zahlungsweg vereinbart werden, soweit dies wirtschaftlich ist.«*

Abschließend ist darauf hinzuweisen, dass die KHBV in ihrem Musterkontenrahmen kein Konto für diese Erlöse vorsieht. Das Krankenhaus sollte sich unter der Kontengruppe 57 ein separates Konto für die *»Erstattungen der Krankenkassen aus Beitreibungen«* einrichten.

4 Buchführung und Jahresabschluss

4.1 Vorbemerkungen

Der **Jahresabschluss eines Krankenhauses** umfasst gem. § 4 Abs. 1 KHBV

- die **Bilanz,**
- die **Gewinn- und Verlustrechnung** (GuV) sowie
- den (gegenüber dem HGB verkürzten) **Anhang** einschl. **Anlagennachweis.**

Ein **Lagebericht** ist nach der KHBV **nicht vorgeschrieben.** Schreiben jedoch andere Rechnungslegungsvorschriften des Krankenhaus-Trägerunternehmens – z. B. das HGB bei einer Krankenhausträger-GmbH – oder die Satzung des Trägers einen solchen vor, so ist dieser zusätzlich aufzustellen – wegen weiterer Einzelheiten zur Aufstellung des Lageberichts siehe Kapitel 7.

Der **Bilanz als Zeitpunkt- oder Beständerechnung** wird meistens innerjährlich wenig Beachtung geschenkt. Die Unternehmenssteuerung des Krankenhauses erfolgt i. d. R. mittels einer aus den Erfolgskonten abgeleiteten, **kurzfristigen Erfolgsrechnung.** Dabei wird der investive Bereich meistens nur in Form der zeitanteiligen eigenmittelfinanzierten Abschreibung pauschal berücksichtigt.

Die **Gewinn- und Verlustrechnung** als **handelsrechtliche Zeitraumrechnung** ist im Krankenhaus wegen des **dualen Finanzierungssystems** erst nach vollständiger Verbuchung des Anlagevermögens, der Fördermittel und der Sonder- bzw. Ausgleichsposten aussagefähig und wird daher meist nur einmal im Jahr im Zusammenhang mit dem Jahresabschluss aufgestellt. Angesichts der möglichen Erfolgswirksamkeit der Buchungen aus der Förderung mittels der Baupauschale in NRW ist diese Vorgehensweise zumindest in NRW nicht länger ratsam.

Grundsätzlich gilt in der Krankenhausbilanz wie in der industriellen oder gewerblichen, handelsrechtlichen Bilanz, dass die **Aktivseite die Vermögenspositionen** – also die eingegangenen Kapitalbindungen – abbildet, während die **Passivseite deren Finanzierung** widerspiegelt.

Dabei gilt im Krankenhaus der Grundsatz: »**Bilanzierungsregeln sind keine Finanzierungsregeln und Finanzierungsregeln sind keine Bilanzierungsregeln**«. Dennoch spielen handelsrechtliche Begriffe in den Finanzierungsvorschriften des Krankenhauses eine bedeutende Rolle.

Aus diesem Grund sollen zunächst einige Grundbegriffe und Schemata vorgestellt werden, die für das weitere Verständnis der Krankenhausbilanzierung wichtig sind.

4.2 Das große Prüfschema der Aktivierung in der Krankenhausbilanz

Fragen der **handelsrechtlichen Aktivierung** werden grundsätzlich in **drei Schritten** geprüft:

1. Schritt: Liegt ein bilanzierungsfähiger Vermögensgegenstand vor?
2. Schritt: Wie ist er zu bewerten?
3. Schritt: Wie ist er auszuweisen?

Im **Krankenhaus** schließt sich an diese drei Prüfschritte stets ein

4. Schritt an: Wie ist der Vermögensgegenstand finanziert?

1. Schritt: Liegt ein bilanzierungsfähiger Vermögensgegenstand vor?

Der **erste Schritt** wird auch **Prüfung des Bilanzansatzes** bzw. **Bilanzierung dem Grunde nach** bezeichnet. Hierbei gilt es, eine der schwierigsten Fragen des deutschen Handelsrechts zu lösen, nämlich die Frage: **Was ist ein Vermögensgegenstand?** Abgesehen von Bilanzierungshilfen (z. B. Ausgleichsposten für Eigenmittelförderung), die einzeln im Gesetz genannt sein müssen, werden nur Vermögensgegenstände aktiviert. Das Dritte Buch des HGBs – Handelsgesetzbuch – basiert auf dem Begriff des Vermögensgegenstandes, ohne ihn in irgendeiner Vorschrift zu definieren.

Im juristischen Sinne liegt somit ein **unbestimmter Rechtsbegriff** vor, der der Auslegung bedarf. Zum Begriff des Vermögensgegenstandes – der im Steuerrecht auch **Wirtschaftsgut** genannt wird – gehört zunächst das Wort »Gegenstand«, das im Zivilrecht den Oberbegriff für Rechte und Sachen bildet. Das Handelsrecht und die hierzu ergangene steuerliche Rechtsprechung haben den Begriff des Vermögensgegenstandes weiter ausgedehnt. Viele Theorien und Doktorarbeiten sind zum Begriff geschrieben worden, aber stets enden sie damit, dass bei der Bestimmung des Vermögensgegenstandes dem Bilanzierenden ein **großes Ermessen** zukommt.

Bestimmt wird der Begriff Vermögensgegenstand durch Indizien wie »**selbständige Veräußerbarkeit**«, »**selbständige Nutzungsfähigkeit**«, »**selbständige Bewertbarkeit (Anschaffungs- und Herstellungskosten bzw. Verkehrswert)**« sowie »**einheitlicher Nutzungs- und Funktionszusammenhang**«. Demgemäß gehören zu einer beweglichen Sache, z. B. einem **PC**, der Rechner, der Bildschirm, die Tastatur, die Maus und das Modem neben allen Kabelverbindungen, d. h. alle Teile, die in einem einheitlichen Nutzungs- und Funktionszusammenhang mit dem PC stehen. Andererseits sind im Handel die einzelnen Komponenten selbständige Vermögensgegenstände, da sie selbständig veräußerungsfähig sind. Im Krankenhaus gibt es noch ein besonderes Beispiel von einheitlichem Nutzungs- und Funktionszusammenhang (auch **Sachgesamtheit** genannt): Das **Instrumenten-Set** (Instrumentensieb, OP-Sieb). Bewertet man die einzelnen Instrumente im Instrumentensieb, ergibt sich außerdem eine andere Finanzierung als bei einer Bewertung des kompletten Instrumentensiebs als Bewertungseinheit. Wenn bei der Entscheidung, was ein Vermögensgegenstand ist, soviel Ermessensspielraum gegeben ist, dann kommt einer genauen Kenntnis der Folgen der Bilanzierungsspielräume erhebliche Bedeutung zu.

Die Rechtsbegriffe »**selbständige Veräußerbarkeit, selbständige Nutzungsfähigkeit, selbständige Bewertbarkeit**« bilden die Grundlage, um die gesetzliche Definition des Geschäfts- oder Firmenwertes zu verstehen. Gemäß § 246 Abs. 1 Satz 2 HGB wird der Geschäfts- oder Firmenwert wie folgt definiert: »*Der Unterschiedsbetrag, um den die für die Übernahme eines Unternehmens bewirkte Gegenleistung den Wert der einzelnen Vermögensgegenstände des Unternehmens abzüglich der Schulden im Zeitpunkt der Übernahme übersteigt (entgeltlich erworbener Geschäfts- oder Firmenwert), gilt als zeitlich begrenzt nutzbarer Vermögensgegenstand.*« Derartige Vorschriften sind insbesondere bei der Bilanzierung von Praxiskäufen z. B. zur Begründung eines Medizinischen Versorgungszentrums (MVZ) bedeutsam. Hierbei geht es um die Aufteilung, was auf die entgeltlich erworbene KV-Zulassung (Firmenwert) und was auf andere Vermögensgegenstände entfällt. Für die KV-Zulassung ist die Abnutzungsdauer zu schätzen, sodass der Firmenwert der Praxis über 5 Jahre oder über einen längeren Zeitraum – und stets mit einer Begründung im Anhang – abzuschreiben ist.

In dem Begriff »**Vermögensgegenstand**« ist aber neben dem Wort »Gegenstand« noch eine zweite Komponente enthalten, das Wort »**Vermögen**«. Der zu bilanzierende Vermögensgegenstand muss zum Vermögen des Krankenhauses gehören, er muss in seinem **wirtschaftlichen Eigentum** (§ 246 Abs. 1 HGB) stehen. In der handelsrechtlichen Bilanz wird wirtschaftliches Eigentum und **nicht juristisches Eigentum** bilanziert. Dieser Umstand spielt beispielsweise bei der Bilanzierung von **Sicherheitseigentum** eine Rolle, das juristisch der Bank (Sicherungsnehmer) gehört, aber wirtschaftlich beim Krankenhaus bilanziert wird. Auch die Lieferung unter **Eigentumsvorbehalt** erfüllt den Tatbestand der Bilanzierung des wirtschaftlichen Eigentums und ist beim Krankenhaus zu bilanzieren, obwohl die Sache, da noch nicht bezahlt, noch im juristischen Eigentum des Lieferanten steht. Ein drittes Beispiel zeigt die Grenzen des wirtschaftlichen Eigentums auf: Die Bilanzierung des **Konsignationslagers**. Ein Implantatehersteller für künstliche Hüftgelenke legt sein Sortiment in ein Lager im OP des Krankenhauses. Wenn aus dem Lager eine Hüfte zur Implantation entnommen wird, wird dies dem Hersteller angezeigt, und er berechnet erst jetzt das Implantat, d. h. das Lager steht nicht im wirtschaftlichen Eigentum des Krankenhauses. Durch das Bilanzrechtsmodernisierungsgesetz (BilMoG) wurde der Begriff des wirtschaftlichen Eigentums in § 246 Abs. 1 HGB neu gefasst.

Wirtschaftliches Eigentum kann auch bei der **Bilanzierung der Betriebsaufspaltung** eine Rolle spielen (► Kap. 1.4).

Ein weiterer Fall des wirtschaftlichen Eigentums im Krankenhaus ergibt sich bei Fragen des »**Embedded Lease**«. Hierzu folgendes Beispiel:

> **Beispiel:**
>
> Sachverhalt:
>
> - Ein Krankenhaus A bezieht Industriegase.
> - Der Hersteller der Gase hat lt. Vertrag auf seine Kosten Speicher- und Verteilungsanlagen auf dem Betriebsgelände des Krankenhauses A errichtet.
> - Zwischen dem Krankenhaus A und dem Hersteller besteht als entgeltliches zivilrechtliches Austauschverhältnis nur ein Gasliefervertrag.
>
> Beurteilung:
>
> - In dem (zivilrechtlichen) Gasliefervertrag kann wirtschaftlich ein Leasingvertrag über die Anlagen enthalten sein (embedded lease), etwa weil A den physischen Zugang zu den Anlagen kontrolliert oder bei Unterschreiten einer Mindestabnahme an Gas eine fixe Vergütung/Entschädigung an den Gaslieferanten zahlen muss (take-or-pay agreement).
> - Falls danach ein Leasingvertrag zu bejahen ist, sind die laufenden Zahlungen in einen Leasing- und Gasanteil zu trennen.
> - Für den Leasinganteil ist schließlich noch zu klären, ob – etwa wegen Spezialleasings – ein finance lease vorliegt, d. h. das wirtschaftliche Eigentum A zuzurechnen ist.

Ähnlich gelagerte Fälle finden sich in Krankenhäusern z. B. bei Laborgeräten oder Langzeit-EKGs.

Schließlich gehört zur Frage der **Bilanzierung dem Grunde nach** die Feststellung, ob es sich bei dem Vermögensgegenstand um einen Gegenstand des **Anlage- oder** einen des **Umlaufvermögens** handelt. In § 247 Abs. 2 HGB wird vorgeschrieben, dass diejenigen Vermögensgegenstände zum Anlagevermögen gehören, die dauerhaft dazu bestimmt sind, dem Geschäftsbetrieb zu dienen. Im **Umkehrschluss** gehören diejenigen Vermögensgegenstände, die nicht dauerhaft – vereinfachend für weniger als ein Jahr – dem Geschäftsbetrieb dienen, nicht zum Anlagevermögen, sondern zum **Umlaufvermögen**. Die Frage, ob ein Vermögensgegenstand zum Anlage- oder Umlaufvermögen gehört, hatte bis zur HGB-Änderung durch das BilMoG beim Bilanzansatz eine gewisse Bedeutung, wenn man beispielsweise das **Bilanzierungsverbot für selbst erstellte immaterielle Vermögensgegenstände des Anlagevermögens** (§ 248 Abs. 2 HGB a.F.) – also z. B. selbst erstellte (programmierte) Benutzersoftware – betrachtet (längstens gültig bis zum 31.12.2009). Spätestens ab 01.01.2010 lässt das HGB (§ 248 Abs. 2 HGB) folgendes Wahlrecht zu und spricht zugleich neue Bilanzierungsverbote aus:

> *»Selbst geschaffene immaterielle Vermögensgegenstände des Anlagevermögens können als Aktivposten in die Bilanz aufgenommen werden. Nicht aufgenommen werden dürfen selbst geschaffene Marken, Drucktitel, Verlagsrechte, Kundenlisten oder vergleichbare immaterielle Vermögensgegenstände des Anlagevermögens.«*

Neben den Bilanzierungshilfen – die Bilanzierungshilfe der »Aufwendungen für die Ingangsetzung und Erweiterung des Geschäftsbetriebs« wurde durch das BilMoG ersatzlos gestrichen – wurde durch das BilMoG der Begriff des **Werts** geschaffen, **der als Vermögensgegenstand gilt:**

»Der Unterschiedsbetrag, um den die für die Übernahme eines Unternehmens bewirkte Gegenleistung den Wert der einzelnen Vermögensgegenstände des Unternehmens abzüglich der Schulden im Zeitpunkt der Übernahme übersteigt (entgeltlich erworbene Geschäfts- oder Firmenwert), gilt als zeitlich begrenzt nutzbarer Vermögensgegenstand.«

2. Schritt: Wie ist er zu bewerten?

Die Einstufung als Anlage- oder Umlaufvermögen ist von entscheidender Bedeutung für den zweiten Schritt: die Frage der Bewertung des Vermögensgegenstandes. **Abnutzbares Anlagevermögen** wird grundsätzlich zu **fortgeführten Anschaffungs- oder Herstellungskosten** bewertet (z. B. historische Anschaffungs- oder Herstellungskosten abzüglich zeitanteiliger Abschreibungen). **Außerplanmäßige Abschreibungen** sind bei abnutzbarem und bei nicht-abnutzbarem Anlagevermögen nur nach dem **gemilderten Niederstwertprinzip** erforderlich (§ 253 Abs. 2 Satz 3 HGB), also zwingend nur bei voraussichtlich dauerhafter Wertminderung.

Umlaufvermögen ist dagegen grundsätzlich mit den **Anschaffungs- oder Herstellungskosten** zu bewerten. **Außerplanmäßige Abschreibungen** sind nach dem **strengen Niederstwertprinzip** vorzunehmen (§ 253 Abs. 3 HGB), also bei jeder Wertminderung. Dies hat im Krankenhaus bei der Bewertung der Vorräte und der Forderungen eine gewisse Bedeutung.

3. Schritt: Wie ist der Vermögensgegenstand auszuweisen?

Der **Bilanzausweis** für die Vermögensgegenstände **hat auf der Aktivseite** der Krankenhausbilanz nach dem **Gliederungsschema der KHBV** (vgl. Anlage 1 zur KHBV; abgedruckt als ▶ Anlage 12 in diesem Leitfaden) zu erfolgen.

4. Schritt: Wie ist der Vermögensgegenstand finanziert?

Schließlich ist als **vierter Schritt** bei der Aktivierung festzustellen, wie der Vermögensgegenstand zu finanzieren ist. Im Bereich des Anlagevermögens sind entsprechend dem dualen Finanzierungssystem wesentliche Teile der Fördermittel finanziert. Dabei gelten folgende Regeln, die in der **Abgrenzungsverordnung**, im **Krankenhausfinanzierungsgesetz** (Bundesrahmengesetzgebung) und in den **Landes-Krankenhausfinanzierungsgesetzen** geregelt sind:

Erst-, Erweiterungs- und Ersatzinvestitionen

Erst-, Erweiterungs- und Ersatzinvestitionen nach Einführung des KHGs sind auf Antrag aus bewilligten Einzelfördermitteln zu finanzieren. Wegen der knappen öffentlichen Kassen beträgt die Wartezeit zwischen Antragstellung und Förderung mehr als 10 Jahre, ehe ein Krankenhaus mit seinem Bauvorhaben in die Landesbauplanung für den Krankenhausbau gelangt. Die Fördersumme des Bewilligungsbescheids liegt dann oft bei rund 50 % der Bausumme, weil mit allen Tricks viele Baubestandteile der eingereichten Planung als nicht förderfähig erklärt werden. Die Projekt- oder Maßnahmenförderung als Form der Einzelförderung ist die Regel in 15 der 16 Bundesländer.

Eine abweichende Form der Förderung besteht in Nordrhein-Westfalen (NRW). Hier werden keine beantragten Projekte oder Maßnahmen einzelner Krankenhäuser gefördert, sondern alle Krankenhäuser im Land erhalten grundsätzlich jedes Jahr Fördermittel in Form der »**Baupauschale**« (§ 18 Abs. Nr. 1 KHGG NRW).

Die Krankenhäuser in NRW stellen **keine Einzelförderanträge** an Landesbehörden, sie müssen **keine Verwendungsnachweise** nach DIN 276 an die Landesbehörden einreichen und die Frage, was gefördert werden soll, entscheiden die Krankenhäuser im Rahmen der Zweckbindung der Mittel alleine. Die **Prüfung der Fördermaßnahmen** und der Mittelverwendung wurde in NRW – ganz dem Trend in der Wirtschaft folgend – Dritten – in diesem Fall den Wirtschaftsprüfern – übertragen.

Für die einzelnen Leistungskomponenten werden in NRW folgende Entgelte als Fördermittel aus der Baupauschale gewährt (▶ Tab. 4.1).

Tab. 4.1: Jährliche Pauschalbeträge der Pauschalförderung Bau und Ersatzbeschaffung in NRW (Quelle: Eigene Darstellung nach der PauschKHFVO NRW)

Lfd. Nr.	Bemessungsgrundlage		Preis 2019		Preis 2020		Preis 2021	
	Bezugsgröße	Einheit	Bau	Ersatz	Bau	Ersatz	Bau	Ersatz
(1)	Fallbeträge	Pro vereinbartem CM-Pkt	EUR 42,20	EUR 65,11	EUR 41,82	EUR 65,98	EUR 41,21	EUR 66,40
(2)	Tageswertbeträge							
	– vollstationär	Pro vereinbartem BT	EUR 2,40	EUR 3,69	EUR 2,48	EUR 3,81	2,57 EUR	EUR 3,95
	– teilstationär	Pro vereinbartem BT	EUR 1,56	EUR 2,40	EUR 1,61	EUR 2,48	EUR 1,67	EUR 2,57
(3)	Budgetbeträge	Vom vereinbarten Budget des KH (EUR)	1,63 %	2,50 %	1,63 %	2,50 %	1,63 %	2,50 %
(4)	Ausbildungsbeträge	Pro genehmigtem Platz	EUR 74,00		EUR 74,00		EUR 74,00	

Aus der Verteilung der Fördermittel nach der Baupauschale an alle Krankenhäuser ergibt sich das Problem, dass aus diesen Preisen bzw. aus den daraus resultierenden Förderbeträgen in den rd. 400 NRW-Krankenhäusern keine großen Investitionsprojekte ganzheitlich gefördert werden können. Aus der Multiplikation der Leistungseinheiten und der Preise kommen i. d. R. Förderbeträge zwischen EUR 200.000,00 bis max. EUR 1.200.000,00 pro Jahr zur Auszahlung.

Weil aus diesen Beträgen keine größeren Baumaßnahmen durchgeführt werden können, hat der Landesgesetzgeber neben einer Förderung von baulichen Anlagegütern der Aktivseite der Bilanz auch die **Förderung von Bankkrediten** und **ähnlichen Finanzierungsformen** für solche förderfähigen Investitionen zugelassen. Sogar eine Abtretung der Mittel von einem Krankenhaus bzw. Krankenhausträger auf ein anders Krankenhaus in NRW bzw. einen anderen Krankenhausträger ist zulässig. Unzulässig eingegangen ist die Abtretung der Förderansprüche an eine kreditgewährende Bank.

Strittig könnte in NRW noch die Förderung von Abschreibungen sein. Die Fördermittelverwendung wird durch § 21 Abs. 1 Satz 1 KHGG NRW – die Generalnorm der Verwendung der Pauschalmittel – bestimmt:

>*Förderfähig sind die Kosten, die für eine ausreichende und medizinisch zweckmäßigen Versorgung nach den Grundsätzen von Sparsamkeit und Wirtschaftlichkeit erforderlich sind.*«

So wie Zinsaufwendungen unstreitig als Kosten i. S. d. § 21 Abs. 1 KHGG NRW anzusehen sind, muss dies auch für die Abschreibungen gelten; denn **Abschreibungen förderfähiger Investitionen** sind unzweifelhaft investitionsbedingte Kosten. Somit sind nach der derzeit gültigen Rechtslage in NRW planmäßige Abschreibungen über die Nutzungsdauer eines abnutzbaren Anlageguts förderfähig.

Mit Eigenmitteln finanzierte Krankenhausbauten

Für mit **Eigenmitteln finanzierte Krankenhausbauten einschließlich beweglicher Anlagegüter**, die vor der Einführung des KHGs erstellt oder angeschafft worden sind (in Westdeutschland war dieser Stichtag der 01.01.1973 und in Ostdeutschland der 01.01.1992), besteht gem. § 9 Abs. 2 Nr. 4 KHG ein Förderanspruch, der im Einzelnen durch die Krankenhausfinanzierungsgesetze der Länder spezifiziert wird. Dabei werden zunächst nur die Abschreibungen auf das nicht geförderte Gebäude durch Einbuchung eines aktivischen Ausgleichspostens – genannt »**Ausgleichsposten für Eigenmittelförderung**« (§ 5 Abs. 5 KHBV) – und in einer entsprechenden Ertragsbuchung neutralisiert. In allen Landes-Krankenhausgesetzen – mit Ausnahme des von Brandenburg – ist geregelt, dass sich, wenn das Krankenhaus geschlossen werden sollte (aufschiebende Bedingung), auf Antrag des Krankenhausträgers ein Anspruch auf Fördermittel gegen das Land ergibt, der ggfs. mit einem entsprechenden Sonderposten aus Fördermitteln nach dem KHG zu verrechnen ist. Für Brandenburg gilt das höherrangige Bundesrecht (§ 9 Abs. 2 Nr. 4 KHG).

Ein Ausgleichsanspruch auf Fördermittel entfällt, wenn nach dem KHG oder nach dem jeweiligen Landes-Krankenhausgesetz eine Ersatzinvestition gefördert wurde und die Mittel oder ihr Gegenwert noch im Vermögen des Krankenhausträgers vorhanden sind. Dann ist der Ausgleichsposten für Eigenmittelförderung als wertlos auszubuchen.

Hinsichtlich des Ausgleichspostens für Eigenmittelförderung sind weitere Besonderheiten zu beachten. So hat der KHFA des IDW entschieden, dass die Ansatzvorschrift in der KHBV nur für den Krankenhausabschluss gilt. Sollte neben dem objektbezogenen Krankenhausabschluss ein handelsrechtlicher Trägerabschluss aufgestellt werden, so darf in diesem der Ausgleichsposten nicht angesetzt werden. Stellt das Krankenhaus jedoch einen einheitlichen Krankenhaus- und Trägerabschluss auf, dann wird es als zulässig erachtet, den Ausgleichsposten für Eigenmittelförderung auch für handelsrechtliche Zwecke beizubehalten. Grundsätzlich ist diese Ansicht juristisch korrekt, aber betriebswirtschaftlich nicht sinnvoll.

Mit Darlehen finanzierte Krankenhausbauten

Bestehende mit Darlehen finanzierte Krankenhausbauten werden, wenn sie vor der Einführung des KHGs erstellt worden sind, als »alte Last« gefördert (§ 9 Abs. 2 Nr. 3 KHG). Dabei **fördert das Land den Kapitaldienst** der Investitionsdarlehen. Dies führt zu Ertrag in Höhe von Zins **und** Tilgung des Darlehens. An Aufwand steht diesem Fördermittelertrag nur der Zinsaufwand des Darlehens gegenüber. Die Buchung der Darlehenstilgung erfolgt erfolgsneutral ausschließlich in der Bilanz (Bilanzverkürzung). Damit das Teilergebnis aus der geförderten Investition nicht das Krankenhausergebnis belastet, muss der Fördermittelertrag aus der Finanzierung der Darlehenstilgung den Abschreibungen auf das mit Darlehen finanzierte Gebäude entsprechen. Um dies zu erreichen, wird die Differenz aus Abschreibungen und Tilgungsanteil in der Darlehensförderung in einen aktiven oder passiven Ausgleichsposten eingestellt. Dabei gilt: Ist die Abschreibung höher als der Tilgungsanteil in der Darlehensförderung, wird ein aktivischer Ausgleichsposten gebucht, der zu einem entsprechenden Ertrag führt. Ist die Abschreibung niedriger als der Tilgungsanteil in der Darlehensförderung, wird ein passivischer Ausgleichsposten gebucht, der zu einem entsprechenden Aufwand führt.

Die Finanznot der deutschen Bundesländer hat zu einer Wiederentdeckung dieser Finanzierungsalternative geführt. Beispielsweise im Bundesland Rheinland-Pfalz werden Bewilligungsbescheide über Einzelfördermaßnahmen erteilt, die dann nicht zur Auszahlung gelangen. Stattdessen wird dem Krankenhaus gestattet, in Höhe der bewilligten Förderung ein Darlehen aufzunehmen, dessen Kapitaldienst (Zins und Tilgung) das Land dann fördert. In Höhe der Differenz aus Tilgung und Abschreibung ist ein aktiver oder passiver Ausgleichsposten aus Darlehensförderung zu bilden.

Ersatzbeschaffungen

Ersatzbeschaffungen des beweglichen Anlagevermögens mit einer betrieblichen Nutzungsdauer von 3 bis 15 Jahren (**kurzfristiges Anlagevermögen**) **und** aktivierungspflichtige »**kleine Baumaßnahmen**« bis zu einer Wertgrenze (**mittel- und langfristiges Anlagevermögen**), die von Bundesland zu Bundesland unterschiedlich ausgestaltet ist, sind **aus pauschalen Fördermitteln** zu finanzieren. Die Höhe der pauschalen Fördermittelzuweisung und die Regeln für ihre Bemessung sind in den jeweiligen Landes-Krankenhaus-Finanzierungsgesetzen geregelt.

Geringstwertiges Anlagevermögen

Nicht gefördert wird die Ersatzbeschaffung von sog. »**geringstwertigem Anlagevermögen**« (Wertgrenze ab 2008: AK/HK EUR 150,00 netto ohne Umsatzsteuer je selbständigem Vermögensgegenstand), z. B. kleine Instrumente, Geschirr, Textilien etc. Gemäß AbgrV gelten diese Anlagegüter als Verbrauchsgüter (§ 2 Nr. 3 AbgrV). Die Wertgrenze der AbgrV stimmt seit Inkrafttreten des Zweiten Bürokratieentlastungsgesetz vom 30.6.2017 mit der Erhöhung der bilanzsteuerlichen Wertgrenze für die besonderen Aufzeichnungspflichten von bisher EUR 150 auf nunmehr EUR 250 nicht mehr überein. Die geringstwertigen Anlagegüter dürfen handelsrechtlich sofort als Aufwand erfasst werden und unterliegen nicht den Vorschriften über das Inventar bzw. die besondere Aufzeichnungspflicht nach § 6 Abs. 2a EStG.

Gebrauchsgüter

Nicht gefördert wird auch die Ersatzbeschaffung von sog. »**Gebrauchsgütern**« (gem. § 2 Nr. 2 AbgrV sind Gebrauchsgüter Anlagegüter mit einer Nutzungsdauer bis zu 3 Jahren). Ein Verzeichnis der Gebrauchsgüter findet sich im sog. »Berliner Artikelkatalog« von 1987, der jedoch verbindlich nur in Berlin gilt galt.

Dabei sind die Gebrauchsgüter wie folgt zu unterteilen:

a) Gebrauchsgüter, die als geringwertige Anlagegüter mit Anschaffungskosten über EUR 150 und einer durch eigenes Ermessen zu bestimmenden Obergrenze von z. B. EUR 800 (§ 6 Abs. 2 EstG) bestimmt sind.
b) Gebrauchsgüter, deren Anschaffungskosten über der durch Ermessen bestimmten Obergrenze liegen.

Für den Fall, dass ein Krankenhaus die steuerliche Regelung des Jahres 2009 zu praktizieren wünscht, sog. Pool-Abschreibungen, wären die Anlagegüter im Werte über EUR 150 und unter 1.000 jährlich in einen Sonderposten einzustellen und über 5 Jahre abzuschreiben.

Die im Ermessen zu bestimmende Obergrenze ergibt sich daraus, dass im Handelsgesetzbuch keine gesetzliche Regelung betreffend die Wertgrenzen für geringwertige Wirtschaftsgüter existiert. Die Vereinfachung beruht im Handelsrecht auf den Grundsätzen ordnungsmäßiger Buchhaltung.

Der Gesetzgeber hat für die steuerpflichtigen Krankenhäuser von Privatklinikketten folgende textliche Anpassung der Abgrenzungsverordnung mit dem KHRG vorgenommen:

»§ 3 Abs. 1 Nr. 1 AbgrV **Zuordnungsgrundsätze**

(1) Pflegesatzfähig sind

1. die Kosten der Wiederbeschaffung von Gebrauchsgütern anteilig entsprechend ihrer Abschreibung,…«

Diese offene Formulierung trägt dem Ermessen Rechnung, das im Handelsrecht bei der Bemessung der Wertgrenze für geringwertige Anlagegüter gegeben ist.

Tabelle 4.2 zeigt die gesetzlichen Wertgrenzen nach Handels-, Steuer- und Krankenhaus-Finanzierungsrecht (▸ Tab. 4.2).

Tab. 4.2: Wertgrenzen nach Handels-, Steuer- und Krankenhaus-Finanzierungsrecht

Bewegliches Anlagevermögen (AV) Statt Vereinfachungsregel kann die planmäßige Abschr. gewählt werden	HGB/KHBV keine Werte	EStG/EStR Netto o. Ust EUR	AbgrV Netto o. Ust EUR
Geringstwertiges AV bis 2007	Kfm. Ermessen GoB	60	51
Geringstwertiges AV bis 2017	Kfm. Ermessen GoB	150	150 (§ 2 AbgrV)
Geringstwertiges AV ab 01.01.2018	Kfm. Ermessen GoB	250	150 (§ 2 AbgrV)
Geringwertiges AV bis 2007	Kfm. Ermessen GoB	60	51
Geringwertiges AV bis 2017	Kfm. Ermessen GoB	150–410	150 (§ 2 AbgrV)
Geringwertiges AV ab 01.01.2018	Kfm. Ermessen GoB	250–800	150 (§ 2 AbgrV)
Übriges Anlagevermögen bis 2017	Planmäßige Abschreibung	ab 410	Gebrauchsgüter <= 3 Jahre ND; ND über 3 Jahre Fördermittel
Übriges Anlagevermögen ab 01.01.2018	Planmäßige Abschreibung	ab 800	Gebrauchsgüter <= 3 Jahre ND; ND über 3 Jahre Fördermittel

Investitionsersatztatbestände

Auch Investitionsersatztatbestände wie Miet-, Pacht- oder Leasing-Aufwendungen fallen unter die Fördermittel-Finanzierung. In der Regel werden an Fördermittelverwendungen in Form von Nutzungsfinanzierungen zusätzliche Anforderungen gestellt. Bei der Förderung von mittel- und langfristigem Anlagevermögen, das miet- oder pachtweise genutzt wird, bedarf es vor Abschluss des Leasing- oder Miet- bzw.

Pachtvertrages der Zustimmung durch die zuständige Landesbehörde. Man beachte jedoch die Besonderheiten der KHG-Förderung in NRW.

Mieterträge, Verkaufserlöse und Versicherungserstattungen

Mieterträge, Verkaufserlöse und Versicherungserstattungen betreffend ehemals gefördertes Anlagevermögen müssen den Fördermitteln (ggfs. gesondertes Bankkonto) wieder zugeführt werden, sodass letztlich ein in sich geschlossener eigener (Fördermittel-)Geldkreislauf mit streng vorgeschriebenen Verwendungsregeln entsteht.

Zinserträge aus noch nicht verwendeten Pauschal- oder Einzelfördermitteln

In den meisten Bundesländern ist darüber hinaus geregelt, dass Zinserträge aus noch nicht verwendeten Pauschal- oder Einzelfördermitteln den Fördermitteln zuzuführen sind. Soweit die Fördermittel nicht auf separaten Bankkonten vorgehalten werden müssen, schreiben manche Bundesländer eine rechnerisch zu ermittelnde Verzinsung der noch nicht verwendeten Fördermittel vor.

Zinsaufwendungen aus Negativzinsen

Spannend ist die Antwort auf die Frage: Was passiert mit Zinsaufwendungen aus Negativzinsen für ein gesondertes Bankkonto betreffend noch nicht verwendete KHG-Fördermittel? Die Sache ist nach herrschender Meinung geklärt; d. h. Negativzinsen des Fördermittelbankkonto sind aus den Fördermitteln finanzierbar.

Zusammenfassend lautet **das große Prüfschema für Bilanzierungen auf der Aktivseite der Krankenhausbilanz:**

1. **Schritt: Prüfung des Bilanzansatzes**
   - Welcher Art ist der zu bilanzierende Vermögensgegenstand?
   - Liegt wirtschaftliches Eigentum vor?
   - Ist es ein Vermögensgegenstand des Anlage- oder des Umlaufvermögens?
2. **Schritt: Prüfung der Bewertung**
   - Liegt Anschaffung oder Herstellung vor?
   - Kann zu fortgeführten Anschaffungs- oder Herstellungskosten bewertet werden oder ist das gemilderte Niederstwertprinzip beim Anlagevermögen anzuwenden (außerplanmäßige Abschreibung bei nachhaltiger Wertminderung)?
   - Kann zu fortgeführten Anschaffungs- oder Herstellungskosten bewertet werden oder ist das strenge Niederstwertprinzip des Umlaufvermögens anzuwenden?

> **3. Schritt: Prüfung des Bilanzausweises**
> – Hierzu stellt die KHBV den Krankenhäusern ein verbindliches Bilanzgliederungsschema zur Verfügung. Gegebenenfalls sind rechtsformspezifische Besonderheiten zu beachten (z. B. § 42 GmbHG).
>
> **4. Schritt: Finanzierung des Vermögensgegenstandes**
> – Zuordnung zu den Finanzierungsquellen des dualen Finanzierungssystems: Pflegesatzbereich – Fördermittelbereich – Eigenmittel
> – Sonderfinanzierungsformen: Darlehensfinanzierung, Leasing etc.

4.3 Das große Prüfschema der Passivierung in der Krankenhausbilanz

Die **Passivseite** der Bilanz **bildet die Finanzierung** der Kapitalbindung der Vermögensgegenstände auf der Aktivseite der Krankenhausbilanz **ab**. Auch hier sind mehrere Prüfschritte zu absolvieren, um zu einer sach- und gesetzeskonformen Bilanzierung zu gelangen:

1. Schritt: Bilanzansatz auf der Passivseite
2. Schritt: Ist eine abgrenzungspflichtige Investitionszuwendung verwendet worden (Bildung eines Sonderpostens)?
3. Schritt: Besteht eine Verpflichtung zur Bildung einer Rückstellung?
4. Schritt: Bewertung der Positionen der Passivseite
5. Schritt: Besteht eine Verpflichtung zur Bildung einer Rückstellung?

1. Schritt: Bilanzansatz auf der Passivseite

Ist eine

- Eigenkapital-Finanzierung,
- Fremdkapital-Finanzierung (Rückstellung oder Verbindlichkeit) oder
- Sonderposten-Finanzierung (abgegrenzte Zuschüsse) gegeben?

In der Regel beginnt unternehmerisches Handeln – auch der Betrieb eines Krankenhauses – immer mit dem Bereitstellen von Eigenkapital. Wann liegt eine **Zuordnung zum Eigenkapital** vor?

Eine Zuordnung zum Eigenkapital kann nur in **drei Formen** erfolgen:

- durch **Einlage** (= gezeichnetes/festgesetztes Kapital oder Kapitalrücklage),
- durch **Gewinnthesaurierung** (= Gewinneinbehalt = Gewinnrücklage, Gewinnvortrag, Jahresüberschuss) oder
- durch **Bilanzberichtigung** nach der Kapitalanpassungsmethode.

Die Kapitaleinlage setzt **in jedem Fall** einen Einlagevorgang (Bar- oder Sacheinlage) und einen **Gesellschafterbeschluss** voraus. Einlagenbeschlüsse in das gezeichnete Kapital von Kapitalgesellschaften (z. B. GmbH, AG) bedürfen der notariellen Form.

Dabei sind je nach Rechtsform des Krankenhausträgers zu unterscheiden: Kapitalgesellschaften/Vereine und Stiftungen, also **Körperschaften des privaten Rechts,** und **öffentlich-rechtliche Sondervermögen** von Kirchengemeinden oder Gebietskörperschaften. Gemeinnützige Trägerschaften erfordern Körperschaften; gewerbliche Krankenhausträger können darüber hinaus auch als Personengesellschaften verfasst sein. Einen Überblick über die häufigsten Krankenhausträgerschaften gibt Abbildung 4.1 (▶ Abb. 4.1).

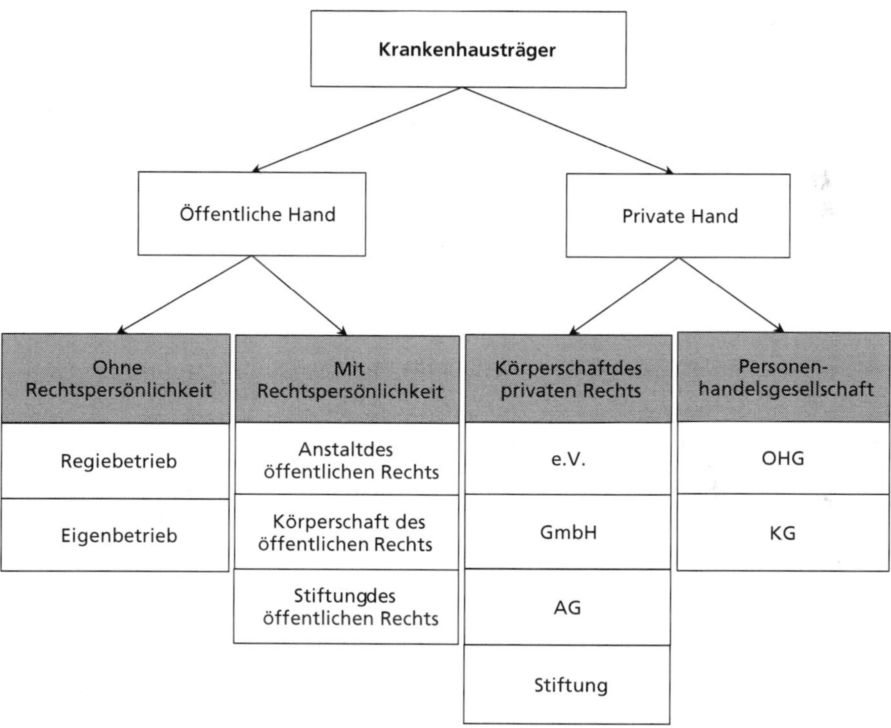

Abb. 4.1: Überblick über die häufigsten Krankenhausträgerschaften

Die Zuordnung (Einlage) von haftendem **Eigenkapital** zum Krankenhaus ist bei den öffentlich-rechtlichen Trägerschaften an einen entsprechenden Beschluss der zuständigen Gremien der jeweiligen öffentlichen Körperschaft gebunden. Bei der **Anstalt des öffentlichen Rechts (AöR)** (z. B. Universitätskliniken) wird die Höhe des nicht rückzahlbaren Kapitals grundsätzlich in den entsprechenden Gründungsrechtsnormen bzw. Parlamentsbeschlüssen über die Errichtung der AöR festgelegt (= festgesetztes Kapital). Für die privat-rechtlichen Krankenhausträgergesellschaften ergibt sich bei den **Kapitalgesellschaften (AG, GmbH)** das Grundkapital bzw.

Stammkapital durch Bestimmungen des jeweiligen notariell beurkundeten Gesellschaftsvertrags, der die Regeln des Aktiengesetzes bzw. GmbH-Gesetzes zu beachten hat. Lediglich beim **Verein** gibt es keine gesetzlichen Vorschriften über Art und Umfang einer Dotation von haftendem Kapital durch die Vereinsmitglieder. Die Mitgliedsbeiträge werden i. d. R. in der Vereinssatzung bestimmt. Bei der **Stiftung** – einer zweckgebundenen Vermögensmasse ohne Mitglieder – ergibt sich das festgesetzte Kapital aus dem satzungsmäßigen Stiftungsvermögen.

Bar- oder Sacheinlagen stellen, soweit sie ohne Gewährung von Gesellschaftsrechten erfolgen, sog. **Kapitalrücklagen** dar. Sie erfordern in **jedem** Fall einen Beschluss der zuständigen Gesellschaftergremien (Kreistag, Gesellschafter, Stifter, Vereinsmitglieder), dass diese Einlage haftendes Eigenkapital darstellen soll.

Auch die Einstellung in sog. **Gewinnrücklagen** bedarf eines Beschlusses des zuständigen Gremiums. Im Gegensatz zur Kapitalrücklage sind die Gewinnrücklagen dadurch gekennzeichnet, dass in ihnen Gewinne bzw. Überschüsse ausgewiesen (thesauriert) werden, die vom Krankenhausbetrieb selbst erwirtschaftet wurden.

Nicht verwendete Beträge des Jahresergebnisses werden als **Jahresüberschuss** oder **Jahresfehlbetrag,** im Folgejahr als **Gewinnvortrag** bzw. Verlustvortrag, angesammelt. Beide Bestandteile (das Jahresergebnis und der Vortrag) gehören zum Eigenkapital des Krankenhauses.

Schließlich kann sich die Höhe des Eigenkapitals noch durch **Bilanzberichtigungen nach der Kapitalanpassungsmethode** verändern. Zur Berichtigung von sich nachträglich herausstellenden Bilanzierungsfehlern gibt es grundsätzlich zwei Berichtigungsmethoden:

- Die **Kapitalanpassungsmethode**
  Bei ihr wird das Jahresergebnis – ausgewiesen in der Gewinn- und Verlustrechnung – nicht durch Berichtigungsbuchungen beeinflusst; alle Bilanzberichtigungsbuchungen besitzen als Gegenbuchung ein Eigenkapitalkonto.
- Die **GuV-Methode**
  Bei ihr erfolgen alle Korrekturbuchungen in die Gewinn- und Verlustrechnung, um den Gesellschaftern die Möglichkeit zu geben, auch über das Mehr- oder Minderergebnis aus der Bilanzberichtigung zu verfügen. Diese Methode ist grundsätzlich bei Kapitalgesellschaften anzuwenden.

Gemeinnützige Krankenhausträger haben bei der Festlegung der **Ergebnisverwendung** zu beachten, dass sie in ihrer Eigenschaft als Gesellschafter keine **Gewinnausschüttungen** erhalten dürfen, da dies grundsätzlich dem unmittelbaren und zeitnahen Mittelverwendungsgebot widerspricht. Sie dürfen lediglich Mittel – auch in Form der Gewinnausschüttung – erhalten, wenn sie diese Mittel für eigene steuerbegünstigte Zwecke zeitnah einsetzen und das Krankenhaus durch die Gewinnausschüttung nicht in der Verfolgung seiner gemeinnützigen Zwecke beeinträchtigt wird.

Achtung: Die Gewinnthesaurierung bei gemeinnützigen Krankenhäusern hat unter Beachtung der steuerrechtlichen Vorgaben zur zeitnahen Mittelverwendung bzw. der zulässigen **Ausnahmen** zu erfolgen.

Bei der Abschlussaufstellung der Eigenkapitalpositionen sollten die Auswirkungen des BGH-Urteils vom 24.11.2003 beachtet werden, wonach bei Gesellschafterdarlehen oder bei Cash-Pooling-Positionen der Aktiva (Forderungen), die zum Zeitpunkt der Auszahlung nicht aus frei verfügbarem Eigenkapital (Kapital- und Gewinnrücklagen, Gewinnvortrag sowie Jahresergebnis) gedeckt sind, grundsätzlich eine **verbotene Kapitalrückzahlung** anzunehmen ist. Liegt eine derartige Kapitalrückzahlung vor, hat der Wirtschaftsprüfer im Prüfungsbericht an entsprechender Stelle zu berichten. Liegt tatsächlich im nennenswerten Umfang eine verbotene Kapitalrückzahlung vor, ist dies nach Auffassung des IDW als Gesetzesverstoß im Prüfungsbericht darzustellen.

Von dieser rigiden Rechtsauffassung rückt das Gesetz zur Modernisierung des GmbH-Rechts und zur Bekämpfung von Missbräuchen (**MoMiG**) vom 26.06.2008 ab. Das Cash-Pooling – also die Nutzung der Innenfinanzierungskraft der Konzernunternehmen – wird grundsätzlich als **ökonomisch sinnvoll** eingestuft. Die Gesetzeskonstruktion kehrt zur **bilanziellen Betrachtung des Gesellschaftsvermögens** zurück. Wenn ein reiner Aktivtausch – Geldabgang auf der Bank gegen Forderung an Gesellschafter (verbundene Unternehmen) – vorliegt, kann es sich grundsätzlich nicht um eine verbotene Rückzahlung des Gesellschaftsvermögens handeln. Wenn die Forderung gegen das Konzernunternehmen werthaltig ist, ist das Cash-Pooling nicht zu beanstanden.

Strenger sind die Anforderungen an eine darlehensweise **Rückgewähr des aufgebrachten Stammkapitals** in der Gründungsphase. Hier muss der Rückgewähranspruch vollwertig, liquiditätsgesichert und tagfällig sein. Zusätzlich muss der Vorgang des Hin- und Herzahlens bei der Anmeldung offengelegt werden, damit der Registerrichter prüfen kann, ob die Voraussetzungen für eine derartige Gestaltung zutreffender Weise in Anspruch genommen wurden.

Die grundsätzliche Alternative zur Eigenkapitalfinanzierung ist die **Fremdkapitalfinanzierung**. Sie wird in der Bilanz als »**Verbindlichkeiten**« oder behaftet mit einer gewissen Unsicherheit in Form von »**Rückstellungen**« ausgewiesen. Der Schuldcharakter kann als

- öffentlich-rechtliche Verpflichtung oder
- privatrechtliche Verpflichtung

ausgestaltet sein. Unter den **privatrechtlichen Verpflichtungen** spielen die Verbindlichkeiten nach dem Schuldrecht die wichtigste Rolle. Bei jedem Schuldverhältnis ist zuerst zu prüfen, ob es überhaupt das Krankenhaus als Schuldner betrifft. Nur Schulden des Krankenhauses, ggf. Schulden des Krankenhausträgers, sind passivierungsfähig (§ 246 Abs. 1 Satz 3 HGB). Weiterhin ist erforderlich, dass kein schwebendes Geschäft vorliegt, also kein beidseitig unerfüllter Vertrag bilanziert wird, sondern dass die Gegenleistung erbracht ist oder ein Fall von Vorleistungspflicht (An- oder Vorauszahlung) vertraglich vereinbart wurde. Schwebende Verträge werden also nur dann bilanziert, wenn in einem Vertragsverhältnis Leistung und Gegenleistung sich nicht mehr ausgeglichen gegenüberstehen. Dann kommt es handelsrechtlich zur Passivierungspflicht **einer Rückstellung für drohende Verluste aus schwebenden Verträgen** (§ 249 Abs. 1 HGB), die steuerrechtlich nur eingeschränkt zulässig ist.

2. Schritt: Ist eine abgrenzungspflichtige Investitionszuwendung verwendet worden (Bildung eines Sonderpostens)?

Anders als in der Handelsbilanz weist die Krankenhausbilanz zwischen Eigenkapital und Rückstellungen eine Position »**Sonderposten aus Zuwendungen zur Finanzierung des Anlagevermögens**« aus. Diese Position enthält die abgegrenzten, verwendeten Zuschüsse

- nach dem KHG,
- aus sonstiger öffentlicher Förderung (z. B. Konjunkturpaket II) und
- aus Zuwendungen Dritter zur Finanzierung des Anlagevermögens (Schenkungen unter Auflage).

Der Sonderposten besitzt einerseits **Eigenkapitalcharakter**, solange das Krankenhaus seinen Versorgungsauftrag bzw. seine Schenkungsauflagen erfüllt, oder andererseits **Verbindlichkeitscharakter**, wenn die Rückzahlung der Fördermittel bzw. Zuwendung droht, weil das Krankenhaus seine gesetzlichen Aufgaben als Plankrankenhaus nicht mehr erfüllt.

Der Sonderposten hat auch die Aufgabe, die **Investitionszuschüsse** aus Fördermitteln – betragsmäßig handelt es sich mehrheitlich um KHG-Mittel (Plankrankenhäuser) oder um Mittel aus dem Hochschulbauprogramm (Uniklinika; die HBFG-Förderung lief zum 31.12.2006 aus und wurde durch eine reine Landesförderung ersetzt) – so zu **periodisieren**, dass die zum geförderten Anlagevermögen zugehörigen Abschreibungen über die Nutzungsdauern der Wirtschaftsgüter in dem geförderten Umfang neutralisiert werden. Die Darstellung der Fördermittel-/Subventionsverwendung erfolgt mit steuerlicher Wirkung in der deutschen Industrie i. d. R. als Anschaffungs- oder Herstellungskostenminderung. Bei einem voll geförderten Krankenhausneubau würde diese Bilanzierungspraxis zu einer Darstellung des Anlagevermögens von Null bzw. nahe Null führen, was nicht den gesetzlichen Vorgaben eines möglichst sicheren und tiefen Einblicks in die Vermögenslage des Krankenhauses entspricht.

Der **Sonderposten** bedarf einer besonderen gesetzlichen Zulassung, weil er nach dem unmittelbaren Wortlaut handelsrechtlich (§§ 247 Abs. 1, 266 HGB) nicht existiert. Die gesetzliche Verankerung für den Sonderposten in der Krankenhausbilanz findet sich in § 5 Abs. 2 KHBV. In der Handelsbilanz einer Kapitalgesellschaft ist die Bilanzierung von Zuwendungen jedoch nur aus den Grundsätzen ordnungsmäßiger Buchhaltung abzuleiten; dazu finden sich die Bilanzierungsregeln in der HFA-Stellungnahme des IDW von 1984.

In der **Bilanzierungspraxis gewerblicher Krankenhausgruppen** werden in den veröffentlichten handelsrechtlichen bzw. IAS/IFRS-Jahresabschlüssen oder Konzernabschlüssen Zuschüsse und Zuwendungen oft anders bilanziert. Bei diesen Ketten werden die empfangenen Zuwendungen – diese können bei einem geförderten Krankenhaus-Neubau in Ostdeutschland durchaus 80–85 % der Baukosten betragen – mit den Anschaffungs- und Herstellungskosten des zu aktivierenden Gebäudes saldiert. Dies hat bei der Bilanzpräsentation verschiedene Vorteile:

- Man braucht den Bilanzlesern das komplizierte duale Finanzierungssystem nicht zu erklären (entsprechende Anhangangaben entfallen) und
- die Bilanzsumme verkürzt sich mit der Folge, dass sich die für die Kreditvergabe und das Rating wichtige Eigenkapitalquote verbessert.

Ob angesichts einer solchen Anrechnung der Zuschüsse auf die Anschaffungs- und Herstellungskosten jedoch der sichere Einblick in die Vermögenslage des Krankenhauses, des übergeordneten Trägerabschlusses bzw. des Konzernabschlusses gegeben ist, wird i. d. R. nicht diskutiert.

Noch nicht zwecksprechend verwendete Zuschüsse werden bis zu ihrer Verwendung als Verbindlichkeiten (Positionen: »Verbindlichkeiten nach dem Krankenhausfinanzierungsrecht« für KHG-Mittel und »Verbindlichkeiten aus sonstigen Zuwendungen zur Finanzierung des Anlagevermögens« für alle übrigen Zuwendungen) passiviert, gleichgültig ob der Zuschuss nur als Forderung besteht (Einbuchung des Bewilligungsbescheids) oder dem Krankenhaus bereits in Form von Liquidität zugeflossen ist. Damit stellt sich die Frage nach der **zweckentsprechenden Verwendung** der Fördermittel, also nach dem **Zeitpunkt der Umbuchung aus den Verbindlichkeiten in die Sonderposten.**

Dieser ist gegeben, wenn das geförderte Anlagegut aktiviert wird. Es gibt in der Praxis Mindermeinungen, dass der richtige Zeitpunkt der Verwendung die Bezahlung einer Rechnung für ein gefördertes Anlagengut sei. Dem ist unter Hinweis auf diese viel zu enge kameralistische Sichtweise zu widersprechen. Die Fördermittel sind faktisch verwendet, wenn die Investition bestellt ist und die Finanzierungsentscheidung »aus Fördermitteln« gefällt wurde. Dann muss die Investition bei Lieferung bzw. Herstellung auch bezahlt werden und das kann i. d. R. nur aus den ausgereichten Fördermitteln erfolgen. Dass ein für eine meist sehr kurze Zeitspanne gefördertes Anlagevermögen in der Bilanz betragsmäßig zweimal erfasst wird, erklärt sich aus dem Umstand, dass dieses einmal als Sonderposten (abgegrenzter, verwendeter Zuschuss) und ein zweites Mal als Eingangsrechnung unter den Verbindlichkeiten aufgeführt ist. Logischerweise entspricht der passivierten Eingangsrechnung jedoch eine anteilige Forderung auf Fördermittelauszahlung oder Liquidität aus bereits ausgezahlten Fördermitteln (▶ Abb. 4.2).

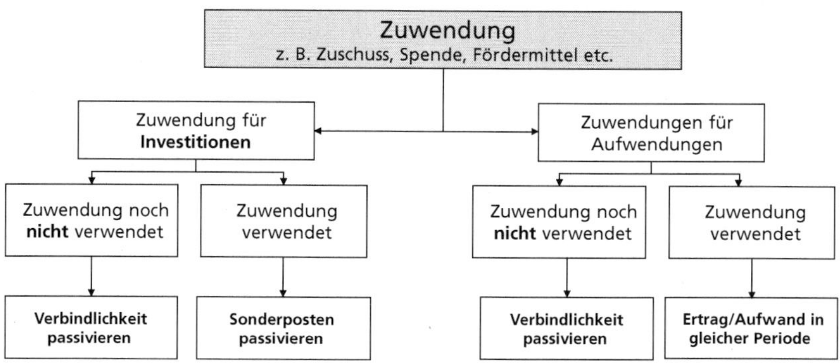

Abb. 4.2: Bilanzierung von Zuwendungen (Quelle: Eigene Zusammenfassung des IDW-HFA RS 1-1984)

Die Inhalte der HFA-Stellungnahme 1/1984, die für die Investitionszuschüsse weitgehend deckungsgleich mit den Anforderungen der KHBV sind, lassen sich wie folgt zusammenfassen:

Der Zuwendungsertrag soll so lange abgegrenzt werden, bis dieser und der zugehörige Verwendungsaufwand in der gleichen Periode ergebnismäßig erfasst und bilanziert werden.

Beispiel 1:

Der Investitionszuschuss wird als Sonderposten so lange abgegrenzt, wie die Nutzungsdauer des Anlagegutes währt.

Beispiel 2:

Das Krankenhaus sammelt Spenden für krebskranke Kinder aus der Ukraine. Die Spendenmittel werden als Passivposten abgegrenzt, bis die Kinder im Krankenhaus behandelt werden.

3. Schritt: Besteht eine Verpflichtung zur Bildung einer Rückstellung?

Die Position »**Rückstellungen**« wurde in der Vergangenheit oftmals gleichgesetzt mit Bilanzpolitik. Dem ist jedoch energisch zu widersprechen, denn bevor Bilanzpolitik Platz greifen kann, müssen zunächst alle **Pflichtrückstellungen** dotiert sein. Bilanzpolitik kann erst in einer späteren Phase der Bilanzaufstellung betrieben werden.

Die Position Rückstellungen für ungewisse Verbindlichkeiten (**Verbindlichkeitsrückstellungen**) bildet Pflichtrückstellungen ab, die nicht als bilanzpolitische Manövriermasse dienen können. Bis zum Jahr 2008 existierten handelsrechtlich noch sog. **Aufwandsrückstellungen** gemäß § 249 Abs. 2 HGB a. F. für Aufwendungen, die bei verursachungsgerechter Aufwandszurechnung dem abgelaufenen Geschäftsjahr oder einem früheren Geschäftsjahr zuzurechnen, der Höhe oder dem Zeitpunkt ihrer Inanspruchnahme nach jedoch ungewiss sind.

Die bereits zitierte **Rückstellung für drohende Verluste aus schwebenden Verträgen** ist ein Unterfall der Rückstellung für ungewisse Verbindlichkeiten.

Durch das **BilMoG** (Inkrafttreten am 29.05.2009) ist die **Neubildung von Aufwandsrückstellungen** – ausgestaltet als Wahlrecht – **handelsrechtlich abgeschafft** worden. Die betragsmäßig eher kleine **Aufwandsrückstellung für unterlassene Instandhaltung** mit Nachholung und Abschluss der Maßnahme innerhalb der ersten drei Monate nach dem Bilanzstichtag bleibt als Aufwandsrückstellung, aber ausgestaltet als Pflichtrückstellung, auch nach BilMoG bestehen (§ 249 Abs. 1 Satz 2 HGB).

Bis zum 31.12.2009 gebildete Aufwandsrückstellungen dürfen gemäß Art. 67 Abs. 3 EGHGB ganz oder teilweise beibehalten werden oder sind zum 01.01.2010 direkt – also unter Umgehung der Gewinn- und Verlustrechnung – in die Gewinnrücklagen einzustellen.

Eine besondere Ausnahme gilt für die **Pensionsrückstellungen**. Hier sind schon die Ansatzvorschriften sehr versteckt im Einführungsgesetz zum Handelsgesetzbuch – kurz im EGHGB – niedergelegt. Das EGHGB unterscheidet in Art. 28 zwischen **unmittelbaren** und **mittelbaren Pensionsverpflichtungen** sowie zwischen **Pensionsverpflichtungen** und **pensionsähnlichen Verpflichtungen**.

Für **unmittelbare Pensionsverpflichtungen** (Anwartschaften und Renten) besteht nach dem Gesetz grundsätzlich eine **Passivierungspflicht**, weil es sich um ungewisse Verbindlichkeiten handelt. Für **mittelbare** oder **pensionsähnliche Verpflichtungen** ist ein **Passivierungswahlrecht** gegeben. Weil für die unmittelbaren Pensionszusagen bis zur Gesetzesänderung durch das Bilanzrichtliniengesetz nur ein Passivierungswahlrecht bestand, besteht für sog. Altzusagen ein **Passivierungswahlrecht** und nur für Neuzusagen ab dem 01.01.1987 besteht die genannte Passivierungspflicht (Art. 28 EGHGB). Bei Inanspruchnahme dieser **Passivierungswahlrechte** – also bei unmittelbaren Pensionsverpflichtungen aus der Zeit vor dem 01.01.1987, bei mittelbaren Pensionsverpflichtungen und bei pensionsähnlichen Verpflichtungen ohne entsprechende Rückstellungsbildung – verlangt das Gesetz (Art. 28 EGHGB) eine **Fehlbetragsangabe im Anhang** des Jahresabschlusses.

Die Frage der **pensionsähnlichen Verpflichtungen** ist seinerzeit Gegenstand der Rechtsprechung des Bundesfinanzhofs gewesen (BFH-Urteil vom 30.01.2002). Dem Gericht war die Frage zur Entscheidung vorgelegt worden, ob es sich bei den nach dem Beamtenrecht üblichen **Beihilfeversprechen** an aktive Beamte und Pensionäre um pensionsähnliche Verpflichtungen – mit der Folge eines handelsrechtlichen Bilanzierungswahlrechts, dem für die Steuerbilanz ein Passivierungsverbot folgt – oder um ungewisse Verbindlichkeiten – mit der Folge einer handelsrechtlichen Bilanzierungspflicht, der für die Steuerbilanz ebenfalls eine Passivierungspflicht folgt – handelt. Der BFH hat sich unter Hinweis auf den bestehenden Verpflichtungsüberhang ab dem Zeitpunkt des Ausscheidens aus dem aktiven Dienst für das Bestehen einer ungewissen Verbindlichkeit entschieden und auf diese Weise die Krankenhäuser in öffentlicher Trägerschaft (Universitätskliniken, kommunale Krankenhäuser, Landeskliniken etc.) in wirtschaftlich schwierigen Zeiten gezwungen, entsprechende Rückstellungen zu dotieren.

Schließlich sei noch auf folgende **Fallkonstellation** hingewiesen: Ein Krankenhaus war bis vor drei Jahren als Eigenbetrieb geführt worden. Unter den Pensionslasten des damaligen Eigenbetriebs findet sich eine Verpflichtung betreffend fünf Altersversorgungen von beamteten Chefärzten im Ruhestand oder ihren Witwen. Das Krankenhaus hat einen Rechtsformwechsel vollzogen und steht nun in Trägerschaft einer gemeinnützigen GmbH. Die Gebietskörperschaft – z. B. Stadt – ist der Alleingesellschafter der Krankenhausträger-GmbH geworden. Die Altersversorgungsverpflichtung gegenüber den 5 beamteten Chefärzten bzw. ihren Witwen war als sog. »Altverpflichtung« – begründet vor dem 01.01.1986 – wegen des Wahlrechts gemäß Art. 28 EGHGB nicht in der Bilanz erfasst worden. Stattdessen wurde jedes Jahr im Anhang des Krankenhaus-Eigenbetriebs eine betragsmäßige Angabe zur unterlassenen Pensionsrückstellung gemacht. In einem gesonderten Vertrag zwischen der Kommune und der Krankenhausträger-GmbH wurde anlässlich des

Rechtsformwechsels festgelegt, dass das Krankenhaus die Stadt von den Rentenzahlungen an die Pensionsberechtigten freistellt. In diesem geschilderten Fall handelt es sich nicht um eine mittelbare oder unmittelbare Pensionsverpflichtung. Es handelt sich stattdessen um eine durch den Vertrag neu begründete Schuldübernahme ohne Gegenleistungen. Es ist eine Verbindlichkeitsrückstellung zu bilden, die den Ansprüchen einer Rückstellung für drohende Verluste entspricht.

4. Schritt: Bewertung der Positionen der Passivseite

Eigenkapitaleinzahlungen sind grundsätzlich zum **Nennwert** zu passivieren. **Sacheinlagen** sind zum **beizulegenden Wert** (Verkehrswert oder aus den fortgeführten Anschaffungs- oder Herstellungskosten der eingelegten Vermögensgegenstände abgeleiteter Wert) zu passivieren.

Sonderposten sind **in Höhe der Bilanzierung der Restbuchwerte der geförderten Anlagegüter** zu passivieren.

Die Rückstellungen sind **nach vernünftiger kaufmännischer Beurteilung** zu dotieren (§ 253 Abs. 1 HGB i. d. F. **bis** BilMoG). Ab Anwendung der gesetzlichen Vorgaben nach dem BilMoG erfolgt die Bewertung der **Rückstellung zum Erfüllungsbetrag**, der nach vernünftiger kaufmännischer Beurteilung notwendig ist (§ 253 Abs. 1 Satz 2 HGB). Das ist eine kleine Revolution für die Rückstellungsbewertung. Galt bisher das Stichtagsprinzip der **statischen Bilanztheorie** – Verbindlichkeitsrückstellungen sind zum Stichtagswert zu bewerten – gilt nunmehr die Bewertung zum Erfüllungsbetrag/Zukunftswert – als Element der **dynamischen Bilanztheorie**. Was bedeutet diese Veränderung für die Bilanzierungspraxis? Hier einige Beispiele:

- Die **Urlaubsrückstellung** bewertet den Erfüllungsrückstand des Arbeitgebers in Bezug auf die Urlaubsansprüche der betroffenen Arbeitnehmer. Die Bewertung erfolgt mit den Personalkosten pro Tag je Arbeitnehmer des abgelaufenen Geschäftsjahres (altes Recht) oder bewertet mit den Kosten für die Erfüllung des Urlaubsanspruchs im neuen Geschäftsjahr (neues Recht nach BilMoG). Darüber hinaus wird diskutiert, wie die Personalkosten pro Tag zu ermitteln sind. Eine Ermittlung auf der Basis 250 Tagen – wie sie von der Finanzverwaltung verlangt wird – wird handelsrechtlich nicht länger als sachgerecht angesehen. Der Urlaubsanspruch von beispielsweise 30 Tagen wäre in jedem Fall noch zu kürzen. Ob darüber hinaus noch Krankheitstage und andere Abwesenheitstage in die Kalkulation einbezogen werden, ist Ermessensentscheidung des Bilanzierenden.
- Die **Rückstellung für Brandschutzauflagen** der Feuerwehr wurde gemäß einer Baukalkulation aus dem Jahr der Auflage (vor zwei Jahren) gebildet. Maßgeblich ist für die Bewertung die Baukostensituation im Durchführungszeitraum – beispielsweise in zwei Jahren. Sollten diesbezüglich Kostenanteile fehlen, sind diese zuzuführen.
- Die **Rückstellung für eine Abriss- und Wiederherstellungsverpflichtung** gemäß einem Mietvertrag betreffend die angemieteten Räume in einer Tagesklinik in einem Nachbarort. Der Mietvertrag war 2020 über 10 Jahre abgeschlossen

worden. Verlängerungsoptionen wurden keine vereinbart. Der Mietvertrag enthält eine **Abriss- und Wiederherstellungsverpflichtung** zum Ende der Mietzeit. Die Wiederherstellung des Zustandes bei Mietbeginn würde 2020 rd. EUR 55.000,00 kosten. Die notwendige Rückstellung ist eine Verbindlichkeitsrückstellung, die mit dem geschätzten Baukostenindex auf den Erfüllungsstand zum 31.12.2030 gebracht werden muss.

- Die **Pensionsrückstellungen für Anwärter**, bewertet gemäß § 6a EStG zum Teilwert, waren eine Bewertung der Pensionsansprüche der Mitarbeiter bis zum Bilanzstichtag und auf der Basis der Gehaltsverhältnisse am Stichtag (nach Steuerrecht). Nach BilMoG muss die Bewertung zum Erfüllungsbetrag erfolgen, d. h. die Plankarriere bis zum Pensionsbeginn (z. B. Erreichen des 67. Lebensjahres) ist in die Rückstellungen einzubeziehen.

Die Abstellung auf die Verhältnisse zum Erfüllungszeitpunkt ist nicht die einzige Bewertungsänderung bei den Rückstellungen. Weiterhin sind die neuen **Abzinsungs-vorschriften für Rückstellungen** zu beachten, § 253 Abs. 2 Satz 1 HGB:

»Rückstellungen mit einer Restlaufzeit von mehr als einem Jahr sind mit dem ihrer Restlaufzeit entsprechenden durchschnittlichen Marktzinssatz der vergangenen sieben Geschäftsjahre abzuzinsen.«

Für Altersversorgungs-/Pensionsrückstellungen gilt:

»Abweichend von § 253 Abs. 2 Satz 1 HGB dürfen Rückstellungen für Altersversorgungsverpflichtungen oder vergleichbare langfristig fällige Verpflichtungen (Anmerkung des Autors: Pensionsrückstellungen, Beihilfeverpflichtungen etc.) pauschal mit dem durchschnittlichen Marktzinssatz abgezinst werden, der sich bei einer angenommenen Restlaufzeit von 15 Jahren ergibt.«

Die Pensionsrückstellungen dürfen **alternativ** auch laufzeitbezogen je Mitarbeiter einzeln entsprechend der Laufzeit mit dem 7-jährigen Durchschnittszins abgezinst werden.

Die durchschnittlichen Marktzinssätze für die beschriebenen Abzinsungen werden aus der Veröffentlichung der Deutschen Bundesbank ermittelt, die gemäß der **Rückstellungsabzinsungsverordnung** ermittelt werden.

Weil bei der Rückstellungsbemessung auf einen unbestimmten Rechtsbegriff zurückgegriffen wird, ist es Auslegungssache, was unter »einem **Erfüllungsbetrag, der nach vernünftiger kaufmännischer Beurteilung** notwendig ist«, zu verstehen ist.

Verbindlichkeiten sind mit ihrem **Rückzahlungsbetrag, Rentenverpflichtungen** mit ihrem **Barwert** anzusetzen.

Verbindlichkeiten dürfen nur abgezinst werden, soweit in der zugrunde liegenden Verbindlichkeit ein Zinsanteil enthalten ist.

Zunächst wäre da die Bemessung der mittelbaren und unmittelbaren Pensionsrückstellungen. Hier verwendete man bisher in der handelsrechtlichen Praxis oft die **Bewertungsgrundlagen des § 6a EStG**. Die Bewertung erfolgt danach zum steuerlichen Teilwert. Dieser ist der **Barwert der unverfallbaren Pensionsverpflichtung zum Bilanzstichtag**. Die jährlichen Zuführungsbeträge sind so zu bemessen, dass am Beginn des Wirtschaftsjahres, in dem das Dienstverhältnis begonnen hat, ihr Barwert gleich dem Barwert der künftigen Pensionsleistungen entsprechend der statistisch durchschnittlichen Lebenserwartung für den Anwärter oder Pensionär bzw. ihren/seine länger lebende(n) Witwe(r) ist. Die künftigen Pensionsleistungen sind dabei mit dem Betrag anzusetzen, der sich nach den Verhältnissen am Bilanzstichtag ergibt (Stichtagsprinzip). Der Berechnung sind die Jahresbeträge zugrunde zu legen, die vom Beginn des Geschäftsjahres, in dem im Rahmen des Dienstverhältnisses die Pensions-/Altersversorgungszusage erteilt wurde, begonnen hat, bis zu dem in der Pensionszusage vorgesehenen Zeitpunkt des Eintritts des Versorgungsfalls rechnerisch aufzubringen sind. Vertragliche Erhöhungen oder Verminderungen der Pensionsleistungen **nach** dem Schluss des Geschäftsjahres, die hinsichtlich des Zeitpunktes ihres Wirksamwerdens oder ihres Umfangs ungewiss sind, sind bei der Berechnung des Barwertes der künftigen Pensionsleistungen und der Jahresbeträge erst zu berücksichtigen, wenn sie eingetreten sind. Der Barwert ist steuerlich mit einem Rechnungszinsfuß von 5,5 % (gem. § 6 Abs. 1 Nr. 3a Buchst. e EstG) zu ermitteln. Handelsrechtlich oder nach internationaler Rechnungslegung (IFRS/IAS oder US-GAAP) sind durchaus andere (niedrigere) Zinssätze begründet – und vertretbar. Unterlassene Zuführungen zur Pensionsrückstellung dürfen zumindest steuerlich bis zum Beginn der Rentenzahlungen nicht nachgeholt werden.

Weil die Berechnungsmethodik so aufwendig ist, wird sie in der Regel von spezialisierten Versicherungsmathematikern durchgeführt und in sog. **Pensionsgutachten** gefasst. Aber auch in diesem Fall gilt, ein Pensionsgutachten ist nur so gut wie seine Datenbasis, d. h. werden Pensionsberechtigte vergessen oder wird die Pensionsverpflichtung falsch übermittelt, ist die Berechnung falsch bzw. unvollständig.

Für die Bilanzierung der Pensionsrückstellungen nach BilMoG sind noch zwei weitere handelsrechtliche Normen von Bedeutung. Gemäß § 246 Abs. 2 Satz 2 HGB sind *»Vermögensgegenstände, die dem Zugriff aller übrigen Gläubiger entzogen sind und ausschließlich der Erfüllung von Schulden aus Altversorgungsverpflichtungen oder vergleichbaren langfristig fälligen Verpflichtungen dienen, die gegenüber Arbeitnehmern eingegangen wurden, (...) mit diesen Schulden zu* **verrechnen**; *entsprechend ist mit den zugehörigen Aufwendungen und Erträgen zu verfahren«* (Ausnahme vom Saldierungsverbot). Sollte das **Planvermögen zur Rückdeckung** den Wertansatz der Pensionsrückstellung übersteigen, ist der übersteigende Anteil gemäß § 266 Abs. 2 HGB als **»Aktiver Unterschiedsbetrag aus der Vermögensverrechnung«** auf der Aktivseite der Bilanz gesondert auszuweisen.

Steuerrückstellungen spielen in gemeinnützigen Krankenhäusern nur eine untergeordnete Rolle. Für gewerbliche Krankenhäuser gelten – abgesehen von der Gewerbesteuer – die Regeln für allgemeine gewerbliche Unternehmen, wobei darauf hinzuweisen ist, dass die Ertragssteuerpflicht nicht dem Krankenhaus, sondern dem Krankenhausträger obliegt. Die Bewertung der Rückstellungen ist in Höhe der zu erwartenden Steuerbelastung (Verbindlichkeit) vorzunehmen. In Höhe der Abweichungen in der Handels- und Steuerbilanz sind die Tatbestände der Abgrenzungspflicht latenter Steuern zu prüfen.

Unter den **sonstigen Rückstellungen** eines Krankenhauses bilden die **Personalkostenrückstellungen** i. d. R. die größte Gruppe. Neben der Abgrenzung variabler Lohnbestandteile – die sich aus Feiertags-, Wochenend- und Nachtzuschlägen sowie Überstundenvergütungen zusammensetzen – spielen die Urlaubsrückstellungen eine wesentliche Rolle. Dabei ist immer wieder diskutiert worden, wie diese zu bemessen sind. Im Ergebnis hängt dies von der Frage ab: Was soll bewertet werden? Der **Erfüllungsrückstand** im abgelaufenen Geschäftsjahr oder die **betriebswirtschaftlichen Kosten**, die entstehen, wenn die entsprechenden Arbeitnehmer im neuen Geschäftsjahr ihren Urlaub nachholen? Das **deutsche Steuerrecht** ist hier durch zahlreiche höchstrichterliche Urteile eindeutig festgelegt. Für die steuerliche Gewinnermittlung ist nur eine Rückstellung für ungewisse Verbindlichkeiten auf Grund des aus der Vergangenheit – dem abgelaufenen Geschäftsjahr – resultierenden **Erfüllungsrückstandes mit Einzelkosten zu bewerten**. Also wird aus den Lohn- und Gehaltskosten ohne Urlaubsgelder und Sonderzahlungen (Tantiemen, Jubiläumsgelder, Gratifikationen etc.) unter Berücksichtigung der gesetzlichen Sozialabgaben, ggf. auch der betrieblichen Zusatzaltersversorgung (ZVK, VBL u. a.), und der Berufsgenossenschaftsbeiträge durch Division durch die möglichen Arbeitstage (i. d. R. vereinfachend 250 Tage) ein Tagessatz ermittelt, der der Bewertung des nicht genommenen Urlaubs zugrunde gelegt wird. Handelsrechtlich dürfte es seit 2010 im Bereich der Rückstellungen nicht mehr zulässig sein, steuerliche Bewertungsmethoden in der handelsrechtlichen Bilanzierung zu verwenden. Andere Rechenmethoden sind unter Hinweis auf den anderen Rückstellungsbewertungsansatz des Handelsrechts notwendig: z. B. Erfassung der das Unternehmen belastenden Kosten für den Freizeitausgleich im neuen Geschäftsjahr – denkbar sind z. B. bei der Tagessatzermittlung Division durch die effektiven Arbeitstage; also statt 250 Tage vielleicht 205 Tage.

Rückstellungen mit einer Laufzeit von mehr als einem Jahr sind abzuzinsen. Der Umkehrschluss dieser Vorschrift lautet: Rückstellungen mit einer Laufzeit unter einem Jahr sind **nicht** abzuzinsen.

> **Rechenbeispiel für die Bewertung zum Erfüllungsbetrag und für die Abzinsungsberechnung:**
> Gemäß Miet- und Pachtvertrag sind die Mietereinbauten am Ende der Laufzeit eines Mietvertrags vom Mieter zu entfernen. Der Mietvertrag läuft über 10 Jahre. Es ist keine Verlängerungsoption vorgesehen. Am Jahresende 2020 läuft der Mietvertrag noch genau 10 Jahre. Die Abriss- und Wiederherstellungskosten belaufen sich aus der Sicht des 31.12.2020 auf EUR 55.000. Der Baukostenindex steigt annahmegemäß um 3,5 % pro Jahr. Wie ist die Rückstellung zu berechnen?

Die durchschnittlichen 7-Jahres-Zinssätze der Deutschen Bundesbank, ermittelt nach der Rückstellungsabzinsungsverordnung (RückAbzinsV), sind in Tabelle 4.3 dargestellt (Stand: Mai 2021) (▶ Tab. 4.3).

Zunächst ist die Abrissverpflichtung mit ihrem Erfüllungsbetrag (§ 253 Abs. 1 HGB) zu berechnen. Jedes Jahr der Laufzeit des Mietvertrages wird eine Baukostenerhöhung um 3,5 % (Baukostenindex) aufgeschlagen. Zum Ende des Mietzeitraums im Jahr 2030 beträgt die Abriss- und Wiederherstellungsverpflichtung EUR 77.582,93 (Erfüllungsbetrag) (▶ Tab. 4.4).

Tab. 4.3: Abzinsungszinssätze gemäß § 253 Abs. 2 HGB in % p.a. (Quelle: Abzinsungszinssätze gemäß § 253 Abs. 2 HGB (BilMoG), bundesbank.de)

Stand am Monatsende		Zinssatz bei Restlaufzeiten von ... Jahr(en)									
		1	2	3	4	5	6	7	8	9	10
2020	Januar	0,56	0,61	0,70	0,82	0,95	1,08	1,20	1,33	1,45	1,56
	Februar	0,55	0,60	0,69	0,80	0,93	1,06	1,18	1,30	1,43	1,53
	März	0,54	0,60	0,68	0,80	0,92	1,05	1,17	1,29	1,42	1,52
	April	0,54	0,59	0,67	0,79	0,91	1,03	1,15	1,28	1,39	1,5
	Mai	0,53	0,58	0,66	0,77	0,89	1,02	1,14	1,25	1,37	1,47
	Juni	0,52	0,57	0,65	0,76	0,87	0,99	1,11	1,23	1,34	1,45
	Juli	0,51	0,55	0,63	0,74	0,85	0,97	1,09	1,20	1,30	1,42
	August	0,49	0,54	0,61	0,72	0,83	0,95	1,06	1,17	1,28	1,39
	September	0,48	0,52	0,60	0,70	0,80	0,92	1,03	1,15	1,25	1,36
	Oktober	0,47	0,51	0,58	0,68	0,78	0,90	1,01	1,12	1,22	1,33
	November	0,45	0,49	0,54	0,66	0,76	0,87	0,98	1,09	1,19	1,29
	Dezember	0,44	0,47	0,56	0,64	0,74	0,84	0,95	1,06	1,16	1,26
2021	Januar	0,42	0,46	0,52	0,62	0,71	0,82	0,93	1,03	1,13	1,23
	Februar	0,41	0,44	0,51	0,60	0,69	0,80	0,90	1,01	1,11	1,21
	März	0,40	0,43	0,49	0,58	0,68	0,78	0,88	0,99	1,08	1,18
	April	0,38	0,42	0,48	0,57	0,66	0,76	0,86	0,97	1,06	1,16
	Mai	0,36	0,40	0,47	0,55	0,65	0,75	0,85	0,95	1,05	1,14
	Juni	0,37	0,39	0,45	0,54	0,63	0,73	0,83	0,92	1,03	1,12
	Juli	0,34	0,38	0,44	0,53	0,62	0,72	0,82	0,91	1,01	1,10
	August	0,33	0,37	0,43	0,52	0,61	0,70	0,81	0,90	0,99	1,09
	September	...	...	...	...	...	...	...	...	...	...
	...	...	...	...	...	...	...	...	...	...	...

Der Barwert des Erfüllungsbetrags der Abrissverpflichtung – abgezinst über 10 Jahre mit einem durchschnittlichen 7-Jahres-Zins i. H. v. 1,26 % – Stand 12/2020 beträgt EUR 68.343,53. Nach der sog. Bruttomethode sind im Jahr 2020 EUR 22.582,93 für die Baupreissteigerungen bis zum Erfüllungszeitpunkt 2030 der Rückstellung für Abrisskosten zuzuführen und EUR -9.239,40 abzuzinsen, weil die zurückgestellten Abrisskosten erst im Jahr 2030 anfallen.

Tab. 4.4: Beispiel: Berechnung der Abriss- und Wiederherstellungsverpflichtung

Jahr	Abrisskosten	Zuführung Bauindex +3,5 %	Zinssatz für Ab- u. Aufzinsung	Ab- und Aufzinsungsbetrag	Barwert der Verpflichtung
	EUR	EUR	in %	EUR	EUR
2020	55.000,00	22.582,93		-9.239,40	68.343,53
2021	56.925,00	1.925,00	1,26 %	1.430,35	69.849,10
2022	58.917,38	1.992,37	1,16 %	1.317,82	71.242,87
2023	60.979,48	2.062,11	1,06 %	1.241,30	72.768,40
2024	63.113,77	2.134,28	0,95 %	1.100,88	74.754,53
2025	65.322,75	2.208,98	0,84 %	923,36	75.615,79
2026	67.609,04	2.286,30	0,74 %	783,86	76.286,82
2027	69.975,36	2.366,32	0,64 %	609,04	76.855,37
2028	72.424,50	2.449,14	0,56 %	498,75	77.241,57
2029	74.959,35	2.534,86	0,47 %	362,93	77.582,93
2030	**77.582,93**	2.623,58	Im letzten Jahr keine Abzinsung!		
Su: Baukostenindex +3,5 %		**22.582,93**		0,00	

Die Rückstellungsentwicklung nach der sog. Nettomethode – auffüllen über 10 Jahre in 10 Raten – zeigt die in Tabelle 4.5 dargestellte Entwicklung (▸ Tab. 4.5).

Tab. 4.5: Beispiel: Rückstellungsentwicklung nach der Nettomethode

Geschäftsjahr	Vortrag 01.01.	Zuführung	Abzinsung	Aufzinsung	Stand 31.12.
	EUR	EUR	EUR	EUR	EUR
2020	55.000.00	13.343,53	-	-	68.343,53
2021	68.343,53	1.505,57	-	-	69.849,10
2022	69.849,10	1.393,77	-	-	71.242,87
2023	71.242,87	1.325,53	-	-	72.568,40
2024	72.568,40	1.185,55	-	-	73.753,95
2025	73.753,95	1.000,58	-	-	74.754,53
2026	74.754,53	861,26	-	-	75.615,79

Tab. 4.5: Beispiel: Rückstellungsentwicklung nach der Nettomethode – Fortsetzung

Geschäftsjahr	Vortrag 01.01.	Zuführung	Abzinsung	Aufzinsung	Stand 31.12.
	EUR	EUR	EUR	EUR	EUR
2027	75.328,34	958,48	-	-	76.286,82
2028	76.286,82	568,55	-	-	76.855,37
2029	76.855,37	386,20	-	-	77.241,57
2030	77.241,57	341,36	-	-	77.582,93
		58.714,79	-	-	

In der Zuführungsspalte wird im ersten Jahr der Endbetrag von EUR 77.582,93 = EUR 55.000,00 + EUR 22.582,93 ./. Abzinsung für 10 Jahre mit dem durchschnittlichen 7-Jahreszins nach der Rückstellungsabzinsungsverordnung dotiert. In den Folgejahren wird nur aufgezinst.

Schließlich soll noch auf die **Rückstellung für Altersteilzeit** (ATZ) eingegangen werden. Auch wenn die großen Abfindungswellen der letzten Jahre vorüber sind – die Förderung der Wiederbesetzung der freiwerdenden Stellen ist zum 31.12.2009 ausgelaufen – sind einerseits die großen Rückstellungen für Altersteilzeitverpflichtungen in den Bilanzen der Krankenhäuser noch nicht alle abgewickelt und andererseits besteht das Altersteilzeitgesetz (AltTZG) mit seinen 16 Paragraphen weiterhin. Ein staatlicher Förderanspruch auf Finanzierung anteiliger Aufstockungsbeträge besteht nur, wenn der Arbeitnehmer das 55. Lebensjahr vollendet hat und innerhalb der letzten fünf Jahre vor Beginn der Altersteilzeit mindestens 1.080 Kalendertage (entspricht etwa drei Jahren) in einer versicherungspflichtigen Beschäftigung gestanden hat. Weiterhin bedarf es einer Wiederbesetzung der freiwerdenden Stellen durch arbeitslose Arbeitnehmer bzw. Auszubildende, die übernommen werden. Zwei Gründe können zur Bilanzierungspflicht derartiger Rückstellungen führen:

1. der Abschluss einer individuellen Altersteilzeitvereinbarung zwischen Arbeitgeber und Arbeitnehmer und
2. der Anspruch auf Wandlung des eigenen Arbeitsvertrages aufgrund eines Tarifvertrags oder einer Betriebsvereinbarung.

Dabei wird zwischen zwei Altersteilzeitmodellen unterschieden: dem sog. **Blockmodell** und dem **Teilzeitmodell**. Beim Blockmodell arbeitet der Arbeitnehmer zunächst noch Vollzeit (aktive Phase) weiter, erhält jedoch aus seiner geleisteten Arbeit nur eine 50 %ige Vergütung, die dann vom Arbeitgeber auf den gesetzlichen **Mindestnettobetrag** (70 % des letzten Nettogehalts vor Abschluss der ATZ-Vereinbarung) aufgestockt wird. In der passiven Phase der Altersteilzeit bleibt der Arbeitnehmer zu Hause – er arbeitet 0 % und erhält seine Altersteilzeitvergütung inkl. Aufstockung weiterbezahlt. Beim **Teilzeitmodell** wird für die gesamte Phase der Altersteilzeit die vertragliche Arbeitszeit um 50 % Prozent reduziert.

In beiden Fällen muss der Arbeitgeber zu seinen Lasten zusätzlich zum sog. **Aufstockungsbetrag auf das Mindestnettogehalt** (gesetzlich mindesten 70 % vom letzten Nettogehalt) zusätzlich die **Aufstockung der gesetzlichen Rentenversicherungsbeiträge auf 90 %** des letzten Einkommens vor der Inanspruchnahme der Altersteilzeit übernehmen.

Für eingegangene Altersteilzeitverträge sind also zwei Aufstockungsbeträge (Mindestnettovergütung und 90 %-Rentenversicherungsbeitrag) zurückzustellen. Zusätzlich sind **im Blockmodell** in der Beschäftigungsphase **Rückstellungen für den Erfüllungsrückstand bei der Entlohnung** (Vollzeitarbeit bei halbem Entgelt) zu bilden.

Nach HGB wurden bislang die Aufstockungsbeträge entsprechend ihrem überwiegenden wirtschaftlichen Gehalt als Entschädigungsleistungen für den Verlust des halben Arbeitsplatzes eingestuft. Neuere Überlegungen sehen die Bindung des ATZ-willigen Arbeitnehmers – bzw. seine Restarbeitszeit in dem Unternehmen – im Vordergrund (vgl. IDW Rechnungslegungsstandard HFA 3). Abbildung 4.3 fasst die Modelle noch einmal zusammen (▶ Abb. 4.3).

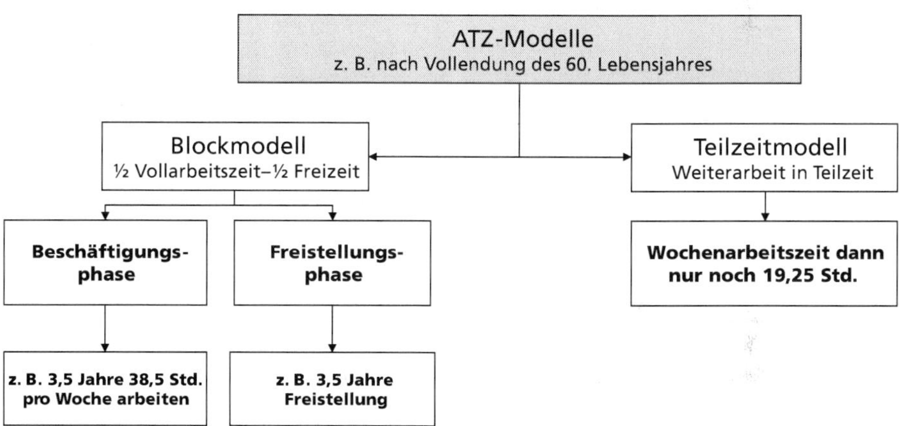

Abb. 4.3: Altersteilzeit-Modelle

Zusätzlich ist zu beachten, dass die oben genannten Altersteilzeitmodelle nicht erst für Mitarbeiter ab 60 Jahren, sondern im Einvernehmen mit dem Arbeitgeber auch **bereits ab dem 55. Lebensjahr** vereinbart werden können.

Bezüglich der erstmaligen Bilanzierung ist bei Individualvereinbarungen der Zeitpunkt des Vertragsabschlusses maßgeblich. Handelt es sich dagegen um eine Kollektivvereinbarung – Tarifvertrag, Betriebsvereinbarung etc. –, die den Mitarbeitern die einseitige Option auf den Abschluss von ATZ-Vereinbarungen einräumt, kommt es nach herrschender Meinung nicht auf den Zeitpunkt der ergänzenden individuellen Vereinbarung an. Ausschlaggebend ist der Zeitpunkt des Entstehens des Anspruchs auf ATZ, also auf den Abschluss der kollektiven Vereinbarung.

Bei den Rückstellungen für Altersteilzeit ist weiter zu beachten, dass § 8a AltTG vorschreibt, dass für alle neu abgeschlossenen ATZ-Verträge nach dem Blockmodell ab 01.07.2004 eine **Insolvenzsicherungspflicht** besteht. Als Sicherungsmodelle stehen zur Verfügung:

> Die **Verpfändung** von Vermögenswerten:
>
> - Verpfändung von angelegtem Vermögen oder
> - Treuhandlösungen.
>
> Die Absicherung durch **Bürgschaft**:
>
> - Bankbürgschaft/Kautionsversicherung oder
> - Einzelbürgschaften und Globalsicherungen durch Treuhandlösungen.

Nach § 246 Abs. 2 HGB ist zu prüfen, ob ein saldierungspflichtiger Tatbestand vorliegt:

>*Vermögensgegenstände, die dem Zugriff aller übrigen Gläubiger entzogen sind und ausschließlich der Erfüllung von Schulden aus Altersversorgungsverpflichtungen oder vergleichbaren langfristig fälligen Verpflichtungen dienen, sind mit diesen Schulden zu verrechnen; entsprechend ist mit den zugehörigen Aufwendungen und Erträgen aus der Abzinsung und aus dem zu verrechnenden Vermögen zu verfahren. Übersteigt der beizulegende Zeitwert der Vermögensgegenstände den Betrag der Schulden, ist der übersteigende Betrag unter einem gesonderten Posten zu aktivieren.«*

Im KHBV-Abschluss und im handelsrechtlichen Abschluss führen die Verpfändungsmodelle zu keinen Auswirkungen auf die Bilanzierung, da das wirtschaftliche Eigentum beim Krankenhaus bzw. beim Krankenhausträger verbleibt. Bei Bürgschaftsmodellen ist vom Krankenhaus eine Avalprovision zu bezahlen, die als Aufwand zu erfassen ist.

Der Hauptfachausschuss (HFA) des IDW hat den IDW Rechnungslegungsstandard HFA 3 (IDW RS HFA 3 n.F.) neu gefasst und zum 19.06.2013 offengelegt. in diesem führt das IDW – abhängig vom wirtschaftlichen Gehalt der zugrunde liegenden ATZ-Vereinbarung – verschiedene Bilanzierungsalternativen für ATZ-Aufstockungen auf.

5. Schritt: Bilanzausweis in der Krankenhausbilanz

Der Bilanzausweis der Passivseite ist wie der Bilanzausweis der Aktivseite durch das Bilanzgliederungsschema der KHBV vorgegeben. Durch das BilMoG wurde der Grundsatz des Saldierungsverbots durchbrochen und für den Fall, dass Vermögensgegenstände, die dem Zugriff aller übrigen Gläubiger entzogen sind und ausschließlich der Erfüllung von Schulden aus Altversorgungsverpflichtungen oder vergleichbaren langfristig fälligen Verpflichtungen dienen, vorhanden sind, sind diese mit den Schulden zu verrechnen; entsprechend ist mit den zugehörigen Aufwendungen und Erträgen aus der Abzinsung und aus dem zu verrechnenden Vermögen zu verfahren (§ 246 Abs. 2 Satz 2 HGB).

> **Zusammenfassend** sollen auch die **Prüfschritte einer Passivierung** nochmals kurz genannt werden:
>
> 1. **Schritt: Bilanzansatz auf der Passivseite**
>   Ist eine
>   – Eigenkapital-Finanzierung,
>   – Fremdkapital-Finanzierung (Rückstellung oder Verbindlichkeit) oder
>   – Sonder- oder Ausgleichsposten-Finanzierung (abgegrenzte Zuschüsse)
>   – gegeben?
> 2. **Schritt: Ist eine abgrenzungspflichtige Investitionszuwendung verwendet worden (Bildung eines Sonderpostens)?**
> 3. **Schritt: Besteht eine Verpflichtung zur Bildung einer Rückstellung?**
>   – Pflichtrückstellungen,
>   – Wahlrückstellungen oder
>   – Besonderheiten des EGHGB für Pensionsrückstellungen.
> 4. **Schritt: Bewertung der Positionen der Passivseite**
> 5. **Schritt: Bilanzausweis in der Krankenhausbilanz** (Gliederungsschema gem. Anlage 1 der KHBV, in diesem Buch ▶ Anlage 12). Die gesetzlichen Saldierungsgebote bei »eigenen Anteilen« (mit dem Eigenkapital) und beim »Planvermögen« (mit den hierdurch gedeckten Rückstellungen) sind zu beachten.

4.4 Die Fördermittelbilanz

Da die Buchführung und der Jahresabschluss Abbildungen der finanziellen Wirklichkeit im Krankenhausunternehmen darstellen, muss auch das bereits öfter zitierte duale Finanzierungssystem in der Buchhaltung, der Bilanz **und** der Gewinn- und Verlustrechnung seinen Niederschlag finden.

In der Bilanz verläuft die **Finanzierungsgrenze zwischen Fördermittel-** und Pflegesatz- bzw. **eigenmittelfinanziertem Vermögen** mitten durch das Anlagevermögen. Dazu kommen auf der Aktivseite die Forderungen aus bewilligten, aber noch nicht ausgezahlten Fördermitteln – enthalten in der Position »Forderungen nach dem Krankenhausfinanzierungsrecht« – , die ausgezahlten, aber noch nicht verwendeten Fördermittel – i. d. R. auf gesonderten Bankkonten zu führen – und ggf. die Abgrenzung von Zinsforderungen aus der Verzinsung von Fördermittelkonten. Schließlich sind auf der **Aktivseite** die Ausgleichsforderungen aus Eigenmittel- und Darlehensförderung dem Fördermittelbereich zuzurechnen.

Auf der **Passivseite** gehören zum Fördermittelbereich die Sonderposten, die Verbindlichkeiten aus Lieferungen und Leistungen, soweit sie Lieferantenrechnungen für aktivierte fördermittelfinanzierte Anlagegüter betreffen, ggf. auch Lieferantenrechnungen, soweit sie unter den Rückstellungen für ausstehende Rechnungen erfasst sind. Weiterhin sind die »Verbindlichkeiten nach dem Krankenhausfinanzierungsrecht«, soweit sie noch nicht verwendete Zuschüsse aus Fördermitteln betreffen, geförderte Darlehensverbindlichkeiten und der Ausgleichsposten aus Darlehensförderung in die Fördermittelteilbilanz aufzunehmen.

Als Beweis, dass die Fördermittelbilanz auch in sich abgestimmt ist, müssen die **Aktivseite und die Passivseite der Fördermittelbilanz die gleiche Bilanzsumme aufweisen.** Ergibt die Abstimmung der Aktiva und der Passiva der Fördermittelbilanz eine Differenz, so kann der Ursache insoweit nachgegangen werden, als dass zunächst das Anlagevermögen Finanzierungsart für Finanzierungsart mit den Sonderposten und Ausgleichsposten abgestimmt wird. Besteht die Differenz im Umlaufvermögen, so liegt i. d. R. eine Fehlfinanzierung in Form eines Vorgriffs bzw. einer Vorfinanzierung oder eine Mittelfehlverwendung vor. Im letztgenannten Fall muss bei gesetzlich vorgeschriebener getrennter Bankkontenführung **eine Querüberweisung** vom Fördermittelbankkonto auf das Eigenmittelbankkonto erfolgen. Ein Muster einer solchen Fördermittelbilanz findet sich in **Anlage 9** (▶ Anlage 9).

Die vorstehenden Aussagen gelten nur in 14 von 16 Bundesländern – Ausnahmen bilden das Land NRW seit 2008 und das Saarland seit 2010. Zwar gelten die Vorschriften der Abbildung der Krankenhausfinanzierung in der Buchführung und im Jahresabschluss auch in Nordrhein-Westfalen, aber die Förderbestimmungen passen nicht zu den Buchhaltungsvorschriften: Es gibt die Unterscheidung in Förderung von Baumaßnahmen (Neubau, Umbau, Erweiterungsbau) und Förderung der Wiederbeschaffung kurzfristiger Anlagegüter (Anlagegüter mit einer betriebsgewöhnlichen Nutzungsdauer zwischen 3 und 15 Jahren) noch (vgl. § 18 Abs. 1 KHGG NRW), aber die Beantragung, Ermittlung der Förderbeträge, die Vergaberegeln und der Nachweis der Mittelverwendung erfolgen nach den gleichen Regeln.

Das Krankenhaus erhält Fördermittel entsprechend seiner zwei Jahre zuvor zum 30.06. mit den Krankenkassen vereinbarten Leistungsmengen. Die Förderung der Wiederbeschaffung kurzfristiger Anlagegüter wird in 4 Teilbeträgen (zur Mitte des jeweiligen Quartals), die Förderung von Baumaßnahmen in einem Betrag (am 1. Juli) ausgezahlt.

Während sich die Regeln der Förderung der Wiederbeschaffung kurzfristiger Anlagegüter nur bei der Berechnung des Förderbetrags von den anderen 15 Bundesländern unterscheiden, ist der Unterschied bei der Bauförderung gravierend: In den anderen 15 Bundesländern müssen die Krankenhäuser aufwendige Förderanträge stellen, die dann lange Jahre geprüft werden, um dann in einem verwaltungsintensiven Verfahren ausgereicht und überwacht zu werden. NRW hat das alles abgeschafft, wobei nun alle Krankenhäuser jedes Jahr Baumittel erhalten, deren Verwendung das Krankenhaus selbst bestimmt und entsprechend der gesetzlichen Regeln durch den Wirtschaftsprüfer geprüft wird.

Das KHGG NRW kennt für die Bauförderung eine überschaubare Zahl von **Verwendungsregelungen.**

Der Grundsatz lautet: **Das Krankenhaus wirtschaftet mit den Mitteln aus den Baupauschalen im Rahmen der Zweckbindung frei.** Die Fördermittel für Baumaßnahmen, die sogenannte Baupauschale, steht den Krankenhäusern im Rahmen der Verwendungsvorgaben jedes Jahr mit einem Betrag in Abhängigkeit von den vereinbarten Leistungsmengen zur freien Verfügung.

- Die Fördermittel sind bis zu ihrer Verwendung auf gesonderten Bankkonten zu führen.
- Es muss sich um aktivierungspflichtige Baumaßnahmen (Neubau, Umbau, Erweiterungsbau) handeln.
- Die Förderung darf ausschließlich Aufgaben des Versorgungsauftrages dieses Krankenhauses erfassen.
- Es sind ausschließlich Investitionen, die der stationären Krankenhausbehandlung dienen, förderfähig; nicht gefördert werden insbesondere Ambulanzbereiche, Bereiche für Zwecke der Forschung und Lehre sowie fremd genutzte Gebäudeteile oder -flächen.
- Krankenhäuser dürfen ihren Anspruch auf Mittel der Baupauschale an andere Krankenhäuser in NRW abtreten.
- Förderfähig sind die Kosten, die für eine ausreichende und medizinisch zweckmäßige Versorgung nach den Grundsätzen von Sparsamkeit und Wirtschaftlichkeit erforderlich sind. Ausdrücklich erwähnt das Gesetz Kapitaldienstkosten und Nutzungsentgelte (Miete, Leasing, Pacht). Nach Auffassung der Autoren gehören auch die Abschreibungen für förderfähige Bauprojekte zu diesen Kosten.

Eine ähnliche pauschalierte Förderung wie in NRW kennt ab 01.01.2010 das Saarland. Mit Gesetz 1686 vom 06.05.2009 hat der Landtag des Saarlandes eine neue pauschale Krankenhausförderung beschlossen. Bei der neuen Pauschalförderung, die an Stelle der alten Einzelförderung tritt, sind die Gesamtbettenzahl, die Aufgabenstellung nach dem Krankenhausplan des Saarlandes, das Leistungsgeschehen und die Förderung in der Vergangenheit zu berücksichtigen. Die Fördermittel werden in 2 Raten am 15. März und am 15. September eines jeden Jahres ausgezahlt.

Weitere Einzelheiten zur Bemessung der Pauschalen je Krankenhaus regelt die Verordnung zur Pauschalierung der Einzelförderung nach § 30 Absatz 5 SKHG vom 03.08.2009. Die Verwendungsvorschriften für die Fördermittelverwendung wurden nicht geändert. Die zweckentsprechende Mittelverwendung ist bis zum 30. Juni des auf den Bilanzstichtag folgenden Kalenderjahres durch ein Testat des Abschlussprüfers zu belegen.

4.5 Der Fördermittelbereich in der Gewinn- und Verlustrechnung

Auch in der Gewinn- und Verlustrechnung nach KHBV ist eine Differenzierung der Positionen und Unterpositionen nach Fördermittel- und Benutzerkostenbereich möglich. Grundsätzlich – d. h. in den Bundesländern mit Ausnahme NRW und bei Darstellungen ohne die Bilanzierung eines Fördermittelvorgriffs – muss dabei die Fördermittel-Teil-GuV ein Ergebnis von Null ausweisen.

Die geförderten Abschreibungen werden durch gleich hohe Auflösungserträge der Sonderposten neutralisiert. Den Fördermittelerträgen, abzüglich sofortiger Verwendungen in Form von lang laufenden Mieten, Pachten oder Leasing-Gebühren, den Zinserträgen sowie den Vermietungserträgen für geförderte Bauteile oder den Verkaufserlösen vormals geförderter Anlagegüter, stehen in gleicher Höhe Zuführungen zu den Verbindlichkeiten/Sonderposten gegenüber. Das Teilergebnis der Fördermittel-GuV ist tatsächlich Null.

Dass eine derartige Erfolgsneutralisierung in NRW nicht gilt, ist bereits gesagt worden. Dazu hier ein Zahlenbeispiel:

Beispiel:

Sachverhalt: Eine Investition wird vom Krankenhausträger aus Eigenmitteln bar vorfinanziert und nachträglich aus Mitteln der Baupauschale refinanziert:

- Investition in einen Gebäudeanbau mit Baukosten von EUR 15,0 Mio.
- Die Nutzungsdauer des Gebäudes betrage 50 Jahre.
- Abschreibungen TEUR 300 p.a. (lineare Methode)
- Die Investition wird vom Krankenhausträger **in vollem Umfang aus Eigenmitteln** vorfinanziert.
- Baupauschale = TEUR 650 p.a.
- Es wird ein Sonderposten gebildet, bis EUR 15,0 Mio. aus den Baupauschalmitteln verwendet sind.
- Alle weiteren Mittel aus Baupauschalen werden den Verbindlichkeiten nach dem Krankenhausfinanzierungsrecht zugeführt.

Es zeigt sich der in Tabelle 4.6 dargestellte Verlauf in den einzelnen Bilanz- und GuV-Posten sowie im Jahresergebnis (► Tab. 4.6).

Das Durchrechnen verschiedener Modelle mit Förderung durch die Baupauschale zeigt, dass der frühere Grundsatz, die Summe aller Fördermittelbuchungen ergibt in jedem Jahr »Null«, in NRW so nicht mehr gelten muss. Im Grundsatz sollte im Anhang auf die Fördermittelverwendung der Baupauschale eingegangen werden. Nach Auffassung des Autors liegt ein Fall des § 264 Abs. 2 Satz 2 HGB vor.

Hinsichtlich der Verwendung der pauschalen Fördermittel zur Wiederbeschaffung kurzfristiger Anlagegüter ist in einigen Bundesländern eine vom Wirtschaftsprüfer zu prüfende und zu bescheinigende Fördermittelverwendungsrechnung bei der zuständigen Landesbehörde vorzulegen. Die Darstellung der Fördermittelverwendung im Rahmen der **Bescheinigung des Wirtschaftsprüfers** am Beispiel des Landes NRW ist im Folgenden dargestellt (► Abb. 4.4).

Die Aufstellung wird vom Krankenhaus gefertigt, vom Geschäftsführer unterschrieben sowie dem Wirtschaftsprüfer zur Prüfung und Bescheinigung vorgelegt.

In Nordrhein-Westfalen muss der Wirtschaftsprüfer neben der Fördermittelverwendung für die Wiederbeschaffung kurzfristiger Anlagegüter die Verwendung der Baupauschale nach § 18 Abs. 1 Nr. 1 KHGG NRW bescheinigen (► Abb. 4.5).

Tab. 4.6: Beispiel: Ergebnisentwicklung bei Sonderpostenbildung im Baupauschalsystem

Nutzungs-jahr	Erträge Baupauschale	Abschrei-bungen	Aufwend. aus Zuf. Verb. KHG	Erträge Auflös. Sopo	Buchwert Anlagegut	Sonderposten	Verbind. nicht verwendete Baupauschale	Jahresergebnis
	TEUR	TEUR	TEUR	TEUR	TEUR	TEUR	TEUR	TEUR
Jahr 01	650	-300	-650	13	14.700	-637	0	-287
Jahr 02	650	-300	-650	39	14.400	-1.248	0	-261
Jahr 03	650	-300	-650	65	14.100	-1.833	0	-235
Jahr 04	650	-300	-650	91	13.800	-2.392	0	-209
Jahr 05	650	-300	-650	117	13.500	-2.925	0	-183
Jahr 06	650	-300	-650	143	13.200	-3.432	0	-157
Jahr 07	650	-300	-650	169	12.900	-3.913	0	-131
Jahr 08	650	-300	-650	195	12.600	-4.368	0	-105
Jahr 09	650	-300	-650	221	12.300	-4.797	0	-79
Jahr 10	650	-300	-650	247	12.000	-5.200	0	-53
…	…	…	…	…	…	…	…	…
Jahr 21	650	-300	-650	533	8.700	-7.917	0	233
Jahr 22	650	-300	-650	559	8.400	-8.008	0	259
Jahr 23	650	-300	-650	585	8.100	-8.073	0	285
Jahr 24	650	-300	-650	323	7.800	-7.800	-600	23

Tab. 4.6: Beispiel: Ergebnisentwicklung bei Sonderpostenbildung im Baupauschalsystem – Fortsetzung

Nutzungs-jahr	Erträge Baupauschale	Abschrei-bungen	Aufwend. aus Zuf. Verb. KHG	Erträge Auflös. Sopo	Buchwert Anlagegut	Sonderposten	Verbind. nicht verwendete Baupauschale	Jahresergebnis
	TEUR	TEUR	TEUR	TEUR	TEUR	TEUR	TEUR	TEUR
…	…	…	…	…	…	…	…	…
Jahr 45	650	-300	-650	300	1.500	-1.500	-14.250	0
Jahr 46	650	-300	-650	300	1.200	-1.200	-14.900	0
Jahr 47	650	-300	-650	300	900	-900	-15.550	0
Jahr 48	650	-300	-650	300	600	-600	-16.200	0
Jahr 49	650	-300	-650	300	300	-300	-16.850	0
Jahr 50	650	-300	-650	300	0	0	-17.500	0
Summe	**32.500**	**-15.000**	**-32.500**	**15.000**				**0**

Fördermittel für die Ersatzbeschaffung von Anlagegütern mit einer Nutzungsdauer von 3 bis 15 Jahren	EUR

Anfangsbestand der nicht verwendeten pauschalen Fördermittel
zum 1. Januar des lfd. Jahres nach § 18 Abs. 1 Nr. 2 KHGG NRW
+ zugewiesene Fördermittel (§ 18 Abs. 1 Nr. 2 KHGG NRW)
– umgewidmete Fördermittel (§ 21 Abs. 9 KHGG NRW)
+ Erlöse aus der Vermietung von geförderten kurzfristigen
   Anlagegütern (§ 22 Abs. 2 KHGG NRW)
– im lfd. Jahr verwendete Fördermittel
    zur Finanzierung von Investitionen/Abschreibungen auf Investitionen
    (§ 18 Abs. 1 Nr. 2 KHGG NRW)
    zur Finanzierung von Krediten (§ 21 Abs. 5 KHGG NRW)
    zur Finanzierung von Nutzungsentgelten (§ 21 Abs. 6 KHGG NRW)
+ Zinserträge (§ 21 Abs. 7 KHGG NRW)
+ Erlöse aus Anlagenabgängen geförderter kurzfristiger Anlagegüter
   (§ 21 Abs. 7 KHGG NRW)
+ Versicherungserstattungen geförderter kurzfristiger Anlagegüter
   (§ 21 Abs. 7 KHGG NRW)

Endbestand der noch nicht verwendeten pauschalen Fördermittel
zum 31. Dezember des lfd. Jahres

Abb. 4.4: Fördermittel für die Ersatzbeschaffung von Anlagegütern mit einer Nutzungsdauer von 3 bis 15 Jahren (Quelle: IDW PH 9.420.1)

Baupauschalmittel	EUR

Anfangsbestand der nicht verwendeten pauschalen Fördermittel
zum 1. Januar des lfd. Jahres nach § 18 Abs. 1 Nr. 1 KHGG NRW
+ zugewiesene Fördermittel (§ 18 Abs. 1 Nr. 1 KHGG NRW)
+/– abgetretene Fördermittel (§ 20 KHGG NRW)
+ umgewidmete Fördermittel (§ 21 Abs. 9 KHGG NRW)
+ Einnahmen aus der Vermietung von geförderten Räumen/
   Ausstattungen (§ 22 Abs. 2 KHGG NRW)
– im lfd. Jahr verwendete Fördermittel
    zur Finanzierung von Investitionen (§ 18 Abs. 1 Nr. 1 KHGG NRW)
    zur Finanzierung von Krediten (§ 21 Abs. 5 KHGG NRW)
    zur Finanzierung von Nutzungsentgelten (§ 21 Abs. 6 KHGG NRW)
    zur Finanzierung von Anlauf- und Umstellungskosten (§ 27 KHGG NRW)
+ Zinserträge (§ 21 Abs. 7 KHGG NRW)
+ Erlöse aus Anlagenabgängen geförderter Anlagegüter
   (§ 21 Abs. 7 KHGG NRW)
+ Versicherungserstattungen geförderter Anlagegüter
   (§ 21 Abs. 7 KHGG NRW)

Endbestand der noch nicht verwendeten pauschalen Fördermittel
zum 31. Dezember des lfd. Jahres

Abb. 4.5: Baupauschalmittel (Quelle: IDW PH 9.420.1)

Der Wirtschaftsprüfer prüft den Inhalt dessen, was zu bescheinigen ist, und formuliert seine Bescheinigung, die fest mit der vom Krankenhaus vorgelegten Tabelle über die Fördermittelverwendung verbunden wird.

4.6 Spezielle krankenhausspezifische Bilanzierungsvorschriften

Neben den handelsrechtlichen Bilanzierungsregeln kennt die KHBV nur wenige zusätzliche Vorschriften, die den Besonderheiten der Krankenhausfinanzierung Rechnung tragen. **Materiell wichtige Vorschriften** zur Erweiterung des Handelsrechts bestehen zunächst in der Vorgabe eines **einheitlichen Konten- und Kostenstellenrahmens** für alle Krankenhäuser (Anlagen 4 und 5 der KHBV). Von dieser Vorgabe darf das einzelne Krankenhaus grundsätzlich nur abweichen, wenn sein eigener Kontenplan in den Kontenrahmen der KHBV überführt werden kann. Darüber hinaus existieren **krankenhausspezifische Ansatzvorschriften** abweichend vom HGB in Form des § 5 KHBV und in den Positionen »Forderungen bzw. Verbindlichkeiten nach dem Krankenhausfinanzierungsrecht« mit den Unterpositionen »davon Ausgleichsposten nach der BPflV«. Die letztgenannte Unterposition sollte wegen des Grundsatzes der Bilanzwahrheit und Klarheit um »KHEntgG« erweitert werden, wenn in ihr solche Ausgleiche enthalten sind.

Krankenhausspezifische Bewertungsregeln gibt es nicht. Hier wird Bezug auf die ausreichenden Vorschriften des HGBs genommen (vgl. § 4 Abs. 3 KHBV).

Schließlich schreibt die KHBV **spezielle Gliederungsschemata** für Krankenhaus-Abschlüsse vor:

- Die Bilanz,
- die Gewinn- und Verlustrechnung und
- der Anlagennachweis (Anlagenspiegel)

finden sich in den Anlagen 1 bis 3 zur KHBV, hier abgedruckt als **Anlage 12** dieses Leitfadens (▶ Anlage 12). Die Bilanz sowie die Gewinn- und Verlustrechnung in der Fassung, die als Anlagen zur KHBV abgedruckt sind, haben zudem den Vorteil, dass hinter allen Bilanz- und GuV-Positionen die Sachkonten aufgeführt sind, die in diese Position abgeschlossen werden. Das hilft beim EDV-mäßigen Einrichten einer Bilanz bzw. Gewinn- und Verlustrechnung als Auswertung aus der Finanzbuchhaltung. Aber auch bei einer handschriftlich erstellten Bilanz hilft diese Kontenzuordnung, wenn die Sachkonten ausweisgerecht bebucht sind.

5 Wichtige Einzelthemen

5.1 Die Bereitstellung der Kapazitäten und deren Finanzierung

Ein **Träger** muss grundsätzlich **mindestens ein Grundstück für den Kranken-hausbau** und eine Mindestausstattung an Liquidität (grundsätzlich 2 Monatsraten der laufenden Ausgaben) zur Verfügung stellen. Eine **Förderung** eines Kranken-hausgrundstücks ist **nur in Ausnahmefällen** vorgesehen. Stellt ein Krankenhaus-träger ein Grundstück zur Verfügung, so ist dieses i. d. R. eigenmittelfinanziert. In seltenen Ausnahmefällen kann auch eine Darlehensfinanzierung möglich sein, je-doch startet dieses Krankenhaus mit einem erheblichen Finanzierungsnachteil, weil eine Berücksichtigung des erforderlichen Kapitaldienstes im Pflegesatzbudget grundsätzlich nicht vorgesehen ist.

Die **Finanzierung des Krankenhausgebäudes** und seiner Erstausstattung erfolgt seit der Einführung des KHG (in Westdeutschland zum 01.10.1972; in Ostdeutsch-land zum 01.01.1991) grundsätzlich **aus öffentlichen Fördermitteln.** Für ein Akutkrankenhaus der Grund- und Regelversorgung werden, grob gerechnet, im **Durchschnitt EUR 300.000,00 pro Bett** kalkuliert. Je nach Versorgungsstufe sind allerdings für bestimmte teure Abteilungen (Herzchirurgie, Intensivmedizin etc.) in der Praxis auch deutlich höhere Bettenwerte benötigt worden. Umgekehrt können beispielsweise psychiatrische Fachkrankenhäuser auch mit niedrigeren Investitions-kosten auskommen.

Wenn also ganze Krankenhäuser neu errichtet werden, dann ist der Baumaß-nahme eine umfangreiche **Planungs- und Förderantragsphase** vorausgegangen. Grundsätzlich sind auch diese Kosten förderfähig, aber mangels vorhandener För-dermittel – diese gilt es ja gerade zu beantragen – ist eine entsprechende Finanzierung unmöglich. Es gilt also zunächst, die Planungskosten bis zur Bewilligung der För-dermaßnahme aus eigenen Mitteln vorzufinanzieren. Ob eine spätere Umfinanzie-rung praktisch möglich ist, wird sich dann erst noch zeigen. Auf jeden Fall ist ein **Projektkonto** unter der Position »Anlagen im Bau« einzurichten, auf dem die Baukosten der Maßnahme gesammelt werden. Dieses Projektkonto sollte monatlich mit dem Bauausgabenbuch abgestimmt werden.

Kommt es nach lange währenden Verhandlungen mit dem Landesgesundheits-ministerium zu einer Bewilligung des Neubauvorhabens, so handelt es sich bei dem Bescheid i. d. R. um eine sog. **Einzelfördermaßnahme nach § 9 Abs. 1 KHG i. V. m.** dem jeweiligen Landesrecht. Diese kann als Projektförderung oder als Festbetrags-förderung ausgestaltet sein. Bei einer **Projektförderung** wird das eingereichte Projekt und nur dieses gefördert, gleichgültig, wie aufwändig es letztendlich wird. Alle nicht genehmigten Abweichungen von der eingereichten Bauplanung hat der Träger selbst zu tragen. Auch sind Unwirtschaftlichkeiten, die vom Träger zu vertreten sind, von der Förderung ausgenommen. Bei der **Festbetragsförderung** finanziert das jeweilig zuständige Land das Neubauprojekt bis zu einem festen Höchstbetrag und nur in wenigen Ausnahmefällen sind Kostenüberschreitungen, die nicht vom Krankenhausträger zu vertreten sind, nachfinanzierbar.

Das hier beschriebene Verfahren ist so derzeit noch in 11 der 16 Bundesländer gültige Rechtslage. Die Bundesländer Berlin, Brandenburg, Hessen, Nordrhein-Westfalen und Saarland haben ihre regelhafte Einzelförderung abgeschafft und fördern nun alle Krankenhäuser im Land pauschal, teilweise in Form von Mischsystemen in Bezug auf eine Einzel- und Pauschalförderung. Die Entscheidung, was aus den Fördermitteln gebaut wird, liegt dann nicht länger bei den Planungsbehörden des Landes, sondern ist die alleinige Entscheidung des Krankenhausträgers.

Jeder rechtskräftig ergangene **Fördermittel-Bewilligungsbescheid** ist in der Finanzbuchhaltung als »**Forderung nach dem Krankenhausfinanzierungsrecht**« zeitnah zu erfassen. In der Praxis richtet man sich **ein Unterkonto je Bewilligungsbescheid** ein, um den Geldeingang und die Restforderung aus dem Bescheid zu überwachen. Da die Vereinnahmung der Fördermittel in der Gewinn- und Verlustrechnung ertragswirksam erfolgt, würde sich ohne entsprechende weitere Buchung ein hoher (außerordentlicher) Ertrag aus der Fördermittelbewilligung ergeben und in der Zukunft würden die Abschreibungen auf das Krankenhausgebäude jedes Jahresergebnis ins Negative verkehren, da die Abschreibungen auf Investitionen grundsätzlich nicht mit den Entgelten für Krankenhausbehandlung abgegolten werden. Um dies zu vermeiden, wird buchhalterisch der zuvor gebuchte Ertrag aus Fördermitteln durch eine **technische Buchung** neutralisiert. Zulasten des Aufwands ist eine **Verbindlichkeit aus noch nicht verwendeten Fördermitteln** einzubuchen. Nun sind die Fördermittelbilanz und die Teil-GuV des Fördermittelbereichs wieder ausgeglichen. Die Bilanzierung einer Verbindlichkeit aus noch nicht verwendeten Fördermitteln steht für die Verpflichtung, die bewilligte Baumaßnahme mit diesen Mitteln auch tatsächlich durchzuführen. Denn wird die Maßnahme nicht oder zweckwidrig durchgeführt, besteht für das Land ein Rückforderungsanspruch in Höhe der Fördermittel.

Nun schreitet das Bauvorhaben in der Realität zügig voran und die **Baurechnungen** (Abschlags- und Schlussrechnungen) werden nach Prüfung durch den Architekten zur **Zahlung** freigegeben. Es werden also Fördermittel benötigt, um Rechnungen bezahlen zu können. So fordert das Krankenhaus aus den bewilligten Mitteln so viele Fördermittel ab, wie es benötigt, um die eingehenden Rechnungen termingerecht zu bezahlen. Die **Einzelfördermittel** dürfen i. d. R. nicht auf dem lfd. Girokonto des Krankenhauses verwaltet werden, sondern sind auf einem **separaten Bankkonto** zu führen. In der Praxis entstehen nun die ersten Probleme. Manche EDV-Systeme sind so programmiert, dass eine automatische Zahlung der Eingangsrechnung nur zulasten **eines** Bankkontos möglich ist. Das bezogene Bankkonto ist dann sicherlich das lfd. Girokonto und so werden die Baurechnungen i. d. R. vom »falschen« Bankkonto bezahlt. Auf dem Fördermittelbankkonto werden die aufgelaufenen Gelder hoffentlich verzinst.

Es beginnt ein munteres Überweisen vom Fördermittelkonto zum Eigenmittelkonto oder – falls erforderlich – auch vom Eigenmittelkonto zurück auf das Fördermittelbankkonto. Um in diesem Finanzwirrwarr den genauen Überblick zu behalten, empfiehlt sich die laufende Führung einer Nebenbuchhaltung – genannt **Verwendungsnachweis** – entsprechend den **Baukostenaufgliederungen nach der DIN 276**. Dieser Verwendungsnachweis ist stets am Ende einer Einzelfördermaßnahme der Genehmigungsbehörde vorzulegen. Darum kann man diesen Verwendungsnachweis auch laufend innerjährlich führen und auf diese Weise einen rechnerischen Sollbestand des Fördermittelbankkontos erhalten. Fehlbeträge zum rechnerischen Sollbestand sind durch Querüberweisung auszugleichen. Dass dabei einiges zusammenkommen kann, wird deutlich, wenn man die vielen kleinen Gebühren und Nebeneinnahmen (z. B. aus Ausschreibungsgebühren, Sonderreinigungen, Bauwesenversicherung, Fördermittelzinsen) denkt.

Alle Baurechnungen, die die Herstellungskosten des Neubauprojekts betreffen, sind auf dem »**Anlagen im Bau Konto**« zu sammeln. Hier sind zu einem Stichtag sowohl bezahlte als auch noch nicht bezahlte Baurechnungen aktiviert. Soweit die Maßnahme aktiviert ist, ist zum Stichtag des Jahresabschlusses eine erfolgsneutrale Umbuchung (Passivtausch) aus den »**Verbindlichkeiten aus noch nicht verwendeten Fördermitteln**« in den entsprechenden »**Sonderposten nach dem KHG**« erforderlich.

Spätestens zum Stichtag ist eine **bilanzielle Abstimmung** und eine GuV-mäßige Abstimmung der die geförderte Baumaßnahme betreffenden Konten erforderlich, um sicherzustellen, dass das **Jahresergebnis** des Krankenhauses aus dem geförderten Teil der Baumaßnahme **nicht belastet** oder **verbessert** wird und die Fördermittel-Teilbilanz in Aktiva und Passiva eine betragsmäßig gleiche lautende Bilanzsumme ausweist.

Wird im Zusammenhang mit der Baumaßnahme **bewegliches Inventar** angeschafft, so sollten zunächst weitere Unterkonten für das Projekt eingerichtet werden. Würde man dies unterlassen, so müssten am Ende der Baumaßnahme alle Vermögensgegenstände einzeln aus dem großen Baukonto herausgesucht werden und in die richtigen Bilanzpositionen umgebucht werden. Bei einer Investition von EUR 40 Mio. ist dies sicherlich eine sehr zeitaufwändige Arbeit.

Von besonderer Bedeutung sind in dem Zusammenhang die getrennt zu bilanzierenden »**Technischen Anlagen**«. Hierunter sind Gebäudebestandteile zu verstehen, die **getrennt vom** Vermögensgegenstand »**Gebäude**« **zu bilanzieren** sind. Den »Technischen Anlagen« vergleichbar sind im handelsrechtlichen Jahresabschluss die »Technischen Anlagen und Maschinen«, die steuerlich auch »**Betriebsvorrichtungen**« genannt werden. Hier handelt es sich definitionsgemäß um Gebäudeteile, die nur deshalb in das Krankenhaus eingebaut sind, weil im Gebäude ein Krankenhausbetrieb arbeitet. Das Gebäude ist durch seine Funktion der Aufnahme und Beherbergung von Menschen auch zum dauernden Aufenthalt bestimmt. Technische Anlagen sind beispielsweise **Bettenaufzüge**. Während normale Aufzüge der Beförderung von Personen zwischen den Etagen dienen, also wie eine Treppe zum Vermögensgegenstand Gebäude gehören, ist ein besonders großer Bettenaufzug nur notwendig, weil im Gebäude ein Krankenhaus betrieben wird. Gleiches kann gelten, wenn im Krankenhaus eine **raumlufttechnische Anlage** erforderlich ist, um im

Labor schädliche Dämpfe abzusaugen oder im OP ein keimfreies Klima mit leichtem Überdruck gegenüber den restlichen Krankenhausräumen zu erzeugen. Typische technische Anlagen sind im Krankenhaus oftmals in Form von **Schwesternrufanlagen in den Patientenzimmern** oder **Notstromaggregaten** auszumachen. Deren Identifizierung ist im Krankenhausbetrieb deshalb so bedeutsam, weil bei der Wieder- oder Ersatzbeschaffung technischer Anlagen keine Gebäudeinstandhaltung vorliegt, sondern aktivierungspflichtige Herstellung, für die Fördermittel beantragt werden können bzw. die Baupauschale verwendet werden darf.

Wenn der **Krankenhausneubau** beispielsweise am 16. November **in Betrieb genommen** wird, dann ist die Baumaßnahme zu diesem Zeitpunkt beendet und muss spätestens zu diesem Zeitpunkt von »Anlagen in Bau« auf »Grundstücke mit Betriebsbauten«, »Technische Anlagen« und »Einrichtungen und Ausstattung« umgebucht werden. Da aber Baurechnungen, insbesondere Schlussrechnungen, i. d. R. mit erheblicher Zeitverzögerung beim bilanzierenden Krankenhaus eingehen, werden zum Bilanzstichtag 31.12. längst nicht alle Baurechnungen vorliegen. Die Herstellungskosten des Bauprojekts sind insoweit also noch unvollständig. Nun bestehen **zwei praktische Möglichkeiten** der Vorgehensweise: **Erstens** man erstellt eine Gewerkeliste aller beauftragter Firmen und prüft den Abrechnungsstand in jedem Gewerk. Liegt die Schlussrechnung vor oder nicht? Dann schätzt man ggf. mit Hilfe des Architekten oder des eingeschalteten Baubetreuers die noch fehlenden Rechnungsbeträge der Herstellungskosten Neubau. Mit einer Buchung des Schätzergebnisses in die Rückstellung für ausstehende Rechnungen und die Anlagen im Bau werden die fehlenden Gesamtkosten des Projektes eingebucht. Als **zweite** Möglichkeit ist in der Praxis zu beobachten, dass am Bilanzstichtag nach der Bauinbetriebnahme die Baumaßnahme auf dem Konto »Anlagen im Bau« stehen bleibt und die Umbuchung auf die endgültigen Bilanzpositionen erst mit Eingang der letzten Baurechnung erfolgt. Dies ist in aller Regel die Rechnung des Architekten. Im Ergebnis steht dann die Baumaßnahme 1 bis 2 Jahre länger auf der Position Anlagen im Bau, auf der keine Absetzung für Abnutzung (planmäßige Abschreibung) vorgenommen wird.

Unabhängig vom Zeitpunkt der Bilanzierung kommt man jedoch um die Beantwortung einer Frage nicht herum: **Welche Teile der Baumaßnahme sind wie finanziert?**

Gleich einer **Schichtenbilanz** müssen den Aktivwerten des Bauprojekts die Finanzierungspositionen der Passivseite Vermögensgegenstand für Vermögensgegenstand zugeordnet werden. Nur so lassen sich die fördermittelfinanzierten, eigenmittelfinanzierten und die aus sonstigen Zuschüssen Dritter finanzierten Einrichtungsgegenstände, technischen Anlagen und Gebäude abschreiben, sodass auch zugehörige Sonderposten in gleicher Weise wie das Sachanlagevermögen abgeschrieben werden können.

Sollen im weiteren Verlauf der Existenz des neu errichteten Klinikums **erste Ersatzbeschaffungen und Ausrüstungsergänzungen** durchgeführt werden, so stehen dem Klinikum dafür **pauschale Fördermittel** zur Verfügung. Diese sollen es dem Krankenhaus ermöglichen, eigenverantwortlich bewegliches **kurzfristiges Anlagevermögen** (Nutzungsdauer 3 bis 15 Jahre) wiederzubeschaffen. Je nach Bundesland sind diese Mittel auf gesonderten Bankkonten vorzuhalten oder auch nicht. Die noch nicht verwendeten Mittel sind als Verbindlichkeiten nach dem Krankenhausfinanzierungsrecht auszuweisen. Bei einer Verwendung der pauschalen Fördermittel erfolgt die **Umbuchung** in den hierfür separat auszuweisenden **Sonderposten nach dem KHG.**

Exkurs:

Insbesondere bei den Pauschalfördermitteln und deren recht flexiblen Verwendungsmöglichkeiten kann es sinnvoll sein, Mittel für bestimmte Investitionen anzusparen. Diese Mittel können im Volumen bei ansonsten ebenfalls auskömmlicher Liquiditätsausstattung eines Krankenhauses dazu führen, dass die Anlage der Mittel bei der Bank zu sogenannten Negativzinsen führt. Die Finanzierung dieser Negativzinsen ist aus den Fördermitteln möglich, vgl. § 21 Abs. 5 KHGG NRW.

Wird im Rahmen einer Ersatzmaßnahme z. B. ein Laborgerät ersetzt und dabei das alte Gerät in Zahlung gegeben, so sind die Erlöse aus dem **Verkauf des alten Anlagegutes** zu neutralisieren. Dies erfolgt dadurch, dass den Verbindlichkeiten aus noch nicht verwendeten Fördermitteln ein entsprechender Betrag zugeführt wird. Das neue Gerät wird dann mit seinen vollen Anschaffungskosten aktiviert und der Sonderposten in gleicher Höhe dadurch gebildet, dass aus den Verbindlichkeiten nach dem Krankenhausfinanzierungsrecht – Konto: Verbindlichkeiten aus noch nicht verwendeten pauschalen Fördermitteln – ein entsprechender Betrag umgebucht wird.

Sollen in den aus Fördermitteln finanzierten Räumen des Krankenhauses Läden – z. B. ein Friseurladen, ein Kiosk und eine Besuchercafeteria – vermietet werden, so ist dies zwar für die steuerliche Gewinnermittlung unschädlich, aber die Mieterträge sind nach Abzug der Kosten den Fördermitteln wieder gutzuschreiben. Der Krankenhausträger kann **aus dem geförderten Vermögen** somit **keine Gewinne** erzielen.

Betrachtet man in einem **zweiten Beispiel** ein **altes Krankenhaus**, das **vor der Einführung des KHG** bereits bestanden hat, so muss aus Gründen der Gleichbehandlung auch diesem Krankenhausträger eine Förderung seines Krankenhauses zuteilwerden. Auch sollen die Abschreibungen dieses Altanlagevermögens nicht die Kalkulation der Pflegesätze belasten. Sie müssen demnach neutralisiert werden. In diesem zweiten Beispiel soll ein Teilbetrag des alten Krankenhausgebäudes aus Eigenmitteln und ein anderer Teil aus Darlehen finanziert sein.

Entsprechend den oben gemachten Ausführungen zur Krankenhausfinanzierung werden die Abschreibungen auf das eigenmittelfinanzierte Altanlagevermögen durch die Aktivierung eines **Ausgleichspostens für Eigenmittelförderung** gem. § 5 Abs. 5 KHBV neutralisiert. Hier erhält der Krankenhausträger für die Nutzung des von ihm finanzierten Krankenhausvermögens die »Fördermittel« erst auf Antrag bei Schließung des Krankenhauses. Dies ist der **späteste** Zeitpunkt einer Förderung. Unterbliebe die Förderung in diesem Endstadium, drohte dem Land eine **Klage wegen unrechtmäßiger Enteignung**, denn es nutzt kostenlos ein Plankrankenhaus, während es andere Krankenhäuser vollständig finanziert.

Die Abschreibungen, die auf Alt-Anlagevermögen entfallen, das darlehensfinanziert ist, werden durch eine eigene Darlehensförderung neutralisiert. Hierbei wird der Kapitaldienst des Darlehens gefördert, das zur Finanzierung des Alt-Anlagevermögens aufgenommen wurde. Die Förderung umfasst somit Zins und Tilgung. Da dem geförderten Zins ein Aufwand in gleicher Höhe gegenübersteht, stellt sich nur die Frage, was mit Erträgen aus den geförderten Tilgungsbeträgen geschieht. Den Erträgen aus Tilgungsförderung entsprechen die Abschreibungen auf das Alt-Anlagevermögen. Etwaige verbleibende Restbeträge werden durch die Bildung eines **aktiven oder passiven Ausgleichsposten aus Darlehensförderung** gem. § 5 Abs. 4 KHBV egalisiert, der in späteren Geschäftsjahren zur Auflösung kommt.

Schließlich ist noch der Fall eines **Vorgriffs auf die pauschalen Fördermittel** – d. h. die Vorfinanzierung von kurzfristigen Anlageinvestitionen aus Eigenmitteln (oder Fremdkapital) im Vorgriff auf Fördermittelzuweisungen der Folgejahre – und seine **bilanzielle Behandlung** anzusprechen. Dadurch, dass die pauschalen Fördermittel wegen der chronischen Finanzknappheit der Länder nur unzureichend an die Inflationsrate angepasst wurden und immer noch werden, entsprechen die Jahresbeträge vielfach nicht dem Investitionsbedarf eines älteren Krankenhauses.

Grundsätzlich gibt es zwei bilanzielle Möglichkeiten, den Fördermittelvorgriff darzustellen:

- die (handelsrechtlich unzulässige) **erfolgsneutrale** Darstellung einer Fördermittelverwendung im Anlagevermögen über den Bestand der Verbindlichkeiten aus noch nicht verwendeten Fördermitteln hinaus oder
- die erfolgsneutrale Darstellung der Fördermittelverwendung nur bis zu der Höhe, wie noch nicht verwendete Fördermittel verfügbar sind, und darüber hinaus die **erfolgswirksame** Darstellung von eigenmittelfinanziertem Anlagevermögen.

Bei der **erfolgsneutralen Darstellung** wird die Umbuchung von Verbindlichkeiten nach dem Krankenhausfinanzierungsrecht auf Sonderposten in der Höhe vollzogen, in der förderfähiges Anlagevermögen zugegangen ist. Wenn nicht genügend Verbindlichkeiten aus noch nicht verwendeten Fördermitteln – einer Unterposition der Verbindlichkeiten nach dem Krankenhausfinanzierungsrecht – vorhanden sind, dann schlägt der Posten um und wird zu einer Forderung, nämlich zu einer **Forderung auf zukünftige Fördermittel**. Da Fördermittel jedoch erst mit einer rechtskräftigen Bewilligung eingebucht werden dürfen, entsteht so ein bilanzieller Vermögensgegenstand, der handelsrechtlich **nicht aktivierungsfähig** ist. Darum wird in den meisten Fällen, in denen die erfolgsneutrale Verbuchung des Vorgriffs gewählt wird, auch die **Forderung** oder die umgeschlagene Verbindlichkeit **mit dem Sonderposten saldiert** ausgewiesen. Auch diese trickreiche Bilanzierung ist unzulässig im Sinne der GoB.

Der **Fehler in der Bilanzierung** wird dann bei der Auflösung des Sonderpostens gemacht, da diese in Höhe der Abschreibungen des geförderten Anlagevermögens erfolgt. Zwischen dem ausgewiesenen Restbuchwert des geförderten Anlagevermögens und dem Ausweis des Sonderpostens ergibt sich **als Saldo** betragsmäßig **der Vorgriff**.

Die **erfolgsneutrale** Art der Vorgriffbilanzierung ist **zu verwerfen**. Sie verstößt **gegen** das **Vorsichtsprinzip**. Insbesondere bei anwachsenden Vorgriffsituationen könnte der Sonderposten völlig aufgebraucht sein, bevor das tatsächlich geförderte

Anlagevermögen wertmäßig abgeschrieben ist. Auf das Krankenhaus kommen zukünftig Ergebnisbelastungen aus nicht geförderten Abschreibungen zu, obwohl die Finanzierungsschlüssel des Anlagevermögens das Gegenteil anzeigen. Diese Bilanzierungsmethode müsste heißen: »**Das (ergebnismäßig) dicke Ende kommt zum Schluss!**« Ein solches Verfahren widerspricht dem Vorsichtsprinzip und ist abzulehnen.

Schließlich noch einige Worte zur Abstimmung der Anlagenbuchhaltung und der Sonderposten, Ausgleichsposten und der Finanzbuchhaltung im Rahmen der Abschlussarbeiten.

Nach Abschluss aller Buchungen in der Finanzbuchhaltung, insbesondere aller Kreditoren, muss die **Anlagenbuchhaltung** bzgl. der vollständigen Erfassung der Zu- und Abgänge des Geschäftsjahres überprüft werden. Ist dies der Fall und sind alle Stammdaten zur Errechnung der Abschreibungen erfasst, ist es in manchen Krankenhäusern üblich, die weitere Buchung des Anlagevermögens und der zugehörigen Finanzierung bis zum Zeitpunkt der Abschlussprüfung zurückzustellen. Dies ist eine Vorgehensweise, die nur aus bestimmten Unzulänglichkeiten der Anlagenbuchführungsprogramme erklärlich ist. Sind auch die Abschreibungen endgültig gebucht, ist in manchen Programmen eine Änderung der Buchwerte der Anlagegüter nicht oder nur mit hohem programmtechnischem Aufwand möglich. Bei allen Anlagenprogrammen, wo vorläufige Abschreibungsläufe möglich sind, kann auf Basis der ungeprüften Werte das Anlagevermögen grundsätzlich zu Ende gebucht werden. Das Ergebnis in seiner komprimiertesten Form ist der EDV-mäßig aufgestellte Anlagennachweis. Als nächster Schritt wird dann ein Anlagenachweis nach Finanzierungsarten erstellt, der für die Abstimmung der Sonderposten als Grundlage dient. Schließlich kann eine Abstimmung aller fördermittelrelevanten Positionen der Bilanz erfolgen (▶ Kap. 4.4 zur Abstimmung der Fördermittelbilanz).

Das vorstehend Gesagte trifft auf Fördermaßnahmen in Nordrhein-Westfalen nur in sehr eingeschränktem Umfang zu. Hier gilt seit 01.01.2008 das Krankenhausgestaltungsgesetz. Die Investitionskosten der nordrhein-westfälischen Krankenhäuser werden

- nach dem Krankenhausfinanzierungsgesetz (KHG) des Bundes,
- den Vorschriften des Krankenhausgestaltungsgesetzes NRW (KHGG NRW) und
- im Rahmen der zur Verfügung stehenden Haushaltmittel

durch Zuschüsse und Zuweisungen gefördert. Das zuständige Ministerium für Arbeit, Gesundheit und Soziales fördert im Rahmen seiner Haushaltmittel

1. die **Errichtung von Krankenhäusern** (Neubau, Umbau, Erweiterungsbau) einschließlich der Erstausstattung mit den für den Krankenhausbetrieb notwendigen Anlagegütern sowie die Wiederbeschaffung von Anlagegütern mit einer durchschnittlichen Nutzungsdauer von mehr als 15 Jahren (Baupauschale) und
2. die **Wiederbeschaffung von Anlagegütern mit einer durchschnittlichen Nutzungsdauer von mehr als drei Jahren bis zu 15 Jahren** (kurzfristige Anlagegüter)

durch jährliche Pauschalbeträge, mit denen das Krankenhaus im Rahmen der Zweckbindung der Fördermittel wirtschaften kann, § 18 Abs. 1 KHGG NRW.

Die **Baupauschalen** sind **leistungsbasierte Pauschalen** auf der Basis des derzeit geltenden Entgeltsystems. Die gesetzlichen Leistungsparameter für die Pauschalförderung in NRW sind:

- die Summe der Bewertungsrelationen (der sog. Case-Mix) inkl. Überlieger,
- das Budget der Zusatzentgelte inkl. Überlieger,
- die Zahl der Berechnungstage im Bereich der Leistungen, die mittels tagesgleicher Pflegesätze abgerechnet werden und
- die Zahl der Plätze in der Ausbildung.

Dabei sind nicht die tatsächlich erbrachten Leistungen, sondern die durch bestandskräftigen Feststellungsbescheid für das Krankenhaus festgesetzten vereinbarten Leistungen zum 30. Juni des Vorjahres für die Fördermittelberechnung maßgeblich (§ 6 PauschKHFVO).

Neben diesen eher formalen Fördermittelverwendungsvorschriften bestehen zusätzlich inhaltlich geprägte Voraussetzungen, die einzuhalten sind, damit die im Krankenhaus vorhandenen und/oder zukünftigen Baupauschalmittel gesetzeskonform verwendet werden (**Zweckbindung**):

- Es muss sich um **aktivierungspflichtige Baumaßnahmen** (Neubau, Umbau, Erweiterungsbau) handeln.
- Die Förderung darf ausschließlich **Aufgaben des Versorgungsauftrages** dieses Krankenhauses erfassen.
- Es sind ausschließlich Investitionen, die der **stationären Krankenhausbehandlung dienen,** förderfähig; nicht gefördert werden insbesondere Ambulanzbereiche, Bereiche für Zwecke der Forschung und Lehre sowie fremd genutzte Gebäudeteile oder -flächen.

Gemäß § 21 Abs. 1 KHGG NRW sind die Kosten förderfähig, die für eine ausreichende und medizinisch zweckmäßige Versorgung nach den Grundsätzen von Sparsamkeit und Wirtschaftlichkeit erforderlich sind.

Folgende **5 Kategorien** für **förderungsfähige Ausgaben** sind gesetzlich zulässig:

(1) Anschaffungs- und Herstellungskosten für **Investitionen, die nach dem 29.12.2007** (Tag des Inkrafttretens des KHGG NRW) getätigt werden.
  - **Unterfall:** Die Anschaffungs- und Herstellungskosten sind durch vorhandene Bestände an pauschalen Fördermitteln gedeckt.
  - **Unterfall:** Die Anschaffungs- und Herstellungskosten sind höher als die vorhandenen Bestände an pauschalen Fördermitteln. Die Förderung kann nur ratierlich in Höhe der jährlichen Pauschalen erfolgen.
(2) Anschaffungs- und Herstellungskosten für **Investitionen** aus der Zeit **vor dem 29.12.2007** (nachträgliche Förderung), die bisher noch nicht gefördert worden waren. Die Investitionen dieser Kategorie sind spätestens seit dem 25.03.2015

(Tag des Inkrafttretens der Gesetzesänderung des § 21 Abs. 5 KHGG NRW) nicht mehr aus neuen Pauschalmitteln förderfähig.

(3) **Finanzierung von Krediten** für Maßnahmen nach § 18 Abs. 1 KHGG NRW (Anmerkung: Neubau, Umbau, Erweiterungsbau und Wiederbeschaffung kurzfristiger Anlagegüter), § 18 Abs. 5 KHGG NRW: Gemäß dem Wortlaut ist die Verwendung von Pauschalfördermitteln für die Kreditfinanzierung nicht auf die Baupauschale nach § 18 Abs. 1 Nr. 1 beschränkt, sondern gilt auch für die Pauschalförderung kurzfristiger Anlagegüter nach § 18 Abs. 1 Nr. 2. Dies ist eine radikale Umkehr von den bisherigen Fördergrundsätzen, die eine Förderung von Finanzierungskosten ausdrücklich ausgeschlossen haben.

(4) Entgelte für die **Nutzung von Anlagegütern**, soweit dies einer wirtschaftlichen Betriebsführung entspricht und der mit der Gewährung der Fördermittel verfolgte Zweck nicht beeinträchtigt wird.

(5) Krankenhäuser in NRW dürfen ihre Forderung auf Baupauschale sowie die Anwartschaften auf Baupauschalmittel an andere Krankenhäuser in NRW abtreten. Es liegt ebenfalls eine Verwendung der Baupauschalfördermittel durch das geförderte Krankenhaus vor.

5.2 Die Instandhaltung und ihre Finanzierung

Hinsichtlich der Instandhaltung sind zwei Problemkreise zu beleuchten:

* Die Abgrenzung der Instandhaltung vom aktivierungsfähigen respektive -pflichtigen Herstellungsaufwand und
* die Finanzierung von Instandhaltungsmaßnahmen.

Die bilanzielle Behandlung von Instandhaltungsmaßnahmen in und am Krankenhaus ist seit jeher eine schwierige Bilanzierungs- und Finanzierungsfrage. War dies schon immer eine **Streitfrage** im **Handelsrecht** und noch mehr im **Steuerrecht**, so gewinnt die notwendige Abgrenzung durch das duale Finanzierungssystem der Krankenhäuser eine weitere Facette.

Entlang der **Trennlinie »Instandhaltung zu Herstellung«** verläuft eine maßgebliche Finanzierungsgrenze, da aktivierungspflichtige Investitionen nach dem Willen des Gesetzgebers grundsätzlich aus Fördermitteln finanzierbar sind. Dagegen sind grundsätzliche Instandhaltungsmaßnahmen aus den Pflegesätzen zu finanzieren.

Zur **Abgrenzung von Instandhaltungsmaßnahmen zu aktivierungsfähigen Investitionen** ist § 2 KHG (Definition der Investitionskosten) bzw. § 4 Abs. 1 AbgrV (Definition der Instandhaltungskosten) heranzuziehen. Danach lässt sich nunmehr in Übereinstimmung mit den handelsrechtlichen Kriterien die Aktivierungsfähigkeit von Instandhaltungsmaßnahmen, die dazu zu Herstellungsaufwand werden, anhand der folgenden drei lateinischen Begriffe bestimmen:

- **Aliud = etwas anderes** = es ist durch die Maßnahme eine Wesensänderung des bisherigen Vermögensgegenstands eingetreten
- **Plus = mehr** = es ist durch die Maßnahme eine deutliche Substanzmehrung am bisherigen Vermögensgegenstand eingetreten
- **Secundum = zweites** = es ist durch die Maßnahme ein zweiter (neuer) Vermögensgegenstand entstanden

Immer wenn mit der Ausführung entsprechender Maßnahmen ein Vermögensgegenstand – z. B. das Krankenhausgebäude – eine **echte Wesensänderung** oder eine **Substanzmehrung** erfährt, liegt aktivierungspflichtiger Herstellungsaufwand vor. Gleiches gilt, wenn der alte Vermögensgegenstand aufgegeben, verschrottet, abgerissen oder vollständig erneuert wurde und ein **Ersatzgegenstand** entsteht. Dann muss der alte Vermögensgegenstand aus dem Anlagevermögen abgehen – ausgebucht – und der neue Vermögensgegenstand aktiviert werden.

Zur Hilfe sei darauf hingewiesen, dass auch im Krankenhaus, obwohl i. d. R. meist steuerbegünstigt, die **höchstrichterliche Rechtsprechung des Bundesfinanzhofs** zur Abgrenzung von »Instandhaltung« sowie »Anschaffung und Herstellung« analog zur Beurteilung herangezogen werden.

Die Inhalte der Rechtsprechung zu diesem Themenkreis werden vom Bundesfinanzministerium (BMF) in Rundschreiben zusammengefasst. Mit BMF-Schreiben vom 18.07.2003 – IV C3-S2211-94/03 – wurden die Angrenzungsprobleme von Anschaffungs- und Herstellungskosten sowie Erhaltungsaufwand bei Instandsetzung und Modernisierung von Gebäuden zuletzt zusammengefasst.

In das Zentrum der Abgrenzungsüberlegungen ist nunmehr der handelsrechtliche **Herstellungskostenbegriff** getreten (§ 255 Abs. 2 HGB), der i. V. m. § 4 Abs. 5 KHBV auch im Krankenhaus Gültigkeit besitzt. Danach sind Herstellungskosten diejenigen Aufwendungen, die durch den Verbrauch von Gütern und die Inanspruchnahme von Diensten für die Herstellung eines Gebäudes, für die Erweiterung (Nachaktivierung) oder für die über den ursprünglichen Zustand hinausgehende wesentliche Verbesserung eines Gebäudes entstehen. In der Systematik des BMF-Schreibens wird differenziert nach:

- Anschaffungskosten zur **Herstellung der Betriebsbereitschaft**. Zu den Anschaffungskosten zählen die Bestandteile nach § 255 Abs. 1 HGB. Die Betriebsbereitschaft ist gegeben, wenn das Gebäude entsprechend seiner Zweckbereitschaft genutzt werden kann. Dies gilt auch für Gebäudeteile. Nutzt der Erwerber das Gebäude ab dem Zeitpunkt der Anschaffung, ist es ab diesem Zeitpunkt betriebsbereit. Instandsetzungs- und Modernisierungsaufwendungen können dann grundsätzlich keine Anschaffungskosten sein. Wird das Gebäude im Zeitpunkt der Anschaffung nicht genutzt oder werden bestehende Mietverträge umgehend gekündigt und führt der Erwerber sodann umfangreiche Instandsetzungs- und Modernisierungsmaßnahmen durch, handelt es sich um Anschaffungskosten.
- Die Betriebsbereitschaft eines Gebäudes setzt die **objektive und subjektive Funktionstüchtigkeit** des Gebäudes voraus. Ein Gebäude ist objektiv funktionsuntüchtig, wenn wesentliche Teile objektiv **nicht** nutzbar sind. Dies gilt un-

abhängig davon, ob das Gebäude zum Zeitpunkt der Anschaffung genutzt wurde oder leer stand. Werden für den Gebrauch wesentliche Teile des Gebäudes funktionstüchtig gemacht, führt dies ebenfalls zu Anschaffungskosten.

- Ein Gebäude ist **subjektiv funktionsuntüchtig**, wenn es für die konkrete Zweckbestimmung des Erwerbers nicht nutzbar ist. Z. B. ist ein Krankenhausgebäude nur bedingt als Pflegeheim, ein Schwesternwohnheim nicht zur Aufnahme der Krankenhausverwaltung oder von Arztpraxen nutzbar. Sofern für die Umnutzung Umbaumaßnahmen ausgeführt werden, führen die dafür entstehenden Kosten zu Anschaffungskosten. Beispielsweise zu nennen ist hier der nachträgliche Einbau eines Aufzugs oder die Verbesserung der Elektroinstallation des Gebäudes.
- Wird der qualitative **Baustandard** eines Gebäudes deutlich erhöht (von sehr einfach auf mittel oder sehr anspruchsvoll), sind dies ebenfalls aktivierungspflichtige Anschaffungs- oder Herstellungskosten.
- Bei einem **unentgeltlichen Erwerb** führen Baumaßnahmen, die das Gebäude in einen betriebsbereiten Zustand versetzen, nicht zu Anschaffungskosten, sondern zu Erhaltungsaufwand oder Herstellungskosten, wenn die Voraussetzungen des § 255 Abs. 2 HGB erfüllt sind.
- Bei **teilentgeltlichem Erwerb** können anteilig Anschaffungs- und anteilig Herstellungskosten bzw. Erhaltungsaufwendungen vorliegen.
- Aktivierungspflichtige Instandsetzungs- und Modernisierungsarbeiten können auch im Zusammenhang mit der (**Neu-)Herstellung bzw. Wiederherstellung eines Gebäudes** nach Vollverschleiß entstehen. Vollverschleiß ist gegeben, wenn schwere Substanzschäden an den für die Nutzung des Baues bestimmenden Teilen vorliegen.
- Instandhaltungs- und Modernisierungsaufwendungen führen immer zu Herstellungskosten, wenn sie aus der **Erweiterung eines Gebäudes** resultieren. Eine Erweiterung und damit Substanzmehrung liegt bspw. vor bei Aufstockung, Anbau oder Vergrößerung der Nutzfläche.
- Instandhaltungs- und Modernisierungsaufwendungen sind als Herstellungskosten zu behandeln, wenn sie zu einer über den ursprünglichen Zustand hinausgehenden **wesentlichen Verbesserung** führen. Dies gilt auch, wenn oder soweit das Gebäude unentgeltlich erworben wurde.
- Eine wesentliche Verbesserung liegt **nicht** bereits dann vor, wenn ein Gebäude generalüberholt wird – hinzukommen muss eine deutliche Erhöhung des Gebäudestandards, damit eine Aktivierung in Frage kommt.
- Treffen Anschaffungs- und Herstellungskosten mit Erhaltungsaufwendungen zusammen, sind letztere im Wege der Schätzung aufzuteilen.

Der Frage der **Zuordnung zu Instandhaltungs- bzw. Herstellungsaufwand** ist **in der Phase der Investitionsplanung** größte Aufmerksamkeit zu schenken, da hiervon die Finanzierung der Investition abhängt. Ist ein Projekt als Instandhaltungsmaßnahme geplant, so wird unterstellt, dass es aus Umsatzerlösen zu finanzieren ist. Eine Aktivierung verhindert in diesem Fall die geplante Finanzierung. Da keine Fördermittel beantragt wurden, ist die Finanzierung der Maßnahme aus Eigenmitteln vorzunehmen. Deutlicher wird dies im umgekehrten Fall: Ist ein Projekt, z. B. der Austausch eines teuren **Röntgengenerators,** als Ersatzinvestition aus pauschalen

Fördermitteln finanziert worden – so vorgesehen in der Berliner Förderfibel, die jedoch verbindlich nur im Bundesland Berlin gilt – und kommt der Abschlussprüfer bei der Prüfung der ordnungsgemäßen Verwendung der pauschalen Fördermittel zum Ergebnis, es handelt sich beim Ersatz des Röntgengenerators um eine Instandsetzungsmaßnahme des umfassenderen Vermögensgegenstandes Röntgenanlage, dann ist plötzlich keine Finanzierung über pauschale Fördermittel mehr möglich. Die gesamte Maßnahme wird zu Instandhaltungsaufwand und jede Ergebnisprognose ist hinfällig.

Es empfiehlt sich daher, die **Finanzierung** im dualen Finanzierungssystem der Krankenhäuser für alle großen Einzelmaßnahmen **mitzuplanen**, ggf. mit dem eigenen Wirtschaftsprüfer durchzusprechen, um später, wenn das Geld längst ausgegeben ist, keine bösen Überraschungen bei der Bilanzierung zu erleben.

5.3 Der Umsatzprozess

5.3.1 Die Umsatzerlöse

Die Umsatzerlöse eines Krankenhauses haben sich durch die Reformen in der Krankenhausfinanzierung der letzten Jahre inhaltlich stark verändert. Unter Umsatzerlösen im Sinne des Handelsrechts – § 275 Abs. 2 Nr. 1 HGB der Gewinn- und Verlustrechnung nach dem Gesamtkostenverfahren – werden die ersten fünf Posten der Gewinn- und Verlustrechnung nach der Anlage 2 der Krankenhaus-Buchführungsverordnung (KHBV) zusammengefasst. Im Einzelnen sind dies die GuV-Positionen:

- Nr. 1 Erlöse aus Krankenhausleistungen,
- Nr. 2 Erlöse aus Wahlleistungen,
- Nr. 3 Erlöse aus ambulanten Leistungen des Krankenhauses
- Nr. 4 Nutzungsentgelte der Ärzte und
- Nr. 5 Umsatzerlöse nach § 277 Absatz 1 des Handelsgesetzbuchs, soweit nicht in den Nummern 1 bis 4 enthalten.

Hier folgt eine erste kurze Inhaltsbeschreibung der fünf aufgelisteten Positionen:

Die **Erlöse aus Krankenhausleistungen** enthalten die Erlöse aus der stationären Krankenhausbehandlung, also die vor- und nachstationären Leistungen (§ 115a SGB V), die teilstationären Leistungen sowie die vollstationären Leistungen. Daneben werden noch einige besondere Erlöse (beispielsweise »Erlöse aus integrierter Versorgung«, »Erlöse für Pflegepersonalkosten«, die »Ausgleiche und Berichtigungen« und die »Vielzahl der Zu- und Abschläge«) hier ausgewiesen.

Die **Erlöse aus Wahlleistungen** enthalten die Erlöse aus nicht-medizinischen Wahlleistungen (Ein- und Zweibettzimmerzuschläge), die Erlöse für die Aufnahme von Begleitpersonen sowie die Erlöse für ärztliche Wahlleistungen, wenn das Krankenhaus durch Vertrag mit dem Chefarzt berechtigt ist, dessen Leistungen wirtschaftlich zu vereinnahmen (Beteiligungsmodell).

Die **Erlöse aus ambulanten Krankenhausleistungen** enthalten die Erlöse für Leistungen der Notfallambulanz des Krankenhauses, des ambulanten Operierens gemäß § 115b SGB V, der Hochschulambulanzen (ehem. m. Polikliniken) und anderer Institutsambulanzen des Krankenhauses (z. B. § 116b Abs. 2 SGB V). Auch Erlöse für physio-, ergotherapeutische und/oder sonstige ambulante Leistungen werden unter dieser Position erfasst.

Die **Nutzungsentgelte der Ärzte** enthalten als Positionen die Abgaben der Chefärzte für ambulante oder stationäre Chefarztbehandlung gemäß einem zugrunde liegenden Chefarztvertrag, in dem ein Liquidationsrecht bzw. eine ambulante Nebentätigkeitserlaubnis eingeräumt wird. Außerdem werden unter der Position Nutzungsentgelte der Ärzte Zahlungen von Belegärzten ausgewiesen, die dafür erfolgen, dass bestimmte Leistungen des Krankenhauses durch den Belegarzt genutzt werden.

Die von der Bezeichnung her sehr technische GuV-Position **»Umsatzerlöse nach § 277 Absatz 1 des Handelsgesetzbuchs, soweit nicht in den Nummern 1 bis 4 enthalten«** resultiert aus der HGB-Änderung vom 17.07.2015 durch das Bilanzrechtsmodernisierungsgesetz (BilMoG). Die neue Definition der Umsatzerlöse gemäß § 277 Abs. 1 HGB lautet:

»(1) Als Umsatzerlöse sind die Erlöse aus dem Verkauf und der Vermietung oder Verpachtung von Produkten sowie aus der Erbringung von Dienstleistungen der Kapitalgesellschaft nach Abzug von Erlösschmälerungen und der Umsatzsteuer sowie sonstiger direkt mit dem Umsatz verbundener Steuern auszuweisen.«

Galt bis Ende 2015 die Umsatzdefinition, dass nur diejenigen Erlöse, die im Zusammenhang mit dem satzungsmäßigen Unternehmenszweck stehen, als Umsatzerlöse zu erfassen sind, sind nach BilMoG alle Erlöse aus Verträgen, z. B. »Kaufverträge«, Dienstleistungsverträge, Miet- und Pachtverträge etc., als Umsatzerlöse auszuweisen. Diese »neuen« Umsatzerlöse waren bis 2015 als »Sonstige betriebliche Erträge« ausgewiesen.

Entsprechend der vorstehenden Reihenfolge werden im Folgenden die einzelnen Positionen der Gewinn- und Verlustrechnung nach der KHBV inhaltlich detaillierter beschrieben.

5.3.2 Die Erlöse aus Krankenhausleistungen

Die Erlöse aus Krankenhausleistungen enthalten die stationären Erlöse nach BPflV, KHEntgG und SGB V. Im Einzelnen handelt es sich um:

a) Erlöse nach der BPflV (Psychiatrie, Psychotherapie und Psychosomatik)

Die allgemeinen Krankenhausleistungen für Psychiatrische Krankenhäuser, Psychiatrische Abteilungen an Allgemeinkrankenhäusern, Einrichtungen der Psychosomatik und der Psychotherapie konnten gemäß dem Krankenhaus-Reformgesetz (KHRG) ab 01.01.2013 nach **zwei unterschiedlichen Vergütungsverfahren** abgerechnet werden:

(1) Vergütung nach der alten Form der tagesgleichen Entgelte mittels **Abteilungs- und Basispflegesätzen**
(2) Vergütung nach Optierung mittels der neuen **PEPPs** (pauschalierte Entgelte für psychosomatische und psychiatrische Behandlungen)

Diese zwei Leistungsabrechnungsvarianten sollten ursprünglich nur bis 2014 abrechenbar sein, aber sie endeten tatsächlich erst nach zweimaliger gesetzlicher Verlängerung mit dem Kalenderjahr 2017.

Ab 01.01.2018 ist für allgemeine Krankenhausleistungen der Psychiatrischen Krankenhäuser, Psychiatrischen Abteilungen an Allgemeinkrankenhäusern, Einrichtungen der Psychosomatik und der Psychotherapie die Abrechnung gemäß dem PEPP-System verpflichtend.

Die **tagesgleichen pauschalierten Entgelte,** ausgestaltet **als sog. PEPPs,** sind nachfolgend Gegenstand der weiteren Ausführungen:

Die Umsatzerlöse nach den PEPPs (Pflicht ab 01.01.2018) lassen sich systematisch wie in Abb. 5.1 dargestellt ermitteln (▶ Abb. 5.1).

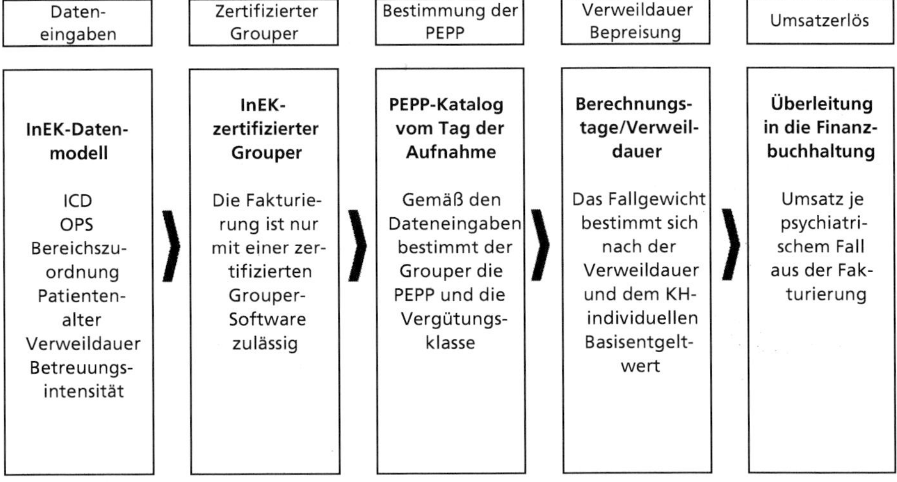

Abb. 5.1: Ermittlung der Umsatzerlöse nach dem Psychiatrie-Entgeltsystem 2018

Die Dateneingabe der Kodierdaten umfasst die Krankheitsklassifikation nach den Regeln der ICD (= International classification of diseases) für den zu kodierenden Fall (Aufnahmenummer), die Leistungserfassung der Behandlungen nach den OPS (= Operationen- und Prozedurenschlüssel), der Bereichszuordnung, dem Patientenalter wegen der Zuordnung zur Kinder- und Jugendmedizin oder zur Geronto-Psychiatrie und der Verweildauer.

Diese Daten werden in die Software eines vom InEK zertifizierten Groupers eingegeben. Im Ergebnis wird die gemäß Entgeltkatalog zutreffende PEPP in Abhängigkeit von bis zu vier Schweregraden (A, B, C, D in der 5. Stelle) ermittelt.

Abbildung 5.2 zeigt beispielhaft einen Auszug aus dem PEPP-Entgeltkatalog 2021 (▶ Abb. 5.2).

Anlage 1a			PEPP-Version 2021
PEPP-Entgeltkatalog **Bewertungsrelationen bei vollstationärer Versorgung**			
PEPP	**Bezeichnung**	**Anzahl Berechnungstage / Vergütungsklasse**	**Bewertungsrelation je Tag**
1	2	3	4
Strukturkategorie Psychiatrie, vollstationär			
...			
PA03B	Schizophrenie, schizotype und wahnhafte Störungen oder andere psychotische Störungen, Alter < 65 Jahre, ohne komplizierende Konstellation, ohne hohe Therapieintensität, ohne Intensivbehandlung, ohne Mutter/Vater-Kind-Setting	1	1,2934
		2	1,1951
		3	1,1551
		4	1,1045
		5	1,0943
		6	1,0841
		7	1,0738
		8	1,0635
		9	1,0532
		10	1,0430
		11	1,0327
		12	1,0224
		13	1,0121
		14	1,0019
		15	0,9916
		16	0,9813
		17	0,9710
...			

Abb. 5.2: Auszug aus Anlage 1a des PEPP-Entgeltkataloges 2021 (Quelle: InEK 2020)

> **Beispiel:**
>
> Ein erwachsener Patient (51 Jahre alt) mit einer schizophrenen Störung wird in die psychiatrische Fachklinik Hohendorf zur vollstationären Behandlung eingewiesen. Nach 31 Tagen verlässt der Patient die Klinik. Zehn Tage später wird dieser Patient nochmals wegen einer psychiotischen Störung stationär eingeliefert. Er verbringt nochmals 13 Tage in der Fachklinik Hohendorf.

Nach den Regeln über die Wiederaufnahme sind die beiden Aufenthalte zusammenzurechnen, d. h. unter Wegfall eines der Entlassungstage ergibt sich eine Verweildauer von 43 Berechnungstagen (1. Aufenthalt + 2. Aufenthalt ./. Entlassungstag).

Der Beispielsfall wird als PA03B eingestuft und rechnet sich dann wie in Tabelle 5.1 dargestellt ab (▶ Tab. 5.1).

Tab. 5.1: Abrechnung Fallbeispiel

Verweildauer	BT	Gewicht	Gewichtete BT	Basisentgeltwert	PEPP-Erlös
Tage 31+13-1 = 43	x	0,971	x 41,753	x 258,00 €	= 9.677,58 €
BEW = KH-individueller Basisentgeltwert				= 258,00 €	

Aus der Verweildauer des Behandlungsfalls wird das Tagesgewicht gemäß PEPP-Katalog bestimmt. Dabei sind die Regeln über die Fallzusammenführung gemäß den **»Abrechnungsbestimmungen für Psychiatrieleistungen 2022«** der Selbstverwaltung zu beachten. Ist die tatsächliche Verweildauer länger als die höchste Katalogverweildauer, so ist das Verweildauergewicht mit der längsten noch ausgewiesenen Verweildauer anzusetzen.

Insgesamt bestehen im Entgeltkatalog die in Abbildung 5.3 dargestellten Strukturkategorien (▶ Abb. 5.3).

Zusätzlich zu diesen beschriebenen Leistungen, die allesamt in der Klinik erbracht werden, kann die Klinik sowohl Erwachsene als auch Jugendliche zu Hause nach § 115d SGB V **stationsäquivalent** behandeln.

Die Verschlüsselung der PEPPs erfolgt in einem **fünfstelligen**, alpha-numerischen **Kode** (▶ Abb. 5.4).

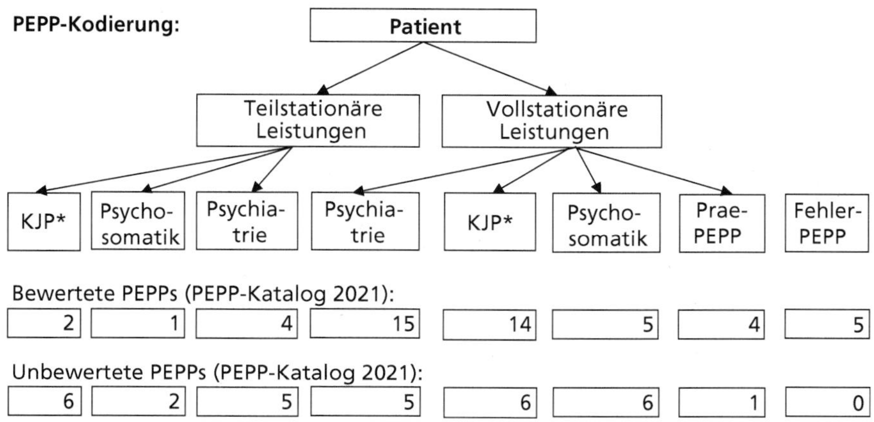

*Definition KJP = Alter < 14 J.; FABS KJP; FABS PS und Alter < 18 J.
Intensivbetreuung zusätzlich abrechenbar als »Ergänzende Tagesentgelte« (ET01–ET05)
Abb. 5.3: Strukturkategorien im PEPP-Entgeltkatalog

5-stellige PEPP-Kodierung

Struktur	Basis-PEPP	Ressourcenverbrauch
Stellen 1+2	*Stellen 3+4*	*Stelle 5*
P Vollstationär T Teilstationär A Allgemeine Psychiatrie P Psychosomatik K Kinder- u. F Fehler	Hauptdiagosegruppe kodiert auf 2 Stellen *zum Beispiel…* 01 Intelligenzstörungen, tiefgreifende Entwicklungsstörungen 02 Psychische und Verhaltensstörungen durch psychotrope Substanzen 03 Schizophrenie … 04 Affektive Störungen …	A Höchster Verbrauch B Zweithöchster Verb. C Dritthöchster Verb. D Vierthöchster Verb. Z Verbrauch nicht weiter unterteilt

Abb. 5.4: Verschlüsselung nach dem Psych-Entgeltgesetz

1. Stelle: Differenzierung nach der Leistungserbringung: Es wird zwischen der teil- und der vollstationären Leistung unterschieden (»T« = teilstationäre Leistung; »P« = vollstationäre Leistung)

2. Stelle: Die Strukturkategorien »KJP« = Kinder- und Jugendpsychiatrie, »P« = Psychosomatik und »A« = Andere (übrige Strukturen) werden

unterschieden. Bei vollstationären Leistungen tritt zusätzlich die Kategorie »0« = Prae-PEPP hinzu. Die Prae-PEPP Einzelbetreuung Kinder wird in den Schlüsseln P001 und P002 abgebildet. P003 steht für die Einzelbetreuung von Erwachsenen. Intensiv-Kodes werden als P004 verschlüsselt.

3.+4. Stelle: Für alle übergeordneten Strukturkategorien (1. Und 2. Stelle) werden ICD-10-Felder bereitgestellt. Grundsätzlich bestehen 18 Diagnosegruppen, von denen jedoch tatsächlich nur eine kleine Zahl für die Psych-Verschlüsselung benötigt wird. Für die Strukturkategorie Psychosomatik werden eventuelle Prae-PEPPs in den Stellen 3 und 4 verschlüsselt und nicht in der 2. Stelle.

5. Stelle: Das Fallschwere-Kriterium – auch Splitt-Kriterium genannt – ist in der Version 2022 des PEPP-Katalogs nur von A bis D differenziert. Undifferenzierte PEPPs sind in der 5. Stelle mit Z gekennzeichnet. Bei einer PEPP-Differenzierung bezeichnet A immer den schwersten Krankheitsverlauf und B, C, D bilden die milderen Verlaufsformen ab.

Folgende Entgeltarten werden vom Gesetzgeber mit den Kalkulationsformularen E1 bis E3.3 mit dem Psychiatrie-Entgeltgesetz vorgegeben:

- Mit Bewertungsrelationen (PEPPs) bewertete Entgelte des Krankenhauses (E1) – ohne Fallentgelte und ohne Zu- oder Abschläge –
- Zusatzentgelte der Psychiatrie (E2)
- Krankenhaus-individuelle fallbezogene Entgelte (E3.1)
- Krankenhaus-individuelle Zusatzentgelte (E3.2)
- Krankenhaus-individuelle tagesbezogene Entgelte (E3.3)

Da für die Leistungen nach der BPflV Budgetierungs- und Deckelungsvorschriften gelten, sei bereits an dieser Stelle darauf hingewiesen, dass in dieser Kontenklasse 40 auch die Abwicklung der Ausgleiche für frühere Geschäftsjahre und die Einbuchung neuer Ausgleichsbeträge für das laufende Geschäftsjahr gebucht werden. Einzelheiten zur Ermittlung der Ausgleiche werden später beschrieben.

b)   Erlöse nach dem KHEntgG (Somatik)

Die aktuellen gesetzlichen Grundlagen für die Abrechnung der somatischen stationären Krankenhausleistungen finden sich im **Krankenhaus-Entgeltgesesetz (KHEntgG)** vom 23.04.2002, zuletzt geändert durch Artikel 2 des Gesundheitsversorgungs- und Pflegeverbesserungsgesetz vom 22.12.2020 (BGBl. I S. 3299). Ergänzt werden diese Rechtsvorschriften durch eine jährlich zwischen den Vertragsparteien auf Bundesebene ausgehandelte Fallpauschalenvereinbarung. Sie enthält detaillierte Abrechnungsbestimmungen für die Fakturierung der Fallpauschalen durch die somatischen Abteilungen der Krankenhäuser. Die **Fallpauschalenvereinbarung 2022** befindet sich beispielsweise zum kostenlosen Download auf der Homepage des InEK unter der Adresse www.g-drg.de. Wer für die Fakturierung der Krankenhausleistungen verantwortlich ist oder an ihr mitwirkt, sollte den Inhalt der jeweils aktuellen Fallpauschalenvereinbarungen kennen.

Die voll- und teilstationären allgemeinen Krankenhausleistungen gemäß KHEntgG werden vergütet im Rahmen

- eines von den Vertragsparteien auf Ortsebene (Krankenhaus) gemeinsam vereinbartes **Erlösbudget** nach § 4 KHEntgG (Fallpauschalen und Zusatzentgelte),
- einer von den Vertragsparteien auf Ortsebene (Krankenhaus) gemeinsam vereinbarten **Erlössumme** nach § 6 Abs. 3 KHEntgG für krankenhausindividuell zu vereinbarende Entgelte,
- eventueller Entgelte nach § 6 Abs. 2 KHEntgG für neue Untersuchungs- und Behandlungsmethoden (**NUB-Entgelte**),
- seit 01.01.2020 eines Pflegebudgets (§ 17b Abs. 4 S. 5 KHG i. V. m. § 6a KHEntgG
- von Zusatzentgelten für die Behandlung von Blutern sowie
- von **Zu- und Abschlägen** nach § 7 Abs. 1 KHEntgG.

Um die buchhalterischen Konsequenzen aus diesen Vergütungsregeln besser zu verstehen, bedarf es eines kurzen Exkurses über das Zustandekommen des Budgets je Krankenhaus bzw. dessen nachträgliche Abrechnung gegenüber den Krankenkassen.

Exkurs 1: Krankenhaus-Entgeltverhandlungen

1)   Budgetverhandlungen auf Krankenhausebene (§ 18 KHG)

Das Trägerunternehmen des Krankenhauses oder die Krankenkassen fordert die anderen Vertragspartner, das sind die PKV, die Krankenkassen, die jeweils alleine oder im Zusammenschluss als Arbeitsgemeinschaft im Jahr vor der Pflegesatzverhandlung mehr als 5 % der Belegungs- und Berechnungstage aufwiesen (§ 18 Abs. 2 KHG), zu Pflegesatzverhandlungen auf. Sollte eine Entgeltvereinbarung über die Pflegesätze oder die Höhe der Entgelte innerhalb von sechs Wochen nicht zustande kommen, nachdem eine Vertragspartei schriftlich zur Aufnahme der Pflegesatzverhandlungen aufgefordert hat, so setzt die Schiedsstelle auf Antrag einer Vertragspartei die Pflegesätze unverzüglich fest. Die Verhandlungsgegenstände sind:

- der Gesamtbetrag (= Erlösbudget plus Erlössumme) gemäß den AEB-Formularen in der Fassung der Pflegebudgetverhandlungsvereinbarung v. 25.11.2019,
- das Pflegebudget der Somatik mit den Anlagen 1 und 2 der Pflegebudgetverhandlungsvereinbarung v. 25.11.2019,
- das Psychiatriebudget (falls derartige Kapazitäten vorgehalten werden) nach den AEB-Psych-Formularen,
- das Ausbildungsbudget mit den Anlagen zur Rahmenvereinbarung der Ausbildungsvergütung,
- die vielen kleineren Zu- und Abschlagsbudgets des Krankenhauses.

In der Regel finden zunächst ein Vorgespräch und später die Hauptverhandlung statt. Manchmal werden auch aus Vorgesprächen echte Verhandlungen. Damit überhaupt verhandelt werden kann, müssen die entsprechenden Unterlagen (Formulare E1, E2, E3.1–3 und B2 in der Fassung der Pflegebudgetverhandlungsvereinbarung (in der Fassung vom 22.04.2021), die Kalkulationsformulare gemäß der Anlage zur Pflegebudgetverhandlungsvereinbarung, die Kalkulationsformulare für das Ausbildungsbudget und – soweit zutreffend – die Kalkulationsformulare nach der BPflV alte oder neue Fassung) zeitlich vorab an die Verhandlungspartner übermittelt werden. In der Regel reichen diese (digitalen) Formulare nicht aus, sodass weitere Unterlagen, die das Verhandlungsbegehren des Krankenhauses untermauern, hinzugefügt werden sollten.

Praktisch wird in den Verhandlungsrunden auf Krankenhausebene ein Verhandlungsergebnis protokolliert und anschließend vom Krankenhaus in einen das Ergebnis der Verhandlungen dokumentierenden Formularsatz eingearbeitet. Die Krankenkassen bereiten auf dieser Basis einen in der Regel vorab mit der Landeskrankenhausgesellschaft abgestimmten Entgeltvertrag vor, der bei Einigung von den Vertretern der beteiligten Kostenträger und den gesetzlichen Vertretern des Krankenhausträgers unterzeichnet wird. Diese so geschlossene Entgeltvereinbarung wird der zuständigen Landesbehörde zur Genehmigung vorgelegt. Nach Prüfung der Rechtmäßigkeit der Vereinbarung werden in einem Feststellungsbescheid die wichtigsten Bestandteile unverzüglich genehmigt.

Gegen diesen Feststellungsbescheid kann von jeder Vertragspartei Klage vor dem Verwaltungsgericht erhoben werden. Die Klage besitzt finanziell keine aufschiebende Wirkung (§ 18 Abs. 5 letzter Satz KHG).

Können sich die Vertragsparteien vor Ort nicht einigen, kann jede Vertragspartei die Schiedsstelle nach § 18a KHG anrufen. Zwei Verfahrensmöglichkeiten bestehen: Erstens die Parteien einigen sich auf den strittigen Sachverhalt und legen nur diesen der Schiedsstelle zur Entscheidung vor oder – und das ist der häufigere Fall – die Parteien verwerfen alle bisher erreichten Kompromisse und starten neu in die Schiedsstellenverhandlungen. Die Schiedsstelle entscheidet binnen 6 Wochen über die streitige Angelegenheit (§ 13 Abs. 2 KHEntgG und § 13 Abs. 2 BPflV)

Auch der Spruch der Schiedsstelle bedarf der Genehmigung durch die zuständige Landebehörde und ist erst mit Erlass eines bestätigenden Feststellungsbescheides für das Krankenhaus verbindlich und abrechnungsrelevant. Natürlich besteht auch gegen diese Feststellungen der Klageweg vor dem Verwaltungsgericht.

2)   Entgeltverhandlungen auf Landesebene

Auf Landesebene wird das aDRG- und ZE-Budget für alle somatischen Krankenhäuser im jeweiligen Bundesland verhandelt. Das Ergebnis der Verhandlungen ist ein **Landesbasisfallwert**. Auch dieses Ergebnis ist wie bei den Verhandlungen auf Krankenhausortsebene von der zuständigen Landesbehörde zu genehmigen. Verhandelt werden 2020 auf Landesebene grundsätzlich zwei Budgets:

1. das DRG- und das Zusatzentgeltbudget und
2. das Budget der auszugliedernden Pflegepersonalkosten.

Die Verhandlungen auf Landesebene gehen den Verhandlungen auf Krankenhausebene zeitlich voraus. Es ist somit nicht möglich, auf Landesebene die Budgets als Summe der Einzelbudgets zu bestimmen. Es bedarf zunächst der Schätzung aller budgetrelevanten Eckdaten – z. B. Fälle, Casemix-Punkte, Inflationsausgleich – auf Landesebene.

Beispielhaft wird in Abbildung 5.5 ein Schema zur Ermittlung des Landesbasisfallwerts vorgeführt. Die Zahlen sind reine Annahmen und haben zu der Wirklichkeit keinen Bezug (▶ Abb. 5.5).

	CM-Pkt.	LBFW	EUR
Landesbudget NRW 2019	5.112.056,00	3.537,00	18.081.342.641,00 €
Neue gesetzliche Sachverhalte	0		0,00 €
	5.112.056,00		18.081.342.641,00 €
Veränderungswert, z. B. 3,66 %	0		661.777.140,66 €
	5.112.056,00		18.743.119.781,66 €
./. Ausgliederung Pflegebudget	-886.996,89		-3.377.510.184,66 €
	4.225.059,11	3.636,78	15.365.609.597,00 €
Ausgleiche im Landesbudget	-180.000,00		-542.692.753,00 €
Landesbudget 2020	**4.045.059,11**	**3.664,45**	**14.822.916.844,00**

Abb. 5.5: Schema zur Ermittlung des Landesbasisfallwerts (Beispiel)

Das Ergebnis im vorstehenden Beispiel zeigt einen Landesbasisfallwert nach Ausgleichen von EUR 3.664,45 und vor Ausgleichen und Berichtigungen von EUR 3.636,78.

In der Praxis wird immer wieder festgestellt, dass auf Landesebene ein niedrigeres Budget verhandelt wurde, als später in der Summe der Einzelbudgets aller Krankenhäuser im Land vereinbart worden ist. Für diesen Fall können die Landesbudgets in diesem Punkt im Voraus ausgleichsfähig gestellt werden. Auch andere Schätzgrößen aus der Ermittlung des Landesbudgets können ausgleichsfähig gestellt, nachkalkuliert und über den Landesbasisfallwert des nächsten Jahres korrigiert werden.

Finden die Vertragsparteien auf Landesebene keinen Verhandlungskonsens, kann jede Verhandlungspartei die Landesschiedsstelle anrufen, die dann binnen 6 Wochen entscheiden soll.

Das Verhandlungsergebnis oder der Spruch der Schiedsstelle sind der zuständigen Landesbehörde zur Genehmigung vorzulegen. Der Feststellungsbescheid zur Genehmigung der Landesvereinbarung kann dann von jeder Vertragspartei auf dem Verwaltungsgerichtsweg beklagt werden.

3)   Verhandlungen auf Bundesebene

Auf der Bundesebene werden bestimmte allgemeingültige Sachverhalte verhandelt, die Voraussetzung für die Verhandlungen auf Landes- und/oder Ortsebene sind (z. B. der DRG-Katalog, die Abrechnungsbestimmungen, der Bundesbasisfallwert, Richtwerte für die Ausbildungsbudgets etc.). Auch auf der Bundesebene bestehen das Institut der Bundesschiedsstelle und der Verwaltungsrechtsweg für ein eventuelles Klageverfahren.

Richtig ist: Ohne die Verhandlungsergebnisse auf Bundesebene gibt es keine Verhandlungen auf Landesebene bzw. Krankenhausebene.

4)   Was geschieht, wenn die neuen Entgeltbestandteile nicht pünktlich zum 01.01. vorliegen?

Wenn sich die Entgeltverhandlungen lange hinziehen, treten die neuen Entgelte nicht zum 01.01. in Kraft bzw. können ggfs. nicht verhandelt werden. Dann gelten die alten Entgelte solange weiter, bis die Sachverhalte geklärt sind.

Exkurs 2: Entgeltarten im Einzelnen

DRG-Fallpauschalen

Ein wesentlicher Teil der stationären Krankenhauserlöse ergibt sich in der Regel aus den aDRG-Fallpauschalerlösen. Diese errechnen sich mit folgender Formel:

Fälle × Fallgewichte × Landesbasisfallwert = DRG-Umsatzerlös

Der Landesbasisfallwert soll nach dem Willen des Gesetzgebers bis zum 30.11. des laufenden Jahres für das Folgejahr vorliegen (§ 10 Abs. 10 KHEntgG), damit eine prospektive Entgeltverhandlung für die rd. 1.576 somatischen Krankenhäuser in Deutschland möglich ist. Die Praxis zeigt, dass die Wirklichkeit von dieser Fiktion regelmäßig abweicht. Tabelle 5.2 für die Gültigkeit der Landesbasisfallwerte zeigt die Realitäten betreffend die Geschäftsjahre 2019–2021 (▶ Tab. 5.2).

Tab. 5.2: Datum des Inkrafttretens neuer Landesbasisfallwerte 2019–2021 (Quelle: VDEK, Landesbasisfallwerte, zuletzt vom 29.04.2021 für 2021)

Bundesland	Gültiger neuer LBFW ab ...		
	2019	2020	2021
Baden-Württemberg	01.03.2019	01.02.2020	01.03.2021
Bayern	**01.01.2019**	**01.01.2020**	01.02.2021
Berlin	**01.01.2019**	**01.01.2020**	**01.01.2021**

Tab. 5.2: Datum des Inkrafttretens neuer Landesbasisfallwerte 2019–2021 (Quelle: VDEK, Landesbasisfallwerte, zuletzt vom 29.04.2021 für 2021) – Fortsetzung

Bundesland	Gültiger neuer LBFW ab …		
	2019	2020	2021
Brandenburg	**01.01.2019**	**01.01.2020**	**01.01.2021**
Bremen	01.03.2019	01.04.2020	**01.01.2021**
Hamburg	01.03.2019	01.02.2020	01.03.2021
Hessen	01.03.2019	01.02.2020	01.05.2021
Mecklenburg-Vorpommern	**01.01.2019**	01.03.2020	01.03.2021
Niedersachsen	01.02.2019	**01.01.2020**	01.02.2021
Nordrhein-Westfalen	01.02.2019	01.02.2020	**01.01.2021**
Rheinland-Pfalz	**01.01.2019**	**01.01.2020**	**01.01.2021**
Saarland	01.03.2019	01.03.2020	01.02.2021
Sachsen	01.03.2019	01.03.2020	01.02.2021
Sachsen-Anhalt	01.03.2019	01.03.2020	01.02.2021
Schleswig-Holstein	**01.01.2019**	**01.01.2020**	**01.01.2021**
Thüringen	01.03.2019	01.02.2020	01.02.2021
Fazit:			
Länder zum 01.01.	**6**	**6**	**6**
Länder später	10	10	10

So lange der neue Landesbasisfallwert nicht genehmigt ist, rechnet das Krankenhaus den alten Landesbasisfallwert weiter ab (vgl. hierzu § 15 Abs. 1 Satz 2 KHEntgG). Der aus der Weiterabrechnung des alten Landesbasiswerts entstehende Unterschiedsbetrag wird später – möglichst noch im laufenden Jahr – durch einen Zu- oder Abschlag ausgeglichen (vgl. § 15 Abs. 3 KHEntgG innerjähriger Ausgleich) (▶ Abb. 5.6).

Für die Patienten der ersten vier Monate des Jahres 2021 wird also wegen des noch nicht umgestellten Landesbasisfallwerts je Bewertungsrelation (CM) EUR 75,65 zu wenig abgerechnet. Als Ausgleich wird in den Monaten 5 bis 12/2021 je behandeltem Fall ein Zuschlag von EUR 43,03 je Rechnung abgerechnet. Für den Quartalsabschluss Q1/2021 gilt, dass dieses Quartalsergebnis deutlich zu niedrig ausfällt, während die Quartalsergebnisse Q2 bis Q4/2012 zu hoch ausfallen. Im Ergebnis hofft man, durchschnittlich ungefähr die »richtigen« Jahreserlöse abzurechnen. Größere Über- oder Unterschreitungen sind auszugleichen, heißt es doch in § 15 Abs. 3 KHEntgG:

Beispiel Hessen:

Landesbasisfallwert 2020	3.664,56 €	
Landesbasisfallwert 2021	3.740,21 €	
Steigerung	75,65 €	2,06%

Genehmigungsbescheid vom 26.04.2021
Grundsätzliche Abrechenbarkeit des neuen LBFW ab 01.01.2021
Fakturierbarkeit ab 01.05.2021

Ermittlung der Preisabweichung für ein Hessisches Krankenhäuser:

	Casemix	LBFW	DRG-Budget
Vereinbartes aDRG-Erlösbudget 2021	19.400	3.740,21 €	72.560.074,00 €
Anteilig fakturiert 1–4 / 2021	6.378	3.664,56 €	23.372.563,68 €
Anteilig fakturiert 5–12 / 2021	13.022	3.740,21 €	48.705.014,62 €
			72.077.578,30 €
Preisabweichung 2021 Berichtigung zu 100 % (Forderung d. Krankehauses)			482.495,70 €

Es wird ab 01.05.2021 ein Zahlbasisfallwert abgerechnet, um die Preisabweichung innerjährlich auszugleichen. Der Zahlbasisfallwert für die Zeit vom 01.05. bis 31.12.2021 beträgt: **3.783,24 €**

	Casemix	LBFW	DRG-Budget
Anteilig fakturiert 1–4 / 2021 mit altem LBFW	6.378	3.664,56 €	23.372.563,68 €
Anteilig fakturiert 5–12 / 2021 mit neuem LBFW	13.022	3.783,24 €	49.265.351,28 €
Erwartetes aDRG-Erlösbudget			72.637.914,96 €
Leichte Überzahlung bis zum 31.12.2021			-77.840,96 €

Ermittlung des Zuschlags pro Fall als Berichtigung der Preisabweichung:

$$\frac{\text{Geschätzte Preisabweichung}}{\text{Anteilige Fallzahl 5–12/2021}} = \frac{560.336,66}{13.022} = 43,03 \text{ €}$$

Abb. 5.6: Beispiel: Berichtigung Landesbasisfallwert

»Mehr- oder Mindererlöse infolge der Weitererhebung des bisherigen Landesbasisfallwerts und bisheriger Entgelte nach den Absätzen 1 und 2 werden **grundsätzlich** *im restlichen Vereinbarungszeitraum ausgeglichen. Der Ausgleichsbetrag wird im Rahmen des Zu- oder Abschlags nach § 5 Abs. 4 abgerechnet.«*

Maßgeblich ist das Wort »grundsätzlich«, das den Ausgleich vom Ausgleich des Landesbasisfallwerts juristisch zulässt. Es ist aber bekannt, dass die Kostenträger in dem einen oder anderen Fall, wenn es zu ihren Ungunsten ausging, diesen Ausgleich verweigert haben.

Buchhalterisch ist die Interpretation des Zahlbetragsausgleichs wichtig, wenn Monats- oder Quartalsabschlüsse gefertigt werden, weil dann die Erlösentwicklung und die Liquidität über die Perioden entsprechend preisbedingt schwankt. Gelingt der Ausgleich für alte Landesbasisfallwerte innerjährig nicht, dann gehört eine entsprechende Forderung bzw. Verbindlichkeit zur Berichtigung der »falsch abgerechneten Preise« in die Bilanz und die Umsatzerlöse. Der Ausweis erfolgt unter der Position »Forderungen bzw. Verbindlichkeiten nach dem Krankenhausfinanzierungsrecht«. Sind die Forderungen bzw. Verbindlichkeiten noch nicht mit den Krankenkassen verhandelt, so ist eine vorsichtige Schätzung der Beträge (Bewertung) geboten.

Für das einzelne Krankenhaus ist der vom zuständigen Ministerium des jeweiligen Bundeslandes genehmigte Landesbasisfallwert ein unabänderliches Datum, auf das es keinen Einfluss nehmen kann. Die Landeskrankenhausgesellschaft verhandelt mit den Vertretern der Landesverbände der Krankenkassen, Ersatzkassen und des Verbandes der Privaten Krankenversicherungen diesen Landesbasisfallwert, schließt eine entsprechende Entgeltvereinbarung über den Landesbasisfallwert (Vertrag) ab und lässt diese von der zuständigen Landesbehörde genehmigen. Die Anrufung einer Landesschiedsstelle ist möglich. Auch deren Schiedsspruch bedarf der Genehmigung durch das Ministerium. Schließlich ist es möglich, dass die eine oder andere Verhandlungspartei gegen den Feststellungsbescheid der Genehmigung Klage erhebt. Die Klage besitzt keine aufschiebende Wirkung auf die Abrechenbarkeit der genehmigten Entgelte. Als Beispiel für eine derartige Situation sei auf die beklagten Landesbasisfallwerte von Mecklenburg-Vorpommern für die Jahre 2008 und 2009 verwiesen. In den Bilanzen der Krankenhäuser ist dieser Umstand zu bewerten und bei entsprechender Risikoeinschätzung mit Rückstellungen zu unterlegen.

Eine ganz andere Qualität besitzt die Frage, ob Krankenhäuser bei vorläufigen, ausgleichsfähig gestellten Sachverhalten der Landesbasisfallwert-Findung bereits Rückstellungen für drohende Verluste aus schwebenden Verträgen zu bilanzieren haben, wenn der Landesbasisfallwert aufgrund einer Fehlschätzung der Vertragsparteien auf Landesebene im laufenden Geschäftsjahr zu hoch und nach Berichtigung der Fehlschätzung im Landesbasisfallwert des Folgejahres entsprechend niedriger ausfällt. Hierzu hat der Krankenhaus-Fachausschuss des Instituts der Wirtschaftsprüfer in Deutschland e.V. in seiner Verlautbarung IDW-Rechnungslegungshinweis: »Bilanzielle Konsequenzen von Korrekturen des Landesbasisfallwerts (IDW RH KHFA 1.001.« Der KHFA hat entschieden, dass es in diesem Fall an der Nämlichkeit einer Zuordnung der Überschüsse und der Verluste beim einzelnen Krankenhaus mangelt und eine Rückstellung für drohende Verluste nicht gebildet werden darf.

Fazit: Es darf in der Krankenhaus-Buchhaltung in keinem Fall eine Rückstellung für ausgleichspflichtig gestellte Bestandteile eines Landesbasisfallwerts gebildet werden.

Die nachträgliche Anpassung des LBFW kann jedoch – falls von materieller Bedeutung – zu einer Anhangangabe im Lagebericht gem. § 289 Abs. 2 Nr. 1 HGB führen.

Zwischenergebnis: Der Landesbasisfallwert ist ein gesetzlicher Preis. Er ist für das Krankenhaus ein externes Datum. Der neue Preis ist ab dem Monat abzurechnen, der auf den Monat der Genehmigung folgt, soweit nichts anderes vereinbart wurde. Maßgeblich ist dabei immer das Aufnahmedatum des Patienten.

Steht dieser externe Preis fest und liegt der für das neue Jahr gültige Entgeltkatalog vor, können die Entgeltverhandlungen auf Ortsebene geführt werden.

Der Entgeltkatalog und die zugehörigen Abrechnungsbestimmungen sollen nach dem Willen des Gesetzgebers bis zum 30.09. des laufenden Jahres für das Folgejahr vorliegen. Hierzu ist eine Einigung (Vertragsschluss) der Selbstverwaltung (GKV, DKG und PKV) auf Bundesebene die Voraussetzung.

Die wesentlichen Teile der Erlöse aus allgemeinen Krankenhausleistungen bestimmen sich aus dem zwischen Krankenhaus und Krankenkassen vereinbarten Erlösbudget, das sich gemäß § 4 Abs. 2 KHEntgG wie in Abbildung 5.8 dargestellt bestimmt (▶ Abb. 5.7).

B2 Erlösbudget nach § 4 KHEntgG ab dem Kalenderjahr 2009

Lfd. Nr.	Berechnungsschritte	Vereinbarung für das laufende Jahr	Vereinbarungszeitraum
	1	2	3
	Ermittlung des Erlösbudgets		
1	Summe der effektiven Bewertungsrelationen [1]		
2	x abzurechnender Landesbasisfallwert nach § 10 Abs. 6 Satz 5		
3	= Zwischensumme		
4	+ Zusatzentgelte nach § 7 Abs. 1 Satz 1 Nr.2		
5	./. Abschläge nach § 17b Abs. 1 Satz 4 KHG (§ 4 Abs. 6)		
6	= Erlösbudget [2]		

[1] Summe der effektiven Bewetungsrelationen für alle im Kalenderjahr entlassenen Fälle, einschließlich der Überlieger am Jahresbeginn.

[2] Erlösbudget einschließlich der Erlöse bei Überschreitung der oberen Grenzverweildauer, der Abschläge bei Unterschreitung der unteren Grenzverweildauer und der Abschläge bei der Verlegung sowie insbesondere des Abschlags wegen Nichtteilnahme an der Notfallversorgung.

Abb. 5.7: Erlösbudget nach § 4 KHEntgG (Quelle: Anlage AEB zum KHEntgG)

Das vereinbarte Erlösbudget wird in einem gesonderten Schritt mit der vereinbarten Erlössumme addiert und ergibt den Gesamtbetrag. Dieser wird nach Ablauf des Vereinbarungszeitraums den vergleichbaren Ist-Erlösen gegenübergestellt und einer Preis- und Mengenkorrektur unterzogen, genannt »Ausgleichsberechnung«. Die fakturierten Erlöse des Krankenhauses unterliegen also spätestens zum Jahresende noch betragsmäßigen Korrekturen, wie sie später in Kapitel 5.8 beschrieben werden.

Die vereinbarten Leistungsmengen (Summe der effektiven Bewertungsrelationen, Zusatzentgelte) des vorstehenden Kalkulationsschemas B2 werden den gesetzlich vorgegebenen Mengenkalkulationsschemata E1, E2 und E3 des KHEntgG in der Fassung der KH Pflegebudgetverhandlungsvereinbarung vom 25.11.2019 entnommen.

Exkurs im Exkurs: Jährlicher G-DRG-Katalog

Zur Ermittlung der Summe der effektiven Bewertungsrelationen (Casemix) sind die deutschen Fallpauschalenkataloge zu verwenden. Die Fallpauschalenkataloge der Jahre 2003, 2004 und 2012 sowie 2022 sind im Wege der Ersatzvornahme als Verordnungen vom Gesetzgeber für die Vertragsparteien – Krankenhäusern und Krankenkassen – erlassen worden. Diese Verordnungen galten jeweils nur für ein Jahr. Sie wurden ab dem Jahr 2005 bis 2011 und danach – so wie im Gesetz grundsätzlich vorgesehen – bis 2021 durch eine jährliche Vereinbarung der Selbstverwaltung ersetzt. Diese Vereinbarung wird auch »Fallpauschalenvereinbarung 2021« (kurz »FPV 2021«) genannt.

Das G-DRG-System wurde durch das Pflegepersonal-Stärkungsgesetz (PpSG) vom 11.12.2018 um einen wesentlichen Kostenbestandteil vermindert. Ab dem Jahr 2020 werden die Pflegepersonalkosten aus den G-DRG herauskalkuliert und gesondert abge-

rechnet und vergütet. Seitdem lautet die Fallpauschalenbezeichnung aDRG, was für ausgegliederte DRG steht.

Die Fallpauschalenkataloge beschreiben für ihr jeweiliges Gültigkeitsjahr den Ressourcenverbrauch der unterschiedlichen Behandlungsformen in der somatischen Medizin. Tabelle 5.3 soll die jährlichen Veränderungen veranschaulichen (▸ Tab. 5.3).

Tab. 5.3: Entgeltstrukturen der Fallpauschalenkataloge 2003–2021

Fallpauschalenkatalog InEK	2003	2005	2007	2009	2013	2019	2020	2021
Anzahl DRG/aDRG – gesamt –	**664**	**878**	**1.082**	**1.192**	**1.187**	**1.318**	**1.292**	**1.275**
davon vollstationär	664	878	1.077	1.187	1.182	1.313	1.287	1.270
davon teilstationär	0	0	5	5	5	5	5	5
Schweregrade	A–D, Z	A–G, Z	A–I, Z	A–I, Z	A–I, Z	A–I, Z	A–I, Z	A–I, Z
Anzahl Zusatzentgelte	**0**	**71**	**105**	**127**	**155**	**214**	**218**	**226**
ZE mit Preis	0	35	59	74	90	93	83	81
ZE ohne Preis	0	36	46	53	65	121	135	145
Ein-Belegungstag-DRGs								
Kurzlieger mittlere VD = 1						24	24	23
implizit VD unter UGVD						397	387	384

Die Fallpauschalenkataloge des InEK finden sich seit 2003 auf der Homepage: www.g-drg.de oder auf www.aok-gesundheitspartner.de.

Um die Leistungen von zwei Jahren korrekt zu vergleichen, bedarf es eines sog. **Mapping-Verfahrens.** *Beispiel: Um die DRG-Leistungen der Jahre 2018 mit denen des Jahres 2019 zu vergleichen, müssen die Leistungen aus 2018 mit dem Grouper 2019 neu bewertet werden, damit eine wirkliche Vergleichbarkeit gegeben ist. Dabei kommt es darauf an, ob zwischen den beiden Jahren erhebliche Strukturänderungen in den Katalog der DRGs eingearbeitet wurden.*

Zusätzlich ist abrechnungsbedingt zwischen den DRG-Katalogen für Leistungen erbracht in **Hauptabteilungen** *und Leistungen erbracht in* **Belegabteilungen** *zu unterscheiden. Je nach Art der Abteilung, die die stationäre Leistung erbringt, ist zwischen den Katalogen zu wählen. Die Kataloge, überschrieben mit »Bewertungsrelationen bei Versorgung durch Belegabteilungen« und »Bewertungsrelationen bei Versorgung durch Hauptabteilungen«, enthalten überwiegend die gleichen DRGs, weisen aber unterschiedliche Bewertungsrelationen aus.*

Abrechnung belegärztlicher Leistungen

Seit dem Inkrafttreten des KHRG gilt für die **Abrechnung belegärztlicher Leistungen** ein zusätzliches **Wahlrecht** (§ 18 KHEntgG). Das Krankenhaus mit einer Zulassung von Belegarztbetten kann in Abstimmung mit seinem Belegarzt wählen, ob es

- den besonderen Belegabteilungskatalog des DRG-Kataloges oder
- den Hauptabteilungskatalog minus Belegarztabschlag von 20 %

anwenden will. Die Wahl gilt für jeweils einen ganzen Entgeltzeitraum (i. d. R. ein Kalenderjahr). Worin besteht der Unterschied?

Im **ersten Fall** rechnet das Krankenhaus bzw. der Krankenhausträger seine Leistung als reduzierte DRG-Fallpauschale entsprechend den Katalogen für belegärztliche Leistungserbringung ab. Der Belegarzt (niedergelassener Arzt mit der vertraglichen Erlaubnis, Leistungen im Krankenhaus zu erbringen) rechnet seine ärztlichen Leistungen ambulant über die Kassenärztliche Vereinigung ab. Es hängt nun an den Vergütungen im KV-Bereich, ob sich das Abrechnungsmodell für den Belegarzt lohnt oder nicht. Anders ist die Abrechnung im **zweiten Fall**, bei dem nur das Krankenhaus die um 20 % reduzierten Fallpauschalen der Hauptabteilung abrechnet. Aus diesen Erlösen zahlt das Krankenhaus dem Belegarzt ein frei zu vereinbarendes Honorar.

Wird ein Patient zunächst in einer **Hauptabteilung** behandelt und danach in eine **Belegabteilung** desselben Krankenhauses verlegt oder umgekehrt, so sehen die Abrechnungsbestimmungen vor, dass derjenige Katalog anzuwenden ist, der die Leistungen abbildet, die **die meisten Belegungstage** gebraucht haben. Sollte der seltene Fall einer gleichen Zahl von Belegungstagen in der Haupt- und der Belegabteilung eintreten, wird der Katalog für Hauptabteilungen herangezogen.

Sollte – wie in kleineren Krankenhäusern üblich – der **Belegarzt** nicht an den 24-stündigen Diensten zur Patientenbetreuung rund um die Uhr teilnehmen, rechnet er diese Leistungen trotzdem ab und das Krankenhaus trägt die Personalkosten für diese Dienste, kann es eventuell eine Belegarztabgabe an das Krankenhaus geben. Das ist dann Verhandlungssache zwischen dem Krankenhausträger und dem Belegarzt bzw. den Belegärzten.

1) Verschlüsselung der DRG

Eine **G-DRG** – gleichgültig ob Beleg- oder Hauptabteilung – bestimmt sich seit 2003 bis heute nach einer vierstelligen **Verschlüsselung** (▶ Abb. 5.8).

1. Stelle: Diese bildet die Hauptdiagnosegruppe (HDG bzw. englisch: major diagnosis category = MDC) ab. Die Verschlüsselung erfolgt über den internationalen Klassifikationsschlüssel für Diagnosen (ICD).

2.+3. Stelle: Diese bildet die Prozedur (Behandlung) ab. Die Verschlüsselung erfolgt über Operationsschlüssel (sog. OPS; englisch: International classification of procedures in medicin = ICPM). Drei unterschiedliche Behandlungsformen – auch Partitionen genannt – werden verschlüsselt: M steht für medizinische (konservative) Behandlungen, O für operative Behandlungen und A für andere Prozeduren (insbesondere endoskopische Behandlungen). Die Partitionen werden mittels eines zweistelligen Zahlenkodes von 01 bis 99 verschlüsselt.

4. Stelle: Diese bildet u. a. den Fallschweregrad, das Alter, die Prozedur etc. ab (englisch: PCCL-Level). Die Schwerestufe A steht für die höchste Schwerestufe und jeder weitere Buchstabe steht für eine minderschwere Stufe. Es gibt G-DRGs, die keinmal, zweimal, dreimal bis zu fünfmal nach Schweregraden unterteilt sind. Aus der Abbildung 5.8 ergibt sich, dass diese Differenzierung nach Schweregraden in den letzten Jahren angestiegen ist. In der Praxis spricht man hinsichtlich der Verschlüsselung des Schweregrades auch vom sog. **Splittkriterium** (▶ Abb. 5.8).

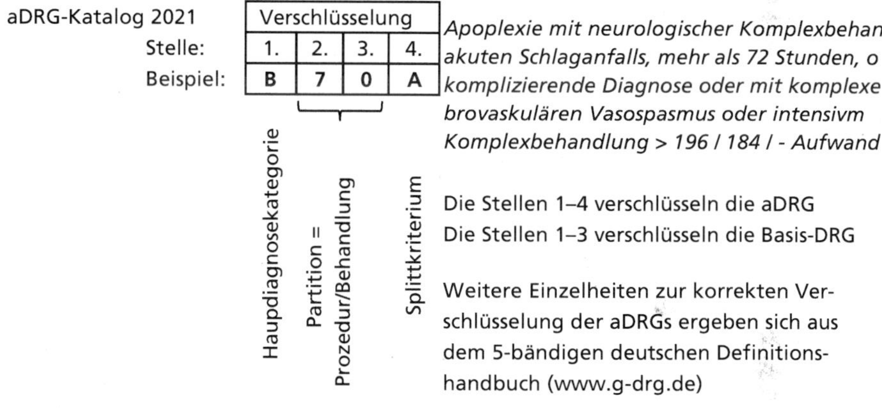

Abb. 5.8: Vierstellige Verschlüsselung im G-DRG-System

Die Verschlüsselung in den ersten drei Stellen (ohne Splittkriterium) wird auch **Basis-DRG** genannt.

Die drei Verschlüsselungsmerkmale (ICD, OPS und PCCL-Level) und bestimmte Zusatzinformationen werden mit Hilfe eines speziell zu zertifizierenden IT-Programms – genannt Grouper – eindeutig einer bestimmten DRG zugeordnet. Die DRG-Zuordnung bedeutet, dass dem medizinischen Fall ein **Fallgewicht** (eine Bewertungsrelation bzw. kostenrechnerisch eine Äquivalenzziffer) entspricht. Diese Bewertungsrelationen werden dem jeweils anzuwendenden DRG-Katalog entnommen. Es besteht gesundheitspolitisch die Vorstellung, möglichst alle medizinischen Diagnosen und Behandlungen über die DRG-Zuordnung in Relation zueinander zu setzen, um auf diese Weise die Fallschwere leistungsgerecht abbilden und vergüten zu können.

Wie bereits eingangs dieses Abschnitts unter **Exkurs 2** beschrieben, erfolgt die Umsatzerlösermittlung nach der Grundformel:

Fälle $\times$ Case-Mix-Index $\times$ Landesbasisfallwert = Umsatzerlös

Diese Grundformel erfährt noch einige Modifikationen:
Wie oben beschrieben, wird zwischen den Bewertungsrelationen für Hauptabteilungen und denen einer Belegabteilung differenziert. Letztere werden nochmals differenziert, je nachdem ob die belegärztliche Leistung nur von dem Belegoperateur oder auch von dem Beleganästhesisten erbracht wurde. In der Geburtshilfe wird weiter differenziert, indem die Leistungen der Beleghebammen berücksichtigt werden. Die obige Formel arbeitet dann mit anderen Bewertungsrelationen.

Es wird weiter differenziert hinsichtlich besonders kurz oder besonders lang im Krankenhaus liegender Patienten. Der deutsche Fallpauschalenkatalog will das medizinische Leistungsgeschehen besonders genau abbilden und definiert daher je DRG eine untere und eine obere Grenzverweildauer. Liegt die tatsächliche Liegezeit des Patienten (Verweildauer) unter der unteren Grenzverweildauer oder über der oberen Grenzverweildauer, verändert sich die Bewertungsrelation der DRG in Abhängigkeit von den Belegungstagen, um die die untere Grenzverweildauer unterschritten oder die obere Grenzverweildauer überschritten wurde.

Weiter wird differenziert zwischen Patienten, die vor Erreichen der mittleren Grenzverweildauer verlegt werden (externe Verlegung), und solchen, die von der Aufnahme bis zu ihrer Entlassung im Krankenhaus verbleiben. Wird ein Patient vor Erreichen der mittleren Grenzverweildauer verlegt, reduziert sich die Bewertungsrelation grundsätzlich um eine gewichtete Zahl der nicht erreichten Belegungstage. Diese Gewichtung ist dem DRG-Katalog zu entnehmen (Spalte 11), sofern es sich nicht um eine Verlegungs-Fallpauschale handelt, die in Spalte 12 des G-DRG-Katalogs besonders gekennzeichnet ist.

In Abhängigkeit von der Zahl der Tage, um die die untere Grenzverweildauer unterschritten bzw. die obere Grenzverweildauer überschritten wird, kennt der DRG-Katalog Bewertungsrelationen, die von der Grund-DRG abgezogen bzw. ihr hinzugerechnet werden und auf diese Weise die Bewertungsrelation verändern.

Ermittlung der Zahl der Tage bei Nichtüberschreiten der unteren Grenzverweildauer gemäß Fallpauschalen-Vereinbarung für 2021:

(Erster Tag mit Abschlag (nach Katalog [Spalte 7*])
−Tatsächliche Verweildauer) + 1 = Zahl der Abschlagstage

*) Bei Belegabteilungen ist der Wert gem. Spalte 9 zu verwenden.

Ermittlung der Zahl der Tage bei Überschreiten der oberen Grenzverweildauer gemäß Fallpauschalen-Vereinbarung für 2021:

(Tatsächliche Verweildauer − Erster Tag zusätzliches Entgelt
(nach Katalog [Spalte 9**]) + 1 = Zahl der Zuschlagstage

**) Bei Belegabteilungen ist der Wert gem. Spalte 11 zu verwenden.

Diese Rechenvorgaben sind in § 1 Abs. 2 und 3 KFPV 2004 bzw. FPV 2005 bis 2022 übernommen worden.

Seit dem Jahr 2020 ist zu beachten, dass zusätzlich zur aDRG noch der Pflegeanteil abzurechnen ist. Da das Krankenhaus noch kein Pflegebudget verhandelt hat, wird die Ersatzpauschale für 2021 abgerechnet, d. h. benötigt wird die Zahl der Belegungstage (= Aufnahmetag + Tage im Krhs. ./. Entlassungstag), der Pflegeerlös pro Tag gemäß Pflegeerlöskatalog (Spalte 14 des aDRG-Katalogs 2021) und die Pflegepauschale pro Tag (für 2021: EUR 163,09), solange der Krankenhaus-individuelle Pflegeentgeltwert noch nicht mit den Kostenträgern vereinbart worden ist.

Folgende drei Beispiele sollen die Modifikationen der Bewertungsrelationen verständlicher machen (Basis ist die FPV 2021):

Beispiel 1a (externe Verlegung im ersten aufnehmenden Krankenhaus):

Ein Patient aus NRW mit einem akuten Nierenversagen wird in 2021 in das örtliche Krankenhaus der Regelversorgung eingeliefert. Dieses verfügt über eine Dialyseabteilung – betrieben durch einen niedergelassenen Arzt, der Räume des Krankenhauses angemietet hat. Zunächst wird der Patient im aufnehmenden Krankenhaus versorgt. Angesichts der Verschlechterung des Gesundheitszustands wird der Patient nach drei Tagen in ein passendes anderes Krankenhaus der Maximalversorgung weiterverlegt.

Der behandelnde Arzt im ersten Krankenhaus verschlüsselt lt. DRG-Katalog L60C (▸ Abb. 5.9)

L60C aDRG 2021 [Hauptabteilung]

Niereninsuffizienz, mehr als ein Belegungstag, mit Dialyse oder äußerst schweren CC oder Alter <18 Jahre mit schweren CC oder mit intensivmedizinischer Komplexbehandlung >196 / 184 / - Aufwandspunkte				Pflegeerlös
	1. Tag mit Abschlag	Untere Grenz-VD	Mittlere VD	Obere Grenz-VD	Bewertungs-relation/Tag
Verweildauer	2	3	9,8	22	Spalte 14
Gewicht (Punkte)	0,344			0,073	1,0868

1,122	= Punkte Bewertungsrelation ohne Zu- und Abschläge
0,095	= Punkte Abschlag pro Tag bei externer Verlegu

Abb. 5.9: Beispiel 1a: Abrechnung DRG L60C

Die mittlere Verweildauer von 9,8 Tagen wird gemäß § 3 Abs. 1 FPV für 2021 kaufmännisch gerundet auf 10 Tage. Die tatsächliche Verweildauer betrug drei Tage. Somit kommt es zu 7 Abschlagstagen. Das Relativgewicht für die Abschlagstage beträgt laut Entgeltkatalog 2021 (Spalte 11) 0,095 pro Tag. Es kommt somit zur Abrechnung folgenden Entgelts:

Für die DRGs:

$$(1{,}22./.(7 \times 0{,}095)) \times 3.664{,}45\,€ = 1.674{,}65\,€$$

(LBFW von NRW für 2021)

Dazu für Pflegekosten: Verweildauer 2 Tage (ohne Verlegungstag)

$$2 \times 1{,}0868 \times 163{,}09\,€ =$$
$$2{,}1736 \times 163{,}09\,EUR = 354,49\,€$$

Insgesamt werden abgerechnet: 2.129,14 €

Beispiel 1b (externe Verlegung im zweiten aufnehmenden Krankenhaus):

Das aufnehmende Krankenhaus der Maximalversorgung behandelt den Patienten 17 Tage, d. h. die mittlere Verweildauer der Fallpauschale L60B (13,5 gerundet 14 Tage) ist überschritten; es kommt hier zu keinem Abschlag. Verschlüsselt wird im zweiten Krankenhaus ein Nierenversagen mit äußerst schweren Komplikationen: DRG L60B (▶ Abb. 5.10).

L60B aDRG 2021 [Hauptabteilung]					
Niereninsuffizienz, mehr als ein Belegungstag, mit Dialyse und komplizierenden Faktoren oder äußerst schweren CC, Alter >15 Jahre					Pflegeerlös
	1. Tag mit Abschlag	Untere Grenz-VD	Mittlere VD	Obere Grenz-VD	Bewertungsrelation/Tag
Verweildauer	3	4	13,5	27	Spalte 14
Gewicht (Punkte)	0,391			0,073	1,2264

1,663 = Punkte Bewertungsrelation ohne Zu- und Abschläge
0,108 = Punkte Abschlag pro Tag bei externer Verlegu

Abb. 5.10: Beispiel 1b: Abrechnung DRG L60B

Das Krankenhaus rechnet ab: 1,663 (ohne Verlegungsabschlag, weil die mittlere Verweildauer überschritten wurde) multipliziert mit 3.664,45 € (Landesbasisfallwert des 2. Krankenhauses):

Für die aDRG:

$$1{,}663 \times 3.664{,}45\,€ = 6.093{,}98\,€$$

(LBFW von NRW für 2021)

Dazu für Pflegekosten: Verweildauer 16 Tage (ohne Entlassungs-/Verlegungstag gemäß § 1 Abs. 7 Satz 1 FPV 2021)

$$16 \times 1{,}2264 \times 163{,}09\ \text{€} =$$
$$19{,}6224 \times 163{,}09\ \text{€} = 3.298{,}33\ \text{€}$$

Insgesamt werden abgerechnet: 9.392,31 €

Beispiel 2:

Ein Patient wird nach einem schweren Motorradunfall vom Rettungsdienst in ein nahegelegenes Krankenhaus der Schwerpunktversorgung gebracht. Dort diagnostiziert der aufnehmende Arzt eine Vielzahl von Verletzungen (Polytraumata). Der Patient erliegt nach 3 Tagen seinen schweren Verletzungen (▶ Abb. 5.11).

W60Z aDRG 2021 [Hauptabteilung]

Polytrauma, verstorben <5 Tage nach Aufnahme, ohne komplizierende Konstellationen, ohne Beatmung >24 Stunden, ohne komplexe oder bestimmte andere Eingriffe					Pflegeerlös
	1. Tag mit Abschlag	Untere Grenz-VD	Mittlere VD	Obere Grenz-VD	Bewertungs-relation/Tag
Verweildauer	-	-	1,2	-	Spalte 14
Gewicht (Punkte)	0			0	1,3538

0,536 = Punkte Bewertungsrelation ohne Zu- und Abschläge

\- = Punkte Abschlag pro Tag bei externer Verlegu

Abb. 5.11: Beispiel 2: Abrechnung DRG W60Z

Abrechnungstechnisch wird vom Krankenhaus die G-DRG-Fallpauschale W60Z fakturiert, was einer Bewertungsrelation von 0,536 entspricht. Da es sich um eine spezielle Fallpauschale mit dem Splittkriterium »Z« handelt, ist **kein** Verlegungsabschlag und kein Unterschreiten der mittleren Verweildauer zu berücksichtigen. Bei einem Landesbasisfallwert von EUR 3.664,45 ergibt sich ein Rechnungsbetrag von EUR 6.457,22.

Für die aDRG:

$$0{,}536 \times 3.664{,}45\ \text{EUR} = 1.964{,}15\ \text{EUR}$$

(LBFW von NRW für 2021)

Dazu für Pflegekosten: Verweildauer 2 Tage (ohne Entlassungs-/Sterbetag gem. § 1 Abs. 7 Satz 1 FPV 2021)

$$2 \times 1{,}3538 \times 163{,}09\,€ =$$
$$2{,}7076 \times 163{,}09\,€ = 441{,}58\,€$$

Insgesamt werden abgerechnet: 2.405,73 €

Beispiel 3:

Ein älterer Mann wird mit einem unblutigen Schlaganfall in das nahe gelegene Krankenhaus der Regelversorgung gebracht. Dort diagnostiziert der aufnehmende Arzt eine Apoplexie ohne intrakranielle Blutung (DRG B70B) (▶ Abb. 5.12). Nach 28 Tagen wird der Patient in die AHB (Anschlussheilbehandlung in Reha-Klinik) verlegt.

B70B aDRG 2021 [Hauptabteilung]					
Apoplexie mit neurologischer Komplexbehandlung des akuten Schlaganfalls, mehr als 72 Stunden, ohne komplizierende Diagnose oder mit komplexem zerebrovaskulären Vasospasmus oder intensivmedizinischer Komplexbehandlung >196 / 184 / - Aufwandspunkte					Pflegeerlös
	1. Tag mit Abschlag	Untere Grenz-VD	Mittlere VD	Obere Grenz-VD	Bewertungs-relation/Tag
Verweildauer	2	3	8,3	18	Spalte 14
Gewicht (Punkte)	0,456			0,115	1,5064

1,387 = Punkte Bewertungsrelation ohne Zu- und Abschläge
Verlegungsfallpauschale, kein Abschlag bei externer Verlegung

Abb. 5.12: Beispiel 3: Abrechnung DRG B70B

Die Fallpauschale weist gemäß aDRG-Katalog eine mittlere Verweildauer von 8,3 Tagen auf. Der Patient verbleibt bis zu seiner Verlegung in eine Rehabilitationsklinik insgesamt 28 Belegungstage im Akutkrankenhaus. Die obere Grenzverweildauer, ab der eine tagesbezogene Erhöhung der Bewertungsrelation um 0,115 pro Tag vorzunehmen ist, beträgt 18 Tage. Die Bewertungsrelation der DRG B70B ist mit 1,387 im Katalog von 2021 aufgeführt. Das Krankenhaus rechnet einen Basisfallwert von EUR 3.664,45 ab. Die Abrechnung erfolgt wie folgt:

Für die aDRG:

$$(1{,}387 + (10 \times 0{,}115)) \times 3.664{,}45\,€ =$$
$$(1{,}387 + 1{,}150) \times 3.664{,}45\,€ =$$
$$2{,}537 \times 3.664{,}45\,€ = 9.296{,}71\,€$$

(LBFW von NRW für 2021)

Dazu für Pflegekosten: Verweildauer 27 Tage (ohne Verlegungstag)

> $27 \times 1{,}5064 \times 163{,}09\ € =$
>
> $(28 - 1) \times 1{,}5064 = 40{,}6728 \times 163{,}09\ € = 6.633{,}33\ €$
>
> Insgesamt werden abgerechnet: 15.930,04 €

Als Ergebnis ist festzuhalten:

Eine DRG wird hinsichtlich der Verweildauer des Patienten bei ganzheitlicher Behandlung in einem Krankenhaus oder bei einer externen Verlegung – wie folgt – modifiziert:

G-DRG-Fallpauschale (z. B. 2,167 Punkte.), ggf. zu korrigieren um	
./.	Abschlag für Nicht-Überschreiten der unteren Grenzverweildauer oder
+	Zuschlag für Erreichen der oberen Grenzverweildauer oder
./.	Abschlag für Entlassungsverlegung vor Erreichen der mittleren Verweildauer oder
./.	Abschlag bei Aufnahmeverlegung und Nicht-Erreichen der mittleren Verweildauer
=	**Netto-Punkte. der Fallpauschale x EUR 3.664,45**

Vorstehende Übersicht zeigt deutlich, dass einer bestimmten DRG-Fallpauschale **nicht** immer der gleiche Wert – vergütet in Euro – zugeordnet ist.

Für die DRG-Fallzahlermittlung einer Periode ist – wie bereits gesagt – das Entlassungsdatum des Patienten maßgeblich. Der entlassene (ggf. verlegte oder verstorbene) Patient zählt in der Periode, in der er entlassen wird, als Fall.

An dieser Stelle sei darauf hingewiesen, dass nach der BPflV ein anderer Fallbegriff als nach dem KHEntgG gilt. Nach der BPflV gilt die Falldefinition (Aufnahmen + Entlassungen) / 2 = Fallzahl.

Nach dem KHEntgG zählt also ein Fall in dem Jahr als Fall, in dem er entlassen wurde. Das gilt so nicht nur in der Leistungsstatistik, sondern auch in der Buchhaltung, denn mit der Entlassung ist die Behandlungsleistung erbracht. Der Fall ist realisiert (abrechenbar).

Im Sonderfall der Fallzusammenführung bei mehreren Krankenhausaufenthalten (§ 2 FPV 2021) im gleichen Krankenhaus bzw. bei Wiederkehr des Patienten innerhalb der in der FPV 2021 geregelten Frist von 30 Tagen in das gleiche Krankenhaus – Einzelheiten ergeben sich aus der FPV 2021 – zählt die letzte Entlassung für die Zuordnung zum jeweiligen Fallzählungszeitraum.

Diese Aussagen werden später noch im Hinblick auf den Realisationszeitpunkt der Forderungs- und Erlöseinbuchung sowie die Erlösverprobung bedeutsam.

2) Zusatzentgelte

Die Zusatzentgelte werden gemäß § 7 Abs. 1 Nr. 2 i. V. m. § 9 Abs. 1 Nr. 2 KHEntgG durch bundeseinheitliche Kataloge definiert. Einzelheiten ergeben sich aus den KFPV/FPV für das jeweilige Jahr. Dabei wird zwischen bewerteten und preislich noch zu verhandelnden Zusatzentgelten unterschieden (Anlage 2 i. V. m. 5 bzw. Anlage 4 i. V. m. Anlage 6 der FPV 2021). Zusatzentgelte werden zusätzlich zu einer Fallpauschale oder zu den Entgelten nach § 6 Abs. 1 KHEntgG abgerechnet (§ 5 FPV). Mit Zusatzentgelten werden besonders teure Leistungskomplexe, Arzneien oder Medikalprodukte vergütet. Auch aus den Zusatzentgelten 2020 wurden eventuell vorhandene Pflegekosten im Wege der InEK-Kalkulation herausgerechnet, die seitdem über das Pflegebudget abgegolten korrekt.

3) Sonstige Erlöse gem. § 6 KHEntgG

Die gemeinsam vereinbarte Erlössumme nach § 6 Abs. 3 KHEntgG umfasst auch die »Sonstige Erlöse nach § 6 KHEntgG« genannten Leistungen, die noch nicht mit den DRG-Fallpauschalen und Zusatzentgelten sachgerecht vergütet werden können. Zu nennen sind teilstationäre Leistungen oder Leistungen von besonderen Einrichtungen, Leistungen der Anlage 3a und 3b der FPV 2022.

Die Vertragsparteien legen in den Entgeltverhandlungen für das Krankenhaus fest, ob für diese Leistungen fall- oder tagesbezogene Entgelte oder in eng begrenzten Ausnahmefällen Zusatzentgelte abgerechnet werden. Voraussetzung ist jedoch, dass die Leistungen oder besonderen Einrichtungen nach Feststellung der Vertragsparteien auf Bundesebene oder in einer Verordnung nach § 17b Abs. 7 Satz 1 Nr. 3 KHG (Vereinbarung zur Bestimmung von besonderen Einrichtungen – VBE) von der Anwendung der DRG-Fallpauschalen und Zusatzentgelte ausgenommen sind (vergleiche hierzu beispielsweise die Anlagen 3a und 3b der FPV 2022). Auch die meisten Leistungen für teilstationäre Behandlungen werden nach § 6 Abs. 1 KHEntgG vergütet.

Neben den Leistungen nach § 6 Abs. 1 KHEntgG werden sog. neue Untersuchungs- und Behandlungsmethoden auch nicht durch die DRG-Kataloge abgebildet. Sie sind ebenfalls individuell mit den Krankenkassen zu verhandeln.

Die Rechnungen für die Patientenbehandlung, die übrigens für gesetzlich versicherte Patienten nur noch unter Inkaufnahme eines Strafgelds in Papierform versandt werden dürfen, enthalten die Daten nach § 301 SGB V als digitalen Datensatz. Diese Daten werden an die Datenannahmestellen der Krankenkassen übermittelt. Im Datensatz enthalten sind auch die folgenden Zu- und Abschläge, die gesetzlich als absoluter Betrag oder als Prozentsatz festgelegt sind. In einigen Fällen sind die Beträge auch als Vereinbarung der Selbstverwaltung (u. a. Krankenkassen und DKG) festgelegt worden.

4) Zu- und Abschläge

Die Zahl der möglichen Zu- und Abschläge auf der DRG-Rechnung hat sich in den letzten Jahren stark ausgeweitet. Grundsätzlich muss jeder Erlösanteil, der nur einer ausgewählten Anzahl von Krankenhäusern zukommen oder abgezogen werden soll, über Zu- und Abschläge verrechnet werden. Den Zu- oder Abschlag rechnet nur das Krankenhaus ab, das den entsprechenden Sachverhalt verwirklicht. Im Folgenden wird eine Auswahl wichtiger Zu- und Abschläge für das Geschäftsjahr 2021 ff. vorgestellt:

1. **Zusammenfassung »Zu- und Abschlag für Erlösausgleiche«**
Die folgenden drei Zu- und/oder Abschläge (1a bis 1c) sind zu einem Betrag als Zu- oder Abschlag zusammenzufassen (§ 5 Abs. 4 KHEntgG):

1a. Zu-/Abschlag gem. § 15 Abs. 3 KHEntgG
Wird der Landesbasisfallwert für ein Bundesland erst nach dem 01.01. des Entgeltzeitraums vereinbart, erfolgt die Korrektur – soweit möglich – über die Fallabrechnung der verbleibenden Fälle im restlichen Zeitraum des Kalenderjahres. In Ausnahmefällen kann die Korrektur im nächsten Entgeltzeitraum erfolgen.

1b. Zu-/Abschlag gem. § 4 Abs. 3 KHEntgG
Wird der vereinbarte Gesamtbetrag (= vereinbartes Erlösbudget + vereinbarte Erlössumme) durch die ordnungsgemäß ermittelten Ist-Erlöse lt. Finanzbuchhaltung einschließlich des Zahlbetragsausgleichs für den Landesbasisfallwert über- oder unterschritten, werden die Mehr- oder Mindererlöse gem. § 4 Abs. 3 KHEntgG ausgeglichen.

1c. Zu-/Abschlag gem. § 4 Abs. 5 KHEntgG
Soll ein vereinbartes Erlösbudget innerjährig neu kalkuliert und vereinbart werden (Fall des Kalkulationsirrtums), erfolgt die Korrektur über einen Zu- oder Abschlag auf die bisher vereinbarten Entgelte. Die Vertragsparteien können im Voraus vereinbaren, dass in bestimmten Fällen das Erlösbudget nur teilweise neu vereinbart wird.

2. **Abschlag wegen Mehrleistungsvereinbarung für 2009 und 2011 bis 2014 sowie 2017 bis 2019 und ab 2021 gem. § 4 (2a) KHEntgG**
Für mit Fallpauschalen bewertete Leistungen, die im Vergleich zur Vereinbarung für das laufende Kalenderjahr zusätzlich im Erlösbudget berücksichtigt werden, ist ein jeweils für drei Jahre zu erhebender Vergütungsabschlag von 35 Prozent (**Fixkostendegressionsabschlag**) anzuwenden. Der für das Krankenhaus anzuwendende Abschlag nach Satz 1 gilt
1. nicht bei
a) Transplantationen, Polytraumata, schwer brandverletzten Patientinnen und Patienten, der Versorgung von Frühgeborenen und bei Leistungen der neurologisch-neurochirurgischen Frührehabilitation nach einem Schlaganfall oder einer Schwerstschädelhirnverletzung der Patientin oder des Patienten,
b) Leistungen mit einem Sachkostenanteil von mehr als zwei Dritteln,
c) zusätzlich bewilligten Versorgungsaufträgen, für die bislang keine Abrechnungsmöglichkeit bestand,
d) Leistungen von nach § 2 Absatz 2 Satz 4 krankenhausplanerisch ausgewiesenen Zentren sowie
e) Leistungen, deren Bewertung nach § 9 Absatz 1c abgesenkt oder abgestuft wurde,

f) Leistungen zur Behandlung von Patientinnen und Patienten mit einer SARS-CoV-2-Infektion oder mit Verdacht auf eine SARS-CoV-2-Infektion,

g) Leistungen, die von den Vertragsparteien nach § 11 Absatz 1 von der Erhebung des Abschlags ausgenommen werden, um unzumutbare Härten zu vermeiden,

2. hälftig für Leistungen, die in dem **»Katalog nicht mengenanfälliger Leistungen«** nach § 9 Absatz 1 Nummer 6 aufgeführt sind.

Abweichend von Satz 1 ist für Leistungen, die durch eine Verlagerung von Leistungen zwischen Krankenhäusern begründet sind, die nicht zu einem Anstieg der Summe der effektiven Bewertungsrelationen im Einzugsgebiet des Krankenhauses führt, der für das Krankenhaus anzuwendende Abschlag nach Satz 1 in halber Höhe anzuwenden; diese Leistungsverlagerungen zwischen Krankenhäusern sind vom Krankenhaus auf der Grundlage von Informationen, die den Beteiligten nach § 18 Absatz 1 Satz 2 des Krankenhausfinanzierungsgesetzes im Einzugsgebiet des Krankenhauses vorliegen, glaubhaft darzulegen. Der Vergütungsabschlag ist durch einen einheitlichen Abschlag auf alle mit dem Landesbasisfallwert vergüteten Leistungen des Krankenhauses umzusetzen. Ein während der maßgeblichen Abschlagsdauer vereinbarter Rückgang der mit Fallpauschalen bewerteten Leistungen ist bei der Ermittlung der Grundlage der Bemessung des Abschlags mindernd zu berücksichtigen. Für die Umsetzung des Fixkostendegressionsabschlags sind die Vorgaben, die die Vertragsparteien auf Bundesebene nach § 9 Absatz 1 Nummer 6 vereinbaren, anzuwenden. **Der Fixkostendegressionsabschlag galt nicht für die Vereinbarung des Erlösbudgets für das Jahr 2020.** Abweichend von Satz 1 ist der Fixkostendegressionsabschlag, der

1. für das **Jahr 2018** vereinbart wurde, nur in den Jahren 2018 und 2019 zu erheben,

2. für das **Jahr 2019** vereinbart wurde, nur in den Jahren 2019 und 2021 zu erheben,

3. sich auf die für das **Jahr 2020** gegenüber dem Jahr 2019 zusätzlich im Erlösbudget berücksichtigten Leistungen bezieht, die mit Fallpauschalen bewertet werden, nur in den Jahren 2021 und 2022 zu erheben,

4. für das **Jahr 2021** vereinbart wurde, auf die mit Fallpauschalen bewerteten Leistungen anzuwenden, die im Vergleich zur Vereinbarung für das Jahr 2019 zusätzlich im Erlösbudget berücksichtigt werden.

Fazit: Soweit es zu keinen neuerlichen Gesetzesänderungen kommt, gilt ab 2022 wieder der dreijährige Fixkostendegressionsabschlag von 35 v.H. der Mehrleistungen im Vergleich zum Jahr 2021.

3. Zuschlag für Ausbildung (Verfahren mit Ausgleichsfonds)

Mit dem Pflegereformgesetz, verkündet am 17.07.2017, wurden die rechtlichen Voraussetzungen geschaffen, um bundeseinheitlich ab 01.01.2020 mit der generalistischen, dreijährigen Ausbildung zur Pflegefachfrau bzw. zum Pflegefachmann zu beginnen.

Alle im Krankenhaus vereinnahmten Erlöse aus den Zuschlägen für die generalistische Ausbildung – Zuschlag für alle Krankenhäuser und ab 2020 auch für ambulanten und stationären Altenpflegeeinrichtungen sowie Behinderteneinrichtungen – sind an den generalistischen Ausbildungsfond des Landes weiterzuleiten (durchlaufende Posten im Krankenhaus).

Bis 2022 wird es übergangsweise für die Auszubildenden der Jahrgänge 2018 und 2019 bei der alten Ausbildungsfinanzierung bleiben, die jedoch bis zum Ende des Jahres 2022 auf null zurückgeht.

Über die Summe der vereinnahmten und an den Landesausbildungsfonds weiterzuleitenden Mittel fertigt das Krankenhaus jährlich einen vom Wirtschaftsprüfer zu testierenden Nachweis. Bezüglich der Meldung der Mittel für den Ausbildungsfonds – geführt bei der Landeskrankenhausgesellschaft – besteht keine Testatpflicht.

Der Ausgleichsfonds erstattet den Pflegeschulen Pauschalen, die im Verhandlungsweg auf Landesebene vereinbart werden (Bsp. für 2020 in NRW: EUR 7.350,00 und EUR 7.563 je Schüler) und den Trägern der praktischen Ausbildung (Krankenhäuser, Pflegeeinrichtungen und Behinderteneinrichtungen) die Kosten der Pflegeausbildung, die in Pflegesatzverhandlungen bestimmt und vertraglich vereinbart werden. Diese monatlichen Raten sind Abschläge und werden nach Ablauf des Finanzierungszeitraums bezogen auf die nachgewiesenen tatsächlichen Kosten »spitz« abgerechnet. Über diese Abrechnung wird ein Verwendungsnachweis vom Krankenhaus aufgestellt und dieser ist nach erfolgter Prüfung vom Wirtschaftsprüfer zu testieren (§ 17a Abs. 7 Satz 2 KHG).

4. **Teilnahme an der integrierten Versorgung** – *Erlöse aus integrierter Versorgung*

Bei der integrierten Versorgung (§§ 140a bis d SGB V) handelt es sich um eine verschiedene Leistungssektoren übergreifende Versorgung oder eine interdisziplinär-fachübergreifende Versorgung der gesetzlich Krankenversicherten, die durch Vertrag zwischen einer gesetzlichen Krankenkasse und deren Vertragspartnern zustande kommt. Die Entgelte aus integrierter Versorgung sind frei verhandelbar. § 140b SGB V enthält eine abschließende Aufzählung der in Frage kommenden Vertragspartner:
- Einzelne Vertragsärzte (niedergelassene Ärzte und Zahnärzte),
- Träger von zugelassenen Krankenhäusern,
- Träger von stationären Vorsorge- und Reha-Einrichtungen (§ 111 SGB V),
- sonstige Leistungserbringer (z. B. ambulante Reha, Physiotherapeuten),
- Träger von zugelassenen Altenhilfeeinrichtungen im Sinne des SGB XI,
- Medizinische Versorgungszentren (MVZ),
- Träger von Einrichtungen, die integrierte Versorgung mit zugelassenen Leistungserbringern anbieten (Managementgesellschaften), oder
- Praxiskliniken im Sinne von § 115 SGB V sowie
- die jeweiligen Gemeinschaften dieser Vertragspartner.

Ein Anspruch auf Abschluss eines Integrationsvertrages besteht nicht. Innerhalb des rechtlichen Rahmens der §§ 140a bis d SGB V herrscht Vertragsfreiheit.

Die Krankenhäuser, die Verträge zur integrierten Versorgung vereinbart haben, müssen diese im Rechnungswesen des Krankenhauses abbilden, soweit das Krankenhaus an der Leistungserstellung beteiligt ist.

Für die Buchhaltung bedeutet dies: aufmerksam den in aller Regel umfangreichen Vertrag zur integrierten Versorgung durcharbeiten. Folgende Punkte sollten darin geregelt sein:

- Wer ist Träger (Vertragspartner) der integrierten Versorgung, wie ist das sektorenübergreifende Versorgungsmodell gesellschaftsrechtlich konstruiert?
- Wann ist der Realisationszeitpunkt der Leistungsabrechnung für welche Leistung?
- Sind besondere Steuerpflichten zu beachten?
- Wie ist die Haftung/Gewährleistung ausgestaltet?

Obwohl die integrierte Versorgung eine sektorenübergreifende Versorgung darstellt, besitzt sie nur wenig praktische Bedeutung. Die Modelle sind in der Regel wirtschaftlich zu schwierig zu steuern.

5.3.3 Erlöse aus Wahlleistungen

Die Position »Erlöse aus Wahlleistungen« enthält sehr unterschiedliche Sachverhalte:

- Zimmerzuschläge bei Ein- oder Zweibettzimmernutzung, wenn das Dreibettzimmer die Regelleistung des Krankenhauses darstellt
- Komfortleistungen am Patientenbett – Telefon, Fernsehen, PC-Netzanschluss
- Erlöse aus der Unterbringung von Begleitpersonen ohne ärztliche Notwendigkeitsbescheinigung
- Erlöse aus chefärztlicher Behandlung

Alle vier Punkte, die sog. **nicht-medizinischen Wahlleistungen,** vereinbaren die Patienten als Selbstzahler in einem separaten Vertrag mit dem Krankenhaus.

Die Leistungsabrechnung der Komfortleistungselemente (Punkt 1) besondere Unterkunft (**Ein- und Zweibettzimmer**) ist seit dem 01.08.2002 durch die Rahmenempfehlung des Verbandes der privaten Krankenversicherungen (PKV) mit dem Dachverband der Krankenhausträger (Deutsche Krankenhausgesellschaft – DKG) der Höhe nach begrenzt worden. Grundlage dieser Vereinbarung war das BGB-Urteil vom 04.08.2000, das für Komfortleistungen neben Entgelten – kalkuliert nach der BPflV – eine Kalkulationsbegrenzung festlegte. Obwohl die Finanzierungssystematik durch die Einführung des G-DRG-Systems neu gefasst wurde, wurde das überholte Preissystem für die Komfortleistung Unterkunft bisher beibehalten (vgl. Gemeinsame Empfehlung der PKV und der DKG unter www.derprivatpatient.de).

Drittens sind in der GuV-Position »Erlöse aus Wahlleistungen« die Leistungen für **Begleitpersonen** erfasst, für die keine medizinische Notwendigkeit zur Aufnahme gegeben ist. Es handelt sich in der Regel um Angehörige, die dem Patienten bei seinem Krankenhausaufenthalt nahe sein wollen.

Viertens sind unter den »Erlösen aus Wahlleistungen« die Erlöse zu erfassen, die ein Krankenhaus abrechnet, wenn die Leistung Chefarztbehandlung vom Patienten nachgefragt wird und die Chefarztverträge diesen Ärzten keine Nebentätigkeitserlaubnis für privatzahlende Patienten einräumen. Das Liquidationsrecht nach der

GOÄ liegt dann formal immer noch beim Chefarzt, wirtschaftlich aber beim Krankenhaus (Abrechnung im eigenen Namen für fremde Rechnung). In der Regel werden die betreffenden Chefärzte dann an der gesonderten Abrechnung (Liquidation) beteiligt. Man spricht daher auch vom sog. **Beteiligungsmodell.**

5.3.4 Erlöse aus ambulanten Leistungen des Krankenhauses

Wie die Positionsbezeichnung der KHBV Gewinn- und Verlustrechnung ausdrückt, werden in dieser Position nur ambulante Leistungen erfasst, die das Krankenhaus im eigenen Namen für eigene Rechnung erbringt. Im Gegensatz hierzu stehen die Ambulanzen der Chefärzte (§ 116 SGB V), die ihre Leistungen ebenfalls in Krankenhausräumen anbieten, aber diese Leistungen für ihre eigene Rechnung erbringen und i. d. R. nur eine Abgabe an das Krankenhaus bezahlen.

Die Ambulanz in Trägerschaft eines Krankenhauses wird auch Institutsambulanz genannt. Geregelt sind die Zulassung und Finanzierung dieser Einrichtungen in den §§ 115 ff. SGB V.:

- Gesonderter Vertrag zwischen KV, GKV (auf Landesebene) und LKHG (§ 115 Abs. 2 Nr. 5 SGB V)
- Teilnahme am ambulanten Operieren im Krankenhaus (§ 115b SGB V)
- Ambulante Behandlung durch Krankenhäuser bei Unterversorgung (§ 116a SGB V)
- Ambulante ärztliche Behandlung durch Krankenhäuser bei Teilnahme an einem strukturierten Behandlungsprogramm nach § 137g SGB V (§ 116b Abs. 1 SGB V)
- Ambulante spezialfachärztliche Versorgung durch Krankenhäuser für hochspezialisierte Leistungen, seltene Erkrankungen und Erkrankungen mit besonderen Krankheitsverläufen gemäß Katalog (§ 116b Abs. 2 SGB V)
- Hochschulambulanzen – auch Polikliniken genannt – (§ 117 SGB V)
- Psychiatrische Institutsambulanz (§ 118 SGB V)
- Sozialpädiatrische Zentren (§ 119 SGB V)
- Notfallambulanz
- Alle übrigen medizinischen Heilmittel (Physiotherapie, Podologie, Sprachtherapie und Ergotherapie), die ambulant vom Krankenhaus/Krankenhausträger erbracht werden, sind ebenfalls hier zu erfassen.

Es empfiehlt sich, in der Finanzbuchhaltung für diese Ambulanzen gesonderte Konten in der Kontengruppe 42 gemäß Anlage 4 zur KHBV einzurichten, soweit sie vom Krankenhaus tatsächlich betrieben werden.

5.3.5 Nutzungsentgelte der Ärzte

Die Zahlungen an das Krankenhaus seitens zweier unterschiedlicher Ärztegruppen werden in dieser Position erfasst:

- Zahlungen der Chefärzte mit stationärem Liquidationsrecht und/oder ambulanter Nebentätigkeitserlaubnis an das Krankenhaus (Chefarztabgaben),

- Zahlungen der Belegärzte, die ärztliche Leistungen des Krankenhauses in Anspruch nehmen,
- Zahlungen für Gutachten der Chefärzte u. ä.,

ggf. ergänzt um einen zusätzlichen Abgabebetrag dafür, dass die Leistung im Krankenhaus erbracht werden darf (Nutzungsentgelt).

Das Ermittlungsverfahren der Chefarztabgaben ist in der Regel im Chefarztvertrag schriftlich festgelegt. Dabei ist zwischen der Abgabe für das stationäre Liquidationsrecht und der Abgabe für die Nebentätigkeit in der Chefarztambulanz zu differenzieren.

Für die Abgabe aus dem stationären Liquidationsrecht gilt grundsätzlich, dass Grundlage dieser Tätigkeit ein Behandlungsvertrag zwischen dem Krankenhausträger und dem Patienten ist, der um die Wahlleistungsvereinbarung »Chefarztbehandlung« ergänzt wird. Aufgrund dieser schuldrechtlichen Vereinbarung hat der Patient Anspruch darauf, dass die ärztlichen Leistungen nicht von den diensthabenden Ärzten des Krankenhauses erbracht werden, sondern ausschließlich von den Chefärzten persönlich oder ausnahmsweise deren Vertretern. Dafür darf der behandelnde Chefarzt oder dürfen die behandelnden Chefärzte zusätzlich zur ungekürzten Krankenhausrechnung ihre persönliche Gebührenrechnung bemessen nach der GOÄ stellen. Diese Rechnungen enthalten Gebühren, Entschädigungen und Auslagenersatz. Die Gebühren ergeben sich aus dem Gebührenverzeichnis für ärztliche Leistungen. Die aus den Gebührenziffern resultierenden Punkte werden mit einem Punktwert und einem Multiplikator (i. d. R. ein Wert zwischen 1,0 und 2,3) multipliziert. Der Punktwert beträgt zurzeit 5,82873 Cent pro Punkt, der sich aus § 5 GOÄ ergibt. Die Entschädigung wird für Hausbesuche bezahlt. Sie setzt sich aus dem Wegegeld und der Reiseentschädigung zusammen. Bei der stationären Behandlung von Privatpatienten durch den Chefarzt ist die Summe der bewerteten Gebührenpunkte um i. d. R. 25 % zu reduzieren, weil der Chefarzt keine Praxiskosten aufzuwenden hat. Der Chefarzt nimmt ja die Infrastruktur des Krankenhauses in Anspruch und diese ist nach dem Idealbild der Gebührenordnung im Plankrankenhaus zu 100 % gefördert.

Im Chefarztvertrag ist festgeschrieben, dass das Liquidationsrecht für die Behandlung von stationären Privatpatienten und die daraus resultierenden Einnahmen ein variabler Gehaltsbestandteil des Chefarztes für seine Tätigkeit am Krankenhaus sind. Aus diesen Einnahmen hat der Chefarzt seine Abgabe an das Krankenhaus zu leisten. Die Abgabe besteht aus zwei Elementen: Erstens einer Kostenerstattung an das Krankenhaus für die Inanspruchnahme von Dienstleistungen, Nutzungen und Sachentnahmen aus den Krankenhausbeständen und zweitens einem Nutzungsentgelt für den Vorteil, am Krankenhaus in der vorhandenen Infrastruktur die Leistungen erbringen zu können.

Die Nebentätigkeitserlaubnis in der Ambulanz umfasst je nach Fachgebiet des Chefarztes sehr unterschiedliche Strukturen. Beispielhaft seien hier genannt: eine i. d. R. stark reglementierte und zeitlich befristete Ermächtigungsambulanz (§ 116 SGB V), die Privatambulanz und bei Unfall-Chirurgen ggfs. das D-Arztverfahren.

Auch für die Arztabgaben empfiehlt es sich, in der Kontengruppe 43 spezielle Sachkonten je Chefarzt bzw. je Abgabenart einzurichten.

Für die beschriebenen GuV-Posten 1 bis 4 der Gewinn- und Verlustrechnung nach der KHBV gilt, dass diese Umsätze grundsätzlich sogenannte »eng verbundene Umsätze« im Sinne der Umsatzsteuerbefreiungsvorschrift für Krankenhäuser nach § 4 Nr. 14 UStG i. V. m. Abschnitt 4.14.5 Abs. 1 des Umsatzsteuer-Anwendungserlasses darstellen. Wegen der Ausnahmen von der Umsatzsteuerbefreiung als eng verbundener Umsatz sei auf Abschnitt 4.14.6 des Umsatzsteuer-Anwendungserlasses verwiesen.

Exkurs 3: Privatklinik im zugelassenen Krankenhaus

Einige phantasievolle Krankenhausträger haben sich folgende abrechnungsmaximierende Konstruktion überlegt (▶ Abb. 5.13).

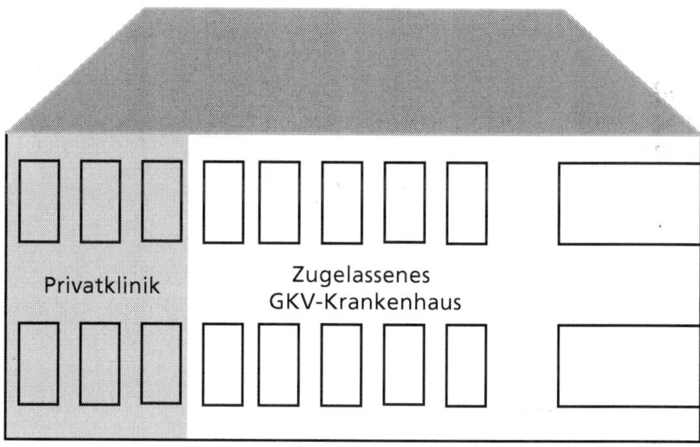

Abb. 5.13: Die Privatklinik (grauer Bauabschnitt) im zugelassenen Plan-Krankenhaus

Die Frage stellt sich: Wie verbessern sich meine Abrechnungsmöglichkeiten, wenn ich unter dem Dach meines bestehenden, zugelassenen Krankenhauses ein zweites privates Krankenhaus eröffne? In der Regel wurde hierzu eine zweite Klinikträgergesellschaft (Privatklinik-GmbH) gegründet, die in nichtgeförderten Räumen des Krankenhauses unter ärztlicher Leitung mit einer gesonderten Genehmigung nach § 30 GewO Privatpatienten, die früher im zugelassenen Krankenhaus behandelt worden wären, behandelt.

Nachdem bereits der III. Zivilsenat des BGH in zwei Entscheidungen die Zulässigkeit von Privatkliniken in unmittelbarer Nähe von Plankrankenhäusern bestätigt hatte, hat auch der I. Zivilsenat des BGH in seinem Beschluss vom 13.06.2011 dem Verband der privaten Krankenversicherung e.V. das geltend gemachte Herabsetzungsverlangen der Leistungsforderung nicht zugebilligt. Das heißt, in den Grenzen der Sittenwidrigkeit besitzt eine Privatklinik freie Preisgestaltungsmöglichkeiten für die stationäre Versorgung von privatversicherten Patienten.

Was genau sind die Vorteile einer solchen Privatklinikkonstruktion?

- Die Privatklinik nach § 30 GewO unterliegt nicht den Abrechnungsregeln für GKV-Patienten (KHG, KHEntgG, BPflV).
- Die GOÄ ist nicht anwendbar.
- Die Privatklinik kann Entgelte frei bestimmen.
- Die Patienten sind nicht länger im Erlösbudget des zugelassenen KHG-Krankenhauses zu führen (Vorteile bei den Belegungsausgleichen).

Zwar sind die Leistungen einer derartigen Privatklinik in der Regel umsatzsteuerpflichtig, aber die privaten Krankenversicherungen haben die Umsatzsteuer zu bezahlen bzw. zu erstatten.

Gegen den sich abzeichnenden Kostenschub für die privaten Krankenversicherungen trat 2012 die politische Mehrheit (CDU/CSU und FDP) an und hängte an § 17 Abs. 1 KHG folgender Satz 5 an:

»Eine Einrichtung (Privatklinik), die in räumlicher Nähe zu einem Krankenhaus liegt und mit diesem organisatorisch verbunden ist, darf für allgemeine, dem Versorgungsauftrag des Krankenhauses entsprechende Krankenhausleistungen keine höheren Entgelte verlangen, als sie nach den Regelungen dieses Gesetzes, des Krankenhausentgeltgesetzes und der Bundespflegesatzverordnung zu leisten wären.« (Inkrafttreten am 01.01.2012)

5.4 Realisation und Bewertung bei Forderungen und Umsatzerlösen

Unter dem Realisationsprinzip versteht man den Grundsatz ordnungsmäßiger Buchhaltung, der den Zeitpunkt der Forderungseinbuchung in die Finanzbuchhaltung bestimmt. Eine gesetzliche Ausformung findet sich in § 252 Abs. 1 Nr. 4 HGB. Dort heißt es: »Gewinne sind nur zu berücksichtigen, wenn sie am Abschlussstichtag realisiert sind«. Diese knappe Formulierung bedarf hinsichtlich ihrer Bedeutung für Krankenhäuser und ihren Umsatzprozess der Auslegung. Der Krankenhausfachausschuss des IDW hat dies teilweise in seinem Rechnungslegungsstandard »Einzelfragen zur Rechnungslegung von Krankenhäusern« (IDW RS KHFA 1 (Stand 15.07.2016)) geleistet.

Die Frage der Bewertung zielt auf das handelsrechtliche Vorsichtsprinzip, also auf die Frage, ob die rechtmäßig gebuchte Forderung auch tatsächlich bezahlt werden wird und ggf. wann sie bezahlt werden wird. Bestehen ernsthafte Zweifel an der Bezahlung der in Rechnung gestellten Forderung, muss diese wertberichtigt werden. Ist die Forderung dagegen bestritten, weil sie nicht rechtmäßig gestellt wurde, ist die Forderung nie entstanden, sondern wurde vom Krankenhaus falsch berechnet. Dies soll anhand zweier Beispiele verdeutlicht werden.

Beispiel 1: Privatpatient

Ein Privatpatient wird im Krankenhaus privat vollstationär behandelt. Nach 3 Tagen verschwindet der Patient, ohne seine Rechnung zu bezahlen. Die Rechnung ist rechtmäßig entstanden, aber es bestehen ernsthaft Zweifel, ob der Patient jemals seine Rechnung bezahlen wird. Die Forderung ist Umsatzerlös und später aufwandswirksam wertzuberichtigen – d. h. die Forderung soll weiterverfolgt werden – oder auszubuchen – d. h. die Forderung ist heute und auf absehbare Zeit in Zukunft uneinbringlich.

Beispiel 2: »Ambulant vor stationär«

Die Krankenkasse zweifelt an der stationären Behandlungsbedürftigkeit des Patienten und wünscht eine geänderte Rechnung über eine ambulante Behandlung. Das Krankenhaus vermeidet den langen Rechtsstreit, storniert die alte Rechnung und stellt eine neue ambulante Rechnung aus und bucht diese erneut ein.

5.4.1 Realisation und Bewertung bei stationären Krankenhausleistungen

a)   Stationäre Leistungen abzurechnen nach Berechnungstagen

Soweit Krankenhausleistungen nach Tagen abgerechnet werden (z. B. bei den pauschalierten Entgelten für Psychiatrie und Psychosomatik) – es handelt sich dann um Entgelte aus dem Anwendungsbereich der BPflV – gilt als **kleinste Abrechnungseinheit** der Berechnungstag. Ein Beispiel soll die buchhalterischen Folgen verdeutlichen:

Beispiel:

Patient A, der am 26. Dezember aufgenommen und am 6. Januar entlassen wird, ist mit 6 Berechnungstagen den Umsätzen des alten Geschäftsjahres (in dem die Aufnahme erfolgt) und mit 5 Berechnungstagen den Umsätzen des neuen Geschäftsjahres (in dem die Entlassung erfolgt) zuzurechnen. Mit jedem Tag, den der Patient im Krankenhaus verbracht hat, wird eine abrechenbare Leistung erbracht (Achtung: Der Entlassungstag wird grundsätzlich nicht mit abgerechnet). Dabei ist es unwichtig, ob die Teilrechnung für das alte Geschäftsjahr auch tatsächlich an die betreffenden Krankenkassen versandt wurde. Es genügt, wenn die Rechnung nach der Entlassung des Patienten tatsächlich verschickt wird. Die Abgrenzung der Leistungen auf die beiden Geschäftsjahre erfolgt anhand einer Belegungsstatistik über den Stichtag. Die Teilleistungen werden getrennt nach Geschäftsjahren als Forderungen aus Lieferungen und Leistungen und als Erlöse aus Krankenhausleistungen (KGr. 40) in der Finanzbuchhaltung erfasst.

b) Stationäre Leistungen abzurechnen nach Fällen

Da für die Zuordnung eines Behandlungsfalls zu den DRG-Fallpauschalen gemäß § 9 Abs. 1 Satz 1 Nr. 1 und 2 KHEntgG i. V. m. § 17b Abs. 1 Satz 10 KHG die Hauptdiagnose und **alle** abrechnungsrelevanten Nebendiagnosen sowie **alle** Behandlungen entsprechend der OPS Verschlüsselung für den Krankenhausaufenthalt maßgeblich sind, wird eine Fallpauschale erst dann abrechnungsfähig, wenn der Patient entlassen ist und damit die Diagnosen und die Prozeduren feststehen.

In der Praxis zeigt sich, dass bei gut organisierten Krankenhäusern zwischen dem Entlassungsdatum und der Fakturierung (Fallabrechnung) nicht mehr als 5 Werktage liegen sollten. Bei weniger gut organisierten Krankenhäusern können das auch gerne 30 Tage ausmachen. Auch für die Fallpauschalen soll ein Beispiel die buchhalterischen Folgen erläutern:

> **Beispiel:**
>
> Das Entlassungsdatum bestimmt die Fall- und Erlöszuordnung in Bezug auf den Stichtag. Die kleinste Abrechnungseinheit ist der Fall. Im oben genannten Beispiel, in dem ein (somatisch erkrankter) Patient am 26. Dezember aufgenommen und am 6. Januar entlassen wird, ist der gesamte Umsatz dem neuen Geschäftsjahr (dem Entlassungsjahr) zuzuordnen, weil die Leistung erst abrechenbar (realisiert) wird, wenn der Patient entlassen ist (vgl. hierzu IDW-Rechnungslegungsstandard KHFA 1, Stand 15.07.2016, Tz. 62 ff.).

c) Abrechnung des krankenhausindividuellen Pflegeentgeltwerts

Die Abzahlung des Pflegebudgets erfolgt über einen krankenhausindividuellen Pflegeentgeltwert, der gem. § 6a Abs. 4 Satz KHEntgG berechnet wird. Ist dieser Wert noch nicht verhandelt, vereinbart und genehmigt, rechnet das Krankenhaus eine Pauschale – 2021 in Höhe von EUR 163,09 pro gewichtetem Belegungstag – ab. Dazu wird die Verweildauer (ohne den Entlassungstag) der Abrechnung zugrunde gelegt. Die vorläufige Abrechnung der Pauschale statt des krankenhausindividuellen Pflegeentgeltwerts verschafft dem Krankenhaus keinen ökonomischen Vorteil, denn das Pflegebudget wird trotzdem verhandelt und schließlich eine Ermittlung der Mehr- oder Minderkosten nach § 6a Abs. 2 Satz 3 KHEntgG im Vergleich der tatsächlichen entstandenen Pflegepersonalkosten mit den vereinbarten pflegebudgetrelevanten Personalkosten (ggfs. nach Berichtigung zwischen den abgerechneten Pauschalen und dem vereinbarten Pflegebudget). Vgl. hierzu § 6 zur Pflegebudgetverhandlungsvereinbarung in der Fassung vom 22.04.2021.

Um diese Pflegeerlöse abzurechnen, wird für jeden somatischen Fall – gleichgültig, ob aDRG oder Fall aus der Erlössumme – ein Fallgewicht ermittelt. Für die aDRGs ergibt sich das Fallgewicht für die Pflege tagesbezogen aus dem Pflegeerlöskatalog (Spalte 14). Für die Fälle nach der Erlössumme ist ebenfalls eine Aufspaltung der Erlöse nach § 6 KHEntgG und den darin enthaltenen Pflegepersonalkosten erforderlich, jedoch gibt es keine gesetzliche Vorgabe bzw. keinen entsprechenden Katalog für den Pflegeanteil in den regelmäßig individuell zu verhandelnden Entgelten. Der Pflegekostenanteil dieser Entgelte ist somit Verhandlungssache mit den Kostenträgern.

d) Stationäre Leistungen abzurechnen als Zusatzentgelte

Die Realisation von Zusatzentgelten wurde vom KHFA in seinem Rechnungslegungsstandard nicht abgehandelt, es ist also auf die allgemeinen Grundsätze ordnungsmäßiger Buchführung zurückzugreifen. Gemäß § 5 Abs. 1 FPV sind Zusatzentgelte zusätzlich zu einer Fallpauschale oder zusätzlich zu einem sonstigen Erlös nach § 6 Abs. 1 KHEntgG abzurechnen. Zusatzentgelte finden sich in den DRG/ZE-Katalogen als mit Preisen (Anlagen 2 und 5 des DRG-Katalogs) und ohne Preise (Anlage 4 und 7 des DRG-Kataloges) versehene Entgelte. Grundsätzlich sind nur diese realisierbar. Ausnahmen finden sich in sehr begrenztem Umfang in § 6 Abs. 1 KHEntgG für besondere Einrichtungen, deren Leistungen nach den Feststellungen der Selbstverwaltung auf Bundesebene (§ 9 KHEntgG) oder der Fallpauschalenverordnung für besondere Einrichtungen von der Anwendung der Regelkataloge für DRGs und ZE ausgenommen sind. Die Zusatzentgelte teilen abrechnungstechnisch das Schicksal der Hauptleistung und sind realisiert, wenn der Patient entlassen ist.

e) Stationäre Leistungen abzurechnen als Entgelte nach § 6 Abs. 1 KHEntgG

Bei den Entgelten nach § 6 Abs. 1 KHEntgG werden in den Entgeltverhandlungen entweder fall- oder tagesbezogene Entgelte vereinbart. Es gelten insoweit die vorstehend ausgeführten Realisationsgrundsätze für tages- oder fallbezogene Abrechnungen.

f) Bilanzierung der Ausgleichsforderungen/ Ausgleichsverbindlichkeiten

Die Bilanzierung von Ausgleichsforderungen oder Forderungen aus Berichtigungstatbeständen umfassen **getrennte Ausgleichsregeln für die Psychiatrie und die Somatik.**

Nach dem KHEntgG (Stand 2021) besteht für DRG-Leistungen zunächst eine Zahlbetragsberichtigung nach § 15 Abs. 3 (Landesbasisfallwertausgleich) und für den **Gesamtbetrag** – also die Summe aus **Erlösbudget** (DRG- und ZE-Leistungen) und **Erlössumme** (Leistungen nach § 6 Abs. 1) – im Abgleich zwischen Vereinbarung und Ist-Leistungen der Mehr- oder Mindererlösausgleich nach § 4 Abs. 3 KHEntgG. Auch für besonders zu vereinbarende ZE-Leistungen gemäß § 6 Abs. 2a KHEntgG erfolgt die Zuordnung zum Gesamtbetrag und seinen Ausgleichsregeln.

Schließlich sei noch auf die Bescheinigung des Wirtschaftsprüfers gemäß § 17a Abs. 7 KHG hingewiesen. Danach sind bei ausbildenden Krankenhäusern 3 Prüfungsgegenstände bescheinigungspflichtig:

§ 17a KHG
(7) [1]Das Ausbildungsbudget ist zweckgebunden für die Ausbildung zu verwenden. [2]Der Krankenhausträger hat für die Budgetverhandlungen (betreffend das Ausbildungsbudget) eine vom Jahresabschlussprüfer bestätigte Aufstellung für das abgelaufene Jahr über die Einnahmen aus dem Ausgleichsfonds und den in Rechnung gestellten Zuschlägen, über Erlösabweichungen zum vereinbarten Ausbildungsbudget und über die zweckgebundene Verwendung der Mittel vorzulegen.

Für diese Ausgleiche gilt, dass sie nach den gesetzlichen, ggf. auch nach den regionalen Regeln rechnerisch zu ermitteln sind. Realisiert sind diese Ausgleichsforderungen – soweit sich Forderungen rechnerisch ergeben – dann, wenn die gesetzlichen Voraussetzungen für ihre Bilanzierung – insbesondere der Ablauf des Vereinbarungszeitraums – erfüllt sind.

Ein Problem der Ausgleichsberechnung in der Praxis besteht darin, dass zum Zeitpunkt der Bilanzaufstellung – also im Folgejahr nach dem Bilanzstichtag und dem Vereinbarungszeitraum – noch keine Krankenhaus-Entgeltverhandlungen stattgefunden haben und ggf. eine nicht unerhebliche Ausgleichsforderung in die Finanzbuchhaltung einzubuchen ist, zu der weder ein (oder mehrere) konkrete(r) Schuldner noch eine Bestätigung durch Dritte besteht. Die Forderung und der daraus resultierende Ertrag (Erlös aus Krankenhausleistungen) sind jedoch ggfs. betragsmäßig »wesentlich« für den Einblick in die Vermögens- und Ertragslage des Krankenhauses.

Dementsprechend empfiehlt der KHFA in seinem Rechnungslegungsstandard 1 vom 15.07.2016 unter Tz. 85: »Die Bewertung des Ausgleichsanspruchs muss jedoch im Hinblick auf mögliche Minderungen aus Vorsichtsgründen unter Berücksichtigung der Praxis der Pflegesatzverhandlungen nach Abzug angemessener Abschläge erfolgen. Dabei sind alle Erkenntnisse bis zum Abschluss der Bilanzaufstellung zu berücksichtigen.«

Die Ausgleichsforderungen und -verbindlichkeiten werden gegen die Erlöse aus Krankenhausleistungen gebucht (KGr. 40) und in der Bilanz als Forderungen oder Verbindlichkeiten nach dem Krankenhausfinanzierungsrecht ausgewiesen.

Die zu wahrende Vorsicht bei der Bilanzierung von Ausgleichsverbindlichkeiten wird durch das handelsrechtliche Imparitätsprinzip (§ 252 Abs. 1 Nr. 4 HGB) noch weiter verstärkt. Denn kommt es bei einem Mehrjahresbudget zu Mehrerlösen, die – wenn sie am Ende des Budgetzeitraums immer noch bestehen würden – zu einer Rückzahlung an die Krankenkassen führen würden, so sind für diese bereits in den innerhalb des mehrjährigen Budgetzeitraums liegenden Jahren Rückstellungen für Ausgleichsrisiken zu bilden. Nur auf diese Weise werden die Geschäftsjahre mit den zutreffenden Ausgleichsaufwendungen belastet. Soweit die Ausgleichsverbindlichkeiten am Ende eines Pflegesatzzeitraums feststehen, sind sie nicht als Rückstellungen, sondern vorzugsweise unter den Verbindlichkeiten nach dem Krankenhausfinanzierungsrecht darzustellen.

5.4.2 Prüfungen durch den Medizinischen Dienst (MD)

Mit dem 01.01.2020 wurde die Abrechnungsprüfung der Gesetzlichen Krankenversicherung neu geregelt. Mit dem **MDK-Reformgesetz** vom 14.12.2019, das den Titel trägt »Gesetz für bessere und unabhängigere Prüfungen«, sollen folgende Ziele verfolgt werden:

- Der MD wird unabhängig von den Krankenkassen als Körperschaft des öffentlichen Rechts neu ausgestaltet, um damit eine glaubhafte Neutralität zu gewährleisten.
- Die Prüfung der Krankenhausrechnungen wird nach einheitlichen neuen gesetzlichen Maßstäben geregelt, mit dem Ziel, strittige DRG-Kodierungen nach und nach für alle Verfahrensbeteiligte endgültig zu klären.
- Statt Strukturen und Ausstattungen von Krankenhäusern in vielen Einzelfällen zu prüfen, wird das Verfahren in einer Strukturprüfung vor der ersten Abrechnung dieser Leistungen gebündelt.
- Das Prüfungsgeschehen wird transparent ausgestaltet. So wird zukünftig die Zahl der Prüfungen je Krankenkasse durch Quoten begrenzt.
- Ab 2021 wird die Höhe der Prüfquote durch die Qualität der Abrechnungen bestimmt. Die Krankenhäuser, die fehlerhaft abrechnen, werden mehr geprüft als gewissenhaft abrechnende Krankenhäuser.
- Eine schlechte Abrechnungsqualität hat negative finanzielle Konsequenzen für das Krankenhaus.
- Eine Aufrechnung mit Rückforderungen der Krankenkassen gegen Vergütungsansprüche der Krankenhäuser ist künftig nur noch in festgelegten Ausnahmefällen zulässig.
- Durch Einführung einer bundesweiten Statistik soll das Abrechnungs- und Prüfgeschehen transparenter werden.

Bereits an dieser Stelle sei darauf hingewiesen, dass bereits bezahlte Rechnungen ggfs. vom MD zu Gunsten der betreffenden Krankenkasse zurückgefordert werden können – der Debitor ist dann bereits auf Grund einer entsprechenden Zahlung ausgeziffert und der Debitor weist in der Buchhaltung einen Bestand von Null aus.

1. Der Patient wurde entlassen, die Patientenakte wurde abgeschlossen. Ggf. gruppiert die entlassende Station den Fall ein erstes Mal im IT-System (Frist max. 2 Tage).
2. Das Medizin-Controlling gruppiert erstmalig oder überprüft die bestehende Kodierung und gibt nach Abstimmung mit dem zuständigen Oberarzt der entlassenden Abteilung den Fall zur Abrechnung frei. Für diese Arbeiten sollten nicht mehr als 3 Tage vergehen.
3. Der zur Fakturierung freigegebene Fall wird von der Patientenverwaltung dahingehend überprüft, ob die Kostenübernahmeerklärung vorliegt, und bei Vollständigkeit des Datensatzes wird fakturiert. Die Fakturierung erfolgt durch Datentransfer gemäß § 301 SGB V an die zuständigen Datenannahmestellen der GKV und der PKV. Diese Arbeiten sollten grundsätzlich binnen 5, ausnahmsweise binnen 10 Kalendertagen nach der Entlassung des Patienten erfolgt sein.
4. Mit der Fakturierung und dem bestätigten Datentransfer zu Annahmestelle des jeweiligen Kostenträgers ist die Rechnung gestellt und kann gemäß § 17c Abs. 2a KHG nicht mehr korrigiert werden, es sei denn, die Korrektur zur Umsetzung eines Prüfergebnisses des Medizinischen Dienstes oder eines rechtskräftigen Urteils ist erforderlich.
5. Die zuständige Krankenkasse hat – Corona-bedingt begrenzt bis zum 31.12.2021 – 5 Tage Zeit, die Rechnung zu bezahlen (§ 415 SGB V i. V. m. KHWiSichV). Ob die Kostenträger danach ihr Zahlungsverhalten wieder auf das Vor-Corona-Niveau

zurückführen (je nach Landesvertrag gem. § 112 Abs. Nr. 1 SGB V zwischen 15 und 21 Tagen Zahlungsfrist), wird sich zeigen.

6. Die Krankenkasse kann bzw. muss, wenn die erste interne Überprüfung der Rechnung zu Zweifeln Anlass gibt, den MD mit einer Einzelfallprüfung beauftragen. Sie hat dafür 4 Monate Zeit. Diesen Prüfauftrag hat der MD dem Krankenhaus unverzüglich anzuzeigen (vgl. § 275c Abs. 1 Satz 1 SGB V). Für das Jahr 2021 darf eine Prüfquote von maximal 12,5 % der beanstandeten Rechnungen einer Krankenkasse pro Quartal bezogen auf die Rechnungen dieser Krankenkasse des vorvorherigen Quartals nicht überschritten werden. Ab dem Jahr 2022 gilt für jede Krankenkasse bei der Prüfung von Schlussrechnungen für vollstationäre Krankenhausbehandlung durch den Medizinischen Dienst eine **quartalsbezogene Prüfquote je Krankenhaus** in Abhängigkeit von dem Anteil unbeanstandeter Abrechnungen dieses Krankenhauses. Im Einzelnen gilt für 2022: Erstmals wird es quartalsweise variable Prüfquoten zwischen mind. 5 % und max. 100 % geben (▸ Tab. 5.4, ▸ Abb. 5.14).

Tab. 5.4: Maximale Prüfquoten (ab 2022; für 2020 und 2021 waren die Strafzahlungen ausgesetzt) in Relation zur Beanstandungsquote (Quelle: § 275c SGB V)

Nur vollstat. Rechnungen Prozentualer Anteil der Prüfungen mit Beanstandungen	Maximale Prüfquote der eingegangenen KH-Rechnungen pro Kasse	Abschlag (% des Minderungsbetrags, max. 10 % des Rechnungsbetrages)
< 40 %	5 %	0 EUR
40–59 %	10 %	25 %, mindest. 300 EUR
60–80 %	15 %	50 %, mindest. 300 EUR
> 80 %	unbegrenzt	50 %, mindest. 300 EUR + Anzeige Sozialministerium

1. Zeigt der Medizinische Dienst (MD) seine Tätigkeit zu spät – also nach 4 Monaten – an, hat er sein Prüfrecht verwirkt.
2. Der MD soll zeitnah prüfen. Eine Prüfung später als ein Jahr nach dem Rechnungseingang bei der Krankenkasse ist als nicht mehr zeitnah anzusehen.
3. Ein MD-Verfahren setzt die Zahlungsfristen gemäß dem Landesvertrag nach § 112 SGB V nicht aus. Es kommt also bei korrektem Zahlungsverhalten zunächst zur Zahlung der strittigen Rechnung. In der Buchhaltung des Krankenhauses verschwindet mit der Zahlung der offene Posten in der Debitorenbuchhaltung. Die Finanzbuchhaltung zeigt kein Ausfallrisiko mehr an. Besonders wichtig ist daher eine Nebenbuchhaltung bzw. exakt geführte Statistik, welche Rechnungen mit welcher Kasse in welchem Quartal bestritten wird und in welcher Phase des Verfahrens diese Rechnung gerade ist.
4. Es sei nun unterstellt, der MD kommt zu der Feststellung, die Rechnung ist überhöht und beispielsweise um EUR 821,46 zu kürzen. Er teilt dies dem Krankenhaus und der Krankenkasse mit. Das Krankenhaus muss die beanstandete

Rechnung stornieren und eine neue Rechnung in Höhe des anerkannten Betrags ausstellen und IT-technisch transferieren. Es kommt ab 2022 zu dem oben beschriebenen Verfahren eines eventuellen Abschlags.

5. Kommt der MD alternativ zu dem Ergebnis, die Krankenhausrechnung ist richtig, d. h. er ändert die strittige Rechnung nicht, dann hat die Krankenkasse dem Krankenhaus eine Aufwandspauschale in Höhe von 300 Euro zu entrichten, d. h. das Krankenhaus muss eine weitere Rechnung (Schadensersatzforderung für vom MD bzw. der Krankenkasse veranlasste Zusatzarbeiten) generieren. Die Ertragsbuchung sollte nicht in die Umsatzerlöse (KGr. 40–43), sondern in die sonstigen betrieblichen Erträge erfolgen.

KH-Rechnung vollstat. Leist.	Kürzung durch MD	Prozentsatz der beanstandeten Rechnungen		
		38,7 %	51,4 %	68,6 %
		Korrektur abhängig von Beanstandungsquo		
	Korrektur EUR 2.000	Korrektur EUR 2.000	Korrektur EUR 2.000	Korrektur EUR 2.000
		+EUR 0	+EUR 500	+EUR 1.000
Beispiel: Rechnung EUR 12.000	Gekürzte Rechnung EUR 10.000	Gekürzte Rechnung EUR 10.000 kein Abschlag!	Gekürzte Rechnung EUR 9.500 Abgabe 25 % der Korrektur = EUR 500 Minimum EUR 300	Gekürzte Rechnung EUR 9.000 Abgabe 50 % der Korrektur = EUR 1.000 Minimum EUR 300

Abb. 5.14: Beispiel (2. Quartal 2022): Abschläge in Abhängigkeit von der krankenhausindividuellen Beanstandungsquote

Der Forderungsbestand eines Krankenhaus zum Bilanzstichtag enthält somit in nicht unwesentlichem Umfang Forderungen, die erst bedingt entstanden sind, weil die betreffenden Krankenkassen die Rechnungen ihrer gesetzlich Versicherten durch den MD (Medizinischen Dienst AöR) medizinisch-inhaltlich überprüfen und korrigieren lassen. Diese Überprüfungen sind zum Ende des Jahresabschlussaufstellungszeitraums i. d. R. nicht abgeschlossen. Es ist somit absehbar, dass es im neuen Geschäftsjahr zu Forderungs- und Erlösabsenkungen betreffend das abgelaufene Geschäftsjahr kommen wird. Das hat Auswirkungen auf die Berechnung der Zahlbetrags- bzw. Mehr- und Mindererlösausgleiche.

Die vom Wirtschaftsprüfer **zu testierenden Erlösbescheinigungen** (vgl. § 4 Abs. 3 S. 7 KHEntgG), die der Gesetzgeber dem Klinikträger und seinem Jahresabschlussprüfer auferlegt, sind davon in besonderer Weise betroffen, denn eine endgültige Erlösbescheinigung sollte auf jeden Fall auch die Ergebnisse der zeitlich versetzten MD-Prüfungen enthalten. So ist es üblich, die testierte Erlösbescheinigung für Zwecke der endgültigen Ausgleichsberechnung erst zwei bis drei Jahre nach dem Bilanzstichtag zu erteilen.

Die Einschätzung des Risikos aus den **MD-Einzelfallprüfungen** erfordert patientenbezogene Informationen aus einer Nebenbuchhaltung, die manchmal bei der Abteilung Kostensicherung und Fakturierung, manchmal bei der Abteilung Controlling oder Medizin-Controlling und in den seltensten Fällen in der Buchhaltung angesiedelt ist.

In der Praxis wird der zum Stichtag aufschiebend bedingte Forderungs- und Erlösanteil anlässlich der Jahresabschlussaufstellung durch eine Risikorückstellung und/oder eine Wertberichtigung neutralisiert und so der Umsatzerlös aus stationären, ausgleichspflichtigen Krankenhausleistungen reduziert, um diese möglicherweise strittigen Forderungen und Erlöse keinesfalls in die Ausgleiche einzubeziehen. Dafür sind in den Folgejahren die Erlösanteile aus den bezahlten, aufschiebend bedingten Forderungen in die Ausgleichsberechnungen einzubeziehen.

5.4.3 Entgelte abzurechnen für stationäre Leistungen der integrierten Versorgung

Die Entgelte aus integrierter Versorgung sind daraufhin zu untersuchen, wie die Leistungsabrechnung vertraglich ausgestaltet worden ist. In der Regel werden für Fälle, die unter die integrierte Versorgung fallen, Komplexpauschalen vereinbart. Im Einzelnen ist im integrierten Versorgungsvertrag nachzulesen, ob und von wem Teilleistungen realisiert (abgerechnet) werden dürfen oder nicht. Folgende Fallgestaltungen sind denkbar:

- Das Krankenhaus erhält nach vollständiger Leistungserbringung das gesamte Entgelt, die Komplexpauschale. Dann kann die Fakturierung (Realisation) erst nach Abschluss der letzten Behandlung – beispielsweise in einer Klinik zur Anschlussheilbehandlung (AHB-Klinik) – erfolgen.
- Sind dagegen Teilleistungsentgelte vereinbart und abrechenbar – z. B. der Vertragsarzt rechnet seine Leistung ab, wenn er diese erbracht hat –, so erfolgt die buchhalterische Abrechnung nach Erbringung der vereinbarten Teilleistung.

5.4.4 Realisation und Bewertung bei Wahlleistungen

Zwei Hauptaktivitäten der nicht medizinischen Wahlleistungen sind:

- die Abrechnung des besonderen Zimmerkomforts (Ein- und Zweibettzimmerzuschläge bei Regelleistung Dreibettzimmer) und
- die Abrechnung der Begleitpersonen ohne medizinische Notwendigkeitsbestätigung durch den behandelnden Arzt.

Beide Leistungen werden nach Tagen abgerechnet. Die Realisation erfolgt für jeden im Geschäftsjahr abzurechnenden Tag nach den Regeln über die tägliche Abgrenzung (Gewinnrealisation).

Anders ist das bei der medizinischen Wahlleistung Chefarztbehandlung. Hier werden nach der erfolgten Entlassung des Privatpatienten die privatrechtlichen Rechnungen nach den Regeln der GOÄ ermittelt und im Namen sowie für Rechnung des Krankenhauses verschickt. Der Abrechnungs- und Realisierungszeitpunkt ist die Entlassung des Patienten aus der stationären Versorgung.

5.4.5 Realisation und Bewertung bei ambulanten Leistungen

a) Realisation der Forderungen an die Kassenärztliche Vereinigung

Bei der klassischen Notfallambulanz des Krankenhauses besitzt das Krankenhaus eine eigene KV-Abrechnungsnummer (Institutsambulanz). Das Krankenhaus sammelt quartalsweise je Versichertennummer (Patient) die EBM-Nummern der ambulanten Behandlung gemäß des Katalogs des maßgeblichen Jahres (wichtig ist das maßgebliche Quartal) und übermittelt (in der Regel digital im elektronischen Datenträgeraustausch) diese Leistungsdaten an die zuständige Kassenärztliche Vereinigung (KV). Diese bewertet die EBM-Nummern mit der morbiditätsbezogenen Zuordnung zu der regelleistungsbezogenen und der nicht regelleistungsbezogenen Gesamtvergütung quartals- und kassenweise. Dann zahlt die KV zunächst Abschläge, um etwa drei Monate später eine Spitzabrechnung im Wege des Gutschriftenverfahrens durchzuführen. Je nach dem Zeitpunkt der Bilanzaufstellung stehen dann in der Praxis noch 1 bis 2 Quartalsabrechnungen des abgelaufenen Geschäftsjahres der zuständigen KV aus.

Es stellt sich die Frage, wie zu bilanzieren ist. In der Praxis findet man folgende Buchungsverfahren in den Krankenhäusern:

- **Buchung der KV-Zahlungen:** Unabhängig vom Zeitpunkt der Leistungserbringung bucht die Buchhaltung ausschließlich Quartalsabschluss-Zahlungen der KV. In einem Geschäftsjahr sind dann die Quartale 3 und 4 des letzten Jahres und die Quartale 1 und 2 des lfd. Jahres als Ertrag gebucht.
- **Schätzung der Quartalsabrechnungen 3 und 4:** Innerjährig bucht das Krankenhaus die Zahlungen der KV für die Quartale 1 und 2 sowie eigenen Schätzungen für die Quartale 3 und 4 des lfd. Jahres. Zusätzlich ist aus dem Vorjahr ein Spitzenausgleich betreffend die Vorjahresschätzungen für die Quartale 3 und 4 sowie die tatsächlichen KV-Gutschriften für die Quartale 3 und 4 in der Buchhaltung erfasst.

Schließlich gibt es Krankenhäuser, die die Leistungen, die an die KV gemeldet werden, selbst vorsichtig bewerten und auf diese Weise »selbst ermittelte« Forderungen buchen, denen dann die A-Konto-Zahlungen und die Quartalsendabrechnung gegenübergestellt werden. Auch bei dieser Buchungstechnik entsteht eine Differenzenausbuchung zwischen den geschätzten Forderungen gegen die KV und die Gutschriften derselben.

Wenn das Krankenhaus innerjährig aussagefähige Monats- oder Quartalsabschlüsse aufstellen will, kann nur das letztgenannte Verfahren zu aussagefähigen Ergebnissen führen.

Von besonderer Bedeutung ist die Vorschrift des § 120 Abs. 3 SGB V, wonach die Leistungsvergütung in der Institutsambulanz des Krankenhauses um einen 10 %-igen Investitionsabschlag zu mindern ist. Vor dem Hintergrund, dass die Landeskrankenhausgesetze zunehmend eine Investitionsförderung der ambulanten Bereiche untersagen (z. B. § 21 Abs. 2 Satz 1 KHGG NRW oder § 13 Abs. 4 KHG BW), ist es nunmehr gelungen, die Finanzierungsgesetze so lange zu ändern, bis diese Bereiche des Krankenhauses nicht mehr finanziert werden.

b)   Realisation der Leistungen des ambulanten Operierens

Bei Leistungen nach § 115b SGB V (ambulante Operationen und stationsersetzende Maßnahmen) ist das Krankenhaus zur Leistungserbringung zugelassen, wenn es seinen angebotenen Leistungsumfang den gesetzlichen Krankenkassen, der KV und dem Zulassungsausschuss mitgeteilt hat. Danach rechnet das Krankenhaus seine nach dem EBM bewerteten Leistungen direkt mit den Krankenkassen der ambulant behandelten Versicherten ab. Es existiert ein regelmäßig aktualisierter Katalog ambulanter Operationen und stationsersetzender Maßnahmen (vgl. hierzu Vertrag zum 01.01.2021, www.kbv.de).

c)   Realisation und Bewertung der Leistungen der Hochschulambulanzen

Der Ausschuss für die Zulassung zur vertragsärztlichen Versorgung – besetzt mit niedergelassenen Ärzten und Vertretern der Krankenkassen – ist gemäß § 117 SGB V verpflichtet, auf Verlangen von Hochschulkliniken die Ambulanzen, Institute und Abteilungen der Hochschulkliniken (Hochschulambulanzen) zur ambulanten ärztlichen Behandlung der Versicherten zu ermächtigen. Das Nähere zur Durchführung der Ermächtigung regeln die Kassenärztlichen Vereinigungen im Einvernehmen mit den Landesverbänden der Krankenkassen und den Verbänden der Ersatzkassen gemeinsam und einheitlich durch einen dreiseitigen Vertrag mit den Hochschulen oder Hochschulkliniken – insbesondere die ambulanten Fallzahlen (Mengenbegrenzung) und die Vergütungen.

Die Leistungen der Hochschulambulanzen werden von den Krankenkassen vergütet. Die Vergütung wird zwischen den Landesverbänden der Krankenkassen und den Verbänden der Ersatzkassen gemeinsam und einheitlich mit den Hochschulen oder Hochschulkliniken, den Krankenhäusern oder den sie vertretenden Vereinigungen im Land vereinbart.

Diese Vereinbarungen sind in der Praxis unterschiedlich ausgestaltet. Teilweise werden unterschiedliche Fallbegriffe verwendet, teilweise werden auch Quartalspauschalen abgerechnet und teilweise sind diese Vergütungen strittig gestellt. Auf jeden Fall ist bei der Entgeltbemessung der Hochschulambulanzen ein 10 %iger

Investitionsabschlag zu berücksichtigen, wenn die Investitionen des Krankenhauses (hier: der Hochschulklinik) öffentlich gefördert werden.

d) Realisation und Bewertung der Leistungen anderer Ambulanzen und Zentren

Die Leistungen anderer Ambulanzen (z. B. § 116 a und b SGB V), der psychiatrischen Institutsambulanzen, der sozialpädiatrischen Zentren und sonstiger ermächtigter, ärztlich geleiteter Einrichtungen werden nach ähnlichen Regeln wie die Hochschulambulanzen vergütet. Die Entgelte können pauschaliert werden. Auf jeden Fall ist bei der Entgeltbemessung dieser Einrichtungen ein 10 %iger Investitionsabschlag zu berücksichtigen, wenn die Investitionen des Krankenhauses (hier: der Hochschulklinik) öffentlich gefördert werden.

5.4.6 Realisation und Bewertung der Nutzungsentgelte der Ärzte

Die Realisation der Nutzungsentgelte der liquidationsberechtigten Ärzte ist anhand der vertraglich vereinbarten Liquidationsrechte zu prüfen. Stellt der Chefarztvertrag auf den Geldeingang beim Arzt ab, beispielsweise wenn der Arzt seinen Liquidationserlös erhalten hat (Geldeingang), wird die vereinbarte Abgabe an das Krankenhaus fällig. Erhält der Arzt kein Geld, erhält das Krankenhaus ebenfalls kein Geld, obwohl der Arzt Sachmittel, Leistungen und Strukturen des Krankenhauses für seine Zwecke genutzt hat. Einzelheiten zu den Abgaben ergeben sich auf jeden Fall aus dem der Liquidation zugrunde liegenden Chefarztvertrag. Dieser ist unbedingt einzusehen, damit die Buchhaltung ihre Überwachungsfunktion und zum Jahresabschluss eine zutreffende Abgrenzung und Dokumentation erfüllen kann.

Erhält als Alternative das Krankenhaus das Geld aus der Privatliquidation werden die Erlöse in der Position »Erlöse aus Wahlleistungen« erfasst (vgl. ▸ Kap. 5.4.4)

5.4.7 Übersicht über die wesentlichen GKV-Leistungen des Krankenhauses

Bei der Behandlung somatischer Krankheitsbilder stehen dem zugelassenen Plankrankenhaus vielfältige Abrechnungsmöglichkeiten zur Verfügung. Aus der Vergangenheit resultiert die Aufteilung: Ambulante Leistungen erbringt der niedergelassene Bereich (zugelassene Ärztinnen und Ärzte); Krankenhausleistungen werden grundsätzlich nach einer Einweisung eines an der ambulanten Versorgung teilnehmenden Arztes oder einer Ärztin erbracht (Ausnahme: Notfälle), wenn das Behandlungsziel nach Prüfung durch das Krankenhaus nicht durch teilstationäre, vor- und nachstationäre oder ambulante Behandlung einschließlich häuslicher Krankenpflege erreicht werden kann (§ 39 Abs. 1 SGB V).

Abbildung 5.15 gibt einen zusammenfassenden Überblick über die wesentlichen Behandlungsmöglichkeiten in der Somatik (▶ Abb. 5.15).

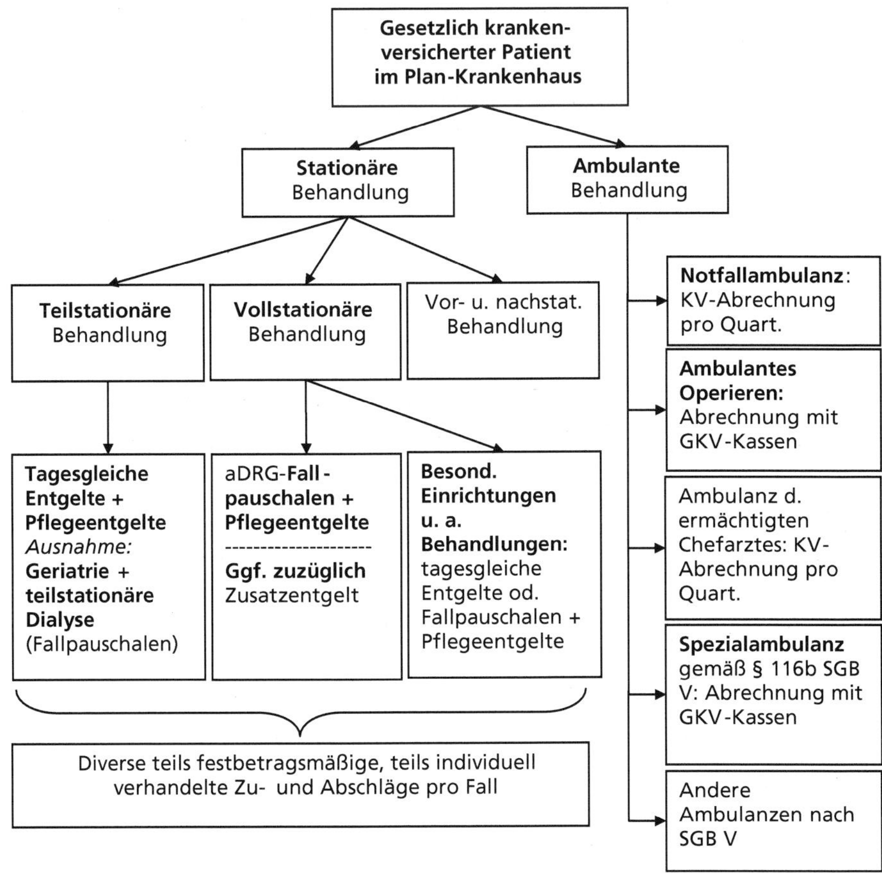

Abb. 5.15: Behandlungsmöglichkeiten in der Somatik

Für die Buchhaltung bzw. den Kontenplan ist festzustellen, dass je Entgeltart ein eigenes Sachkonto in der Kontenklasse 4 eingerichtet sein sollte.

Abbildung 5.16 gibt einen Überblick über die wesentlichen Behandlungsmöglichkeiten in der Psychiatrie (▶ Abb. 5.16).

Auch in der Psychiatrie gilt der Grundsatz, dass je o. g. Entgeltart im Kontenplan ein eigenes Sachkonto in der Kontenklasse 4 eingerichtet sein sollte.

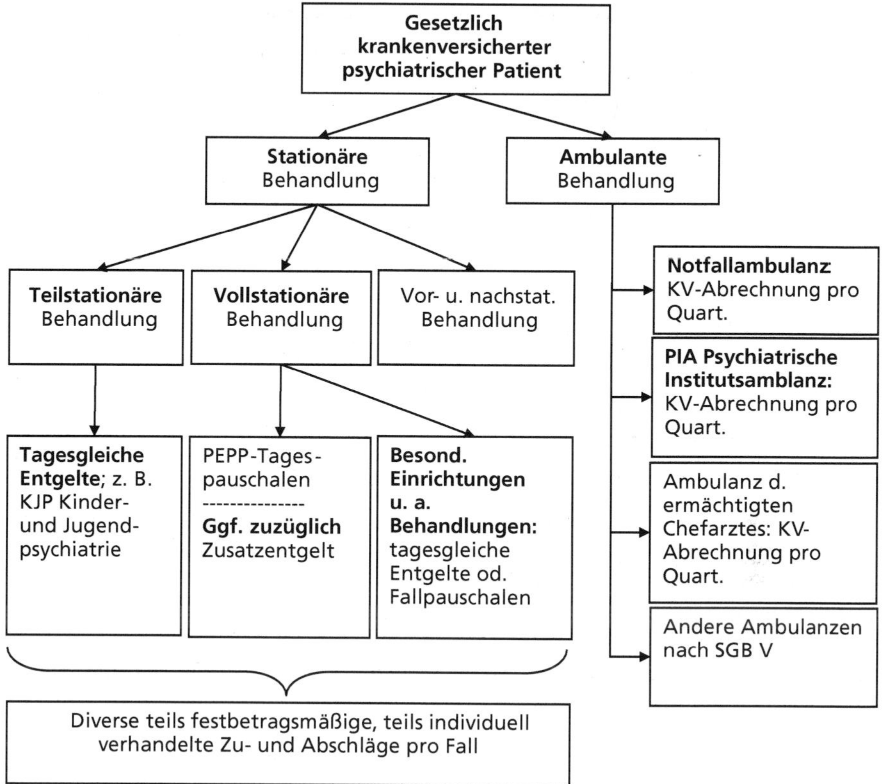

Abb. 5.16: Behandlungsmöglichkeiten in der Psychiatrie

5.5 Verjährungsfristen für Leistungsforderungen

Die Frage der Anspruchs- oder Forderungsverjährung spielt für die Beurteilung der Werthaltigkeit einer Forderung eine bedeutende Rolle. Ab wann kann sich der Schuldner unter Berufung auf die inzwischen eingetretene Verjährung von der Bezahlung der Forderung befreien, obwohl er die der Rechnung zugrunde liegende Leistung empfangen hat?

Hinsichtlich der Verjährung ist zunächst zu unterscheiden, welches Vertragsverhältnis der Krankenhausbehandlung zugrunde liegt:

- **GKV-Patienten und Krankenkassen seit 17.06.1999**
  Für Rechnungen Krankenhauses bzw. Rückforderungen der Krankenkassen hatte das Bundessozialgericht mit Urteil vom 12.05.2005 (B 3 KR 32/04 R) nochmals klargestellt, dass zumindest seit seinem Urteil vom 17.06.1999 für Ansprüche der

Krankenhäuser gegen die Krankenkassen für die Behandlung von Kassenpatienten eine **einheitliche Verjährungsfrist von 4 Jahren** gilt.

- **GKV-Patienten und Krankenkassen seit 01.01.2019**
  Durch das Pflegepersonal-Stärkungsgesetz (PPSG) – in Kraft getreten zum 1.1.2019 – wurde § 109 Abs. 5 SGB V in das Gesetz eingefügt:
  »Ansprüche der Krankenhäuser auf Vergütung erbrachter Leistungen und Ansprüche der Krankenkassen auf Rückzahlungen von geleisteten Vergütungen **verjähren in 2 Jahren** nach Ablauf des Kalenderjahres, in dem sie entstanden sind.«
  Für die geübte Praxis im Abrechnungsbetrieb der Krankenhäuser mit den Krankenkassen ist darüber hinaus noch bedeutsam, dass eine vorbehaltlose Kostenübernahmeerklärung der Krankenkasse als Kostenanerkenntnis i. S. d. § 212 Nr.1 BGB zu werten ist, was einen Neubeginn der Verjährung zur Folge hat.
- **Privatpatienten (Selbstzahler) mit und ohne Private Krankenversicherung**
  Für erbrachte Krankenhausleistungen an Privatpatienten gilt ein zivilrechtliches Abrechnungsverhältnis und damit § 195 BGB, als eine **Verjährungsfrist von 3 Jahren** nach Ablauf des Kalenderjahres, in dem die Forderungen entstanden sind.
- **Gemischte Fälle**
  Für GKV-Patienten mit Zusatzversicherung ist das Abrechnungsverhältnis in Vertragsebenen aufzuspalten. Für den Behandlungsvertrag zwischen Krankenhaus und Patienten gilt nach den obigen Ausführungen die **Verjährungsfrist** nach § 109 Abs. 5 SGB V, also **2 Jahre**, für die Zimmerzuschläge gilt die zivilrechtliche **Verjährungsfrist** von derzeit **3 Jahren**.
- **Sozialhilfe berechtigte Patienten**
  Für sozialhilfeberechtigte Personengruppen, die in der GKV versichert sind, weil das Sozialamt die Versicherungsbeiträge übernimmt, gilt der Grundsatz, dass der Sozialhilfeberechtigte einen Behandlungsvertrag mit dem Krankenhaus eingegangen ist. Die Sozialhilfe nach den Vorschriften der §§ 47 bis 52 SGB XII erstreckt sich nur auf die Beziehung Sozialhilfeberechtiger/Sozialamt. Für den Behandlungsvertrag bestimmt somit das GKV-Versicherungsverhältnis die **Verjährung – also 2 Jahre.**

5.6 Die Erlösverprobung

5.6.1 Grundsatz

Das einzelne Krankenhaus kann aus organisatorischen Defiziten auf Seiten der Krankenkassen mit diesen keine Saldenabstimmung durchführen. Als Nachweis für die realisierten Forderungen aus Lieferungen und Leistungen gegen die Krankenkassen wird in der Praxis die Erlösverprobung durchgeführt. So soll die Vollständigkeit der Finanzbuchhaltung im Hinblick auf die bewerteten Leistungsmengen laut Patientenverwaltung bzw. -statistik überprüft werden. Dazu werden

Soll-Umsätze: Ermittelt als patientenverwaltungsmäßige
Abrechnungsmengen x vereinbarte Preise = Soll-Umsatz

und

Ist-Umsätze lt. Finanzbuchhaltung
von Kto. bis Kto. = Ist-Umsatz

gegenübergestellt. Weicht der Ist-Umsatz vom Soll-Umsatz um einen nicht geringfügigen Betrag ab, ist die Differenz zu klären. Je feiner dabei das IT-System die Finanzbuchhaltung nach Erlöskonten aufgliedert, desto leichter ist es im Bedarfsfall, Abweichungen der Erlösverprobung aufzuklären.

Im Folgenden sollen zunächst die Schritte zur Erlösverprobung für die Entgelte nach der BPflV und anschließend die Überlegungen zur Erlösverprobung nach dem G-DRG-Entgeltsystem vorgestellt werden.

5.6.2 Erlösverprobung für die Entgelte nach der BPflV

Erlösverprobung für Leistungen nach der BPflV 2018 zunächst auf die Vielzahl der Abrechnungsmöglichkeiten abgestellt werden.

Werden PEPPs nach gewichteten Tagen (Gewicht lt. Entgeltkatalog x Tage) abgerechnet, gelten für die Erlösverprobung grundsätzlich die Regeln für die tagesgleiche Abrechnung mit der Maßgabe, dass die Tagesgewichte zusätzlich abzustimmen sind. Zu klärende Differenzen können somit aus drei Faktoren resultieren:

- Differenzen in den Tagen lt. Patientenstatistik mit denen errechnet aus den fakturierten Umsatzerlösen der Finanzbuchhaltung
- Differenzen in der Gewichtung zwischen den statistischen Gewichten und den aus der Finanzbuchhaltung abgeleiteten Gewichten
- Differenzen aus unterschiedlichen Tagessätzen

Schließlich sollte die buchhalterische Abwicklung der Korrekturen durch den Medizinischen Dienst analysiert werden.

Wenn diese Faktoren und Analysen nicht zu einer Klärung der Differenzen führen, dann bleibt nur systematisch die Verprobung Monat für Monat des untersuchten Jahres durchzuführen.

5.6.3 Erlösverprobung für die Entgelte nach dem KHEntgG

Im DRG-Entgeltsystem ist die Erlösverprobung deutlich schwieriger als bei den Entgelten nach der BPflV. Die Erlösverprobung im G-DRG-System erfolgt praktischerweise in vier Schritten:

Schritt 1: »Aufbereitung der Daten der Patientenverwaltung«

Einfacherweise bereitet man die Daten der Patientenverwaltung zunächst dadurch auf, dass man die Daten des somatischen Krankenhauses in sich abstimmt. Dazu druckt man IT-Listen nach Fällen und Tagen und den einzelnen erforderlichen Teilmengen aus und verprobt dann die Teilmengen wie folgt:

Daten der Patientenverwaltung nach Tagen	Krankenhaus gesamt Tage
Tage der unfertigen Patienten, aufgenommen im Vorjahr, entlassen und fakturiert im Berichtsjahr (Vortrag)	*EDV-Liste*
+ Tage der stationär aufgenommenen Patienten des Berichtszeitraumes/Geschäftsjahres	*EDV-Liste*
./. Stornierte oder ambulant abgerechnete Patienten	*EDV-Liste*
./. Überliegerpatienten zum Stichtag des Monats- oder Jahresabschlusses	*EDV-Liste*
./. Zum Stichtag entlassene, aber noch nicht abgerechnete Fälle	*EDV-Liste*
= Rechnerische Gesamtheit der Tage für stationär abgerechnete Fälle	Σ
./. EDV-nachgewiesene Gesamtheit der Tage für stationär abgerechnete Fälle	*EDV-Liste*
= Differenz möglichst nahe	**Null**

Daten der Patientenverwaltung nach Fällen	Krankenhaus gesamt Tage
Unfertige Patienten aufgenommen im Vorjahr entlassen und fakturiert im Berichtsjahr (Vortrag)	*EDV-Liste*
+ Aufgenommene stationäre Patienten des Berichtszeitraumes/ Geschäftsjahres	*EDV-Liste*
./. Stornierte oder ambulant abgerechnete Patienten	*EDV-Liste*
./. Überliegerpatienten zum Stichtag des Monats- oder Jahresabschlusses	*EDV-Liste*
./. Zum Stichtag entlassene aber noch nicht abgerechnete Fälle	*EDV-Liste*
= Gesamtheit der stationär abgerechneten Fälle	Σ
./. EDV-nachgewiesene Gesamtheit der stationär abgerechneten Fälle	*EDV-Liste*
= Differenz möglichst nahe	**Null**

Ein besonderes Augenmerk ist auf die sog. »**Wiederkehrerpatienten**« bzw. »**Zusammenlegungsfälle**« zu legen. Es handelt sich dabei um DRG-Fallpauschalpatienten mit folgenden Fallkonstellationen:

Erste Fallgruppe:

Das Krankenhaus hat eine Zusammenfassung der Falldaten zu **einem** Fall und eine Neueinstufung in eine Fallpauschale vorzunehmen, wenn

1. Patienten innerhalb der oberen Grenzverweildauer, bemessen nach der Zahl der Kalendertage ab dem Aufnahmedatum des ersten unter die Vorschriften der Zusammenfassung fallenden Krankenhausaufenthalts, wieder aufgenommen werden und
2. für die Wiederaufnahme eine Einstufung in dieselbe Basis-DRG vorgenommen wird.

Zweite Fallgruppe:

Eine Zusammenfassung der Falldaten zu **einem** Fall und eine Neueinstufung in eine Fallpauschale ist auch dann vorzunehmen, wenn

1. Patienten innerhalb von 30 Kalendertagen ab dem Aufnahmedatum des ersten unter diese Vorschrift zur Zusammenfassung fallenden Krankenhausaufenthalts erneut aufgenommen werden und
2. innerhalb der gleichen Hauptdiagnosegruppe (MDC) die zuvor abrechenbare FP in die »medizinische Partition« oder die »andere Partition« und die anschließende FP in die »operative Partition« fallen.

Dritte Fallgruppe:

Eine Zusammenfassung der Falldaten zu einem Fall und eine Neueinstufung in eine Fallpauschale ist auch dann vorzunehmen, wenn

1. Patienten innerhalb der oberen Grenzverweildauer, bemessen nach der Zahl der Kalendertage ab dem Aufnahmedatum des ersten unter diese Vorschrift fallenden Aufenthalts,
2. wegen einer Komplikation im Zusammenhang mit der durchgeführten Leistung erneut aufgenommen werden.

Zunächst sind diese Fälle zu gruppieren, aber nicht abzurechnen (fakturieren) – bereits fakturierte Fälle sind zu stornieren und dem Kostenträger gutzuschreiben –; danach werden die Fälle unter Bezugnahme auf den ersten Krankenhausaufenthalt zusammengerechnet und neu gruppiert. Dieses Gruppierungsergebnis wird dann als (digitale) Rechnung versandt.

Nach erfolgreicher Verprobung der Tage schließt sich die Verprobung der Fallmengen an. Bei der Fallzahlverprobung sind die Zusammenrechnungsfälle in der Kategorie »aufgenommene stationäre Patienten des Berichtszeitraum/Geschäftsjahres« dreimal enthalten. Sie sind unter der Kategorie »stornierte oder ambulant abgerechnete Patienten« zweimal zu erfassen.

Nachdem man sich in dieser Weise versichert hat, dass die IT-Auswertungen in sich stimmig ausgegeben werden, können die erforderlichen weiteren Teilmengen ausgewählt werden. Benötigt werden wiederum differenziert nach Tagen und Fällen die folgenden Teilmengen:

- die Tage und Fälle einer eventuell vorhandenen psychiatrischen, psychotherapeutischen oder psychosomatischen Abteilung,
- die Tage und Fälle der mittels G-DRGs abgerechneten Leistungen, bewertet zum alten (Landes-)Basisfallwert des Vorjahres,
- die Tage und Fälle der mittels G-DRGs abgerechneten Leistungen, bewertet zum neuen Zahlbetrag des lfd. Jahres,
- die Tage und Fälle des sog. Restbudgets nach § 6 KHEntgG (ggf. weiter differenziert),
- die Tage und Fälle der Überlieger-Patienten zum Stichtag am Anfang des Jahres und
- die Tage und Fälle der Überlieger-Patienten zum Stichtag am Ende des Jahres.

Nun müssen die Endsummen der Teilmengen addiert werden, die Gesamtsumme sollte die Summe der Tage oder Fälle des Krankenhauses ergeben. Gelingt die Abstimmung, kann man sicher sein, dass die Leistungszahlen der Teilmengen stimmig mit den Gesamtleistungszahlen des Krankenhauses sind.

Schritt 2: »Aufbereitung der G-DRG-Fälle nach der Systematik E1«

Die Ist-Tage und Ist-Fälle des DRG-Umsatzes lt. Patientenverwaltung sind im Sinne der Zu- und Abschläge nach G-DRGs aufzubereiten (Systematik des »E1plus-Formulars 2012« – vgl. www.gkv-spitzenverband.de). Diese Aufbereitung sollte IT-gestützt aus den Patientendaten des Krankenhauses generiert werden können. Eine manuelle Aufbereitung ist zumindest bei größeren Krankenhäusern unökonomisch.

Schritt 3: »Bewertung der abgerechneten Leistungen (Fälle, Tage)«

Zwecks Ermittlung der Sollumsätze sind die differenzierten Leistungsmengen einzeln zu bewerten. Das geschieht einerseits nach den Regeln der Erlösverprobung für Entgelte nach der BPflV (psychiatrischen Leistungen) oder die Leistungen des Restbudgets, und andererseits durch die Bewertung mittels der zugehörigen (durchschnittlichen) Bewertungsrelationen (CMI) und des (Landes-)Basisfallwerts.

Klar ist, dass die Erlösverprobung nur für die fakturierten Umsatzerlöse erfolgen kann. Die nicht abgerechneten, aber entlassenen Fälle und Überlieger sind i. d. R. manuell zu bewerten und buchhalterisch abzugrenzen.

Schritt 4: »Abstimmung zu den Ist-Umsatzerlösen der Finanzbuchhaltung«

Mit der in Schritt 3 erfolgten Bewertung liegen die Sollerlöse vor, die mit den Erlösen der Finanzbuchhaltung übereinstimmen sollten. Zur Klärung eventuell auftretender Differenzen ist es nützlich, die Erlöse in der Finanzbuchhaltung soweit zu unterteilen, dass Abstimmkreise entstehen, in denen die Differenzen leichter aufgespürt werden können.

Erst mit abgestimmten Umsatzerlösen machen Überlegungen zu den Erlösausgleichen wirtschaftlich Sinn!

5.7 Erlöskonten in der Kontenklasse 4

5.7.1 Der Kontenrahmen der KHBV bildet die DRG- und PEPP-Erlöse nicht ab

Die derzeit gültige Fassung der KHBV schreibt in Anlage 4 und dort in der Kontenklasse 4: Betriebliche Erträge, Kontengruppe 40: Erlöse aus Krankenhausleistungen eine Kontenaufteilung vor, die in dieser Systematik für somatische Krankenhäuser und psychiatrische Einrichtungen mit Option zum neuen Entgeltsystem nicht brauchbar ist. Für die Entgelte nach dem KHEntgG bzw. der BPflV 2013 sind keine entsprechenden Kontenvorschläge vorgesehen. Das Krankenhaus muss selbst entscheiden, welche Erlöskonten eingerichtet werden sollen.

Die bestehenden Konten der Kontenuntergruppe 400 mit Ausnahme der Kontenuntergruppe 401 werden für die psychiatrischen Fachkrankenhäuser, für die psychiatrischen, psychotherapeutischen und psychosomatischen Abteilungen an somatischen Krankenhäusern sowie die Kinder- und Jugendpsychiatrie weiterhin benötigt und müssen insoweit im Kontenrahmen erhalten bleiben. Auch werden eventuell für bestimmte Bereiche, die noch nichtzutreffend von G-DRGs abgebildet werden, zusätzliche Konten im Entgeltsystem nach der BPflV benötigt.

5.7.2 Welche Konten werden zusätzlich benötigt?

Folgt man der Logik des bisherigen Kontenaufbaus im Kontenrahmen der Anlage 4 der KHBV, ist je Entgeltart eine Kontenuntergruppe zu bilden. Nach dem derzeit gültigen Stand der Krankenhausfinanzierung (Dezember 2012) werden benötigt:

- Konten zur Abbildung der DRG-Fallpauschalerlöse nach dem jeweiligen auf Bundesebene vereinbarten Entgeltkatalog (Anlage 1a: DRGs erbracht in Hauptabteilungen, Anlage 1b: DRGs erbracht in Belegabteilungen, Anlage 1c: DRGs erbracht in teilstationären Einheiten)

- Konten zur Abbildung der nicht kalkulierten DRG-Fallpauschalerlöse gemäß dem auf Bundesebene vereinbarten Katalog der nicht bewerteten DRGs (Anlage 3a),
- Konten zur Abbildung der nicht kalkulierten teilstationären Leistungen (Anlage 3b des Fallpauschalkataloges)
- Konten zur Abbildung der kalkulierten Zusatzentgelte nach Anlage 2 der Verordnung zum Fallpauschalensystem für Krankenhäuser
- Konten zur Abbildung der nicht kalkulierten Zusatzentgelte nach Anlage 4 der Verordnung zum Fallpauschalensystem für Krankenhäuser
- Konten zur Abbildung der Fallpauschalen, Zusatzentgelte oder sonstigen Erlöse aus der aktiven integrierten Versorgung (nicht ausgleichspflichtig)
- Konten für abgerechnete Pflegentgelte nach § 8 Abs. 10 KHEntgG
- Konten für die sonstigen Entgelte nach § 6 KHEntgG (Leistungen, die in nicht von den auf Bundesebene vereinbarten Fallpauschalen und Zusatzentgelten erfasst werden und Entgelte für neue Untersuchungs- und Behandlungsmethoden, die noch nicht in die Entgeltkataloge aufgenommen worden sind) und zusätzlich zu den oben genannten größeren Entgeltgruppen werden im Gesetz noch kleinere Entgeltgruppen genannt, die ebenfalls auf separaten Konten zu buchen wären, wenn sie im Einzelfall anfallen. Hierzu sind zu nennen:
  - Die Erlöse aus der Behandlung ausländischer Patienten gem. § 4 Abs. 10 KHEntgG,
  - Erlöse/Aufwendungen aus Zu- und Abschlägen auf die Rechnungen nach § 7 Abs. 1 KHEntgG – wie bereits beschrieben Je Zu- und Abschlag ein separates Sachkonto.

Der CM-Wert einer aDRG-Fallpauschale kann, wie unter Kapitel 5.3.2 erläutert (▶ Kap. 5.3.2), wie folgt variieren:

---

aDRG-Fallpauschale (Bewertungsrelation x Basisfallwert des Krankehauses) plus/minus

./. Abschlag für Unterschreiten/Erreichen der unteren Grenzverweildauer oder

+   Zuschlag für Erreichen/Überschreiten der oberen Grenzverweildauer oder

./. Abschlag für Entlassungsverlegung vor Erreichen der mittleren Verweildauer oder

./. Abschlag bei Aufnahmeverlegung und Nicht-Erreichen der mittleren Verweildauer

= **Netto-Fallpauschale**

Um zu verproben, ob alle stationären Leistungen für die aufgenommenen Patienten laut Patientenverwaltung auch abgerechnet wurden, ist der Buchhaltung zu raten, die in der vorstehenden Übersicht aufgezeigten ersten 5 Zeilen der stationären Rechnungen brutto in den Umsatzerlösen zu buchen.

Weiterhin werden zusätzliche Erlöskonten für auf der Rechnung zusätzlich auszuweisende Zu- oder Abschläge benötigt. Stellvertretend für alle anderen seien hier genannt:

- Die Qualitätssicherungszuschläge (nach § 17b Abs. 1 Satz 5 KHG sowie nach § 8 Abs. 4 KHEntgG),
- der DRG-Systemzuschlag,
- der Zuschlag für Begleitpersonen,
- der Zuschlag für Krankenhäuser in Gebieten mit geringen Fallzahlen und geringer Versorgungsdichte,
- der Abschlag für nicht vorgehaltene Notfallversorgung,
- der Abschlag für unzureichende Datenlieferungen an das InEK.
- Der Zuschlag zur Finanzierung der Ausbildungskosten ist zu differenzieren:
  - Für **Krankenhäuser ohne Ausbildungsaktivitäten**: Bei diesen Krankenhäusern handelt es sich um durchlaufende Posten, die an die Krankenhausgesellschaft im Land abzuführen sind.
  - Für **Krankenhäuser mit Ausbildungsaktivitäten**: Bei diesen ist ein Erlöskonto für die Zuschläge inklusive Zu- und Abschläge auf die Zuschläge als Korrekturposten für die Ausgleichsberechnung für die Ausbildungskosten zu buchen. Für die Weiterleitung der entsprechenden Beträge an die Landeskrankenhausgesellschaft ist ein Aufwandskonto zu verwenden. In der Praxis ist auch anzutreffen, dass das Erlöskonto mit den Kosten der Weiterleitung an die Landeskrankenhausgesellschaft belastet wird. Entsprechend bleibt nur der Ausgleichsbetrag erfolgswirksam in der Kontengruppe 40 stehen.
- Für die Zahlungen der Ausbildungsvergütung von der Landeskrankenhausgesellschaft an das Krankenhaus ist ein eigenes Erlöskonto in der Kontenklasse 40 zu bilden.
- Es ist ein Konto für vereinbarte Mehrleistungsabschläge einzurichten.
- Für die Ausgleiche des Geschäftsjahres sollte ein separates Konto angelegt werden und
- schließlich ist es sinnvoll, für die Abwicklung der Ausgleiche aus Vorjahren ein eigenes Konto anzulegen.

Für innerjährliche Abgrenzungen (Monatsabschlüsse), vielleicht aber auch für Schätzungen zum Jahresende bei einem sehr frühen Buchungsschluss, werden Erlöskonten benötigt, um die G-DRG-Fallpauschalen zu buchen, die zu Patienten gehören, die zum Bilanzstichtag oder zum Monats- bzw. Quartalsende entlassen, aber noch nicht fakturiert waren.

In der Finanzbuchhaltung zählt zunächst jede abgerechnete DRG-Fallpauschale als Fall. Das heißt aber **nicht**, dass Patienten, die noch nicht abgerechnet (fakturiert) sind, nicht als Fall der Periode, in der die Leistung erbracht wurde, zuzurechnen sind. Vielmehr gilt, dass für die Fallzuordnung zu einer Periode die handelsrechtlichen Regeln über die periodengerechte Erlöszuordnung und das Realisationsprinzip anzuwenden sind. Danach ist ein Behandlungsfall der Periode zuzuordnen, in der die Leistung erbracht wurde bzw. in der der Patient entlassen wurde (Ausfluss des sog. Realisationsprinzips nach § 252 Abs. 1 Nr. 4 letzter Halbsatz HGB). Da zum Zeitpunkt der Monats-, Quartals- oder Jahresabschlussaufstellung unter Umständen noch nicht alle Patienten, die in einer Periode entlassen worden sind, bereits fakturiert wurden, sind entsprechende Abgrenzungsbuchungen erforderlich. Aber andererseits sollte ein Krankenhaus seine internen Abläufe so organisieren, dass 10 Tage nach der Entlassung eines Patienten seine Rechnung geschrieben (erstellt und zum digitalen Versand bereit gestellt) ist.

Dafür sollen die beschriebenen eigenen Konten bereitgestellt werden, u. a. auch, weil für Zwecke der Erlösverprobung diese Abgrenzungsbuchungen getrennt von den fakturierten Erlösen erfasst sein sollten.

Schließlich werden zusätzliche Konten zur Buchung der Ausgleiche des DRG-Entgeltsystems benötigt. Zu nennen sind hier: Der Ausgleich der Preisabweichung nach § 21 Abs. 2 BPflV sowie § 15 Abs. 3 KHEntgG, der Mehr- oder Mindererlösausgleich nach § 4 Abs. 3 KHEntgG, des § 12 Abs. 2 BPflV und den von der Landeskrankenhausgesellschaft gezahlten Erlösen für Ausbildungskosten.

Da die KHBV die Verbindlichkeit ihres Kontenrahmens in Anlage 4 selbst insoweit relativiert, als sie in § 3 Satz 2 KHBV vorschreibt: *»Die Konten sind nach dem Kontenrahmen der Anlage 4 einzurichten, es sei denn, dass durch ein ordnungsmäßiges Überleitungsverfahren die Umschlüsselung auf den Kontenrahmen sicher gestellt wird«*, soll hier auf eine eigene Kontensystematik verzichtet werden, weil es in der Praxis darauf ankommt, wie die Erfassung der knapp 1.200 DRG-Fallpauschalen (Stand 2012) für Zwecke der erforderlichen Erlösverprobung im jeweiligen Krankenhaus erfolgen soll. Angesichts der Kontenvielzahl, die eventuell benötigt wird, machen Nummernvorgaben mit einer Systematik innerhalb der begrenzten Möglichkeiten der Kontengruppe 40 wenig Sinn.

5.7.3 Abbildung der DRG-Fallpauschalen in wie vielen Konten?

Wichtiger als eine Kontensystematik ist die Antwort auf die Frage, wie viele Konten werden benötigt, um die DRG-Fallpauschalen nachvollziehbar abzubilden? Hier sind die Antworten eindeutig abhängig von den Fähigkeiten des jeweiligen IT-Systems im einzelnen Krankenhaus.

Nach der Erlössystematik des Krankenhausentgeltgesetzes in der Fassung des Art. 1. Psych-Entgeltgesetzes benötigt das Krankenhaus eine Differenzierung der Konten nach folgenden Kriterien:

- **DRG-Erlöse**
  - aDRG-Erlöse Inlieger (ggf. differenziert nach DRG-relevanten Zu- und Abschlägen)
  - aDRG-Erlöse Überlieger
  - Pflegeentgelte
- **Zusatzentgelterlöse (ZE)**
  - ZE-Inliegererlöse
  - ZE-Überliegererlöse
- **Mehrleistungsabschlag**
- **Erlöse nach § 6 KHEntgG**
  - Vollstationäre Leistungen
  - Teilstationäre Leistungen
  - Zusatzleistungen
- **Ausgleiche und Berichtigungen der Somatik**
  - Ausgleiche des Geschäftsjahres
  - Abwicklung Ausgleiche Vorjahr

- **Ggfs. (bei Vorliegen einer Psych.-Einrichtung) Erlöse Psychiatrie, Psychosomatik und Psychotherapie**
  - PEPP-Erlöse Inlieger
  - PEPP-Erlöse (Überlieger aus dem Vorjahr)
  - ZE-Psychiatrie
  - Sonstige Erlöse Psychiatrie
- **Ausgleiche und Berichtigungen der Psychiatrie**
  - Ausgleiche des Geschäftsjahres
  - Abwicklung Ausgleiche Vorjahr
- **Ausgleiche und Berichtigungen der Somatik**
  - Ausgleiche des Geschäftsjahres
  - Abwicklung Ausgleiche Vorjahr
- **Sonstige Erlöse, z. B.**
  - Vor- und nachstationäre Behandlung
  - Erlöse integrierte Versorgung
  - Erlöse ausländische Patienten

Für Zwecke der Erlösverprobung benötigt das Krankenhaus die Information, wie viele DRG-Fallpauschalen einer bestimmten Art in der Finanzbuchhaltung in den Umsatzerlösen erfasst sind (fakturierte Fälle). Wenn das Krankenhaus-Informationssystem diese Information (differenziert nach Inliegern und Überliegern) bereitstellt, benötigt die Buchhaltung zur Abbildung der somatischen Umsatzerlöse keine tiefergehenden Kontenunterteilungen.

Da jedes Krankenhaus-Informationssystem andere Lösungen für das geschilderte Problem der Aufgliederung der Umsatzerlöse nach Mengen bereitstellt, können keine allgemein verbindlichen Regeln für das Einrichten der Umsatzkonten der Kontenklasse 40 gegeben werden. Für den extremen Fall, dass das Krankenhaus-Informationssystem keine Lösung des fakturierten Fallproblems bereitstellt, müssen ggf. je DRG bis zu 1.200 Erlöskonten und zwar für mindestens alle 4 Preisbestandteile – Grundentgelt, Erlösabschlag wegen Unterschreitung der unteren Grenzverweildauer, Erlöszuschlag wegen Überschreitung der oberen Grenzverweildauer und Verlegungsabschlag – bereitgestellt werden. Weil das unter Umständen mit den verfügbaren Kontenstellen der Kontenklasse 4 nicht abbildbar ist, kann erwogen werden, diese Konten in der Kontenklasse 8 anzulegen. Die bisher dort angelegten Konten könnten in die bisher nicht benutzte Kontenklasse 9 verschoben werden. Auch diese Vielzahl von Sachkonten ist unproblematisch, da die Umsatzerlöse automatisch von der Fakturierung in die Konten der Kontenklasse 40 der Finanzbuchhaltung übernommen werden.

Zusammenfassend ist festzustellen, dass die Erlösverprobung benötigt wird, um einerseits krankenhausintern zu kontrollieren, ob auch alle aufgenommenen Fälle fakturiert worden sind, und andererseits, um die gesetzlich vorgeschriebenen Bescheinigungen des Wirtschaftsprüfers (§ 4 Absatz 3 Satz 7 KHEntgG) über die zutreffende Berechnung der Erlöse nach § 7 Satz 1 Nr. 1 und 2 KHEntgG (Fallpauschalen und Zusatzentgelte) und nach § 6 KHEntgG erhalten zu können.

Eine stimmige Erlösverprobung der DRG-, Zusatzentgelterlöse und Erlöse nach § 6 KHEntgG ist ein wesentlicher Bestandteil der Ordnungsmäßigkeit der Rechnungslegung.

5.8 Die Ausgleichsposten und Berichtigungen

Die BPflV für die Psychiatrie und das KHEntgG für die Somatik sehen grundsätzlich zwei Arten von Ausgleichs- bzw. Berichtigungsmechanismen vor. Da sind in beiden Entgeltsystemen die Preisberichtigungsvorschriften, die verhindern, dass ein Krankenhaus einen finanziellen Nachteil dadurch erleidet, dass die für den neuen Pflegesatzzeitraum gültigen Entgelte nicht ab 01.01., sondern erst später, nämlich nach Einigung mit den Krankenkassen und Genehmigung durch die Aufsichtsbehörde, zur Abrechnung kommen. Ist diese Preisbereinigung vorgenommen, kommen die Mengenausgleiche zum Tragen. Für die somatischen Krankenhäuser kommt schließlich noch die Ist-Kosten-Berichtigung des Pflegebudgets zur Abrechnung (▶ Abb. 5.17).

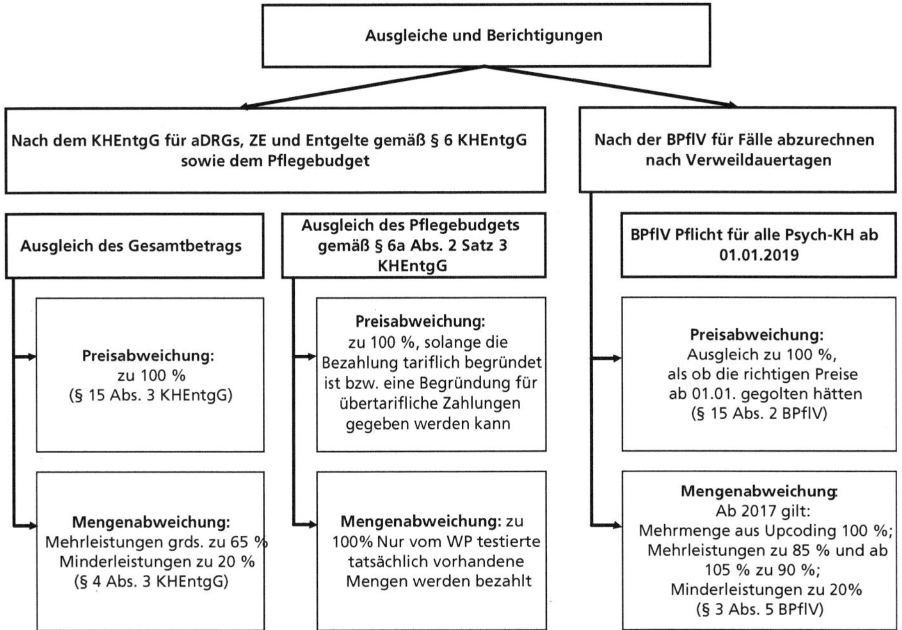

Abb. 5.17: Ausgleiche und Berichtigungen zugelassener Krankenhäuser

5.8.1 Belegungsausgleiche

Der Belegungsausgleich soll die Gewinn- und Verlustmöglichkeiten eines Krankenhauses begrenzen. Wenn ein Krankenhaus seine vereinbarten Erlöse **nicht** erbringt, wird es mit dem entstehenden Verlust aus der Kapazitätsvorhaltung nicht alleine gelassen, es bekommt einen anteiligen Beitrag zur Fixkostendeckung bezahlt – den Minderbelegungsausgleich. Gleiches gilt auch im umgekehrten Fall: Ein Krankenhaus hat ausgleichspflichtige Mehrerlöse im Vergleich zur Entgeltvereinbarung mit den Krankenkassen erzielt; dann müssen diese bis auf einen gewissen

Restbetrag, der zur Deckung der variablen Kosten dienen soll, an die Krankenkassen zurückgezahlt werden.

Entsprechende Forderungen und Verbindlichkeiten sind vom Krankenhaus zu berechnen und in den Jahresabschluss des Krankenhauses einzustellen. Der Bilanzausweis dieser Positionen erfolgt unter »Forderungen bzw. Verbindlichkeiten nach dem Krankenhausfinanzierungsrecht«. Dabei ist in Bilanz oder Anhang ein spezieller »davon-Vermerk« zu beachten: »davon nach der BPflV (KUGr. 151)«. Diese Bezeichnung ist anzupassen, denn in dieser Position sind auch die Ausgleiche nach dem KHEntgG auszuweisen. Die Änderung muss lauten: »davon nach der BPflV und/oder dem KHEntgG«. Dabei ist die nichtzutreffende Norm zu streichen. Die Vergütung oder Rückzahlung des gebuchten Ausgleichsbetrags erfolgt in der Somatik (Bereich des KHEntgG) nicht im Wege der Verrechnung über das Erlösbudget, sondern pauschal durch einen Zu- oder Abschlag auf die Rechnungen (§ 4 Abs. 3 KHEntgG i. d.F. des KHRG) des Folgejahres oder eines späteren Jahres. Nach der BPflV werden die Zahlbetrags- und Erlösausgleiche über das Budget verrechnet und in die Pflegesätze eingepreist.

a)   Ausgleichsregelungen nach der BPflV

Die Ausgleichsregelungen der BPflV (Psychiatrie) weichen im Detail von denen der Somatik ab. Die Ausgleichssystematik ist in der Methodik ähnlich.

Der tagesgleiche Entgeltbereich (Erwachsenen-Psychiatrie, Kinder- und Jugendpsychiatrie sowie Gerontopsychiatrie, Psychosomatik und -therapie) mit fall- und verweildauerbestimmten Entgelten abgerechnet nach gewichteten Tagen (PEPPs) unterteilen sich in das

- Erlösbudget und die
- Erlössumme,

die den Ausgleichsregelungen der BPflV unterliegen.

Die Erlöse aus vor- und nachstationärer Behandlung (§ 115a SGB V) und aus psychiatrischen Institutsambulanzen werden **nicht** in die Ausgleichsberechnungen einbezogen.

Die einschlägigen Vorschriften der BPflV zur Ausgleichsberechnung lauten:

§ 15 Abs. 2 BPflV, der sog. **Zahlbetragsausgleich:**

[1]*Mehr- oder Mindererlöse infolge der Weitererhebung der bisherigen tagesgleichen Entgelte werden durch Zu- und Abschläge auf die im restlichen Pflegesatzzeitraum zu erhebenden, neuen Entgelte ausgeglichen. Wird der Ausgleichsbetrag durch die Erlöse aus diesen Zu- und Abschlägen im restlichen Vereinbarungszeitraum über- oder unterschritten, so wird der abweichende Betrag über die Entgelte des nächsten Vereinbarungszeitraums ausgeglichen; es ist ein einfaches Ausgleichsverfahren zu vereinbaren. Würden die Entgelte durch diesen Ausgleich und einen Betrag nach § 3 Absatz 9 BPflV insgesamt um mehr als 30 Prozent erhöht, sind übersteigende Beträge bis jeweils zu dieser Grenze in nachfolgenden Budgets auszugleichen. Ein Ausgleich von Mindererlösen entfällt, soweit die verspätete Genehmigung der Vereinbarung von dem Krankenhaus zu vertreten ist.*

§ 3 Abs. 7 BPflV, der sog Mehr- bzw. Mindererlösausgleich:

(7) [1] Weicht die Summe der auf das Kalenderjahr entfallenden Erlöse des Kran-kenhauses aus Entgelten nach § 7 Satz 1 Nummer 1, 2 und 4 BPflV von dem veränderten Gesamtbetrag nach § 3 Absatz 2 Satz 5 oder Absatz 3 Satz 12 BPflV ab, so werden die Mehr- oder Mindererlöse wie folgt ausgeglichen:

1. ***Mindererlöse*** *werden für die Jahre 2013, 2014, 2015 und 2016 zu 95 Prozent und* ***ab dem Jahr 2017 zu 50 Prozent*** *ausgeglichen,*
2. ***Mehrerlöse****, die infolge einer veränderten Kodierung von Diagnosen und Prozeduren entstehen, werden* ***vollständig ausgeglichen****,*
3. ***sonstige Mehrerlöse*** *werden für die Jahre 2013, 2014, 2015 und 2016 zu 65 Prozent ausgeglichen,* ***ab dem Jahr 2017*** *werden sonstige Mehrerlöse bis zur Höhe von 5 Prozent des veränderten Gesamtbetrags nach Absatz 2 Satz 5 oder Absatz 3 Satz 12* ***zu 85 Prozent*** *und darüber hinaus* ***zu 90 Prozent*** *ausgeglichen.*

[2] Die Vertragsparteien können ***im Voraus*** *abweichende Ausgleichssätze vereinbaren, wenn dies der angenommenen Entwicklung von Leistungen und deren Kosten besser entspricht. [3] Für den Bereich der mit Bewertungsrelationen bewerteten Entgelte werden die sonstigen Mehrerlöse nach Satz 1 Nummer 3 vereinfacht ermittelt, indem folgende Faktoren miteinander multipliziert werden:*

1. *Anzahl der Berechnungs- und Belegungstage, die zusätzlich zu denjenigen Berechnungs- und Belegungstagen erbracht werden, die bei der Ermittlung des krankenhausindividuellen Basisentgeltwerts nach Absatz 5 Satz 3 zugrunde gelegt werden,*
2. *Mittelwert der vereinbarten Bewertungsrelationen je Berechnungs- und Belegungstag; der Mittelwert wird ermittelt, indem die Summe der effektiven Bewertungsrelationen nach Absatz 5 Satz 2 durch die vereinbarten Berechnungs- und Belegungstage dividiert wird, und*
3. *krankenhausindividueller Basisentgeltwert nach § 3 Absatz 5 Satz 3.*

[4] Soweit das Krankenhaus oder eine andere Vertragspartei nachweist, dass die sonstigen Mehrerlöse nach Satz 1 Nummer 3 infolge von Veränderungen der Leistungsstruktur mit der vereinfachten Ermittlung nach Satz 3 zu niedrig oder zu hoch bemessen sind, ist der Betrag der sonstigen Mehrerlöse entsprechend anzupassen. [5] Die Mehrerlöse nach Satz 1 Nummer 2 werden ermittelt, indem von den insgesamt angefallenen Mehrerlösen für Entgelte, die mit Bewertungsrelationen bewertet sind, die Mehrerlöse nach Satz 3 oder Satz 4 abgezogen werden. [6] Zur Ermittlung der Mehr- oder Mindererlöse hat der Krankenhausträger eine vom Jahresabschlussprüfer bestätigte Aufstellung über die Erlöse des Krankenhauses aus Entgelten nach § 7 Satz 1 Nr. 1, 2 und 4 vorzulegen.

Bei variablen Kosten von vielleicht durchschnittlich 25 % im psychiatrischen Krankenhaus – die Bundespflegesatzverordnung 1992 kannte eine entsprechende Ausgleichsregel von 75 % (§ 4 Abs. 1 BPflV a.F.) – besitzt die Ausgleichsregelung der BPflV Strafcharakter. Schafft ein Krankenhaus seinen vereinbarten Pauschalentgeltwert nicht (Fall der Mindererlöse), dann fehlen dem Krankenhaus bei einem Ausgleich von 20 % rund 55 % der Erlöse zur Deckung seiner Fixkosten, wenn der 1992 gültige Prozentsatz von 75 % fixen Kosten seine Richtigkeit besaß und auch heute noch besitzt. Hier herrscht betriebswirtschaftlicher Widersinn. Einerseits soll die Kapazitätsvorhaltung finanziert werden, andererseits gewährt man aber 55 % zu wenig, um die Kosten zu decken. Bei Mehrleistungen wird das Krankenhaus ebenfalls um seine Kostendeckung gebracht, weil es wegen der Ausgleichssätze von 85 bzw. 90 % seine variablen Kosten i. H. v. 25 % nicht vergütet erhält.

Als Ergebnis ist festzustellen, dass die restriktiven Ausgleichsregeln betriebswirtschaftlich zu folgender Optimierungsregel führen: Abweichungen von den Plansätzen sind wirtschaftlich schädlich und je größer die Planabweichung, desto gravierender die negative finanzielle Auswirkung. Eine erlösmäßige Punktlandung ist anzustreben.

Im Folgenden soll an zwei Beispielen (▶ Abb. 5.18, ▶ Abb. 5.19) die **Ausgleichsberechnung nach der BPflV** vorgeführt werden:

Beispiel 1: Mehrbelegung über die verhandelten vereinbarten Erlöse hinaus

– Erst Zahlbetragsausgleich gem. § 15 Abs. 2 BPflV, dann Mengenausgleich § 3 Abs. 7 Nr. 3 BPflV –

Beispiel Mehrerlösausgleich

Eingabedaten	Erlösbudget (PEPP + ZE)	Erlössumme (Sonst. Entgelte)	GESAMT-BETRAG
	EUR	EUR	EUR
Bachrichtlich vereinbartes Budget 2020 31.01.2020	19.236.536	2.250.179	21.486.715
Preiserhöhung Veränderungswert 2,56 %	492.455	57.605	550.060
Übrige Budgetveränderung 0,75 %	143.464	7.215	150.679
Vereinbartes Budget 2021 vom 16.06.2021	19.872.455	2.314.999	22.187.454
abzüglich Zusatzentgelte	98.344	0	98.344
Bemessungsgrundlage für Basisentgeltwert	19.774.111	2.314.999	22.089.110
Summe der eff. Bewertungsrelationen (gewichtete Tage)	72.566	9.043	81.609
Krankenhausindividueller Basisentgeltwert 2021	273 €	256 €	271 €
Nachrichtlich KH-individueller Basisentgeltwert 2020	*266 €*	*254 €*	

	Erlösbudget (PEPP + ZE)	Erlössumme (Sonst. Entgelte)	GESAMT-BT
Vereinbarte gewichtete BT 01.01.–30.06.2021	35.985	4.484	40.469
Vereinbarte gewichtete BT 01.07.–31.12.2021	36.581	4.559	41.140
Gewichtete BT gesamt	**72.566**	**9.043**	**81.609**
Zahlbetragsausgleich innerjährig - 2. Halbjahr 2021			
Vereinbarte gewichtete BT 01.01.–30.06.2021	35.985	4.484	40.469
Budget 1. Halbjahr 2021 bewertet mit alten Preisen	9.571.902	1.139.017	10.710.919
Sollbudget 1. Halbjahr 2021	9.805.792	1.147.986	10.953.778
Mindererlös aufgrund alter Entgeltwerte im 1. Halbjahr	**233.890**	**8.969**	**242.859**
Vereinbarte gewichtete BT 01.07.–31.12.2021	36.581	4.559	41.140
Zuschlag pro BT innerjährig (2. HJ)	**6,39 €**	**1,97 €**	**5,90 €**

Zahlbetragsausgleich	Erlösbudget (PEPP + ZE)	Erlössumme (Sonst. Entgelte)	GESAMT-BT
Tatsächlich erreichte BT 01.01.–30.06.2021	36.009	4.447	40.456
Tatsächlich erreichte BT 01.07.–31.12.2021	37.112	4.521	41.633
Gewichtete BT gesamt	**73.121**	**8.969**	**82.090**
Buchhalterisch werden erlöst:			
1. Halbjahr 2021	9.578.404 €	1.129.655 €	9.578.404 €
2. Halbjahr 2021	10.113.020 €	1.167.013 €	11.280.033 €
Zahlbetragsausgleich	237.285 €	8.895 €	246.180 €
Erlöskonten der Finanzbuchhaltung	19.928.709 €	2.305.564 €	21.104.617 €
Ausgleich zum innerjährigen Zahlbetragsausgleich	-3.395 €	-74 €	-3.469 €

Abb. 5.18: Zahlbetragsausgleich Psychiatrie – innerjährige Budgetverhandlung

Berechnung Mehrerlösausgleich 2021	Erlösbudget (PEPP + ZE)	Erlössumme (Sonst. Entgelte)	GESAMT-BETRAG
Vereinbartes Budget 2021	19.872.455 €	2.314.999 €	22.187.454 €
Fakturierte Ist-Erlöse 2021 vor Ausgleichen	19.691.424 €	2.296.669 €	21.988.092 €
Verrechnung Zahlbetragsausgleich 2021	237.285 €	8.895 €	246.180 €
Preisbereinigte Ist-Erlöse 2021 (Soll-Budget)	19.928.709 €	2.305.564 €	22.234.272 €
Budget-Differenz 2021	-56.254 €	9.435 €	-46.818 €
Mehrerlös-Ausgleich 85 %			-39.796 €
Mindererlös-Ausgleich 20 %			0
Rückzahlung an die Krankenkassen			-39.796 €
Ausgleichsverbindlichkeit § 15 Absatz 2 BPflV			-3.469 €
Ausgleichsverbindlichkeit § 3 Absatz 7 BPflV			-39.796 €
Summe der Ausgleichsverbindlichkeit 2021			-43.264 €

Abb. 5.19: Mehr-/Mindererlösausgleich Psychiatrie

Im vorstehenden Beispiel führt die Preisabweichung zu einer Rückzahlung des Krankenhauses an die Krankenkassen in Höhe von 100 % gleich EUR 3.469 (Verbindlichkeit nach der BPflV) und zu einer Ausgleichsverbindlichkeit für erbrachte und abgerechnete Mehrleistungen (Verbindlichkeit nach der BPflV) in Höhe von EUR 39.796.978 – also in Summe zu einer Rückzahlung von EUR 43.264, die durch eine Kürzung aller Rechnungen des Folgejahres 2022 (Abschlag) bezahlt wird.

Beispiel 2: Minderbelegung bezogen auf die vereinbarten Erlöse

– Erst Zahlbetragsausgleich gem. § 15 Abs. 2 BPflV, dann Mengenausgleich § 3 Abs. 7 BPflV –
Beispiel Mindererlösausgleich

Eingabedaten	Erlösbudget (PEPP + ZE)	Erlössumme (Sonst. Entgelte)	GESAMT-BETRAG
	EUR	EUR	EUR
Nachrichtlich vereinbartes Budget 2020 31.01.2020	19.236.536	2.250.179	21.486.715
Preiserhöhung Veränderungswert 2,56%	492.455	57.605	550.060
Übrige Budgetveränderung 0,75%	143.464	7.215	150.679
Vereinbartes Budget 2021 vom 16.06.2021	**19.872.455**	**2.314.999**	**22.187.454**
abzüglich Zusatzentgelte	**98.344**	**0**	**98.344**
Bemessungsgrundlage für Basisentgeltwert	19.774.111	2.314.999	22.089.110
Summe der eff. Bewertungsrelationen (gewichtete Tage)	72.566	9.043	81.609
Krankenhausindividueller Basisentgeltwert 2021	**273 €**	**256 €**	**271 €**
Nachrichtlich KH-individueller Basisentgeltwert 2020	*266 €*	*254 €*	

Abb. 5.20: Zahlbetragsausgleich bei Mindererlösen in der Psychiatrie (1)

	Erlösbudget (PEPP + ZE)	Erlössumme (Sonst. Entgelte)	GESAMT-BT
Vereinbarte gewichtete BT 01.01.–30.06.2021	35.985	4.484	40.469
Vereinbarte gewichtete BT 01.07.–31.12.2021	36.581	4.559	41.140
gewichtete BT gesamt	**72.566**	**9.043**	**81.609**

Zahlbetragsausgleich innerjährig – 2. Halbjahr 2021	EUR	EUR	EUR
Vereinbarte gewichtete BT 01.01.–30.06.2021	35.985	4.484	40.469
Budget 1. Halbjahr 2021 bewertet mit alten Preisen	9.572.010	1.138.936	10.710.946
Sollbudget 1. Halbjahr 2021	9.805.792	1.147.986	10.953.778
Mindererlös aufgrund alter Entgeltwerte im 1. Halbjahr	**233.782**	**9.050**	**242.832**
Vereinbarte gewichtete BT 01.07.–31.12.2021	36.581	4.559	41.140
Zuschlag pro BT innerjährig (2.HJ)	**6,39 €**	**1,99 €**	**5,90 €**

	Erlösbudget (PEPP + ZE)	Erlössumme (Sonst. Entgelte)	GESAMT-BT
Tatsächlich erreichte BT 01.01.–30.06.2021	34.849	4.488	39.337
Tatsächlich erreichte BT 01.07.–31.12.2021	35.125	4.489	39.614
Gewichtete BT gesamt	**69.974**	**8.977**	**78.951**

Buchhalterisch werden erlöst:			
1. Halbjahr 2021	9.269.834 €	1.139.952 €	10.409.786
2. Halbjahr 2021	9.343.250 €	1.149.184 €	10.492.434 €
Zahlbetragsausgleich innerjährig 2021	224.449 €	8.911 €	233.360 €
Erlöskonten der Finanzbuchhaltung	18.837.533 €	2.298.047 €	21.135.580 €
Ausgleich vom innerjährigen Zahlbetragsausgleich	9.333 €	-139 €	9.194 €

Berechnung Mindererlösausgleich 2021	Erlösbudget (PEPP + ZE)	Erlössumme (Sonst. Entgelte)	GESAMT-BETRAG
Vereinbartes Budget 2021	**19.872.455 €**	**2.314.999 €**	**22.187.454 €**
Fakturierte Ist-Erlöse 2021 vor Ausgleichen	18.613.084 €	2.289.136 €	20.902.220 €
Verrechnung Zahlbetragsausgleich in 2021	224.449 €	8.911 €	233.360 €
Preisbereinigte Ist-Erlöse 2021 (Soll-Budget)	**18.837.533 €**	**2.298.047 €**	**21.135.580 €**
Differenz Mindererlöse 2021	1.034.922 €	16.952 €	1.051.874 €

Mehrerlös-Ausgleich zu 85 %	0 €
Mehrerlös-Ausgleich zu 90 %	0 €
Mindererlös-Ausgleich zu 20 %	210.375 €
Rückzahlung an/Forderung gegen die Krankenkassen	210.375 €
Ausgleichsverbindlichkeit § 15 Absatz 2 BPflV	-3.469 €
Ausgleichsverbindlichkeit § 3 Absatz 7 BPflV	210.375 €
Summe der Ausgleichsverbindlichkeit 2021	206.906 €

Abb. 5.21: Zahlbetragsausgleich bei Mindererlösen in der Psychiatrie (2)

Im zweiten Beispiel hat das Krankenhaus Erlöse von EUR 21.138.074 fakturiert und hatte mit den Krankenkassen ein Erlösbudget von 22.187.454 vereinbart. Zur Fixkostendeckung erhält das Krankenhaus EUR 172.366, die im Wege eines Zuschlags auf die Rechnungen des Folgejahres bezahlt werden (▶ Abb. 5.20, ▶ Abb. 5.21).

Steigt der auf den Pflegesatz umgerechnete Anteil für Ausgleichsansprüche oder -erstattungen über 30 % des Pflegesatzes, muss die Verrechnung auf 2 Jahre gestreckt werden (vgl. § 21 Abs. 2 BPflV).

Buchung der Ausgleiche:
Die Ausgleiche entstehen dem Grunde nach, wenn die Voraussetzungen erfüllt sind, an die das Gesetz die Entstehung des Ausgleichsanspruchs oder der Ausgleichsverpflichtung knüpft (Realisation einer gesetzlichen Forderung). Das Gesetz stellt auf Kalenderjahre ab (§§ 3 und 4 BPflV sowie § 4 Abs. 3 KHEntgG), sodass ein gesetzlicher Ausgleichsanspruch erst nach Ablauf des betreffenden Kalenderjahres entsteht (Realisationsprinzip). Eine Ausgleichsverpflichtung ist wegen des Vorsichtsprinzips in der Ausprägung des Imparitätsprinzips auch früher zu buchen. Die entsprechenden Konten werden im Rahmen der Abschlussbuchungen des Geschäftsjahres gebucht. Die Buchungssätze lauten bei Minderbelegung und einem bestehenden Ausgleichsanspruch:

»Per Kto. 151 Forderungen nach dem KHEntgG und der BPflV an Kto. 404 Ausgleichsbeträge nach BPflV bzw. KHEntgG [EUR Betrag]«

Im Falle einer Mehrbelegung und einer bestehenden Ausgleichsverpflichtung:

»Per Kto. 404 Ausgleichsbeträge nach BPflV bzw. KHEntgG an Kto. 351 Forderungen nach dem KHEntgG und der BPflV [EUR Betrag]«

Die abgegrenzten Ausgleichsbeträge des Vorjahres werden in dem Jahr, in dem der Ausgleichsbetrag bzw. ggf. auch ein Teilbetrag des Ausgleichsbetrags in das Budget bzw. über Zu- oder Abschläge verrechnet wurde, aufgelöst. Dazu werden die oben beschriebenen Buchungen in umgekehrter Kontenzuordnung zu Soll und Haben gebucht.

b)   Ausgleiche nach dem Entgeltsystem des KHEntgG

Das KHEntgG kommt ebenfalls nicht ohne Ausgleichsregeln aus. Es gibt einen Ausgleich der Preisabweichung (auch Zahlbetragsausgleich genannt) – also wenn der neue Landesbasisfall nicht zum 01.01. eines Vereinbarungszeitraums vorliegt – und einen Mehr-/Mindererlösausgleich (Mengenausgleich).

Die einschlägigen Vorschriften des KHEntgG zur Ausgleichsberechnung lauten:

§ 15 Abs. 3 KHEntgG, der sog. **Zahlbetragsausgleich:**

(3) Mehr- oder Mindererlöse infolge der Weitererhebung des bisherigen Landesbasisfallwerts und bisheriger Entgelte nach den Absätzen 1 und 2 werden grundsätzlich im restlichen Vereinbarungs-

zeitraum ausgeglichen. Der Ausgleichsbetrag wird im Rahmen des Zu- oder Abschlags nach § 5 Abs. 4 KHEntgG abgerechnet.

§ 4 Abs. 3 BPflV, der sog Mehr- bzw. Mindererlösausgleich:

(3) Das nach den § 4 Absätzen 1 und 2 KHEntgG vereinbarte Erlösbudget und die nach § 6 Abs. 3 KHEntgG vereinbarte Erlössumme werden für die Ermittlung von Mehr- oder Mindererlösausgleichen zu einem Gesamtbetrag zusammengefasst. Weicht die Summe der auf das Kalenderjahr entfallenden Erlöse des Krankenhauses aus den Entgelten nach § 7 Abs. 1 Satz 1 Nr. 1 und 2 und nach § 6 Abs. 1 Satz 1 und Abs. 2a von dem nach Satz 1 gebildeten Gesamtbetrag ab, werden die Mehr- oder Mindererlöse nach Maßgabe der folgenden Sätze ausgeglichen. Mindererlöse werden ab dem Jahr 2007 grundsätzlich zu 20 vom Hundert ausgeglichen; Mindererlöse aus Zusatzentgelten für Arzneimittel und Medikalprodukte werden nicht ausgeglichen. Mehrerlöse aus Zusatzentgelten für Arzneimittel und Medikalprodukte und aus Fallpauschalen für schwerverletzte, insbesondere polytraumatisierte oder schwer brandverletzte Patienten werden zu 25 vom Hundert, sonstige Mehrerlöse zu 65 vom Hundert ausgeglichen. Für Fallpauschalen mit einem sehr hohen Sachkostenanteil sowie für teure Fallpauschalen mit einer schwer planbaren Leistungsmenge, insbesondere bei Transplantationen oder Langzeitbeatmung, sollen die Vertragsparteien im Voraus einen von den Sätzen 3 und 4 abweichenden Ausgleich vereinbaren; für Mehr- oder Mindererlöse, die auf Grund einer Epidemie entstehen, können die Vertragsparteien auch nach Ablauf des Vereinbarungszeitraums einen von den Sätzen 3 und 4 abweichenden Ausgleich vereinbaren. Mehr- oder Mindererlöse aus Zusatzentgelten für die Behandlung von Blutern sowie auf Grund von Abschlägen nach § 8 Abs. 4 werden nicht ausgeglichen. Zur Ermittlung der Mehr- oder Mindererlöse hat der Krankenhausträger eine vom Jahresabschlussprüfer bestätigte Aufstellung über die Erlöse nach § 7 Absatz 1 Satz 1 Nummer 1, 2 und 5 vorzulegen. Der nach diesen Vorgaben ermittelte Ausgleichsbetrag wird im Rahmen des Zu- oder Abschlags nach § 5 Abs. 4 abgerechnet. Steht bei der Budgetverhandlung der Ausgleichsbetrag noch nicht fest, sind Teilbeträge als Abschlagszahlung auf den Ausgleich zu berücksichtigen.

Zahlenbeispiel für die Ausgleichsermittlung bei Mindererlösen

Ein Krankenhaus aus Baden-Wüttemberg berechnet in 2020 einen Landesbasisfallwert von EUR 3.672,40. Dies ist für die Überlieger-Patienten – also die Patienten, die 2020 aufgenommen und in 2021 entlassen wurden – bedeutsam, denn für die Fakturierung ist das Aufnahmedatum bestimmend. Der Landesbasisfallwert 2021 wurde zum 01.03.2021 auf EUR 3.763,00 festgesetzt.

Beispieldaten: Baden-Württemberg

LBFW 2020	3.672,40 €
LBFW 2021 abrechenbar ab 01.03.2021	3.763,00 €

Ist-Leistungsdaten 2021:

	Fälle	CMI	CM
Überlieger-Patienten aufgenommen 2020 - entlassen in 2021	445	4,1281	1.837,0045
Patienten aufgenommen zwischen 01.01. und 28.02.2021	2.377	0,9716	2.309,4932
Patienten aufgenommen ab 01.05. und entlassen bis 31.12.2015	28.779	1,0032	28.871,0928
Patienten entlassen in 2021 inkl. Überlieger	31.601	1,0448	33.017,5905

Vereinbarte-Leistungsdaten 2021:

	Fälle	CMI	CM
Überlieger-Patienten aufgenommen 2020 - entlassen in 2021	446	4,1297	1.841,8462
Patienten aufgenommen zwischen 01.01. und 28.02.2021 und entlassen in 2021	2.561	0,9899	2.535,1339
Patienten aufgenommen ab 01.03. und entlassen bis 31.12.2021	26.687	1,0052	26.825,7724
vereinbarte Patienten entlassen in 2021 inkl. Überlieger	29.694	1,0508	31.202,7525

Ausgleich Landesbasisfallwert: (Preisabweichung)

	EUR	CM	EUR
Soll-Erlöse 2021 (Ist-Leistungen × LBFW ganzjährig)			
Überlieger-Patienten aufgenommen 2020 – entlassen in 2021	3.672,40 €	1.837,0045	6.746.215,33 €
Patienten aufgenommen ab 01.01. – entlassen bis 30.04.2021	3.672,40 €	2.309,4932	8.481.382,83 €
Patienten aufgenommen ab 01.06. – entlassen bis 31.12.2021	3.763,00 €	28.871,0928	108.641.922,21 €
		33.017,5905	123.869.520,36 €
Ist-Leistungen × Zahlbetrag 2021			
Überlieger-Patienten aufgenommen 2020 – entlassen in 2021	3.672,40 €	1.837,0045	6.746.215,33 €
Patienten aufgenommen ab 01.01. – entlassen bis 30.04.2021	3.763,00 €	2.309,4932	8.690.622,91 €
Patienten aufgenommen ab 01.06. – entlassen bis 31.12.2021	3.763,00 €	28.871,0928	108.641.922,21 €
Fakturierte Erlöse 2021		33.017,5905	124.078.760,44 €
			-209.240,08 €
Innerjähriger Zahlbetragsausgleich = 0,22% der Erlöse ab 01.03.2021			161.259,57 €
Zahlbetragsausgleich - Rest - Landesbasisfallwert 2021			**-47.980,51 €**
Restzahlbetragsdifferenz - Ausgleichsverbindlichkeit			**-47.980,51 €**

Abb. 5.22: Beispiel Zahlbetragsausgleich

Gemäß der vorstehenden Rechenmethodik wird die sog. Preisabweichung bzw. der sog. Zahlbetragsausgleich errechnet. Das Krankenhaus wird so gestellt, als ob am 01.01.2021 alle Voraussetzungen für eine betragsmäßig vollständige 2021er Abrechnung gegolten hätten. Danach soll ein innerjähriger Zahlbetragsausgleich die tatsächlich vorhandene Abrechnungsdifferenz korrigieren. Sollte nach der Korrektur noch eine Differenz verbleiben, kommt es in den Jahresabschlussarbeiten zu Berichtigung (Zahlbetragsausgleich) des innerjährigen Zahlbetragsausgleichs. Im vorstehenden Beispiel ist das eine zu bilanzierende Verbindlichkeit nach dem KHG i. H. v. EUR 47.980,51. Dieser Betrag wird den Krankenkassen, eingearbeitet in den Zu-/Abschlag gemäß § 5 Abs. 4 KHEntgG mit jeder Rechnung, die auf die Vereinbarung des Ausgleichsbetrages und des Zu-/Abschlages folgt, zurückgezahlt (▶ Abb. 5.22).

Nach dem Zahlbetragsausgleich können nun der Zusatzentgeltbetrag und seine Soll-Ist-Abweichung ermittelt werden. Danach kann die Mehr-/Mindererlösermittlung erfolgen. Das vorstehende Beispiel wird fortgeführt (► Abb. 5.23, ► Abb. 5.24).

Beispieldaten: Zusatzentgelte

Vereinbarte Leistungsdaten 2021:

Zusatzentgelte

Anlage 5 DRG-Katalog 2021	Anzahl	Preis	Umsatz
ZE09	5	9.420,60 €	47.103,00 €
ZE10	8	3.370,92 €	26.967,36 €

	Anzahl	Preis	Umsatz
ZE101.01	348	46,68 €	16.244,64 €
ZE101.02	0	0,00 €	0,00 €
ZE101.04	70	907,32 €	63.512,40 €
ZE101.05	40	1.134,50 €	45.380,00 €
ZE101.06	20	1.360,98 €	27.219,60 €
ZE101.07	2	1.587,81 €	3.175,62 €
			229.602,62 €

Ist-Leistungsdaten 2021:

Zusatzentgelte

Anlage 5 DRG-Katalog 2021:	Anzahl	Preis	Umsatz
ZE09	2	9.420,60 €	18.841,20 €
ZE10	5	3.370,92 €	16.854,60 €

	Anzahl	Preis	Umsatz
ZE101.01	321	46,68 €	14.984,28 €
ZE101.02	0	0,00 €	0,00 €
ZE101.03	65	140,04 €	9.102,60 €
ZE101.04	42	907,32 €	38.107,44 €
ZE101.05	19	1.134,50 €	21.555,50 €
ZE101.06	5	1.360,98 €	6.804,90 €
			126.250,52 €

Abb. 5.23: Mehr-/Mindererlösausgleich

Minderlösausgleich

	Vereinbarung 2021	Fakturiert 2021
	EUR	EUR
Leistungen Erlösbudget:		
DRG-Budget Überlieger 2020/21	6.746.215,33	6.746.215,33
+ DRG-Budget Inlieger	123.869.520,36	124.078.760,44
Innerjähriger Erlösausgleich		-161.259,57
Ausgleich vom Ausgleich 2021		-47.980,51
+ ZE-Überlieger	11.623,32	11.623,32
+ ZE-Inlieger	229.602,62	126.250,52
Erlösbudget 2021	130.856.961,63	130.753.609,53
Leistungen Erlössumme:		
+ Formular E 3.2 und E 3.3	392.600,00	386.520,00
+ Tagesklinische Leistungen	729.310,96	759.597,96
Erlössumme 2021	1.121.910,96	1.146.117,96
Gesamtbetrag 2021	131.978.872,59	131.899.727,49
Mehrerlös (Vereinbarung <= Fakturierung)		0,00
Mindererlös (Vereinbarung > Fakturierung)		-79.145,10

Ausgleich § 4 Abs. 3 KHEntgG		EUR
Mindererlös	20%	+15.829,02
Mehrerlös	65%	-0,01
Forderung (+)/Verbindlichkeit (-)		15.829,01

Ausgleiche 31.12.2021:	EUR
Zahlbetragsausgleich 2021	-47.980,51
Mehrerlösausgleich 2021	15.829,01
Verbindlichkeit nach dem KHEntgG	-32.151,50

Abb. 5.24: Mehr-/Mindererlösausgleich Somatik

Seit 2009 ist in der Ausgleichsvorschrift des § 4 Abs. 3 Satz 1 KHEntgG klargestellt, dass die Überlieger- und Inliegererlöse der DRGs und Zusatzentgelte – also das Erlösbudget – mit der Erlössumme nach § 6 KHEntgG zum »vereinbarten Gesamtbetrag« zusammengefasst werden, der für Zwecke des **Mehr-/Mindererlösausgleichs** den entsprechenden Umsatzerlösen (IST) der Finanzbuchhaltung gegenübergestellt wird.

Auszugleichende Mehr- oder Mindererlöse

Vereinbartes Erlösbudget:

Fälle × CMI × LBFW	=	Fallpauschalenbudget	§ 7 Abs. 1 Satz 1 Nr. 1 KHEntgG
		unter Berücksichtigung der Abschläge für Nichtteilnahme an Notfallversorgung	
Menge × Preis	–	Zusatzentgeltbudget	§ 7 Abs. 1 Satz 1 Nr. 2 KHEntgG
Fälle × CMI × LBFW	=	Überlieger	

Vereinbarte Erlössumme:

Menge × Preis	=	Sonstige Entgelte	§ 6 Abs. 1 - 2a KHEntgG
			ohne ZE für Bluter, ohne Zu- und Abschläge gemäß § 7 Abs. 1 KHEntgG

= Summe: »Vereinbarter Gesamtbetrag nach § 6 KHEntgG«

./. Summe der auf das Kalenderjahr entfallenden Erlöse des Krankenhauses
… aus Entgelten nach § 7 Abs. 1 Satz 1 Nr. 1 und 2 KHEntgG
… aus Entgelten nach § 6 Abs. 1 Satz 1 und Abs. 2a KHEntgG

= Auszugleichender Mehr- oder Minndererlös x grds. 65 % bzw. 20 %

In besonderer Weise ist zu berücksichtigen, dass mit einer quartalsmäßig unterschiedlichen Quote die Rechnungen nach dem digitalen Versand an die Krankenkassen von diesen durch Beauftragung des MD (Medizinischer Dienst) geprüft werden.

Rechtswidriger Weise sind manche Krankenkassen erst nach Vorlage der Prüfungsergebnisse des MD bereit, die Rechnung ganz oder teilweise zu bezahlen. In einigen Fällen wird unter Hinweis darauf, dieser Eingriff hätte ambulant erfolgen können, die Bezahlung ganz verweigert. Dem Krankenhaus bleibt dann nur, die MD-Entscheidung zu akzeptieren oder den langwierigen Klageweg (Zivil- oder Sozialgerichte) zu beschreiten. Bis zur Entscheidung bleiben die Rechnungen oft unbezahlt, obwohl die Rechtsprechung der Sozialgerichte eine anderslautende Spruchpraxis zeigt.

Sollte der MD den Rechnungsbetrag beanstanden und die Krankenkasse vorschlagen, die Rechnung zu korrigieren, wird gemäß § 275c Abs. 3 SGB V zusätzlich zur Rechnungskorrektur eine Strafzahlung fällig. Der Gesetzeswortlaut der einschlägigen Rechtsnorm lautet:

(3) [1]Ab dem Jahr 2022 haben die Krankenhäuser bei einem Anteil unbeanstandeter Abrechnungen unterhalb von 60 Prozent neben der Rückzahlung der Differenz zwischen dem ursprünglichen und dem geminderten Abrechnungsbetrag einen Aufschlag auf diese Differenz an die Krankenkassen zu zahlen. [2]Dieser Aufschlag beträgt

1. 25 Prozent im Falle des Absatzes 2 Satz 4 Nummer 2,
2. 50 Prozent im Falle des Absatzes 2 Satz 4 Nummer 3 und im Falle des Absatzes 2 Satz 6,

jedoch mindestens 300 Euro und höchstens 10 Prozent des auf Grund der Prüfung durch den Medizinischen Dienst geminderten Abrechnungsbetrages, wobei der Mindestbetrag von 300 Euro nicht unterschritten werden darf.

Insofern der MD eine Krankenhausrechnung geprüft hat und keine Korrektur erreichen konnte, hat die Krankenkasse eine Aufwandsentschädigung von EUR 300 zu entrichten (§ 275 Abs. 1c SGB V). Diese Beträge werden nicht auf die Ausgleiche angerechnet.

Die Abrechnung der Ausgleiche erfolgt gem. § 5 Abs. 4 KHEntgG über einen einheitlichen Zu- oder Abschlag auf jeder Patientenrechnung nach KHEntgG.

Buchhalterisch wird empfohlen, für jede Art Ausgleiche im Geschäftsjahr ein besonderes Sachkonto, ggf. mit Unterkonten je Ausgleichsart, in der Bilanz (UKGr. 151/351) und der Gewinn- und Verlustrechnung unter den Erlösen aus Krankenhausleistungen (KGr. 40) anzulegen.

5.9 Buchhaltung und Steuern

5.9.1 Buchhaltung und Umsatzsteuer

Jeder Unternehmer i. S. d. Umsatzsteuer – hierzu gehören auch die Krankenhäuser bzw. deren Träger – ist verpflichtet, »zur Feststellung der Steuer und der Grundlagen ihrer Berechnung **Aufzeichnungen** zu machen« (§ 22 Abs. 1 UStG). Aus den Aufzeichnungen müssen sich insbesondere ergeben: Aufzuzeichnen sind insbesondere die vereinbarten Entgelte (Umsatzerlöse und sonstige Erträge) für die vom Unternehmer ausgeführten steuerpflichtigen Lieferungen und sonstigen (Dienst-) Leistungen, **getrennt nach Steuersätzen**, und die **steuerfreien Umsätze** (vgl. hierzu im Einzelnen die detaillierten Vorgaben des § 22 Abs. 2 UStG).

Der Unternehmer kann grundsätzlich die **Vorsteuer** auf Eingangsleistungen, die er von einem anderen Unternehmer für seine **umsatzsteuerpflichtigen** Umsätze bezogen hat, von seiner Steuerschuld abziehen (§ 15 Abs. 1 UStG). Der Abzug ist aber ausgeschlossen, wenn er die Lieferungen, die Einfuhr und den innergemeinschaftlichen Erwerb von Gegenständen sowie die sonstigen Leistungen für eigene **steuerfreie** Umsätze verwendet (§ 15 Abs. 2 Nr. 1 UStG). Werden Lieferungen, die Einfuhr und der innergemeinschaftliche Erwerb von Gegenständen sowie die sonstigen Leistungen **teilweise** für **steuerfreie** und **teilweise** für **steuerpflichtige** Umsätze verwendet – dies ist im Krankenhaus häufig der Fall, z. B. beim Wareneinkauf für die steuerfreie Patientenbeköstigung und die steuerpflichtige Beköstigung von Mitarbeitern und Besuchern –, steht dem Unternehmer ein anteiliger Vorsteuerabzug zu (§ 15 Abs. 4 UStG). Sachgerechte Schätzungen sind bei dessen Berechnung zugelassen, wenn eine eindeutige Zuordnung der bezogenen Leistungen zu steuerpflichtigen oder steuerfreien Ausgangsumsätzen nicht möglich ist (§ 15 Abs. 4 Satz 2 UStG).

Welche Konsequenzen ergeben sich aus diesen allgemeinen Vorgaben des Umsatzsteuergesetzes für die Buchhaltung eines Krankenhauses bzw. eines Krankenhausträgers? Für die Krankenhausbehandlungen und damit eng verbundenen Umsätze ergibt sich – zwingend – eine Umsatzsteuerbefreiung (§ 4 Nr. 14 Buchst. b Doppelbuchst. aa UStG) für öffentlich-rechtliche Krankenhäuser, für Plankrankenhäuser (mit einer Zulassung nach § 108 SGB V) sowie für private Krankenhäusern ohne derartige Zulassung, die ihre Leistungen in sozialer Hinsicht unter vergleichbaren Bedingungen wie öffentlich-rechtliche Krankenhäuser und Plankrankenhäuser erbringen.

Die Steuerpflicht oder -befreiung von Leistungen eines Krankenhauses ist im Detail unverändert schwierig und strittig, weil das EU-Recht (in der Form der Mehrwertsteuersystem-Richtlinie) nicht immer leicht umzusetzende zwingende Vorgaben setzt. So wird im Detail unverändert darüber diskutiert bzw. von der Rechtsprechung geprüft, was konkret zu den Krankenhausbehandlungen bzw. den damit eng verbundenen Umsätzen gehört. Der deutsche Gesetzgeber war in den letzten Jahren immer wieder genötigt, die deutsche Befreiungsvorschrift für humanmedizinische Leistungserbringer an die EU-rechtlichen Vorgaben anzupassen, zuletzt (zum 01.01.2020) im »Gesetz zur weiteren steuerlichen Förderung der Elektromobilität und zur Änderung anderer steuerlicher Vorschriften« vom 12.12.2019 und (zum 01.01.2021) im Jahressteuergesetz 2020 vom 21.12.2020. Eine umfassende Darstellung der derzeitigen Rechtslage (nicht nur zu diesen umsatzsteuerlichen Fragestellungen) findet sich in der aktuellen 7., überarbeiteten Auflage 2021 der Veröffentlichung von Klaßmann/Stein über »Aktuelle Besteuerungsfragen für Krankenhäuser und Krankenhausträger – Leitfaden für Krankenhausverwaltungen«.

Die Umsatzsteuerbefreiung für Krankenhausbehandlungen und damit eng verbundene Umsätze ist in § 4 Nr. 14 Buchst. b UStG geregelt; sie umfasst grundsätzlich auch die Diagnostik, Befunderhebung, Vorsorge, Rehabilitation, Geburtshilfe und Hospizleistungen.

Neben Krankenhäusern werden in § 4 Nr. 14 Buchst. b UStG weitere humanmedizinische Leistungserbringer mit ihren ärztlichen Heilbehandlungen und den damit eng verbundenen Umsätzen (zwingend) von der Umsatzsteuer befreit, z. B. die Zentren für ärztliche Heilbehandlung und Diagnostik oder Befunderhebung, die an der vertragsärztlichen Versorgung nach § 95 SGB V teilnehmen (Medizinische Versorgungszentren) oder für die die Regelungen nach § 115 SGB V gelten, ferner Einrichtungen, mit denen Versorgungsverträge nach § 111 SGB V bestehen, also bestimmte Vorsorge- und Rehabilitationseinrichtungen.

Weitere Einzelheiten zu Fragen der Umsatzsteuerbefreiung bzw. -pflicht von humanmedizinischen Leistungserbringern, vor allem von Krankenhäusern, finden sich in den sehr umfangreichen Erläuterungen des Bundesfinanzministeriums im Abschn. 4.14 Umsatzsteuer-Anwendungserlass (UStAE); diese Erläuterungen werden regelmäßig an aktuelle Entwicklungen angepasst und geben deshalb die aktuelle Rechtsauffassung der Finanzbehörden wieder. Allerdings wird die aktuelle Rechtsprechung des Europäischen Gerichtshofes (EuGH) und des Bundesfinanzhofes (BFH) häufig nur verzögert verarbeitet bzw. über längere Zeit nicht umgesetzt, insbesondere in den Fällen, in denen diese der (bisherigen) Rechtsauffassung der Finanzbehörden nicht entspricht; deshalb ist eine parallele Beobachtung der Rechtsprechung gerade bei diesen umsatzsteuerlichen Zweifelsthemen unverzichtbar.

Umsatzsteuerpflichtige und umsatzsteuerfreie Aktivitäten finden sich vorrangig in der GuV-Position »4a. **Umsatzerlöse nach § 277 Absatz 1 des Handelsgesetzbuchs, soweit nicht in den Nummern 1 bis 4 enthalten«;** allerdings ergeben sich umsatzsteuerliche Konsequenzen auch bei vielen anderen GuV-Positionen, zumeist ohne dass erkennbar ist, ob eine Steuerpflicht oder eine -befreiung vorliegt.

Die Rechtsprechung der letzten Jahre hat den Umfang der Umsatzsteuerbefreiung erkennbar ausgeweitet; es ist insoweit insbesondere auf das Grundsatzurteil des BFH zur Abgabe von patientenindividuell hergestellten Arzneimitteln durch Krankenhausapotheken im ambulanten Bereich zu verweisen (Urteil vom 24.09.2014, V R 19/11, BStBl 2016 II, S. 781). Dessen Konsequenzen auf andere Sachverhalte, z. B. die Abgabe von Fertigarzneimitteln durch Krankenhäuser im ambulanten Bereich, sind unverändert nicht abschließend geklärt. Unverändert ergeben sich gleichwohl bei steuerlichen **Außenprüfungen** vielfach hohe Steuernachforderungen in Bezug auf bisher nicht erklärte steuerpflichtige Umsätze. Hinzu kommen zumeist Zinsen in Höhe von 6 % p.a. (§ 233a AO).

Nach den Vorgaben des Umsatzsteuergesetzes sind die steuerpflichtigen **Umsätze nach Steuersätzen getrennt netto** zu erfassen (§ 22 Abs. 2 Nr. 1 UStG). Ist das Krankenhaus nur teilweise zum Vorsteuerabzug berechtigt – dies dürfte der »Regelfall« sein –, so müssen aus den Aufzeichnungen diejenigen Vorsteuerbeträge eindeutig und leicht nachprüfbar zu ersehen sein, die den zum Vorsteuerabzug berechtigenden Umsätzen ganz oder teilweise zuzurechnen sind (§ 22 Abs. 3 Satz 2 UStG). Außerdem hat das Krankenhaus in diesen Fällen die Bemessungsgrundlagen für die steuerfreien Umsätze **getrennt** von den Bemessungsgrundlagen der steuerpflichtigen Umsätze aufzuzeichnen (§ 22 Abs. 3 Satz 3 UStG).

Diese Vorgaben sind im Krankenhaus häufig (noch) nicht bzw. nicht konsequent umgesetzt, weil alle Umsatzerlöse und alle Aufwendungen »brutto gebucht« werden. Für umsatzsteuerliche Zwecke sind deshalb in der Krankenhaus-Praxis vielfach immer noch Nebenrechnungen vorzufinden, durch welche die Vorgaben des Umsatzsteuerrechts umgesetzt werden (sollen).

5.9.2 Buchhaltung und Ertragsteuern

Zu den Ertragsteuern zählen die **Gewerbesteuer** und die **Körperschaftsteuer** zzgl. **Solidaritätszuschlag.** Durch das »Gesetz zur Rückführung des Solidaritätszuschlags 1995« vom 10.12.2019 ist der Solidaritätszuschlag im Bereich der Einkommensteuer weitgehend (ab dem 01.01.2021) abgeschafft worden. Auf die Körperschaftsteuer von Kapitalgesellschaften wird der Solidaritätszuschlag aber weiterhin (wie bisher) erhoben.

Sollte der Krankenhausträger eine Personengesellschaft oder eine natürliche Person sein, tritt an die Stelle der Körperschaftsteuer die Einkommensteuer. Derzeit wird darüber diskutiert, Personengesellschaften eine Option zur Körperschaftsteuer zu ermöglichen. Dadurch sollen sich Personenhandelsgesellschaften wie Kapitalgesellschaften besteuern lassen können. Der Bundesrat hat dazu am 25.06.2021 dem vom Bundestag beschlossenen »Gesetz zur Modernisierung des Körperschaftsteuerrechts (KöMoG)« zugestimmt (BR-Drucks. 467/21 (Beschluss)). Nach Unterzeichnung durch den Bundespräsidenten ist das Gesetz planmäßig zum 01.01.2022 in Kraft getreten.

Im Bereich der Gewerbesteuer wird Krankenhäusern allerdings durch § 3 Nr. 20 GewStG eine umfassende Befreiung gewährt, und zwar zum einen für Krankenhäuser in öffentlich-rechtlicher Trägerschaft (§ 3 Nr. 20 Buchst. a GewStG) und zum anderen für privatrechtliche Krankenhäuser, die im Erhebungszeitraum die in § 67 AO bezeichneten Voraussetzungen erfüllen (§ 3 Nr. 20 Buchst. b GewStG). Der Status bzw. die Anerkennung der Gemeinnützigkeit ist dabei irrelevant; es kommt bei privatrechtlichen Trägern ausschließlich auf die Erfüllung der Voraussetzungen des § 67 AO an.

Im Bereich der **Körperschaftsteuer** (zuzüglich Solidaritätszuschlag) ist – anders als bei der Gewerbesteuer – keine generelle Befreiung für Krankenhäuser vorgesehen. Die Steuerbefreiung ist hier an den Status der Gemeinnützigkeit (§§ 51 bis 68 AO) geknüpft; regelmäßig wird diese von den Krankenhäusern in öffentlich-rechtlicher Trägerschaft sowie den sog. »frei-gemeinnützigen« Krankenhäusern (in privatrechtlicher Trägerschaft) in Anspruch genommen. Die Befreiung von der Körperschaftsteuer umfasst dabei die Ergebnisse aus dem Krankenhaus-Zweckbetrieb (i. S. d. § 67 AO), die Ergebnisse aus weiteren satzungsmäßigen »Zweckbetrieben« und die Überschüsse aus der Vermögensverwaltung.

Von zentraler Bedeutung ist nach den vorstehenden Hinweisen der »**Krankenhaus-Zweckbetrieb« im Sinne des § 67 AO.** Danach ist ein Krankenhaus, das in den Anwendungsbereich des Krankenhausentgeltgesetzes oder der Bundespflegesatzverordnung fällt, ein Zweckbetrieb (im Sinne dieser Vorschrift), wenn mindestens 40 Prozent der jährlichen Belegungstage oder Berechnungstage auf Patienten entfallen, bei denen nur Entgelte für allgemeine Krankenhausleistungen (§ 7 KHEntgG, § 10 BPflV) berechnet werden.

Über den inhaltlichen Umfang des »Krankenhaus-Zweckbetriebs« wird bei vielen Sachverhalten – z. B. in Betriebsprüfungen – unverändert gerungen; der BFH hat sich hierzu zuletzt in drei Grundsatzurteilen geäußert, wobei eine weitere vierte Grundsatzentscheidung demnächst zu erwarten ist.

1. Nach dem Urteil vom 31.07.2013 (Az.: I R 82/12, BStBl 2015 II, S. 123) ist die **Abgabe von Zytostatika** durch die Krankenhausapotheke an ambulant behandelte Patienten des Krankenhauses zur unmittelbaren Verabreichung im Krankenhaus dem Zweckbetrieb Krankenhaus zuzurechnen, und zwar auch dann, wenn die Ermächtigung zur Durchführung ambulanter Behandlungen nicht dem Krankenhaus im Wege einer sog. Institutsermächtigung, sondern dem Chefarzt des Krankenhauses erteilt wird, der die Behandlungen als Dienstaufgabe durchführt.

2. Nach dem Urteil vom 18.10.2017 (Az.: V R 46/16, BStBl 2018 II, S. 672) ist die **Abgabe von Medikamenten zur Blutgerinnung (sog. Faktorpräparate)** an Hämophiliepatienten auch dann dem Zweckbetrieb Krankenhaus (§ 67 AO) zuzuordnen, wenn sich der Patient selbst das Medikament im Rahmen einer ärztlich kontrollierten Heimselbstbehandlung verabreicht.

3. Nach dem Urteil vom 06.06.2019 (V R 39/17, BStBl 2019 II, S. 651) ist es für die Zurechnung von Behandlungsleistungen mit **Abgabe von Zytostatika** zum

Zweckbetrieb Krankenhaus nicht erforderlich, dass die Behandlung von Patienten des Krankenhauses durch einen ermächtigten Arzt als Dienstaufgabe innerhalb einer nichtselbständigen Tätigkeit erbracht wird.

Demnächst ist eine BFH-Entscheidung zu erwarten, welches die vom FG Münster mit Urteil vom 13.01.2021 (13 K 365/17 K, G, F) vorgenommene Beurteilung der **Personal- und Sachmittelgestellungen an Chefärzte zum Betrieb einer (eigenen) ambulanten Praxis im Krankenhaus (sog. genehmigte Nebentätigkeit)** betrifft. Danach sind diese Personal- und Sachmittelgestellungen dem Krankenhaus-Zweckbetrieb zuzurechnen.

Das FG Münster hat in dieser Entscheidung noch eine weitere Thematik zu § 67 AO behandelt, nämlich die Zuordnung der Betriebsausgaben eines krankenhauseigenen (nicht verpachteten) Betriebs einer Mitarbeiter-Cafeteria. Das FG Münster folgt hier der Rechtsauffassung der Finanzverwaltung, welche diese Cafeteria-Aufwendungen aufgrund der subventionierten Mitarbeiterbeköstigung (als Lohnbestandteil) regelmäßig teilweise, nämlich soweit diese Aufwendungen nicht durch Erträge (Einnahmen) gedeckt sind, dem Krankenhaus-Zweckbetrieb (§ 67 AO) zurechnet. Auch über diesen Sachverhalt wird der BFH im anhängigen Revisionsverfahren zu entscheiden haben.

Das bereits in Kapitel 5.9.1 angesprochene Jahressteuergesetz 2020 vom 21.12.2020 hat – im Rahmen einer umfangreichen Gemeinnützigkeitsrechtsreform, über deren Details derzeit intensiv gerungen wird – Chancen dafür eröffnet bzw. erweitert, (bestehende) **Konzernstrukturen** und **Fördertätigkeiten** sowie interne und externe **Kooperations- und Leistungsbeziehungen** für die Zukunft zu optimieren, und zwar über das »eigentliche« Gemeinnützigkeitsrecht hinaus bei verschiedenen Steuerarten, insbesondere bei den Ertragsteuern (sowie ggf. der Grundsteuer). Für (steuerbegünstigte) Körperschaften – nicht steuerbegünstigte Träger dürften nicht betroffen sein – werden vielfältige **steuerbegünstige Kooperationsmöglichkeiten** denkbar sein, die – anders als bisher – ggf. nicht (mehr) zu einer Körperschaftsteuerpflicht (zuzüglich Solidaritätszuschlag) und Gewerbesteuerpflicht führen und/oder die eine gemeinnützigkeitsrechtlich unbedenkliche Verwendung eigener Mittel ermöglichen (vgl. hierzu insbesondere §§ 57 und 58 AO in der durch das Jahressteuergesetz 2020 vom 21.12.2020 geänderten bzw. erweiterten Fassung). Viele sog. Servicegesellschaften werden künftig die Steuerbegünstigungen des Gemeinnützigkeitsrechts in Anspruch nehmen können, wenn sie nach ihrem Gesellschaftsvertrag planmäßig mit anderen steuerbegünstigten Körperschaften zusammenwirken (§ 57 Abs. 3 AO). Hierzu wird sich die Finanzverwaltung dem Vernehmen nach im Laufe des 2. Halbjahrs 2021 mit Ausführungs- und Anwendungshinweisen äußern; deren Veröffentlichung sollte im Hinblick auf etwaige Anpassungen der Gesellschaftsverträge abgewartet werden. Anpassungen bis zum 31.12.2021 dürften grundsätzlich eine Anwendung der neuen Rechtslage ab dem 01.01.2022 eröffnen.

Wegen weiterer Einzelheiten zur Ertragsbesteuerung sowie zur Gemeinnützigkeitsrechtsreform ist auf die schon in Kapitel 5.9.1 genannte 7. Auflage des Buches von Klaßmann/Stein zu verweisen (»Aktuelle Besteuerungsfragen für Krankenhäuser und Krankenhausträger – Leitfaden für Krankenhausverwaltungen«), die kürzlich erschienen ist.

Die steuerlichen Buchführungspflichten ergeben sich aus §§ 140 ff. AO. Wer nach anderen Gesetzen als den Steuergesetzen Bücher und Aufzeichnungen zu führen hat – z. B. nach dem HGB bzw. der KHBV –, die für die Besteuerung von Bedeutung sind, hat die Verpflichtungen, die ihm nach den anderen Gesetzen obliegen, auch für die Besteuerung zu erfüllen (§ 140 AO). Dies betrifft Krankenhäuser aller Trägerarten.

Grundsätzlich muss die (für Steuerzwecke maßgebliche) Buchführung so beschaffen sein, dass sie einem sachverständigen Dritten innerhalb angemessener Zeit einen Überblick über die Geschäftsvorfälle und über die Lage des Unternehmens vermitteln kann. Die Geschäftsvorfälle müssen sich in ihrer Entstehung und Abwicklung verfolgen lassen; Aufzeichnungen sind so vorzunehmen, dass der Zweck, den sie für die Besteuerung erfüllen sollen, erreicht wird (§ 145 AO). Die umfangreichen »Ordnungsvorschriften für die Buchführung und die Aufzeichnungen« (§ 146 AO), ergänzt um diejenigen »für die Buchführung und die Aufzeichnungen mittels elektronischer Aufzeichnungssysteme« (§ 146a AO), sind insgesamt zu beachten, gleichermaßen die »Ordnungsvorschriften für die Aufbewahrung von Unterlagen« (§ 147 AO).

Von besonderer Bedeutung sind die (steuerlichen) Bilanzierungsvorgaben durch die sog. **»elektronische Steuerbilanz«** (sog. **»E-Bilanz«**), die erstmals im Jahre 2016 materiell zu beachten bzw. umzusetzen waren. Die insoweit maßgebliche Vorschrift des § 5b Abs. 1 EStG verpflichtet alle (bilanzierenden) Steuerpflichtigen, die ihren Gewinn nach § 4 Abs. 1, § 5 oder § 5a EStG ermitteln, für Wirtschaftsjahre, die nach dem 31.12.2011 beginnen, die (Handels-) Bilanz und die zugehörige Gewinn- und Verlustrechnung nebst steuerlicher Überleitungsrechnung oder unmittelbar eine Steuerbilanz nach amtlich vorgeschriebenem Datensatz (Taxonomie) im XBRL-Format elektronisch an das zuständige Finanzamt zu übermitteln. Das Bundesfinanzministerium wurde (gemäß § 50 Abs. 4 Nr. 1b EStG) ermächtigt, im Einvernehmen mit den obersten Finanzbehörden der Länder den **Mindestumfang** der nach § 5b EStG elektronisch zu übermittelnden (Steuer-) Bilanz und Gewinn- und Verlustrechnung (bzw. der Überleitungsrechnung) **zu bestimmen**. Dies ist zwischenzeitlich wiederholt geschehen. Neben der allgemeinen Taxonomie sind auf Grund spezieller Rechnungslegungsvorschriften Spezialtaxonomien und auf der Haupttaxonomie aufsetzende Erweiterungstaxonomien auch für Krankenhäuser und Pflegeeinrichtungen veröffentlicht worden. Das Unterlassen der elektronischen Datenübertragung nach amtlich vorgeschriebenem Datensatz (Taxonomie) durch Datenfernübertragung in Form von XBRL-Datensätzen ist im Übrigen **zwangsgeldbedroht** (§§ 328 ff. AO). Außerdem kann gemäß § 146 Abs. 2b AO ein sog. **Verzögerungsgeld** – auch mehrfach – festgesetzt werden.

5.10 Abgrenzung »Unfertige Leistungen« und »Bestandsveränderung«

Die DRG-Fälle, die über einen Stichtag im Krankenhaus liegen, werden abrechnungstechnisch als »**Überlieger**« bezeichnet. Für diese Überliegerpatienten sind die dem Krankenhaus für die Behandlung im alten Geschäftsjahr entstandenen Aufwendungen auch im alten Geschäftsjahr buchhalterisch erfasst, die Umsatzerlöse jedoch – wie gerade beschrieben – nicht. Für den auf das alte Geschäftsjahr entfallenden Leistungsanteil werden die für diese Überlieger angefallenen Kosten neutralisiert.

Das geschieht buchungstechnisch mit Hilfe der Position »Unfertige Leistungen«, die unter der Oberposition »Vorräte im Umlaufvermögen« der Bilanz auf der Aktivseite ausgewiesen wird. Die Gegenbuchung erfolgt in den Erfolgskonten (Erhöhung oder Verminderung des Bestandes an fertigen und unfertigen Erzeugnissen/unfertigen Leistungen (KUGr. 550 und 551) – kurz »Bestandsveränderung« genannt.

Mit der Abrechnung von Fallpauschalen als Entgelt für den kompletten somatischen Behandlungsfall ist buchhalterisch ein wesentlicher Unterschied zur Fakturierung auf der Basis von Berechnungstagen eingetreten. Die Fakturierung von Berechnungstagen bleibt jedoch für die psychiatrischen, psychosomatischen, psychotherapeutischen und übrigen Erlöse nach § 6 KHEntgG bis auf absehbare Zeit die Abrechnungsgrundlage.

Der **Berechnungstag** stellte **bis zum 31.12.1995** – abgesehen von den Sonderentgelten alter Art, die fallbezogen abgerechnet wurden – die kleinste abrechenbare Teilleistung der stationären Krankenhausbehandlung dar.

Dies gilt in der Abrechnung somatischer Leistungen **seit 01.01.1996** so **nicht** mehr. Zu jedem Stichtag – gleichgültig ob Monats-, Quartals- oder Jahresabschluss – müssen die über den Stichtag im Krankenhaus liegenden Fallpauschal-Patienten als **unfertige Leistungen** abgegrenzt werden.

Dieses Problem, das bei den »Fallpauschalen alter Art« noch als betragsmäßig von untergeordneter Bedeutung einzustufen war, bekam unter den DRG-Fallpauschalen **seit 31.12.2003 bzw. 2004** eine neue, **gewichtigere Bedeutung**.

Die wichtigsten Stichworte zur Bilanzierung unfertiger Leistungen zum Bilanzstichtag und den Stichtagen der Monatsabschlüsse ergeben sich aus Abbildung 5.25 (▶ Abb. 5.25).

Im **Monatsabschluss** kommt es auf eine zügige Berichterstattung an. Es geht Geschwindigkeit vor letzter Genauigkeit. In der Regel soll zum 10., spätestens zum 15., des Folgemonats der Monatsabschluss vorliegen. Es wird wohl i. d. R. eine **Buchinventur der Überlieger-Patienten** vorzunehmen sein. Die Bewertung dieser »angearbeiteten Fälle« wird mittels eines einfachen **Schätzverfahrens** (z. B. Bewertung der angefallenen Tage) erfolgen müssen. Die Abgrenzung erfolgt dann buchungstechnisch als Vorräte und erfolgsmäßig als Bestandsveränderung.

Auch zum **Jahresende** ist eine **buchmäßige Aufnahme (Inventur)** der über den Bilanzstichtag im Krankenhaus befindlichen stationären Patienten vorzunehmen. Für Zwecke der bilanziellen Bewertung im Jahresabschluss ist es in der Regel erforderlich, den **Anarbeitungsgrad des Falles** genauer und nachprüfbar zu dokumentieren. Beispielsweise sollten die Belegungstage auf der Normalstation (Aufnahmetag, Entlassungstag), die OP-Daten sowie eventuelle Intensivtage der Überlieger-Patienten inventarmäßig gelistet vorliegen. Auch sind die Fälle nach Entgeltarten (DRG-Entgelte, Zusatzentgelte, Restbudgetentgelte, ggf. auch Entgelte nach der BPflV) zu unterteilen.

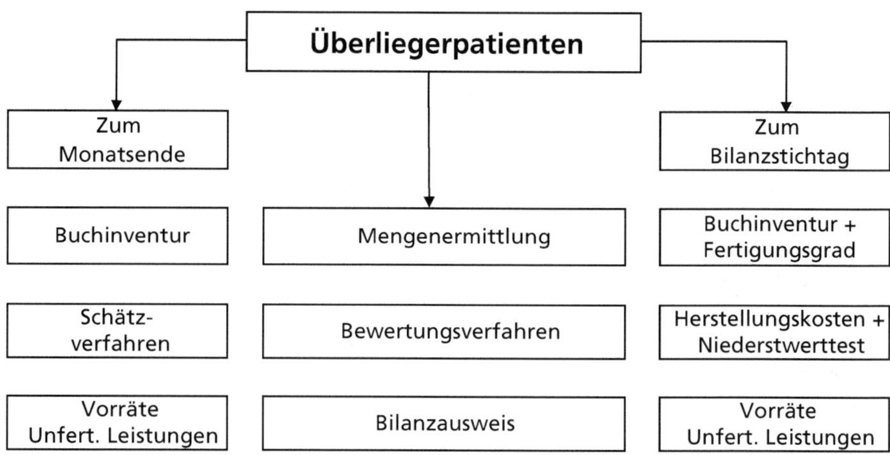

Abb. 5.25: Bilanzierung unfertiger Leistungen

Das Patientenaufkommen eines somatischen Krankenhauses ist für Zwecke der bilanziellen Einstufung in folgende Gruppen zu unterteilen:

- **Abgerechnete** (fakturierte) **Fälle** bis zum Bilanzstichtag.
  (Buchhaltung: per **Debitor** an **Umsatzerlöse**)
- **Noch nicht abgerechnete** (fakturierte) **Fälle** bis zum Bilanzstichtag,
1. davon entlassene, aber abrechnungstechnisch unklare Fälle
   (Buchung: per **Debitor** an **Umsatzerlöse**; Bewertung durch Schätzung),
2. davon noch nicht entlassene Fälle (**Überlieger**):
   - **Budget-Patienten** § 6 KHEntgG mit Abrechnung nach Tagessätzen inklusive Zusatzentgelte für diese Patienten
     (Buchung: per **Debitor** an **Umsatzerlöse**) und
   - Fallpauschal-Patienten inklusive Zusatzentgeltleistungen
     (Buchung: per **unfertige Leistungen** an **Bestandsveränderung**).

Unfertige Leistungen sind gemäß § 255 Abs. 2 HGB zu angefallenen Kosten (**Herstellungskosten**) – höchstens jedoch zum Leistungserlös abzüglich noch anfallender Kosten sowie eines Gewinnabschlages – zu bewerten (**Grundsatz der verlustfreien Bewertung**).

Grundsatz der verlustfreien Bewertung

»Bewertung von unten«:	**»Bewertung von oben«:**
Materialeinzelkosten	Leistungsentgelt
+ Fertigungseinzelkosten	./. Gewinnaufschlag
+ Sondereinzelkosten der Fertigung	./. Erlösschmälerungen
= Summe der Einzelkosten	./. Vertriebskosten
+ Materialgemeinkosten	./. Noch anfallende Kosten
+ Fertigungsgemeinkosten	= Aus dem Erlös abgeleiteter Wert
+ Abschreibungen	
= Steuer- u. handelsrechtliche Herstellungskostenuntergrenze	
+ Kosten der allgem. Verwaltung	
+ Kosten für soziale Einrichtungen	
+ Kosten f. freiw. soz. Aufwendungen	
+ Kosten für betriebl. Altersversorgung	
+ Aktivierungsfähiger Zinsaufwand	
= Bewertungsobergrenze des HGBs	
+ *Vertriebskosten*	
+ *Erlösschmälerungen*	
+ *Gewinnaufschlag*	
= *Leistungsentgelt*	

Zur **verlustfreien Bewertung** werden die Herstellungskosten (aus der »Bewertung von unten«) und der aus dem Erlös abgeleitete Wert (der »Bewertung von oben«) abgeglichen. Der niedrigere der beiden Werte ist anzusetzen. Übersteigt der Wert der noch zu erbringenden Leistungen den Wert der zu erwartenden Gegenleistung, so ist eine Rückstellung für drohende Verluste aus schwebenden Geschäften zu bilden.

Es sind somit für die Bewertung der unfertigen Leistungen die **Herstellungskosten** der »angearbeiteten« Patienten zu **ermitteln**. Dies geschieht üblicherweise bei gewerblichen Unternehmen mit Hilfe eines Betriebsabrechnungsbogens auf Basis einer Ist-Kostenrechnung. Ein derartiges Kostenrechnungssystem liegt ausgestaltet als Kostenträgerrechnung als »Kalkulation der Fallpauschalen – Handbuch zur Anwendung in Krankenhäusern«, Version 3.0 vor (www.g-drg.de). Von rd. 1.600 somatischen Krankenhäusern sahen sich 2013 jedoch nur 244 Krankenhäuser in der

Lage, brauchbare Resultate für die G-DRG-Kalkulation zu liefern. Nach der praktischen Erfahrung des Autors dürften zurzeit rd. 18 % der deutschen Krankenhäuser in der Lage sein, Herstellungskosten nach dieser handelsrechtlichen Methode der Kostenträgerrechnung zu ermitteln.

Die übrigen 82 % der somatischen Krankenhäuser verfügen über kein ausgefeiltes System einer Kostenträgerrechnung. Zur Bewertung der **unfertigen Leistungen bei DRG-Fallpauschalpatienten** werden vereinfachende Methoden verwendet. Beispielhaft seien hier genannt:

- die Erlösanteilsmethode,
- die Äquivalenzziffernmethode:
  - die pauschale Bewertung von Kostenblöcken,
  - die Übernahme von InEK-Kosten (Standard-Kalkulation deutscher Krankenhäuser).

Bei der **Erlösanteilsmethode** werden die DRG-Erlöse eines Falles um einen Gewinnabschlag (z. B. 3 %) gemindert. Der verbleibende Wert wird durch die Ist-Belegungstage geteilt. Es ergibt sich ein Wert pro Tag, der mit den angefallenen Belegungstagen bis zum Bilanzstichtag (altes Jahr) multipliziert wird. Das rechnerische Produkt der Multiplikation ergibt den bewerteten Überliegerfall zum Bilanzstichtag. Falls der Patient zum Zeitpunkt der Bilanzierung noch nicht entlassen ist, muss eine fallbezogene Schätzung der Belegungstage durchgeführt werden.

Bei der **Äquivalenzziffernmethode** gibt es zwei Spielarten: Die **pauschale Bewertung** von Kostenblöcken bewertet die DRGs mit einer kostspieligen OP-Leistung wie folgt: 30 % der um den Gewinnabschlag reduzierten Erlössumme werden als OP-Kosten geschätzt. Die restlichen 70 % werden nach Tagen verteilt. Die Ermittlung erfolgt wie bei der Erlösanteilsmethode. Zusätzlich wird ermittelt, ob der Überliegerpatient vor oder nach dem Bilanzstichtag operiert wurde. Liegt die Operation vor dem Bilanzstichtag, werden die geschätzten OP-Kosten (30 %) den unfertigen Leistungen zugerechnet. Liegt der OP-Tag nach dem Bilanzstichtag, erfolgt keine Zurechnung.

Bei der Äquivalenzziffernmethode nach InEK-Kosten erfolgt die Schätzung der OP-Kosten gemäß den Kosten der InEK-Kalkulation für diese Fallpauschale (DRG). Der weitere Kalkulationsgang ist mit der vorstehend beschriebenen pauschalen Bewertung identisch.

Der **Bilanzausweis der unfertigen Leistungen** erfolgt unter der Position »Vorräte«, Unterposition »Unfertige Leistungen« und der GuV-Ausweis unter der Position »Erhöhung oder Verminderung des Bestandes an unfertigen Leistungen«.

5.11 Die Personalkosten und ihre Abgrenzung

Die Personalkosten sind mit 50 bis 75 % der Benutzerkosten eines Krankenhauses die wertmäßig bedeutendste Kostenart. Sie sind nach den unterschiedlichsten Kriterien aufzugliedern:

- den **Lohnarten des Tarifwerkes** (z. B. TVÖD/AVR/TV MB) für Nachweiszwecke, dass die tariflichen Leistungen auch ordnungsgemäß vergütet worden sind (Lohn- und Gehaltsabrechnung),
- den **Kostenarten der KHBV**, also nach Dienstarten (wegen der Zuordnung wird auf die Zuordnungsvorschriften der KHBV hingewiesen) und weiter nach den handelsrechtlichen Aufwandsarten: Bruttolohn, gesetzliche Sozialabgaben (nur Arbeitgeberanteil), Altersversorgung und Unterstützung (Zusatzaltersversorgung zusätzlich zur gesetzlichen Rentenversicherung und Beihilfen) und sonstige Personalaufwendungen,
- den **Kostenstellenzuordnungen** der Kostenrechnung.

Grundsätzlich werden die Personalkosten mittels eines internen oder externen EDV-gestützten **Lohn- und Gehaltsabrechnungsprogramms** ermittelt. Aus den erfassten Stammdaten der Arbeitnehmer werden Arbeitgeberbrutto, das steuer-, sozialversicherungspflichtige und das zusatzversorgungskassenpflichtige Brutto, die Nettobezüge und die abzuführenden Beiträge und Einbehalte ermittelt. Diese Personalkosten lt. Lohnbuchhaltung stimmen grundsätzlich nicht mit den Personalkosten der Finanzbuchhaltung überein, denn es gibt immer Personalkostenbestandteile, die nur über die Finanzbuchhaltung gebucht werden, z. B. Urlaubsrückstellungen, Abgrenzung Mehrarbeitsvergütung, Beiträge zur berufsgenossenschaftlichen Unfallversicherung.

Ein weiteres Problem stellen in der Regel die **Rückrechnungen** der Lohn- und Gehaltsbuchhaltung dar. Wenn in der Lohn- und Gehaltsbuchhaltung ein Monat abgerechnet ist, ist dieser noch lange nicht buchungstechnisch gesperrt. Kommt es im Mai 2021 zu einer Rückrechnung in den November 2020, wird in den meisten Buchhaltungsprogrammen der Lohn- und Gehaltsabrechnung für den Monat November 2020 verändert, obwohl für diesen Monat in der Finanzbuchhaltung nicht mehr gebucht werden darf, denn die Jahresabschlussaufstellung, -prüfung und -feststellung für 2020 sind bereits erfolgt. In der Finanzbuchhaltung wird dieser Aufwand somit im Geschäftsjahr 2021 erfasst. Die Lohn- und Gehaltsbuchhaltung differiert dann zum Personalaufwand lt. Finanzbuchhaltung bezogen auf die einzelnen Geschäftsjahre.

In der Regel resultieren aus der **periodengerechten Aufwandszurechnung** zum abgelaufenen Geschäftsjahr Abgrenzungsbuchungen, die – wie gesagt – zu Differenzen zwischen Lohn- und Gehalts- sowie Finanzbuchhaltung führen. Die **periodengerechte Aufwandszurechnung** bedeutet, dass die **Personalkosten**, welche im abgelaufenen Geschäftsjahr verursacht wurden, auch wertmäßig in der Buchhaltung des alten Geschäftsjahres erfasst sind. Dabei ergeben sich erfahrungsgemäß aus dem Umstand, dass zwei voneinander abgeschottete Abteilungen ihre Arbeitsergebnisse im jeweils anderen Rechenwerk der IT abbilden müssen, die größten Schwierigkeiten. Die Abstimmung der **Vollständigkeit der Übernahme der Personalkostenbuchungen** aus der Lohn- und Gehaltsabrechnung in die Finanzbuchhaltung sollte grundsätzlich monatlich, mindestens jedoch quartalsweise erfolgen. Angesichts der zunehmend EDV-mäßigen Übergabe der Personalkosten aus der Lohn- und Gehaltsabrechnung in die Finanzbuchhaltung dürften sich dabei keine Probleme ergeben.

Im zeitlichen Ablauf nach der Lohn- und Gehaltsausrechnung erfolgt deren **zahlungsmäßige Abwicklung** – Nettolöhne, gesetzlichen Sozialabgaben, ZVK,

Lohn- und Kirchensteuern sowie der sonstigen Einbehalte. Aus dieser Vielfalt der Zahlungen ergeben sich immer wieder Rückläufer, Pfändungs- und Überweisungsbeschlüsse, Kontenänderungen, aber auch Rückrechnungen etc., die in der Finanzbuchhaltung auftauchen, aber in der Personalabteilung bearbeitet werden müssen, um danach in der Finanzbuchhaltung richtig verbucht zu werden.

Aufgrund der von der Pflegepersonaluntergrenzen-Verordnung (PPUGV) vom 28.10.2019 (BGBl. 2019 I Nr. 37 Seite 1.492 ff.) sowie der Folgeverordnungen – zuletzt Fassung vom 08.11.2021 – gelten ab 01.01.2022 folgende Findestbesetzungen für folgende Abteilungen bzw. Bereiche des Krankenhauses. Es gilt die Voraussetzung, dass zuvor eine Aufforderung durch das InEK an das Krankenhaus ergangen ist, dass die Abteilung bzw. der Bereich der Überwachung nach der PPUGV unterliegt, d. h. die Mindestbesetzungen in der Pflege bezogen auf die Zahl der behandelten Fälle muss eingehalten werden und bei nicht Einhaltung hat das Krankenhaus die Pflicht diesen Verstoß zu melden bzw. anzuzeigen. Es gelten folgende Mindestbesetzungen (▶ Tab. 5.5):

Tab. 5.5: Mindestbesetzungen nach der PPUGV 2022 (Quelle: Eigene Zusammenstellung aus § 6 PPUGV)

	Tagschicht		Nachtschicht		Anteil der Pflegehilfskräfte	
	Patienten	Pflegekräfte	Patienten	Pflegekräfte	Tagschicht	Nachtschicht
Intensivmedizin und pädiatrische Intensivmedizin	2	1	3	1	5 %	5 %
Geriatrie	10	1	20	1	15 %	20 %
Allgemeine Chirurgie und Unfallchirurgie	10	1	20	1	10 %	10 %
Innere Medizin und Kardiologie	10	1	22	1	10 %	10 %
Neurologie	10	1	20	1	8 %	8 %
Stroke Unit	3	1	5	1	0 %	0 %
Neurologische Frühreha	5	1	12	1	10 %	10 %
Pädiatrie	6	1	10	1	5 %	5 %
Spezielle Pädiatrie	6	1	14	1	5 %	5 %
Gynäkologie	8	1	18	1	5 %	0 %
Orthopädie	10	1	20	1	10 %	10 %

Für die Jahre **ab 2019** haben die Krankenhäuser (einmal jährlich) durch Bestätigung eines Wirtschaftsprüfers, einer Wirtschaftsprüfungsgesellschaft, eines vereidigten Buchprüfers oder einer Buchprüfungsgesellschaft den Vertragsparteien nach Abs. 1 Satz 1, den Vertragsparteien nach § 11 des Krankenhausentgeltgesetzes und der jeweiligen für die Krankenhausplanung zuständigen Behörde den Erfüllungsgrad der Einhaltung der Pflegepersonaluntergrenzen, die in § 6 der Pflegepersonaluntergrenzen-Verordnung, in einer Vereinbarung nach Absatz 1 oder in einer Verordnung nach Abs. 3 Satz 1 festgelegt wurden, differenziert nach Berufsbezeichnungen und unter Berücksichtigung des Ziels der Vermeidung von Personalverlagerungseffekten, nachzuweisen (vgl. § 137 i SGB V).

Wegen der geforderten **monatlichen Nachweisführung** zur Einhaltung von Mindestbesetzungen in festgelegten Bereichen des Krankenhauses (vgl. § 2 PUGV-Nachweis-Vereinbarung) und zum Controlling des ausgegliederten Pflegebudgets (neue Entgeltform im Berichtswesen) ist die Zusammenarbeit zwischen der Lohn- und Gehaltsabrechnung und der Finanzbuchhaltung neu zu organisieren. Die erforderlichen Daten für die externen Meldepflichten können allein aus der Finanzbuchhaltung nicht gewonnen werden. Sie sind als Vollkräfte dort nicht fassbar. Eine Neuordnung der Sachkonten (Kostenartenrechnung) sowie der Kostenstellen (Kostenstellenrechnung) könnten eine Erleichterung für das Controlling schaffen, monatlich die Mindestbesetzungen in der Pflege den Fallzahlen gegenüberzustellen.

Schließlich gibt es Personalaufwendungen, die nicht aus der Lohn- und Gehaltsabrechnung stammen. Als Beispiele seien die **Berufsgenossenschaftsbeiträge** bzw. das **Konkursausfallgeld** oder die **Schwerbehindertenausgleichsabgabe** genannt. Aber auch **manuelle Personalkostenabgrenzungen** wie zum Beispiel die Veränderung der Pensions- und Urlaubsrückstellung, die Abgrenzung der variablen Lohnbestandteile (Überstunden, Bereitschaftsdienst- und Rufbereitschaftsvergütungen, Schichtzulagen, Wochenend- und Feiertagszulagen etc.) sind dafür verantwortlich, dass der ausgewiesene Personalaufwand der Finanzbuchhaltung nicht automatisch mit der Summe der monatlichen Aufwandsabrechnungen der Lohn- und Gehaltsabrechnung übereinstimmt.

Eine solche **Abstimmung der Personalaufwendungen** laut Finanzbuchhaltung abzüglich manueller Buchungen mit den kumulierten Personalaufwendungen ist zu den Monatsabschlüssen und dem **zum Jahresabschluss unverzichtbar**, um nachzuweisen, dass alle Personalaufwendungen auch wirklich in der Finanzbuchhaltung erfasst sind.

In der Wirtschaftsprüfung werden in der Regel weitere indirekte Prüfungshandlungen durch die Bildung und Beurteilung von Kennzahlen durchgeführt. Häufig gebräuchlich sind beispielsweise:

Personalkosten/VK =   Personalkosten je Vollkraft
    – max. TEUR 75,6 bzw. min. TEUR 68,1

Produktivität/VK =   Produktivität je Vollkraft
    – max. TEUR 121,9 bzw. min. TEUR 82,9

Diese Kennzahlen können auch je nach Dienstart berechnet werden.

5.12 Die Zusatzaltersversorgung

Für die Arbeitnehmer der meisten Krankenhausträger besteht neben der Mitgliedschaft in der gesetzlichen Rentenversicherung ein zweites betriebliches Altersversorgungssystem – das der betrieblichen Zusatzaltersversorgung. Die Aufwendungen für die Zusatzaltersversorgung des Krankenhauspersonals belasten den Personalaufwand in besonderem Maße, weil i. d. R. der Arbeitgeber den vollen Aufwand trägt. Neben den grundsätzlich hälftig durch den Arbeitnehmer und den Arbeitgeber zu tragenden Beiträgen zur gesetzlichen Altersversorgung (vgl. Anlage 10 GuV-Pos.: Personalaufwendungen – Soziale Aufwendungen – KGr. 61 des Kontenrahmens der KHBV) werden in Akut-Krankenhäusern und psychiatrischen Krankenhäusern i. d. R. Beiträge für ein Zusatzaltersversorgungssystem (vgl. Anlage 10 GuV-Pos.: Personalaufwendungen – Soziale Aufwendungen – KGr. 62 des Kontenrahmens der KHBV) entrichtet.

Von den üblichen Formen der betrieblichen Altersversorgung

- Direktversicherung,
- Pensionskasse,
- Pensionszusage, ggf. rückgedeckt,
- Unterstützungskasse, ggf. rückgedeckt und
- Pensionsfonds

sollen hier nur die in der Krankenhausbranche gebräuchlichsten Formen der Pensionskasse (VBL, ZVK, KZVK etc.) und der Pensionszusage behandelt werden.

Die Praxis zeigt, dass die Ermittlung der Aufwandshöhe (Beschaffung des neuen Pensionsgutachtens) und die Bilanzierung der Altersversorgungsverpflichtungen gerne bis zu den Jahresabschlussarbeiten hinausgezögert werden.

Um den **zukünftigen Aufwand aus den Pensionsrückstellungen** abzuschätzen, empfiehlt es sich, beispielsweise alle 3 Jahre ein **Mehrjahres-Gutachten** vom Versicherungsmathematiker fertigen zu lassen. Die Veränderung der Pensionswerte ist der Aufwand bzw. Ertrag, mit dem das Krankenhaus bereits innerjährlich rechnen kann (Abgrenzung) und spätestens zum Jahresende rechnen muss.

Zunächst gilt es, recht **einfache Unterscheidungen** zu treffen, mittels derer die Buchung und Bilanzierung wesentlich erleichtert wird. Es ist zu prüfen, in welcher Form das Krankenhaus bzw. der Krankenhausträger die Zusatzaltersversorgung seiner Mitarbeiter sicherstellt. Ob es bzw. er **Einzelzusagen** auf betriebliche Altersversorgung gewährt hat oder ob

- **Beamte** mit gesetzlichen Versorgungsbezügen nach dem Beamtenversorgungsgesetz beschäftigt werden oder ob
- **Zusatzaltersversorgungen für Arbeiter und Angestellte** nach den Regeln des öffentlichen Dienstes (gemäß BAT/TVÖD bzw. Manteltarifvertrag oder AVR) gewährt werden, z. B. durch Übernahme der Versorgungslasten durch besondere dafür geschaffene Einrichtungen, z. B. die Versorgungsanstalt des Bundes und der

Länder (VBL), an eine der öffentlichen Zusatzversorgungskassen (ZVK) oder die kirchlichen Zusatzversorgungskassen.
- Ersatzweise können auch anders abgeschlossene Vereinbarungen nach dem System der Pensionsfonds, der Unterstützungskasse oder der Direktversicherung bestehen.

Ist dies der Fall, sind die Verpflichtungen in Hinblick auf ihre Passivierung zu prüfen. **Einzelvertragliche Altersversorgungszusagen** sind nach handelsrechtlichen Grundsätzen als Rückstellungen für ungewisse Verbindlichkeiten (§ 249 Abs. 1 HGB) zu bilanzieren. Es besteht grundsätzlich **Passivierungspflicht**. Gleiches gilt für die Pensionen bzw. Anwartschaften **beamteter Mitarbeiter**, für deren gesetzliche Pensionsansprüche ebenfalls Pensionsrückstellungen zu bilden ist. Aber Vorsicht, beamtete Mitarbeiter können ausschließlich in Einrichtungen beschäftigt sein, welche die Dienstherreneigenschaft besitzen, was bei Rechtsformen des privaten Rechts (z. B. GmbHs oder AGs) niemals der Fall sein kann. Übernimmt eine Krankenhausträger GmbH die Altersversorgungsansprüche für an sie gestellte Beamte, so liegt weder eine unmittelbare noch eine mittelbare Altersversorgungverpflichtung vor, wenn die GmbH der Gebietskörperschaft die Zusage erteilt hat, die Kosten für die Altersversorgung zu übernehmen (vgl. hierzu auch den Rechnungslegungsstandard 23 des Instituts der Wirtschaftsprüfer, Abschnitt 6).

Eine historisch bedingte **Ausnahme** lässt der Gesetzgeber für so genannte **Altzusagen** aus der Zeit vor dem 01.01.1987 zu. Danach besteht für laufende Pensionen oder Anwartschaften auf Grund unmittelbarer Pensionszusagen das Passivierungswahlrecht fort, wenn die Zusage vor dem 01.01.1987 erteilt wurde. Wird von dem Passivierungswahlrecht Gebrauch gemacht, ist der unterlassene Bilanzansatz betragsmäßig im Anhang zu nennen (Angabepflicht gem. Art. 28 Abs. 2 EGHGB).

Die Einzelzusagen an (leitende) Mitarbeiter können über entsprechend abgeschlossene **Kapitallebensversicherungen rückgedeckt** sein. Damit ist sichergestellt, dass im Falle der Zahlungs- bzw. Einstandspflicht des Arbeitgebers, der seinem Arbeitnehmer die Zusage erteilt hat, die abgeschlossene Kapitallebensversicherung bei Fälligkeit liquiditätswirksam wird, ohne die Liquidität des Krankenhauses zu beanspruchen.

Im Jahresabschluss sind die Guthaben aus rückdeckenden Lebensversicherungen zu aktivieren. Gemäß BilMoG sind die Pensionsverpflichtung und das Guthaben aus der **Kapitallebensversicherung** zu saldieren (§ 246 Abs. 2 HGB). Verbleibt ein passiver Restbetrag, ist dieser als Pensionsverpflichtung zu passivieren, verbleibt ein aktiver Unterschiedsbetrag, ist ein speziell für diesen Fall neu zu bildender Bilanzposten der Aktiva zu dotieren, der als »aktiver Unterschiedsbetrag aus der Vermögensverrechnung« zu bezeichnen ist.

Schließlich ist noch die Bilanzierung der **betrieblichen Altersversorgung für Arbeiter und Angestellte im öffentlichen Dienst** bzw. in dem dem Beamtenrecht nachgebildeten Dienstrecht der kirchlichen und freigemeinnützigen Krankenhäuser zu klären. Die Regelungen finden sich im Tarifvertrag Altersversorgung des BAT/ TVöD. Danach hat ein Arbeiter oder Angestellter im öffentlichen Dienst nach fünf Jahren eine unverfallbare Anwartschaft auf eine Zusatzversorgung erworben. Die Ansprüche aus der Zusatzversorgung werden von der rechtlich selbständigen Zusatzversorgungskasse (ZVK, VBL, KZVK u. ä.) erfüllt, bei der der Krankenhausträger Mitglied ist. Dafür zahlt der Krankenhausträger/das Krankenhaus eine Umlage an diese Pensionskasse. Die Beiträge werden grundsätzlich vom Krankenhaus (Arbeitgeber) alleine aufgebracht. Seit einiger Zeit beteiligen sich die Arbeitnehmer – zumindest bei einigen Versorgungskassen, z. B. der VBL – an der Aufbringung dieser Beiträge (sog. Sanierungsbeiträge), wenn die Umlage einen bestimmten Prozentsatz der Personalkosten überschreitet. Der Aufwand für die Pensionskasse ist laufender Aufwand des Krankenhauses. Abgrenzungen in der Bilanz finden bei laufender Mitgliedschaft grundsätzlich nicht statt.

Im Sinne des Handelsrechts liegt bei der Einschaltung einer Versorgungskasse eine **mittelbare Pensionsverpflichtung** vor. Für mittelbare Pensionsverpflichtungen besteht gemäß Art. 28 EGHGB wiederum ein Passivierungswahlrecht mit der Verpflichtung zur Fehlbetragsangabe im Anhang, wenn das Wahlrecht in Anspruch genommen wird. Praktisch würde dies bedeuten, dass alle Krankenhäuser eine Ermittlung ihrer auf die Zusatzversorgungskasse ausgelagerten Pensionsverpflichtungen vornehmen müssten, um diese in der Bilanz oder im Anhang auszuweisen. Die Bilanzierungspraxis der Krankenhäuser zeigt hier eindeutig ein Versäumnis, das auch auf den Schwierigkeiten der Datenerhebung beruht. Schließlich ist darauf hinzuweisen, dass neben der Umlage, die die Zusatzversorgungskasse erhebt, die Bildung einer Pensionsrückstellung zur Abdeckung der **mittelbaren Pensionsrisiken** buchhalterisch zulässig ist. Diese steht für die **latente Einstandspflicht**, die den Krankenhausträger trifft, wenn beispielsweise bei bestimmten teilzeitbeschäftigten Arbeitnehmern die Anmeldung bei der Zusatzversorgungskasse unterblieben ist. Hier hat das Bundesarbeitsgericht in wiederholter Rechtsprechung die Einstandspflicht der Arbeitgeber bestätigt. Auch bei einem Wechsel der Versorgungskasse oder Austritt aus dem Zusatzversorgungssystem lebt die originäre Leistungspflicht des Krankenhausträgers wieder auf.

Die **Mitgliedschaft in einer Pensionskasse** ist nur sehr teuer zu **beenden**. In allen Satzungen der Pensionskassen ist geregelt, was im Falle einer Beendigung der Mitgliedschaft passiert. In der Regel wird dann ein sog. **Ausgleichsbetrag** fällig, mit dem die künftigen Rentenzahlungen für alle Arbeitnehmer mit unverfallbaren Anwartschaften abgegolten werden, die die ZVK für den Krankenhausträger übernimmt. In der Praxis sind dies hohe Millionenbeträge als Ausgleichszahlungen, die dann an die Pensionskasse fällig werden. Diese Beträge sind wegen der Beendigung des Verpflichtungsverhältnisses nur für die Vergangenheit als Aufwand für frühere Jahre abzugrenzen. Das Krankenhaus wird **wirtschaftlich** so gestellt, als ob es für alle Jahre der Vergangenheit für alle Mitarbeiter Pensionsrückstellungen gebildet hätte, nur dass die Differenz zwischen den Umlagen und der Pensionsrückstellung sofort erfolgswirksam (Aufwand für Altersversorgung) wird. Die Pensionsrückstellungen werden bei der Pensionskasse gebildet und mit dem Bargeld aus der Ausgleichszahlung rückgedeckt. Ein Ausstieg aus diesen Systemen ist damit in der Regel zu teuer, um ihn ernsthaft als Handlungsalternative zu versuchen.

Die **Bewertung der Pensionsrückstellung** erfolgt gemäß § 253 Abs. 1 HGB zum »nach vernünftiger kaufmännischer Beurteilung notwendigen Erfüllungsbetrag«, d. h. die Gehaltsentwicklung bzw. der Karrieretrend, die Lebenserwartung und die betriebliche Fluktuation sind in der Bewertung der Pensionsrückstellung zu berücksichtigen.

Die Abzinsung der Rückstellungen wird mit Einführung des BilMoG Pflicht. Das Gesetz schreibt in § 253 Abs. 2 HGB vor:

»Rückstellungen mit einer Restlaufzeit von mehr als einem Jahr sind mit dem ihrer Restlaufzeit entsprechenden durchschnittlichen Marktzinssatz der vergangenen sieben Geschäftsjahre abzuzinsen. Abweichend von Satz 1 dürfen Rückstellungen für Altersversorgungsverpflichtungen oder vergleichbare langfristig fällige Verpflichtungen pauschal mit dem durchschnittlichen Marktzinssatz abgezinst werden, der sich bei einer angenommenen Restlaufzeit von 15 Jahren ergibt. Die Sätze 1 und 2 gelten entsprechend für auf Rentenverpflichtungen beruhende Verbindlichkeiten, für die eine Gegenleistung nicht mehr zu erwarten ist. Der nach den Sätzen 1 und 2 anzuwendende Abzinsungszinssatz wird von der Deutschen Bundesbank nach Maßgabe einer Rechtsverordnung ermittelt und monatlich bekannt gegeben.«

Zusammenfassend ist festzustellen, dass die Pensionsrückstellung nach zwei Methoden abzinsbar ist:

- Erstens mit dem der Restlaufzeit jeder einzelnen Pensionsverpflichtung entsprechenden durchschnittlichen Marktzinssatz der vergangenen sieben Geschäftsjahre oder
- zweitens einheitlich mit dem Marktzinssatz einer angenommenen durchschnittlichen Restlaufzeit von 15 Jahren angewandt auf jede Versorgungszusage.

Soweit auf Grund der geänderten Bewertung der laufenden Pensionen oder Anwartschaften auf Pensionen eine Zuführung zu den Rückstellungen erforderlich ist, ist dieser Betrag bis spätestens zum 31.12.2024 in jedem Geschäftsjahr zu mindestens einem Fünfzehntel anzusammeln.

5.13 Die Sachkosten und die Kreditoren

Die **Abgrenzung der Kreditoren** zu einem Stichtag – sei dies nun ein Monats-, Quartals- oder Jahresabschluss – ist eine andere Bezeichnung für die **periodengerechte Aufwandszurechnung**. Diese wird durch § 252 Abs. 1 Nr. 5 HGB gesetzlich vorgeschrieben. Die Grundzüge der periodengerechten Zuordnung von Aufwand und Ertrag, die zugleich ein wesentliches Element der kaufmännischen doppelten Buchhaltung darstellen, hat ein alter Buchhalter einmal so formuliert: **»Aufwand und Ertrag werden sofort gebucht, die Zahlung erfolgt rein zufällig.«** Er hätte auch sagen können: Die Kreditoren (Verbindlichkeiten) und die Debitoren (Forderungen) werden sofort gebucht; es hätte die gleiche Aussage ergeben.

Eine genaue Periodenabgrenzung vermeidet den Ausweis von **periodenfremden Aufwendungen und Erträgen**. Gemäß § 277 Abs. 4 Satz 3 HGB sind **wesentliche** periodenfremde Positionen mit einem **»davon-Vermerk«** in der Gewinn- und Verlustrechnung kenntlich zu machen. Ein Ausweis im Anhang ist wahlweise möglich.

Die Positionen »periodenfremde Aufwendungen« und »periodenfremde Erträge« haben im Laufe der Zeit in der KHBV eine veränderte Buchungspraxis erfahren. Bis zur Einführung des Bilanzrichtliniengesetzes in die KHBV (1987) wurden periodenfremde Geschäftsvorfälle in die dafür vorgesehenen Konten »periodenfremde Erträge/Aufwendungen« gebucht. Seit 1987 sind periodenfremde Geschäftsvorfälle grundsätzlich in der Position der Gewinn- und Verlustrechnung zu erfassen, in der sie bei periodengerechter Buchung auszuweisen gewesen wären. Da aber die Konten »periodenfremde Erträge/Aufwendungen« in der KHBV immer noch bestehen, stellt sich die Frage, was denn dort heute zu buchen ist. Hier sind nach Auffassung des Krankenhausfachausschusses nur die periodenfremden Buchungen, die sonstige ordentliche Erträge und Aufwendungen betreffen, zu erfassen.

Für die termingerechte Aufstellung des Jahresabschlusses ist es in der Regel erforderlich, einen **Buchungsschluss für Kreditorenrechnungen** festzulegen. Die kontokorrentmäßige Einbuchung der Kreditoren im alten Geschäftsjahr erfolgt nur bis zu diesem bestimmten Datum, z. B. dem 20. Januar des neuen Geschäftsjahres. Danach wird eine Erfassung als Rückstellung für ausstehende Rechnungen im alten Geschäftsjahr gebucht, bei gleichzeitiger Erfassung der Kreditorenrechnung im Kontokorrent des neuen Geschäftsjahres mit einer Gegenbuchung gegen die Rückstellungen. Das Datum, bis zu dem eine Erfassung im Kontokorrent des alten Geschäftsjahres möglich ist, hängt oftmals von der Ausgestaltung des Buchhaltungsprogramms und dessen Fähigkeit, mehrere offene Geschäftsjahre (Abschlüsse) gleichzeitig zu verwalten, ab. Wenn beispielsweise der Buchungsmonat Dezember noch offen ist, kann der Buchungsmonat Januar nicht abgeschlossen werden.

Um eine möglichst vollständige Kreditorenabgrenzung zu erhalten, kann auch das EDV-gestützte Bestellwesen des Einkaufs genutzt werden. Zusätzlich zu den ausstehenden Rechnungen aus der Materialwirtschaft sind noch die ausstehenden Rechnungen aus Bauvorhaben und aus bezogenen Dienstleistungen zu erfassen.

Vor einer vollständigen Erfassung der **Kreditoren** ist es erforderlich, von den Lieferanten und Geschäftspartnern **Saldenbestätigungen einzuholen**, d. h. mit diesen eine Saldenabstimmung durchzuführen. Der Umfang der Stichprobe der Saldenbestätigungsaktion ist unbedingt mit dem Jahresabschlussprüfer abzustimmen. Hierzu werden die zum Bilanzstichtag offenen Posten aufgelistet (OP-Liste), mit dem Wirtschaftsprüfer eine Stichprobe abgestimmt und unter Aufsicht des Wirtschaftsprüfers postalisch versandt. Wichtig ist dabei, dass keine der ausgewählten Saldenbestätigungen dem Geschäftspartner vorenthalten werden können. Dieser schickt das Doppel der Saldenabstimmung unterschrieben und ggf. mit seinen Anmerkungen versehen an den Wirtschaftsprüfer des Krankenhauses. Die Anmerkung lautet beispielsweise: »Einverstanden« oder »Abweichend, um die Rechnungsnummern … mit den Beträgen EUR …«. Die abweichenden Saldenbestätigungen müssen unverzüglich vom Wirtschaftsprüfer in Kopie an die Finanzbuchhaltung weitergeleitet und dort geklärt werden. In der Regel stimmt man nicht alle Kreditorensalden ab, sondern nur eine Auswahl (Stichprobe), beispielsweise alle Posten über EUR 20.000,00 und **alle** Salden einschließlich Null-Salden für jährlich wechselnd 3–5 Buchstaben der Lieferantenkonten (Kreditoren).

Für den Ausweis des Kreditorenkontokorrents in der Bilanz ist es notwendig, die **debitorischen Kreditoren** (z. B. Überzahlungen, versehentliche Doppelzahlungen,

Jahresendvergütungen, nicht verrechnete Boni, Skonti etc.) zu ermitteln, damit deren Ausweis unter den sonstigen Vermögensgegenständen erfolgen kann. Rechtsgrundlage für diese Umgliederung ist das grundsätzlich Saldierungsverbot (§ 246 Abs. 2 HGB) des HGBs. Umgekehrt ist es auch notwendig, aus den Debitoren die **kreditorischen Debitoren** zu ermitteln, damit diese unter den »Sonstigen Verbindlichkeiten« ausgewiesen werden können.

Weiterhin ist es für Ausweiszwecke notwendig, die Verbindlichkeiten mit dem Krankenhausträger,

- Verbindlichkeiten gegenüber Gesellschaftern,
- Verbindlichkeiten gegenüber Beteiligungsunternehmen und/oder
- Verbindlichkeiten gegenüber verbundenen Unternehmen

zu separieren, damit deren gesonderter Bilanzausweis erfolgen kann.

Die Unterlage, die den Nachweis ermöglicht, welche Kontensalden in welcher Bilanzposition ausgewiesen sind, wird auch **Kontokorrentverteilung** genannt und ist in jedem Fall vom Krankenhausrechnungswesen zu erstellen, wenn sie nicht aus der Buchhaltungssoftware generiert werden kann.

Zur Kontrolle, wie sich die Kreditoren (inkl. der debitorischen Kreditoren) im neuen Geschäftsjahr abwickeln, sollte eine Angabe über deren zahlungsmäßigen Ausgleich im neuen Jahr erstellt werden (z. B. Nachweis durch eine entsprechende Offene Postenliste). Schließlich sollte kontrolliert werden, ob es im neuen Jahr zu Ausbuchungen von Kreditoren aus dem Bestand vom 31.12. gekommen ist.

Zu Abstimmungszwecken der Fördermittelbilanz ist eine **Aufteilung der Kreditoren** in Fördermittel betreffende und die Eigenmittelfinanzierung betreffende Lieferantenverbindlichkeiten vorzunehmen.

Schließlich sei darauf hingewiesen, dass der **Ausweis der Sachaufwendungen** in den Positionen der Gewinn- und Verlustrechnung nach der KHBV [Materialaufwand (RHB-Stoffe; bezogene Leistungen), Abschreibungen (nur Gebrauchsgüter), sonstige Aufwendungen und Steuern] von dem für Zwecke des Controllings und der Kalkulation nach der BPflV erheblich abweicht. Eine Aufstellung der Sachkosten nach den Kostenarten des Kalkulationsschemas der BPflV erleichtert die **Abweichungsanalyse** für die **Sachkosten**.

Eine derartige Abweichungsanalyse der Sachkosten, differenziert nach variablen Kosten (fallzahlvariabel, tagesvariabel) und fixen Kosten sollte die strukturellen Veränderungen zu den Vorjahreszahlen kommentieren. Nur diese Analysen schaffen die inhaltlichen Voraussetzungen, um die erforderlichen Angaben im Anhang und Lagebericht zu machen.

6   Der Anhang

Den Anhang zum Jahresabschluss – bestehend aus Bilanz und Gewinn- und Verlustrechnung – kann auch als **technische Betriebsanleitung** zum Lesen des Jahresabschlusses bezeichnet werden. Die Vorschriften zum Inhalt des Anhangs sind im Wesentlichen in den §§ 284, 285 HGB sowie für Krankenhausabschlüsse in § 4 der KHBV enthalten. Im HGB enthalten eine Reihe von Paragrafen im gesamten Abschnitt des 3. Buches des Handelsgesetzbuches und des Einführungsgesetzes zum HGB zusätzliche Anhangangabepflichten.

Der Anhang für Krankenhäuser, aufgestellt nach den Vorschriften der KHBV, enthält zunächst wie der Anhang für Kapitalgesellschaften, aufgestellt nach den handelsrechtlichen Vorschriften, verbale Erläuterungen zu den Bilanzierungs- und Bewertungsmethoden sowie ergänzende Informationen zu Posten der Bilanz sowie der Gewinn- und Verlustrechnung (§ 4 Abs. 1 KHBV). Der Umfang der Pflichtangaben für den Anhang, aufgestellt nach den Vorschriften der KHBV, ist deutlich geringer im Vergleich zu einem Anhang, wie ihn große Kapitalgesellschaften nach den handelsrechtlichen Vorschriften aufstellen müssen. Sofern kleine oder mittelgroße Kapitalgesellschaften nach den Größenkriterien des § 267 HGB als Krankenhausträger bilanzieren, können diese Gesellschaften von den größenabhängigen Erleichterungen des § 288 HGB Gebrauch machen und auf eine Reihe von Anhangangaben verzichten.

Anlage 8 gibt einen Überblick über den erforderlichen Berichterstattungsumfang für große Kapitalgesellschaften mit Hinweisen auf die Erleichterungsvorschriften für mittlere und kleine Kapitalgesellschaften (► Anlage 8). In der Darstellung wird auch differenziert nach Angaben, welche nur für Krankenhäuser in der Rechtsform der Kapitalgesellschaften und welche für alle Krankenhäuser verbindlich zu machen sind.

Nach der umfassenden Reform des Handelsgesetzbuchs durch das BilMoG sind mit dem Bilanzrichtlinienumsetzungsgesetz, kurz BilRuG, nunmehr weitere Veränderungen der handelsrechtlichen Vorschriften zu beachten.

Das Handelsgesetzbuch in der Fassung des BilRuG ist erstmals zwingend für Jahresabschlüsse für Geschäftsjahre, die nach dem 31.12.2015 beginnen, anzuwenden. Das BilRuG enthält neben den unmittelbar die Aufstellung von Bilanz und Gewinn- und Verlustrechnung betreffenden Vorschriften auch eine Reihe ergänzender Vorschriften zur Aufstellung von Anhang und Lagebericht.

Im Einzelnen sind die folgenden Neuerungen zwingend ab dem Jahresabschluss zum 31.12.2016 in den Anhang für mittelgroße und große Kapitalgesellschaften aufzunehmen:

1. § 284 Abs. 3 HGB: Der Anlagenspiegel ist zwingend Bestandteil des Anhangs. § 268 Abs. 2 HGB mit dem Wahlrecht, die Entwicklung der einzelnen Posten des Anlagevermögens alternativ in der Bilanz oder im Anhang darzustellen, wurde gestrichen.

2. § 285 Nr. 3 HGB: Angaben zu nicht in der Bilanz enthaltenen Geschäften. Die Darstellung im Anhang ist erforderlich, soweit Risiken und Vorteile dieser Geschäfte wesentlich sind und die Offenlegung für die Beurteilung der Finanzlage des Unternehmens erforderlich ist.

3. § 285 Nr. 3a HGB: Angaben zu sonstigen finanziellen Verpflichtungen. Anzugeben sind diese Verpflichtungen, soweit sie wesentlich sind. Verpflichtungen betreffend die Altersversorgung und Verpflichtungen gegenüber verbundenen oder assoziierten Unternehmen sind jeweils gesondert anzugeben.

4. § 285 Nr. 13 HGB: Erläuterung des Zeitraums, über den ein entgeltlich erworbener Geschäfts- oder Firmenwert abgeschrieben wird.

5. § 285 Nr. 14a HGB: Angabe von Namen und Sitz des Mutterunternehmens der Kapitalgesellschaft, das den Konzernabschluss für den kleinsten Kreis von Unternehmen aufstellt, sowie der Ort, wo der von diesem Mutterunternehmen aufgestellte Konzernabschluss erhältlich ist.

6. § 285 Nr. 15a HGB: Angabe über das Bestehen von Genussscheinen, Genussrechten, Wandelschuldverschreibungen, Optionsscheinen, Optionen, Besserungsscheinen oder vergleichbaren Wertpapieren oder Rechten, unter Angabe der Anzahl und der Rechte, die sie verbriefen.

7. § 285 Nr. 30 HGB: Sofern latente Steuerschulden in der Bilanz angesetzt werden, sind die latenten Steuersalden am Ende des Geschäftsjahrs und die in den Bilanzen im Laufe des Geschäftsjahrs erfolgten Änderungen dieser Salden darzustellen.

8. § 285 Nr. 31 HGB: Angabe jeweils des Betrags und der Art der einzelnen Erträge und Aufwendungen von außergewöhnlicher Größenordnung oder außergewöhnlicher Bedeutung sowie eine Erläuterung, soweit die Beträge nicht von untergeordneter Bedeutung sind. Diese Vorschrift verlagert die Darstellung außerordentlicher Posten aus der Gewinn- und Verlustrechnung in den Anhang. In der Gewinn- und Verlustrechnung darf ein außerordentliches Ergebnis nicht mehr gezeigt werden.

9. § 285 Nr. 32: Aufnahme einer Erläuterung der einzelnen Erträge und Aufwendungen hinsichtlich ihres Betrags und ihrer Art, die einem anderen Geschäftsjahr zuzurechnen sind, soweit die Beträge nicht von untergeordneter Bedeutung sind.

10. § 285 Nr. 33: Darstellung der Vorgänge von besonderer Bedeutung, die nach dem Schluss des Geschäftsjahrs eingetreten und weder in der Gewinn- und Verlustrechnung noch in der Bilanz berücksichtigt sind, unter Angabe ihrer Art und ihrer finanziellen Auswirkungen. Diese Angabe war bislang im Lagebericht geboten. Mit dieser Vorschrift ist die Angabe solcher Sachverhalte auch für Gesellschaften, die keinen Lagebericht aufstellen, verpflichtend.

11. § 285 Nr. 34: Darstellung eines Vorschlags für die Verwendung des Ergebnisses oder der Beschluss über seine Verwendung.

7 Der Lagebericht

7.1 Der Lagebericht nach HGB

Der Lagebericht ist **kein** gesetzlich vorgeschriebenes Element der Rechnungslegung nach der KHBV. Somit muss ein Krankenhaus in Trägerschaft einer Stiftung oder eines Vereins keinen gesetzlichen verpflichtenden Lagebericht aufstellen, trotzdem tun dies zahlreiche Krankenhausträger, weil ein gut verständlicher Lagebericht auch ein Aushängeschild des Krankenhauses in der Öffentlichkeit sein kann.

Der Lagebericht ist für **Krankenhausträgergesellschaften** in der Rechtsform der **nicht kleinen Kapitalgesellschaft** gesetzlich vorgeschrieben (§ 264 Abs. 1 Satz 3 HGB). Für **bestimmte Personenhandelsgesellschaften**, die mittelbar oder unmittelbar keine natürliche Person als persönlich haftenden Gesellschafter aufweisen, sind diese Regeln ebenfalls anzuwenden (§ 264a Abs. 1 HGB). Schließlich bestehen Aufstellungspflichten für den Lagebericht mit teilweise abweichendem Inhalt und Umfang auch für Regie-, Eigenbetriebe und Anstalten des öffentlichen Rechts nach den jeweiligen landesspezifischen Vorschriften. Eine **Ausnahme** von der Pflicht zur Aufstellung eines Lageberichts für diese Trägergesellschaften kann genutzt werden, wenn die folgenden fünf Voraussetzungen des § 264 Abs. 3 HGB alle erfüllt sind:

(1) Alle Gesellschafter haben der Befreiung für das Geschäftsjahr zugestimmt und dieser Beschluss wurde offengelegt.
(2) Das Mutterunternehmen ist zur Verlustübernahme nach § 302 AktG verpflichtet oder hat eine solche Verpflichtung freiwillig übernommen und diesen Umstand offengelegt.
(3) Das Tochterunternehmen ist in den Konzernabschluss des Mutterunternehmens einbezogen worden.
(4) Die Befreiung des Tochterunternehmens wurde im Anhang des Mutterunternehmens dargestellt und offengelegt.
(5) Die Befreiung im elektronischen Bundesanzeiger für das Tochterunternehmen wurde unter Bezugnahme auf die Vorschrift des § 264 Abs. 3 HGB und unter Angabe des Mutterunternehmens mitgeteilt.

Der Lagebericht sollte **keinesfalls als öffentlich-rechtliche Pflichtverlautbarung** angesehen werden, sondern offensiv als Selbstdarstellungsinstrument des Krankenhauses / des Krankenhausträgers genutzt werden. Ein gut gemachter Geschäftsbericht mit einem ausgefeilten Lagebericht kann – richtig verbreitet – eine teure Corporate-Identity-Kampagne überflüssig machen bzw. eine solche Kampagne ergänzen.

Die Geschäftsführung ist bei der Aufstellung des Lageberichts darauf verpflichtet, dass die im Lagebericht enthaltenen Informationen auch belegbar sind. Angaben, die nicht überprüfbar sind, müssen als solche kenntlich gemacht werden, sofern dies nicht von der Geschäftsführung beachtet wird, werden die nicht nachprüfbaren Angaben im Bestätigungsvermerk des Wirtschaftsprüfers genannt.

Hinweise zur Aufstellung und Prüfung des Lageberichts ergeben sich aus den Verlautbarungen des IDW-Prüfungsstandards HFA 350 und dem Deutschen Rechnungslegungsstandard Nummer 20 (DRS 20).

7.2 Wer stellt den Lagebericht auf?

Der Lagebericht ist ein Instrument der Rechenschaftslegung von Vorstand bzw. Geschäftsführung als Verwaltern fremden Vermögens und vermittelt zusammen mit dem Jahresabschluss den Adressaten der Rechnungslegung die benötigten Informationen, um die Fremdverwaltung des Krankenhaus-Unternehmens wirtschaftlich zu beurteilen. Der Lagebericht ist also von der Unternehmensleitung aufzustellen. Als Aufstellungsfrist für den Lagebericht gelten die gleichen Fristen wie für den Jahresabschluss.

Wie ernst der Gesetzgeber die Aussagen im Lagebericht nimmt, zeigt die Vorschrift des § 289 Abs. 1 Satz 5 HGB, wonach Vorstände von börsenorientierten Kapitalgesellschaften zu versichern haben, dass der Lagebericht nach bestem Wissen so aufgestellt wurde, dass

- der Geschäftsverlauf,
- das Geschäftsergebnis und
- die Lage der Kapitalgesellschaft

so dargestellt sind, dass ein den tatsächlichen Verhältnissen entsprechendes Bild der Gesellschaft einschließlich der wesentlichen Chancen und Risiken beschrieben wird. Hier eröffnet sich bei falschen Angaben ein spezieller Straftatbestand für Vorstände, die unzutreffende Lageberichte veröffentlichen.

7.3 Was ist der Inhalt des Lageberichts eines Krankenhauses?

Die Aufstellungsvorschrift des § 289 HGB unterteilt die Lageberichtsangaben in Pflicht- und Soll-Angaben. Die Pflichtangaben sind in Absatz 1 geregelt und enthalten grundsätzlich **zwei große Angabepflichten**:

- Die Darstellung des Geschäftsverlaufs und der Unternehmenslage einschließlich des Geschäftsergebnisses.
- Die Beurteilung und Erläuterung der voraussichtlichen Entwicklung mit ihren wesentlichen Chancen und Risiken.

Daneben soll der Lagebericht auf das Risikomanagement bei der Verwendung von Finanzinstrumenten, den Preisänderungs-, Ausfall- und Liquiditätsrisiken aus Finanzinstrumenten, den Bereich Forschung und Entwicklung und eventuell bestehende Zweigniederlassungen der Gesellschaft eingehen. Die zu den vorstehend genannten Sachverhalten geforderten Angaben sind in Krankenhäusern eher selten verwirklicht und besitzen in diesem Zusammenhang wenig Bedeutung.

Bei großen Kapitalgesellschaften i. S. d. § 267 Abs. 3 HGB sind zusätzlich nichtfinanzielle Leistungsindikatoren und Informationen (z. B. Umwelt-, Nachhaltigkeitsinformationen und Arbeitnehmerbelange) in die Analyse einzubeziehen.

In Übereinstimmung mit den **Gliederungsempfehlungen** des Deutschen Rechnungslegungs-Standards Nr. 15 (DRS 15) – herausgegeben vom Deutschen Rechnungslegungs Standards Committee e.V. (DRSC), Berlin, für Konzernlageberichte mit dem ausdrücklichen Hinweis, dass diese Grundsätze analog auch im Einzelabschluss Anwendung finden sollten – wird folgende Standardgliederung für die neuen Lageberichte empfohlen:

1. Geschäfts- und Rahmenbedingungen
2. Ertragslage
3. Finanzlage
4. Vermögenslage
5. Nachtragsbericht
6. Risikobericht
7. Prognosebericht

7.4 Pflichtangaben zu den Geschäfts- und Rahmenbedingungen

Bei der Darstellung der **Geschäfts- und Rahmenbedingungen** ist ein Überblick über die wirtschaftliche Entwicklung der Gesundheitsbranche im abgelaufenen Geschäftsjahr vor dem Hintergrund der gültigen rechtlichen und wirtschaftlichen Rahmenbedingungen für Krankenhäuser in Deutschland abzugeben. Die Darstellung der eigenen Kapazitäten vor dem Hintergrund des versorgten Einzugsgebietes ist empfehlenswert.
Beispielhaft für eine Berichterstattung seien hier folgende Punkte aufgeführt:

- Anmerkungen zur allgemeinen Entwicklung der stationären Krankenhausversorgung im abgelaufenen Geschäftsjahr in Deutschland, im betreffenden Bundesland und in der Region sowie zur finanziellen Lage bei den wesentlichen Kostenträgern (GKV und PKV) unter Herstellung eines Bezugs zu den Kapazitäten des eigenen Krankenhauses.
- Darstellungen der eigenen Leistungsentwicklung in Menge (Fallzahlen, Tage, Bewertungsrelationen, Verweildauer, ggf. differenziert nach Fachabteilungen) und Wert (Umsatz) im Vorjahres- oder Mehrjahresvergleich einschließlich der Erläuterung wesentlicher Änderungen sowie der Planungen für das laufende Geschäftsjahr bieten sich als Informationen an. Ggf. können auch Angaben zu wesentlichen Neuerungen im medizinischen Leistungsangebot (Diagnostik und Therapie) gemacht werden. Hinweise zur Kapazitätsauslastung sind insbesondere bei drohendem Kapazitätsabbau einschließlich der Darstellung der Auswirkung auf die Beschäftigung erforderlich. Derartige Hinweise können sich auf Grund der DRG-Einführung oder der Leistungsverlagerung in den ambulanten Bereich (stationsersetzende Maßnahmen) oder aufgrund von Patientenstromveränderungen aufgrund von DMP-Programm-Teilnahme bzw. Nicht-Teilnahme ergeben. In diesem Zusammenhang sind auch Hinweise auf die Stellung des Krankenhauses für die Versorgung der Region – also seine Marktstellung bzw. Wettbewerbsposition – sinnvoll und notwendig.
- Auch eine auszugsweise Berichterstattung über wesentliche Ergebnisse des gesetzlich vorgeschriebenen Qualitätsberichts kann wertvolle Hinweise auf die Prozess- und Ergebnisqualität des Krankenhauses bieten.
- Bericht über strukturelle Änderungen, z. B. Outsourcing medizinischer oder nicht-medizinischer Leistungen.

Nur in besonderen Fällen dürften Hinweise auf die Entwicklung der Beschaffungsmärkte erforderlich sein, z. B. wenn das eigene Software-Haus von einem anderen Software-Anbieter übernommen wurde. Auch Umweltfaktoren dürften für ein Krankenhaus insgesamt eher eine geringe Bedeutung haben; hier wären ggf. Erläuterungen zur Entsorgung der Radionuklide oder zur Abfallbilanz vorzunehmen.

7.5 Pflichtangaben zur (wirtschaftlichen) Lage

Neben der Darstellung der Geschäfts- und Rahmenbedingungen ist auch eine Darstellung der **wirtschaftlichen Lage der Gesellschaft oder des Krankenhauses** zwingend erforderlich. Hier erfolgt die Betrachtung der Jahresabschlussdaten mit den Zielen,

- den **Wirtschaftsverlauf des abgelaufenen Jahres** in seinen wesentlichen Entwicklungslinien zu beschreiben (Wirtschaftsbericht) und um Abweichungen zum Vorjahr zu erläutern und eventuell
- mit Aussagen über **die weitere zukünftige Entwicklung** des Krankenhauses bzw. der Gesellschaft zu verbinden (Risiko- und Chancenbericht).

Unter den Ausführungen zur wirtschaftlichen Lage erwartet der sachkundige Leser eines Lageberichtes Ausführungen zur **Vermögens-, Finanz- und Ertragslage** abgeleitet aus dem mitveröffentlichten Jahresabschluss des Krankenhauses. Bestimmte Trends oder Entwicklungen werden dabei i. d. R. durch die Verwendung von Kennzahlen in der Zeitreihe transparent dargestellt. Gegebenenfalls ist es erforderlich zu beschreiben, wie die Kennzahlen ermittelt wurden. Das Gesetz (§ 289 Abs. 1 Satz 3 HGB) beschreibt dies so:

»In die Analyse sind die für die Geschäftstätigkeit bedeutsamsten finanziellen Leistungsindikatoren einzubeziehen und unter Bezugnahme auf die im Jahresabschluss ausgewiesenen Beträge und Angaben zu erläutern.«

- Die **Vermögenslage** beinhaltet eine Analyse der Zeitpunktrechnung auf den Stichtag der Bilanz, z. B. durch **vertikale und horizontale Bilanzkennzahlen** (beispielsweise Anlagevermögen in Bezug zur Bilanzsumme, Kapitalbindung in den Forderungen, in den unfertigen Leistungen und in den Vorräten, Eigenkapitalquote oder Finanzierung des Anlagevermögens durch Sonderposten bzw. Sonderposten und Eigenkapital). Die Erstellung von Vergleichen in der Zeitreihe (**interner Zeitreihenvergleich**) oder mit branchenüblichen Werten (**externer Betriebsvergleich**) ist sinnvoll. Auf wesentliche **stille Reserven** ist hinzuweisen und **wesentliches nicht betriebsnotwendiges Vermögen** ist zu benennen. Auf Risiken für bestimmte Vermögensteile, deren Werte auf Grund von politischen oder sonstigen Einflüssen bedroht sind, ist hinzuweisen. Erläuterung wesentlicher Investitionsmaßnahmen oder -vorhaben, insbesondere dann, wenn sie nicht aus Fördermitteln – sondern über Kredit, Leasing oder Eigenmittel – finanziert wurden.
- Für die Berichterstattung zur **Finanzlage** ist über die Darstellung von Stichtagsangaben (**statische Liquiditätskennzahlen**) hinaus eine Gesamtdarstellung abzugeben. Sinnvollerweise ist hierzu eine **Kapitalflussrechnung (dynamische Liquiditätskennzahlen)** – ggf. getrennt nach Fördermittel- und Eigenmittel-Geldkreislauf – aufzustellen.
- In der Erläuterung der **Ertragslage** ist das ausgewiesene Jahresergebnis nach Ergebnisquellen zu analysieren. Üblicherweise ist hierzu das Jahresergebnis hin-

sichtlich des **Betriebsergebnisses, Investitionsergebnisses** und des **neutralen Ergebnisses** zu zerlegen. Wesentliche außerordentliche oder periodenfremde Einflüsse bzw. ungewöhnliche Geschäftsvorfälle sind umfassend und ausgewogen zu erläutern. Auch wesentliche **Ergebniseinflüsse auf Grund von Bewertungsänderungen**, die den Vorjahresvergleich beeinträchtigen, sollten beziffert und wenn möglich korrigiert werden. Wichtige **Kennziffern zur Ertragslage** sind: Die Erlösentwicklung, die Erlöse pro stationärem Fall, die Produktivität (Umsatz pro Mitarbeiter), die Entwicklung der Personalaufwendungen, die Personalaufwendungen pro Vollkraft, EBITDA (Earning before interests, depreciation and amortisation), EBITDA bezogen auf den Umsatz.

7.6 Vorgänge von besonderer Bedeutung nach dem Bilanzstichtag

Im Nachtragsbericht müssen Angaben nur gemacht werden, wenn die berichtenswerten Vorgänge von **besonderer Bedeutung** für das Krankenhaus sind. Das kann beispielsweise die Auflösung eines wichtigen Chefarztvertrages, die Inbetriebnahme eines neuen Großgeräts oder der Wechsel in der Eigentümerschaft des Krankenhauses sein, wenn das Ereignis in die Zeitspanne vom Bilanzstichtag bis zum Aufstellungszeitpunkt des Lageberichts fällt.

7.7 Beurteilung der Chancen und Risiken der zukünftigen Entwicklung

Die Chancen und Risiken der zukünftigen Entwicklung sind aus Sicht der Geschäftsführung/Unternehmensleitung im Risikobericht zu erläutern und zu beurteilen. Die der Zukunftsprognose zugrundeliegenden wesentlichen Annahmen sind im Lagebericht anzugeben.
Hinsichtlich der Risiken der zukünftigen Entwicklung ist zwischen

- bestandsgefährdenden Risiken und
- sonstigen Risiken mit besonderem Einfluss auf die Vermögens-, Finanz- und Ertragslage des Krankenhauses

zu unterscheiden. Im Mittelpunkt der Berichterstattung über die Beurteilung der Chancen und Risiken der zukünftigen Entwicklung kommt der Frage der Unternehmensfortführung (Going Concern) im Hinblick auf die Risikobeurteilung eine zentrale Bedeutung zu. Sofern die Unternehmensleitung auf Grund der wirtschaftlichen Verhältnisse davon ausgehen kann, dass **der Fortbestand des Krankenhauses bzw. der Gesellschaft gesichert** ist und es keine abweichenden Beschlussfassungen der Landeskrankenhausplanung oder anderer politischer Gremien gibt, braucht auf die Fortbestehensprämisse im Lagebericht nicht gesondert hingewiesen werden. Die Geschäftsleitung tut in der Unternehmenskrise jedoch gut daran, die Ergebnis-, Vermögens- und Finanzplanungsrechnung nebst ihren Voraussetzungen, die zur Annahme der Unternehmensfortführung geführt haben, aufzubewahren und prüfen zu lassen, da sie im Insolvenzfall der Gesellschaft nach diesen Unterlagen gefragt werden wird.

Sofern von der **Unternehmensfortführung nicht mehr ausgegangen werden kann** oder sofern Anhaltspunkte dafür vorliegen, dass die Unternehmensfortführung bedroht ist, ist dies im Lagebericht deutlich und unter Nennung der Gründe bzw. Anhaltspunkte darzustellen. Auch wenn die drohenden Risiken am Abschlussstichtag noch nicht der Annahme des Unternehmensfortbestands entgegenstehen, muss im Lagebericht durch eine abwägende Berichterstattung auf solche Gefährdungen hingewiesen werden. Da mit der Länge der Prognosezeiträume die Prognosesicherheit abnimmt, wird grundsätzlich ein **Prognosezeitraum von 12 Monaten** für **ausreichend** erachtet, um die Fortbestehensprognose bis zum nächsten Überprüfungszeitpunkt kontrollieren zu können. Mit dieser zeitlichen Übereinstimmung von zukünftigem Geschäftsjahr und Prognosezeitraum ist eine gute Überprüfbarkeit der Unternehmensfortbestandsrechnung gegeben. Das ändert sich in dem Moment, wo insolvenzrechtlich Zweifel am Fortbestehen (Going-Concern) aufkommen. Bei Zweifeln an der Fortführungsprämisse des Krankenhausträgerunternehmens verlängert sich der Prognosezeitraum für die Fortführungsprognose auf 24 Monate, gerechnet ab dem Bilanzstichtag. Bei größeren investiven Maßnahmen, deren Amortisationszeitpunkt weiter in der Zukunft liegt, kann es notwendig sein, einen längeren Prognosezeitraum zu untersuchen.

Unter den **sonstigen Risiken mit besonderem Einfluss auf die Vermögens-, Finanz- und Ertragslage** sind Risiken aller Art – seien diese branchenbedingt, politischer, rechtlicher, gesellschaftsrechtlicher Natur – zu erfassen, die die wirtschaftliche Lage der nächsten zwei Jahre negativ beeinflussen können. Sicherlich wird der zwei- bzw. dreijährige Fixkostendegressionsabschlag Gegenstand einer Planungsrechnung sein müssen, wenn die Finanz- und Ertragslage des Krankenhauses Anlass zu Zweifeln am Fortbestand des Krankenhauses bzw. des Krankenhausträgerunternehmens gibt. Ähnliches gilt für die Prüfrisiken bzw. Prüfungsergebnisse des Medizinischen Dienstes, sofern diese betragsmäßig bedeutsam sind.

Neben dieser **generellen Risikoberichterstattung** besteht seit dem BilReG die besondere, in der Praxis von Krankenhausträgergesellschaften eher selten anzutreffende Verpflichtung,

- die **Risikomanagementziele und -methoden** einschließlich ihrer Methoden zur Absicherung aller wichtigen Arten von Transaktionen, die im Rahmen der Bilanzierung von Sicherungsgeschäften in Bezug auf **Finanzinstrumente** eingegangen wurden und werden, darzustellen, wenn diese für die Beurteilung der

Lage oder für die Beurteilung der voraussichtlichen Entwicklung von Bedeutung sind, bzw.

- die **Preisänderungs-, Ausfall- und Liquiditätsrisiken** sowie die Risiken aus Zahlungsstromschwankungen in Bezug auf **Finanzinstrumente** darzustellen, denen die Krankenhausträgergesellschaft ausgesetzt ist, wenn diese für die Beurteilung der Lage oder für die Beurteilung der voraussichtlichen Entwicklung von Bedeutung sind.

Das Gesetz (HGB) gebraucht den **Begriff Finanzinstrumente,** ohne ihn zu definieren. Das IDW definiert den Begriff in seinem Rechnungslegungshinweis »Anhangangaben nach § 285 Satz 1 Nr. 18 und Nr. 19 HGB sowie Lageberichterstattung § 289 Abs. 2 Nr. 2 in der Fassung des Bilanzrechtsreformgesetzes (IDW RH HFA 1.005)« folgendermaßen:

»Finanzinstrumente sind Vermögensgegenstände und Schulden, die auf vertraglicher Basis zu Geldzahlungen oder zum Zu- bzw. Abgang von anderen Finanzinstrumenten führen. Damit fallen unter den Begriff der Finanzinstrumente:

- *gem. § 1 Abs. 11 KWG Wertpapiere, Geldmarktinstrumente, Devisen oder Rechnungseinheiten sowie Derivate,*
- *gem. § 2 Abs. 2b WpHG Wertpapiere, Geldmarktinstrumente, Derivate, Rechte auf Zeichnung von Wertpapieren und sonstige Instrumente, die zum Handel an einem organisierten Markt im Inland oder einem Mitgliedsstaat der EU zugelassen sind,*
- *Finanzanlagen i. S. d. Bilanzgliederungsschemas (§ 266 HGB),*
- *Forderungen i. S. d. Bilanzgliederungsschemas (§ 266 HGB),*
- *Verbindlichkeiten i. S. d. Bilanzgliederungsschemas (§ 266 HGB),*

soweit sie die zuvor genannten Voraussetzungen erfüllen. Demgegenüber stellen Eigenkapitalinstrumente – Aktien, GmbH-Anteile beim Emittenten keine Finanzinstrumente dar.«

Klarstellend ist hier darauf zu verweisen, dass die durch § 289 Abs. 2 Nr. 2 HGB geforderte Erläuterungspflicht der Risikomanagementziele und -methoden einschließlich ihrer Methoden zur Absicherung aller wichtigen Arten von Transaktionen **nicht das gesamte Risikofrüherkennungssystem** i. S. d. § 91 Abs. 2 AktG (i.d. F. des KonTraG) erfasst, sondern sich ausschließlich auf die Erläuterung der eingesetzten Finanzinstrumente (im Wesentlichen Hedge-Geschäfte) bezieht.

7.8 Weitere Berichterstattung nach § 289 Abs. 2 HGB

Nach § 289 Abs. 2 HGB soll der Lagebericht auch eingehen auf:

1. …
2. …
3. den Bereich Forschung und Entwicklung;
4. bestehende Zweigniederlassungen der Gesellschaft;
5. …

Auch wenn der Gesetzeswortlaut mit dem Wort »soll« vordergründig keine unbedingte Berichterstattungspflicht formuliert, besteht nach herrschender Kommentarmeinung faktisch eine Berichtspflicht. Die Punkte 3. und 4. sind allerdings praktisch für die meisten Krankenhäuser nicht von Belang.

7.9 Der Prognosebericht

Den Erläuterungen der voraussichtlichen wirtschaftlichen Entwicklung des Krankenhauses sollten ein Zeitraum von ein, besser zwei Geschäftsjahren zugrundeliegen. Sie sollten eine (Tendenz-) Aussage zu den voraussichtlichen Jahresergebnissen enthalten und diese sollte sich auf Prognosen zur Entwicklung der Umsatzerlöse und wesentlicher Aufwendungen stützen. Soweit **Prognoserechnungen verwendet** werden, sind die **wesentlichen Annahmen** dieser Modellrechnungen zu **nennen**. Beispielsweise erwartet man eine Aussage, wie unter den politischen Preispreisbildungsmechanismen in der Somatik positive Ergebnisse erzielbar sein werden, wenn die Deckungsbeiträge aus Personaleinsparungen in der Pflege zukünftig vollständig abgeschöpft werden. oder wie soll die Infrastruktur des Krankenhausgebäudes weiterentwickelt werden, wenn die Landesförderung weiterhin so niedrig wie bisher ausfällt. In 2022 dürften auch immer noch die Auswirkungen der Corona-Pandemie berichtsrelevant sein.

Daneben ist eine Einschätzung der **Veränderung der Vermögens- und Finanzlage** abzugeben (z. B. »die fristgerechte Einhaltung aller Zahlungsverpflichtungen wird weiterhin jederzeit gewährleistet sein« oder »die Gesellschaft wird zur Aufrechterhaltung der Liquidität Betriebsmittelkredite in Anspruch nehmen müssen«, »die Eigenkapitalausstattung wird vor dem Hintergrund der negativen Ergebnisaussichten weiter aufgezehrt werden«).

7.10 Nicht finanzielle Leistungsindikatoren

Am 01.01.2005 ist durch das BilReG für große Kapitalgesellschaften die Pflicht zur Einbeziehung der nicht finanziellen Leistungsindikatoren in die Analyse des Geschäftsverlaufs in den Lagebericht aufgenommen worden. Das Gesetz konkretisiert diese Verpflichtung in der Weise, dass Arbeitnehmer- und Umweltbelange Gegenstand dieser Sonderberichterstattung sein könnten. Für Krankenhäuser sind zusätzlich die Patientenbelange mit Auszügen aus dem Qualitätsbericht, Berichterstattung über die Komfortangebote, Patientenzufriedenheit und Einzugsgebieten je Fachrichtung als Sonderberichtsthema denkbar. Die Sonderberichtspflicht besteht jedoch nur insoweit, als diese Belange für das Verständnis des Geschäftsverlaufs bedeutsam sind.

Für die Arbeitnehmerbelange könnten Gegenstand einer Berichterstattung sein:

- Der Personalstand und -aufwand nach Dienstarten in Vollkräften oder Mitarbeitern des Krankenhauses,
- Stand und Umfang des Outsourcings,
- die Personalaltersstruktur,
- die Arbeitsbedingungen (Arbeitszeiten, Bereitschaftsdienstorganisation etc.)
- die Vergütungsregeln und Anreizsysteme,
- die Beziehungen zwischen Arbeitnehmervertretung und Management,
- Gesundheit (Ausfallzeiten) und Arbeitssicherheit,
- die praktizierte Aus- und Weiterbildung der Mitarbeiter.

Ein Beispiel für eine höherwertige Berichterstattung könnte eine Personalbilanz sein, die beispielsweise nach folgendem Schema aufgebaut sein kann (▸ Tab. 7.1).

Tab. 7.1: Aufbau einer Personalbilanz

Aktiva	Passiva
1. Flexibles Wissensvermögen	1. Entgeltverbindlichkeiten
2. Personengebundenes Wissensvermögen	2. Honorarverbindlichkeiten
3. Beziehungsvermögen	3. Pensionsverbindlichkeiten
4. Leistungsvermögen	4. Arbeitsmittelverbindlichkeiten
5. Ausgründungsvermögen	5. Krankheitsverbindlichkeiten
	6. Fluktuationsverbindlichkeiten
Personelles Gesamtvermögen	**Personelle Gesamtverbindlichkeiten**

Das Problem der Abbildung des Humanvermögens in geldlichen Dimensionen ist objektiv und allgemeingültig nicht lösbar, aber um den Zusammenhang von Unternehmenserfolg und Humankapital aufzuschlüsseln, ist dieser Zusammenhang trotzdem herzustellen. Behält man die einmal gewählte Darstellungsform bei, können die Abweichungen in den einzelnen Positionen aufschlussreiche Informationen liefern.

Durch das »Gesetz für die gleichberechtigte Teilhabe von Frauen und Männern an Führungspositionen in der Privatwirtschaft und im öffentlichen Dienst«, das am 01.05.2015 in Kraft getreten ist, wurde die sog. **Frauenquote als Berichtsgegenstand in den Lagebericht** eingeführt. Diese Frauenquote ist in den Lagebericht als gesonderter Abschnitt aufzunehmen; sie kann aber auch auf der Internetseite des Unternehmens öffentlich zugänglich gemacht werden, wenn der Lagebericht eine entsprechende Bezugnahme enthält. Gesellschaften, die nicht zur Offenlegung eines Lageberichts verpflichtet sind, haben die Erklärung auf der Internetseite oder im Rahmen eines freiwillig erstellten Lageberichts zu veröffentlichen.

Hier bezieht das IDW – wie folgt – Stellung: Ist eine Gesellschaft nach § 289a HGB verpflichtet, in der Erklärung zur Unternehmensführung gem. § 289a Abs. 2 Nr. 5 HGB Angaben zur Frauenquote zu machen und kommt dieser Verpflichtung aber nicht nach bzw. liegt auch keine Erklärung auf der Internetseite der Gesellschaft mit entsprechendem Verweis im Lagebericht vor, ist der Bestätigungsvermerk des Wirtschaftsprüfers einzuschränken und im Prüfungsurteil zu begründen (IDW Life 2017, Nr. 2, S. 250, Rz. 6).

7.11 Spezialgesetzliche Angabepflichten

Zusätzliche Angabepflichten für den Lagebericht können sich aus landesrechtlichen Vorgaben für Eigenbetriebe (z. B. § 25 EigVO NW oder GemKHBetrV) oder aus gesetzlichen bzw. satzungsmäßigen Vorgaben für Anstalten des öffentlichen Rechts ergeben.

Eine weitere Angabepflicht im Lagebericht hält § 289 Abs. 4 HGB für die börsenorientierten Krankenhausträgerunternehmen in der Rechtsform der AG bzw. KGaA bereit. Für diese Unternehmen sind neun zusätzliche Anhangangabepflichten im Gesetz enthalten.

Schließlich ist auf **§ 285 S. 1 Nr. 9 Buchstabe a HGB** (Anhang oder Lagebericht) hinzuweisen, wonach die Angabe der Gesamtbezüge der Geschäftsführung und des Vorstands – bei einer börsennotierten AG zusätzlich unter Namensnennung die Bezüge jedes einzelnen Vorstandsmitglieds aufgeteilt nach erfolgsunabhängigen und erfolgsbezogenen Komponenten sowie Komponenten mit langfristiger Wirkung – grundsätzlich zu erfolgen hat. Bei Gesellschaften, die keine börsennotierten AGs sind, können die in § 285 S. 1 Nr. 9 Buchstabe a und b verlangten Angaben, wenn sich anhand dieser Angaben die Bezüge eines Mitglieds dieser Organe feststellen lassen, unterbleiben. Die Einzelangabe der Vorstandsbezüge kann nur unterbleiben, wenn die Hauptversammlung dies mit einer Mehrheit von ¾ des bei der Beschlussfassung vertretenen Grundkapitals beschließt. Der Beschluss darf höchstens für 5 Jahre gefasst werden.

8 Exkurs: Corona-Finanzierung

Der Sondertatbestand »Corona-Hilfen« bezieht sich im Wesentlichen auf die Geschäftsjahre 2020 und 2021/2. Daher wurde die Darstellungsform des Exkurses gewählt, denn mit fortschreitender COVID-19-Impfung der Bevölkerung werden diese Sonderregelungen zur Krankenhausfinanzierung wieder beendet werden.

Der erste Corona-Fall in Deutschland wurde am 27.01.2020 nachgewiesen, am 12.03.2020 erklärte das europäische Regionalbüro der WHO die COVID-19-Krankheit zur Pandemie. Am gleichen Tag veröffentlichte das Robert-Koch-Institut, Berlin, für Deutschland 2.369 laborbestätigte Fälle und 5 an oder mit SARS-CoV-2 Verstorbene. Weltweit betrug die Zahl der laborbestätigten Fälle zu diesem Zeitpunkt 127.617 und es wurden 4.711 Verstorbene gemeldet (Daten der John-Hopkins University am 12.03.2020).

Zum Stand 11.04.2021 meldet das Robert-Koch-Institut für Deutschland 2.998.268 laborbestätigte Fälle und 78.353 an oder mit SARS-CoV-2 Verstorbene. Weltweit betrug die Zahl der laborbestätigten Fälle zu diesem Zeitpunkt 135.459.908 und es wurden 2.929.679 Verstorbene gemeldet (Daten der John-Hopkins University am 11.04.2021).

Am 12.03.2020 hat der damalige Bundesgesundheitsminister Jens Spahn die Ministerpräsidenten der Länder über den aktuellen Stand der Ausbreitung des Coronavirus informiert. Am gleichen Tag hat er in einem Brief an alle deutschen Krankenhäuser appelliert, angesichts der Corona-Krise zusätzliches Personal zu rekrutieren. Er forderte die Kliniken zudem auf, planbare Operationen und Eingriffe zu verschieben. So entstanden freie Kapazitäten bei der Grundversorgung und insbesondere auf Intensivstationen, um Menschen mit schweren Atemwegserkrankungen behandeln zu können. Zugleich sollte sichergestellt werden, dass die dadurch entstandenen wirtschaftlichen Folgen für die Krankenhäuser seitens der gesetzlichen Krankenkassen ausgeglichen werden und kein Krankenhaus dadurch ins Defizit kommt. Im Gegenzug gab es zusätzlich einen Bonus für jedes Intensivbett, das zusätzlich geschaffen und vorgehalten wurde.

Am 25.03.2020 verabschiedete das Parlament in letzter Lesung das COVID-19-Krankenhausentlastungsgesetz, um die wirtschaftlichen Folgen der Corona-Pandemie auf die deutschen Krankenhäuser aufzufangen. Das Gesetz (veröffentlicht im BGBl. 2020 I S. 580 ff. vom 27.03.2020) regelte – in der Regel befristet – folgende Sachverhalte, die hier bis zu ihrem zeitlichen Ende abgehandelt werden:

8.1 Ausgleichszahlungen für freigehaltene Krankenhaus-Betten für potenzielle COVID-19-Erkrankte

Im KHG – und damit grundsätzlich für somatische und psychiatrische zugelassene Krankenhäuser im Sinne des § 108 SGB V gültig – wird die gesamte Vorschrift des § 21 KHG neu gefasst:

(1) Soweit zugelassene Krankenhäuser zur Erhöhung der Bettenkapazitäten für die Versorgung von Patientinnen und Patienten, die mit dem neuartigen Coronavirus SARS-CoV-2 infiziert sind, planbare Aufnahmen, Operationen und Eingriffe verschieben oder aussetzen, erhalten sie für die Ausfälle der Einnahmen, die seit dem 16. März 2020 dadurch entstehen, dass Betten nicht so belegt werden können, wie es vor dem Auftreten der SARS-CoV-2-Pandemie geplant war, Ausgleichszahlungen aus der Liquiditätsreserve des Gesundheitsfonds.
(2) Die Krankenhäuser ermitteln die Höhe der Ausgleichszahlungen nach Absatz 1, indem sie täglich, erstmals für den 16. März 2020, von der Zahl der im Jahresdurchschnitt 2019 pro Tag voll- oder teilstationär behandelten Patientinnen und Patienten (Referenzwert) die Zahl der am jeweiligen Tag stationär behandelten Patientinnen und Patienten abziehen. Sofern das Ergebnis größer als Null ist, ist dieses mit der tagesbezogenen Pauschale nach Absatz 3 zu multiplizieren.
(3) Die Höhe der tagesbezogenen Pauschale nach Absatz 2 Satz 2 beträgt 560 Euro.
Diese Regelung ist bis zum 30.09.2020 befristet.

Rechnerisch ermittelt sich die Höhe der Ausgleichszahlung dadurch, dass zunächst der sog. Referenzwert 2019 ermittelt wird. Ein Beispiel:

Beispiel:

- Behandelte Patienten 2019: 139.463 Pflegetage/365 Tage = 382,09 durchschnittlich belegte Betten = Referenzwert 2019 pro Tag
- Die Belegung im Beispielkrankenhaus betrage am 20.03.2020 341 behandelte Patienten, dann beträgt die Corona-bedingte Minderbelegung rechnerisch 41,09 Tage
- Für diesen Tag ergibt sich eine Ausgleichszahlung von 41,09 × EUR 560 = EUR 23.010,40

Diesen pauschalen Ausgleichsanspruch meldete das Krankenhaus wöchentlich der zuständigen Landesbehörde, in NRW der jeweiligen Bezirksregierung. Diese addierte die Meldungen ihrer Krankenhäuser und leitete die Daten weiter an das Gesundheitsministerium des Landes. Das Gesundheitsministerium seinerseits addierte die Summen der fünf Bezirksregierungen und leitete die Forderung des Landes weiter an das Bundesamt für soziale Sicherung, das den Gesundheitsfonds der Bundesregierung verwaltet, und nach Prüfung den angeforderten Betrag an das jeweilige Bundesland auszahlte. So wanderten die angeforderten Ausgleichszahlungen zurück an das betreffende Krankenhaus.

Die Regelung zur Ausgleichszahlung bei Corona bedingter Minderbelegung wurde **am 09.07.2020** durch die **COVID-19-Ausgleichszahlungs-Anpassungs-**

Verordnung (**AusglZAV**) dahingehend modifiziert, dass die Höhe der tagesbezogenen Pauschale ab dem 13.07. bis zum 30.09.2020 nach fünf gestaffelten Beträgen gemäß der Verordnung abgerechnet wurden. Die Höhe der Pauschalen der fünf Gruppen reichte von EUR 360 über EUR 460, EUR 560 und EUR 660 bis zu EUR 760 pro nicht belegtem Bett im Vergleich zur durchschnittlichen Vorjahresbelegung. Dazu findet sich in der Anlage zu der o. g. Verordnung eine Liste aller Krankenhäuser, durch die den Kliniken mitgeteilt wurde, wie hoch ihr neuer Ausgleichsbetrag pro Tag ausfällt. **Zum 30.09.2020** lief diese Refinanzierung der Vorhaltekosten wegen Corona-bedingter Leerstände der Krankenhausbetten zunächst aus.

Zu diesem Zeitpunkt deutete sich aber bereits eine zweite, deutlich stärker ausgeprägte Welle der Corona-Erkrankungen an. Am 01.11.2020 war die Zahl der Ansteckungen mit dem Corona-Virus bereits so besorgniserregend angestiegen, dass ein sog. »Lockdown light« verhängt wurde. Dieser wurde am 16.12.2020 zu einem harten Lockdown verschärft, weil sich das Ansteckungsgeschehen immer weiter erhöhte. Dieser Lockdown wurde immer wieder verlängert, die Ansteckungszahlen blieben vielerorts hoch.

Es dauerte bis zum **18.11.2020** bis das dritte Gesetz zum Schutz der Bevölkerung bei einer epidemischen Lage von nationaler Tragweite in Kraft trat (sog. Zweiter Schutzschirm für Krankenhäuser). Dieses Gesetz änderte in § 21 Abs. 2a und 3a KHG die Anspruchsgrundlage und die Rechenmethodik der pauschalen Ausgleichszahlung erneut. Maßgeblich wurde nun, dass das zu subventionierende Krankenhaus in einer Region mit

- einer 7-Tage-Inzidenz der Coronavirus SARS-CoV-2-Fälle je 100.000 Einwohnerinnen und Einwohner über 70 und
- einem Anteil frei betreibbarer intensivmedizinischer Behandlungskapazitäten im Landkreis oder der kreisfreien Stadt in einem ununterbrochenen Zeitraum von sieben Tagen von durchschnittlich unter 25 % bzw. 15 % liegt und
- bestimmte Voraussetzungen der Teilnahme an der Notfallversorgung gegeben sind.

Die pauschale tagesbezogene Ausgleichsvergütung wurde grundsätzlich weiter nach den Regeln der Ausgleichszahlungs-Anpassungs-Verordnung ermittelt, jedoch dann nur noch in Höhe von 90 % der zuvor per Liste bekanntgegebenen Ausgleichsbeträge ausgezahlt.

Sollten sich die Voraussetzungen hinsichtlich der freien intensiv-medizinischen Behandlungskapazitäten insoweit ändern, dass die Voraussetzungen für eine Ausgleichszahlung nicht mehr vorliegen, z. B. wenn die 7-Tage-Inzidenz von 70 unterschritten wird, endet der Ausgleichsanspruch binnen 14 Tagen nach Unterschreiten der Inzidenz von 70.

Das pauschalierte Ausgleichsverfahren für bestimmte Krankenhäuser war zunächst bis zum 31.01.2021 befristet und wurde im Januar 2021 bis Ende Februar verlängert. Durch die »Zweite Verordnung zur Änderung der Verordnung zur Anpassung der Voraussetzungen für die Anspruchsberechtigung der Krankenhäuser nach § 21 Absatz 1a des Krankenhausfinanzierungsgesetzes« vom 24.02.2021 (Veröffentlicht am Donnerstag, 25.02.2021 im BAnz AT 25.02.2021 V1) wurde das pauschalierte Ausgleichsverfahren nochmals bis zum 14.05.2021 verlängert.

> Für alle diejenigen Krankenhäuser, die die oben genannten Voraussetzungen für pauschale Corona-Ausgleichszahlungen nicht erfüllen, bleibt nur der Gesamtausgleich nach § 21 Abs. 11 KHG. Dazu muss der Krankenhausträger die örtlich zuständigen Verhandlungspartner auffordern, über die ungedeckten Kosten der Minderbelegung individuell zu verhandeln. Dabei dient die Vereinbarung nach § 21 Abs. 10 KHG über den Ausgleich eines aufgrund des Coronavirus Sars-Cov-2 entstandenen Erlösrückgangs (Corona-Ausgleichsvereinbarung 2020) als Verhandlungsleitlinie. Diese Verhandlungen können unabhängig von der jährlichen Entgeltverhandlung geführt werden. Die jeweilige Entscheidung ist schiedsstellenfähig.

In einem Krankenhaus mit über 500 Betten in ländlicher Versorgungsstruktur können sich beispielsweise die beschriebenen Ausgleichszahlungen für Corona-bedingte Minderbelegung betreffend das Jahr 2020 auf knapp EUR 12 Mio. addieren.

Angesichts dieser heftigen finanziellen Auswirkungen der Corona-Pandemie auf die Finanzen der Kliniken stellt sich die Frage, ob das leistungsvergütende aDRG-System geeignet ist, ein derartiges Pandemiegeschehen zu finanzieren. Hier zeigt sich wieder die bekannte Frage: Ist ein Akut-Krankenhaus ein Betrieb der Daseinsvorsorge, der unabhängig von der Leistung dauerhaft bezahlt werden muss, oder ein Dienstleistungsunternehmen, das gemäß erbrachter Leistung bezahlt werden kann. Die Corona-Pandemie hat gezeigt, dass eine leistungsbezogene Abrechnung von Fallpauschalen direkt in die Zahlungsunfähigkeit der Krankenhausträgerunternehmen führen kann.

Was sind die Auswirkungen der Corona-bedingten Ausgleichszahlungen auf den Jahresabschluss?

Der Musterkontenrahmen der KHBV kennt keine Konten für Corona-bedingte Ausgleichszahlungen, daher muss das Rechnungswesen selbst aktiv werden. Diese Beträge sind wie Umsatzerlöse in der Kontengruppe 40, beispielsweise unter der Kontenuntergruppe 400 »Erlöse aus tagesgleichen Pflegesätzen«, auf einem gesonderten, neu einzurichtenden Konto nur für diese Corona-Ausgleichszahlungen zu erfassen. Die Mittelanforderungen an die zuständige Landesbehörde, z. B. die Bezirksregierung, sind als »Forderungen nach dem Krankenhausfinanzierungsrecht« in der Kontenuntergruppe 15, beispielsweise als Konto 15200, zu erfassen. Im Jahresabschluss zum 31.12.2020 sind noch ausstehende Zahlungen betreffend Minderbelegungen des Jahres 2020 als Forderungen nach dem Krankenhausfinanzierungsrecht in der Bilanz abzugrenzen. Auch ein möglicher Corona-bedingter Gesamtausgleich nach § 21 Abs. 11 KHG wäre in dieser Weise buchhalterisch zu erfassen.

8.2 Ausgleichszahlungen für Corona-Schutzkleidung und Hygiene

Die Kosten für Corona-Schutzkleidung und Krankenhaushygienekonzepte zum Schutz vor COVID-19-Infektionen sind nicht in die Fallpauschalen und sonstigen Entgelte eingepreist, weil zu dem Zeitpunkt, als diese Entgelte kalkuliert wurden, diese Coronaviren noch nicht existierten. Die DRG-Kalkulation des InEK für das Jahr 2020, veröffentlicht Ende September 2019, basiert auf den Kostenrechnungsdaten der Kalkulationskrankenhäuser des Jahres 2018.

Am 25.03.2020 wurde mit dem COVID-19-Krankenhausentlastungsgesetz auch eine geschätzte Pauschale zur Finanzierung der Kosten für Corona-Schutzkleidung und Hygiene beschlossen, die als Zuschlag in Höhe von EUR 50,00 ab dem 01.04.2020 zunächst befristet bis zum 30.06.2020 auf jeder Patientenrechnung – sowohl in der Somatik, als auch in der Psychiatrie – abzurechnen war. Diese Zuschläge wurden somit von den Selbstzahler-Patientinnen und -Patienten bzw. von den Kostenträgern (Krankenkassen) bezahlt.

War dieser Zuschlag zunächst nur bis zum 30.06.2020 auf den Rechnungen auszuweisen, wurde dieser im Zuge der Covid-19-Ausgleichszahlungs-Anpassungs-Verordnung (AusglZAV), preislich differenziert, verlängert. Jede Fallabrechnung wurde nun weiter mit EUR 50,00 belastet, aber bei Abrechnung der konkreten Behandlung von an Covid-19 erkrankten Patienten auf 100 Euro angehoben, und das ganze System bis zum 30.09.2020 verlängert.

Vom 01.10.2020 bis zum 31.12.2020 galt eine Übergangsregelung, die im Ergebnis zuließ, die Abrechnung des Zuschlags in Höhe von 50,00 bzw. 100,00 EUR bis zum Jahresende fortzuführen. Konkret handelt es sich um die Corona-Mehrkostenzuschlagsvereinbarung vom 12.12.2020 der Selbstverwaltung.

Seit 01.01.2021 regelt eine Vereinbarung der Selbstverwaltung auf Bundesebene für die Krankenhäuser eine vorläufige Pauschale für Corona-Schutzkleidung und Hygiene in Höhe von EUR 40,00 pro Fall auf jeder somatischen Abrechnung. Die Vertragsparteien auf Bundesebene geben mit den vorläufigen Zuschlagsbeträgen keine Einschätzung zur Höhe der nicht anderweitig finanzierten Corona-bedingten Mehrkosten ab, d. h. eine Gesamtausgleichsvereinbarung analog § 5 Abs. 3i SGB V für 2021 ist durch die Aconto-Zahlung von EUR 40,00 pro Fall nicht beeinflusst, aber die Summe der Aconto-Zahlungen wird auf die verhandelten und vereinbarten Corona-Mehrkosten angerechnet. Im Ergebnis wollen die Kostenträger weg von den Pauschalen, hin zu den krankenhausindividuellen Zuschlägen.

Auch diese Zuschläge sollten auf einem besonderen Konto unter der Kontengruppe 40 gebucht werden. Die Gegenbuchung erfolgt dann als Leistungsentgelt unter »Forderungen aus Lieferungen und Leistungen« (Kontengruppe 12).

8.3 Zahlungen für zusätzliche intensivmedizinische Behandlungskapazitäten mit maschineller Beatmungsmöglichkeit

Mit dem COVID-19-Krankenhausentlastungsgesetz wurde schließlich die Vorschrift des § 21 Abs. 5 KHG geschaffen:

»Zugelassene Krankenhäuser, die mit Genehmigung der für die Krankenhausplanung zuständigen Landesbehörden zusätzliche intensivmedizinische Behandlungskapazitäten mit maschineller Beatmungsmöglichkeit durch Aufstellung von Betten schaffen oder durch Einbeziehung von Betten aus anderen Stationen vorhalten, erhalten für jedes bis zum 30. September 2020 aufgestellte oder vorgehaltene Bett einmalig einen Betrag in Höhe von 50.000 Euro aus der Liquiditätsreserve des Gesundheitsfonds.«

Die Krankenhäuser planen die Zahl der zusätzlichen intensivmedizinischen Betten mit Beatmungsmöglichkeit, beantragen dafür die Genehmigung der Planungsbehörde (z. B. Bezirksregierung) und stellen mit der nächsten Wochenmeldung für Ausgleichszahlungen betreffend Corona-bedingte Minderbelegung den selbst ermittelten Betrag für die Ausweitung der Intensiv-Beatmungsplätze mit in Rechnung. Die Landesbehörde prüft, ob die entsprechende Genehmigung vorliegt, und leitet die Forderung über das Gesundheitsministerium des Landes an das Bundesamt für Soziale Sicherung weiter. Das Geld fließt den gleichen Weg wieder zurück. Die Vorschrift war bis zum 30.09.2020 befristet und lief dann aus.

Dieser Fördermittelanspruch ist mit der Mittelanforderung an die zuständige Landesbehörde, z. B. die Bezirksregierung, als »Forderungen nach dem Krankenhausfinanzierungsrecht« in der Kontenuntergruppe 15, beispielsweise als Konto 15200, zu erfassen. Bezüglich der Gegenbuchung ist zu entscheiden, ob das Krankenhaus die Bruttobuchungsmethode über die Gewinn- und Verlustrechnung oder die Nettomethode ohne Erfolgsbuchung wählt. Bei Buchung nach der Bruttomethode erfolgt die Gegenbuchung in der Kontengruppe 47 auf einem eigenen Erlöskonto, z. B. 47010 mit der Bezeichnung »Ertrag aus Corona-Zuschuss für Intensivbetten«. Diese Ertragsbuchung ist ergebnismäßig durch die Buchung »Per Aufwendungen aus der Zuführung der öffentlichen Fördermittel zu Sonderposten oder Verbindlichkeiten (Sachkonto 752) an Verbindlichkeiten nach dem KHG (Sachkonto 350)« zu neutralisieren. Wurde der Förderbetrag für die beantragten Intensivbetten verwendet, erfolgt die Umbuchung der Verbindlichkeit in den Sonderposten aus Fördermitteln nach dem KHG. Da die Förderung in Höhe von EUR 50.000,00 i. d. R. nicht ausreicht, um ein Intensivbett mit Beatmungsmöglichkeit anzuschaffen, ist der Sonderposten anteilig zu dotieren und anteilig über die betriebsgewöhnliche Nutzungsdauer des Intensivbetts aufzulösen.

Wird die Nettoverbuchung gewählt, entfallen die Buchungen in der Gewinn- und Verlustrechnung in der Kontengruppe 47 und auf dem Sachkonto 752. Es wird direkt bilanzverlängernd »Per Forderungen nach dem Krankenhausfinanzierungsrecht in der Kontenuntergruppe 15 an Verbindlichkeiten nach dem KHG (Sachkonto 350)« gebucht. Hier sei der Hinweis erlaubt, dass diese sog. Nettobuchungsmethode zwar handels- und steuerrechtlich zulässig ist, aber der Buchungsmethodik der Krankenhaus-Buchführungsverordnung widerspricht. Alle KHG-Investitionsfördermittel der Länder werden brutto gebucht.

Eine sofortige Vereinnahmung der Fördermittel in den Umsatzerlösen des Jahres 2020 widerspricht dem Vorsichtsprinzip und den Grundsätzen ordnungsmäßiger Buchführung, weil dies dem IDW-Standard 1/1984 widerspricht, der die Buchungsmethode für öffentliche Zuwendungen über Sonderposten verlangt und eine ergebnismäßige Periodengleichheit der Aufwendungen (Abschreibungen) und Erträge (Auflösung des Sonderpostens) zum Buchungsprinzip erklärt.

8.4 Sonstige Erleichterung wegen der Corona-Pandemie

Das COVID-19-Krankenhausentlastungsgesetz enthält über die beschriebenen Corona-Hilfen hinaus weitere Erleichterungen, die jedoch nicht in diesem Exkurs, sondern an den entsprechenden Stellen im laufenden Text beschrieben und verarbeitet wurden. Als wichtigste Hilfen seien hier aufgeführt:

- Der mit dem aG-DRG-System 2020 eingeführte vorläufige Pflegeentgeltwert in Höhe von EUR 146,55 wird ab 01.04.2020 für das verbleibende Jahr 2020 auf EUR 185,00 angehoben. Seit 01.01.2021 beträgt der vorläufige Entgeltwert EUR 163,09.
- Der Fixkostendegressionsabschlag gilt nicht für die Vereinbarung des Erlösbudgets für das Jahr 2020 (§ 4 Abs. 2a KHEntgG)
- Die von den Krankenhäusern bis zum 31.12.2020 erbrachten und in Rechnung gestellten Leistungen sind von den Krankenkassen innerhalb von fünf Tagen nach Rechnungseingang zu bezahlen (§ 330 SGB V).
- Die mit dem MDK-Reformgesetz neu eingeführte Prüfquote für 2020 wird von 12,5 % auf maximal 5 % pro Quartal herabgesetzt; dies gilt bereits für das 1. Quartal 2020 (§ 275c SGB V).
- Die vorgesehenen Aufschläge bei Abrechnungskorrekturen (»Strafzahlungen«) in Höhe von 10 %, mindestens aber EUR 300, werden 2020 und 2021 ausgesetzt (§ 275c SGB V).
- Eine systematische Prüfung der Erfüllung der Strukturmerkmale bestimmter OPS-Leistungen muss erst für die Budgetvereinbarung 2022 erfolgreich abgeschlossen sein, die Frist für die erste Übermittlung wird auf den 31.12.2021 verschoben (§ 275d SGB V).
- Der Katalog ambulant durchführbarer Operationen soll bis zum 30.06.2021 vorliegen, sodass er wie geplant ab 2022 zum Einsatz kommen kann (§ 275d SGB V).

8.5 Der Corona Jahresgesamtausgleich 2021

Die Wellen der Pandemie führen seit dem Frühjahr 2020 zu deutlichen Belegungs-
und Umsatzschwankungen der deutschen Krankenhäuser. Ursächlich dafür sind in
erheblichem Umfang freigehaltene Kapazitäten zur Behandlung von COVID-Pati-
enten und eine spürbare Zurückhaltung der Patienten bei planbaren (stationären)
Eingriffen ein Krankenhaus aufzusuchen, wo man sich potenziell mit dem Corona-
Virus infizieren könnte. Auch in den Jahren 2021 und 2022 waren – wegen der nicht
abebbenden Corona-Pandemie – Ausgleichsmaßnahmen gegen z. T. erhebliche Er-
löseinbrüche erforderlich. Der Gesetzgeber hat in 2021 mit der sogenannten Frei-
haltepauschale (Ausgleichszahlungen) Erlöseinbußen der Krankenhäuser je nach
Leistungsspektrum, Größe, Kostenstruktur – mal mehr, mal weniger auskömmlich –
kompensiert. Es gibt aber auch Krankenhäuser, die keine oder nur völlig unzureichende Ausgleichsmaßnahmen im Geschäftsjahr erhalten haben. Die innerjährigen
Ausgleichszahlungen sind betriebswirtschaftlich betrachtet Liquiditätshilfen, die im
Rahmen des Ganzjahresausgleichs »spitz« abgerechnet werden können.

Für das Geschäftsjahr 2021 hat der Gesetzgeber insofern mit dem Ganzjahres-
ausgleich 2021 (Verordnung zur Regelung weiterer Maßnahmen zur wirtschaftlichen Sicherung der Krankenhäuser vom 07.04.2021, geändert am 29.12.2021) einen
besonderen Ausgleich geschaffen, als hier für die Berechnung von weiteren Aus-
gleichsansprüchen bei Minderleistung oder Rückzahlung von Ausgleichszahlungen
bei Mehrleistung, die Leistungsdaten des Geschäftsjahres 2021 denen aus 2019 gegenübergestellt werden (wegen Einzelheiten vgl. Corona-Ausgleichsvereinbarungen
1 bis 4 für 2021).

Das jeweilige Rechenschema ist für die Krankenhäuser mit Entgelten nach dem
KHEntgG und nach der BPflV gesondert durchzuführen.

Dieser besondere Ausgleichsmechanismus muss weder von den Krankenhäusern
noch von den Kostenträgern zwingend in Anspruch genommen werden. Beide
Seiten können ihn jedoch verlangen bzw. beantragen. Die Kostenträger werden von
dieser Option sicherlich in den Fällen Gebrauch machen, in denen von einer Leistungserbringung auf hohem Niveau auch im Pandemiejahr 2021 auszugehen ist mit
der Folge, dass zunächst geleistete Ausgleichszahlungen von den Krankenhäusern
zurückgefordert werden können. Die scheinbare Gestaltungsfreiheit mit dem Risiko
der Rückzahlung von Ausgleichsleistungen auf Anforderung der Kostenträger führt
beim bilanzierenden Krankenhaus zur bei erkennbar moderater Leistungsentwicklung in 2021 zwingend zur Ermittlung eben dieses Rückzahlungsrisikos, welches
dann im Jahresabschluss 2021 als Rückstellung zu bilanzieren ist.

Dabei ist die Berechnung der DRG-Erlöse, hier exemplarisch als dem größten
Anteil am Leistungsspektrum dargestellt, in drei Schritten durchzuführen:

1. Ermittlung des Budget Referenzwerts 2019 als bewertetes Leistungsgerüst aus
   2019, bei dessen Bewertung der um variable Sachkosten bereinigten Fallpauschalen Katalog 2021 und der Landesbasisfallwert 2021 zugrunde gelegt wird. Bei
   Überliegern werden entsprechend Fallpauschalen des Vorjahres herangezogen.

2. Ermittlung der Vergleichsgröße 2021 als bewertetes Leistungsgerüs 2021 mit dem um variable Sachkosten bereinigten Fallpauschalen Katalog 2021 und Landesbasisfallwert 2021. Die Ausgleichszahlungen 2021 sind in das Gesamtvolumen mit 85 % der gezahlten Leistungen und der Versorgungsaufschlag mit 50 % hinzuzurechnen.

3. Ermittlung der Differenzbeträge 2021 zu 2019 auf Basis von 98 % des in Schritt 1 ermittelten Referenzwerte 2019. Je nach Vorzeichen des so ermittelten Differenzbetrages können Ansprüche aufgrund Minderleistung geltend gemacht oder eine Verpflichtung aus Überzahlung zu Rückzahlungsverpflichtungen führen.

Bei der Ermittlung der Vergleichswerte sind neben den Leistungsveränderungen aufgrund der Pandemie sonstige Leistungsveränderungen wie regionale Strukturveränderungen oder Leistungsschwankungen aufgrund sonstiger Ereignisse wie Naturkatastrophen zu eliminieren.

Hinsichtlich des Geschäftsjahres 2022 bleibt abzuwarten, wie die tatsächliche Ausgestaltung des Gesamtausgleichs zum Jahresende vereinbart wird.

Anlage 1: Wichtige Begriffe des Entgeltsystems

A.   Somatik

Baserate =	**Basisfallwert** (BFW); in den Jahren 2003 bis 2005 wird für jedes DRG-abrechnende Krankenhaus ein krankenhausindividueller BFW und je Bundesland ein landeseinheitlich gültiger BFW vereinbart. Diese werden in den Jahren 2005 bis 2010 aneinander angepasst (Konvergenzphase). Seit 2010 werden nur noch Landesbasisfallwerte verhandelt und abgerechnet. Seit 2010 wird ein Bundesbasisfallwert bestimmt und um diesen ein sog. Korridor gebildet. Der Wert des Landesbasisfallwerts sollte sich im Korridor wiederfinden. Um dies zu erreichen gibt es Anpassungsregeln. Dies hat bisher dazu geführt, dass die Landesbasisfallwerte zunehmend nahe der Korridoruntergrenze vereinbart werden (Korridorobergrenze 2021: EUR 3.394,77 und Korridoruntergrenze: EUR 3.278,19).
Basisentgeltwert =	siehe B. Psychiatrie/Psychotherapie
Belegungstage =	Belegungstage sind der Aufnahmetag sowie jeder weitere Tag des Krankenhausaufenthalts ohne den Verlegungs- oder Entlassungstag aus dem Krankenhaus bei DRG bzw. Fallabrechnung. Wird ein Patient am gleichen Tag aufgenommen und verlegt oder entlassen, gilt dieser Tag als Aufnahmetag.
Berechnungstage =	Berechnungstage sind der Aufnahmetag sowie jeder weitere Tag des Krankenhausaufenthalts ohne den Verlegungs- oder Entlassungstag aus dem Krankenhaus bei Abrechnung tagesgleicher Entgelte. Wird ein Patient am gleichen Tag aufgenommen und verlegt oder entlassen, gilt dieser Tag als Aufnahmetag.
DRG =	Diagnosis Related Groups; deutsche Bezeichnung: Diagnosen bezogene Fallpauschalen. Es bestehen unterschiedliche Systeme in den verschiedenen Ländern (Amerika, Skandinavien, Frankreich, Australien etc.). Jährlich (i. d. R. Ende September) wird für Deutschland ein überarbeiteter G-DRG-Katalog vom Institut für das Entgeltsystem im Krankenhaus gültig für das kommende Jahr herausgegeben. Das galt so bis zum 31.12.2019, denn

	ab 1.1.2020 werden aDRG's, also deutsche Fallpauschalen ohne Kosten für Pflegepersonal abgerechnet.
aDRG =	ausgegliederte DRG; Fallpauschalen ohne Pflegepersonalkosten, seit 01.01.2019 in Deutschland kalkuliert und ab 01.01.2020 abzurechnen, weil ab 01.01.2020 zusätzlich die Pflegepersonalkosten »am Patientenbett« gemäß Pflegelast-Katalog (enthalten im aDRG-Katalog) vergütet werden.
Cost-Weights =	Relativgewichte oder Fallgewichte erstmals für 2003 nach deutschen Kostenstrukturen des 1. Quartals 2002 von 116 Krankenhäusern kalkuliert. Die Cost-Weights werden seit dem jährlich durch das InEK-Institut für das Entgeltsystem im Krankenhaus GmbH, Siegburg, neu kalkuliert und weiterentwickelt. Zum 30.09. jeden Jahres werden die Kalkulationsergebnisse für das nächste Jahr als Entgeltkataloge veröffentlicht
Case-Mix =	Summe der mit den Relativgewichten gewichteten Fälle oder auch Summe der Bewertungsrelationen genannt. Maßgeblich ist der gültige DRG-Katalog am Aufnahmetag.
CC-Level =	Comorbidities und Complications; die G-DRGs unterscheiden bestimmte Behandlungen nach Nebenerkrankungen und Komplikationen (Komplexitätsstufen: A bis G und Z). Die Komplexitätsstufe A steht für die höchste Fall-Komplexität (höchster Ressourcenverbrauch, G für den niedrigsten und Z steht für nicht differenzierte DRGs)
CMI =	Case-Mix-Index; deutsche Bezeichnung: Summe der Bewertungsrelationen dividiert durch die gleiche Fallzahl, die der Summe der Bewertungsrelationen zu Grunde liegt.
Downcoding =	CMI-Senkung auf Grund einer veränderten Kodierung von Diagnosen und Prozeduren im Vergleich zur Kalkulation
Fallzahl =	Bis 2002 galt grundsätzlich die Falldefinition: Aufnahmen plus Entlassungen dividiert durch Zwei. Ab DRG-Umstellung gilt: Jede abgerechnete DRG-Fallpauschale zählt als Fall. Das gilt auch für Neugeborene. Abgerechnete DRG-Fallpauschalen für voll- und teilstationäre Leistungen mit nur einem Belegungstag zählen ebenfalls als je ein Fall. Der Fall wird abrechnungstechnisch dem Geschäftsjahr zugeordnet, in dem er entlassen wurde.
Fallpauschalen =	Es gab vor 2003 den ersten Versuch mit etwa 100 deutschen Fallpauschalen alter Art, Sonderentgelten und Restbudgets. Dieser Versuch wurde aufgegeben und Deutschland kaufte die Grouper-Software des australischen AR-DRG-System. Am 01.01.2003 ging dieses Entgeltsystem für die Somatik an den Start. Deutschland hat

mit Hilfe des Kalkulationsinstituts InEK diese Systematik jährlich zu den G-DRG bzw. aDRG weiterentwickelt. Mit Beginn 01.01.2013 ist für die psychiatrischen und psychosomatischen Krankheitsbilder ein ähnliches Entgeltsystem für den Praxistest zugelassen worden, allerdings besitzen diese Psychiatrie Fallpauschalen (PEPPs) starke Elemente der Abrechnung tagesgleicher Entgelte.

G-DRG = German DRGs; nach Auswahl durch die Selbstverwaltung hat Deutschland das australische DRG-System (AR-DRGs 4.1) gekauft und adaptiert. Es wurden 2003 664 DRGs verwendet (für 2004 erhöhte sich die Zahl auf 802). Das derzeitige System benötigt zur verbrauchsgerechten Leistungserfassung rd. 1.200 DRGs.

nEK = Der InEK GmbH – Institut für das Entgeltsystem im Krankenhaus, Siegburg, wurden die Aufgaben im Zusammenhang mit der Einführung, Weiterentwicklung und Pflege der neuen Vergütungssysteme übertragen. Die Selbstverwaltungspartner im Gesundheitswesen – die Deutsche Krankenhausgesellschaft, die Spitzenverbände der Krankenkassen und der Verband der privaten Krankenversicherung – sind Gesellschafter der GmbH und haben ihre gesetzlich zugewiesenen Aufgaben der InEK GmbH als deutschem DRG-Institut übertragen.

Konvergenzphase = Während der Konvergenzphase der DRG (ursprünglich von 2005 bis 2007 geplant) wurden nach den Vorschriften des § 4 Abs. 6 KHEntgG in sechs Schritten von 2005 bis 2010 die kankenhausindividuellen Basisfallwerte der somatischen Krankenhäuser an die 16 landeseinheitlichen Basisfallwerte angepasst. Ein ähnliches Verfahren war für die Jahre 2016 bis 2021 in der Psychiatrie gesetzlich vorgesehen, wurde dann jedoch 2017 mit dem PsychVV-Gesetz fallen gelassen, als das Konzept eines landeseinheitlichen Basisentgeltwertes aufgegeben wurde.

Lower trim-point = Durchschnittliche untere Grenzverweildauer der Fälle

MDC = Major diagnosis categories, deutsch: Hauptdiagnose-Kategorien

MDK = Medizinischer Dienst der Krankenversicherungen bis 31.12.2019 eine Arbeitsgemeinschaft der gesetzlichen Krankenkassen insbesondere zur Prüfung des Abrechnungsverhaltens der Krankenhäuser und Reha-Einrichtungen

MD KdöR = Zum 01.01.2020 wurden große Teile des MDK in den MD KdöR überführt, um eine größere Unabhängigkeit der Prüfungsorganisation von den Abrechnungsparteien Krankenkassen und Krankenhausträger sicher zu stellen.

Partition = Die G-DRGs und die aDRG werden in der 2. und 3. Stelle nach Behandlungen bzw. Prozeduren unterschieden:

	O = operative Behandlung, M = medizinische Prozedur, A = andere Prozedur. Ähnliche Partitionen gibt es auch bei den PEPPs.
Pflegetage =	Summe der Mitternachtsbestände der Belegung beispielsweise einer Station, einer Abteilung, eines Krankenhauses
Pflegebudget =	Zum 01.01.2020 werden alle stationären Entgelte um die Personalkosten der sog. »Pflege am Bett« bereinigt; z. B. aDRG-Katalog und zusätzlich zu den Entgelten des Erlösbudgets (aDRG und ZE) sowie der tagesgleichen Entgelte nach § 6 KHEntgG (sog. Erlössumme) wird ein sogenannter Pflegezuschlag ermittelt und gesondert auf den Patientenrechnungen ausgewiesen. Nach Ablauf des vereinbarten Entgeltzeitraums (i. d. R. das Kalenderjahr) erfolgt ein Abgleich der Erlöse aus dem Pflegezuschlag mit den tatsächlichen Pflegepersonalkosten. Eine Unterdeckung aus dem Abgleich führt zu einer Ausgleichsforderung, eine Überdeckung zu einer Ausgleichsverbindlichkeit (=Rückzahlung durch Verrechnung).
Pflegeentgeltwert =	Der Pflegeentgeltwert ist der krankenhausindividuelle Abrechnungspreis, der durch die Festlegung des Plan-Pflegebudgets und die vereinbarten Punkte gemäß Pflegeerlöskatalog ermittelt wird.

So lange diese Kalkulationsvereinbarung mit den Kostenträgern noch nicht in Kraft getreten ist, rechnet das Krankenhaus eine Pflegepauschale pro Berechnungstag

1. bis zum 31. März 2020 mit 146,55 Euro
2. vom 1. April 2020 bis 31. Dezember 2020 mit 185,00 Euro
3. ab dem 1. Januar 2021 mit 163,09 Euro

gewichtet mit den Pflegepunktwerten gemäß Spalte 14 des Fallpauschalen- und Pflegeerlöskatalogs für Leistungen in Hauptabteilungen ab. Nach Ablauf des Entgeltzeitraums (i. d. R. das Kalenderjahr) werden die vereinnahmten Erlöse aus Pflegepauschalen mit den tatsächlichen Pflegepersonalkosten des Krankenhauses abgeglichen und Abweichungen zu den tatsächlichen Kosten nach- oder zurückgezahlt.

Strukturprüfung =	Durch das MDK Reformgesetz vom 14.12.2019 wurde das strittige Thema »Strukturprüfung« insbesondere bei der Abrechnung von sog. Komplexpauschalen für gesetzlich Versicherte neu geregelt (§ 275d SGB V). Für derartige Behandlungen verbunden mit Komplexpauschalen bedarf es ab 2021 einer Bescheinigung des MD

	aus einer Strukturprüfung. Spätestens zum 31.12.2020 muss die Bescheinigung vorliegen, will das Krankenhaus in 2021 Komplexpauschalen abrechnen.
Upper trim-point =	Durchschnittliche obere Grenzverweildauer der Fälle
Upcoding =	CMI-Erhöhung auf Grund einer veränderten Kodierung von Diagnosen und Prozeduren im Vergleich zur Kalkulation
Verweildauer =	Pflegetage dividiert durch die Fallzahl
Zusatzentgelte =	Behandlungskomplexe oder Sachkostenvergütungen, die zusätzlich zu einer behandelten Fallpauschale abgerechnet werden können, ohne dass ein neuer Krankenhausaufenthalt stattfindet

B. Psychiatrie/Psychotherapie

Basisentgeltwelt =	Der Basisentgeltwert wird zunächst auf der Ebene der einzelnen Fachkrankenhäuser bzw. Einrichtungen verhandelt. Ab dem Jahr 2017 soll im Rahmen einer fünfjährigen Konvergenzphase der krankenhausindividuelle Basisentgeltwert an den landeseinheitlichen Basisentgeltwert herangeführt. Ab 2018 soll es nur noch einen landeseinheitlichen Basisentgeltwert geben. Diese Konvergenz im Psychiatrie-Entgeltsystem gegen einen landeseinheitlichen Basisentgeltwert wurde mit dem PsychVVG zum 01.01. 2017 aufgegeben. Der krankenhausindividuelle Basisentgeltwert ist weiterhin abrechnungsrelevant.
Entgelthöhe =	Die Entgelthöhe wird tagesweise ermittelt, in dem von 2013 bis max. 2014 die im Entgeltkatalog ausgewiesene maßgebliche Bewertungsrelation mit dem Basisentgeltwert multipliziert wird (Preis je Vergütungsstufe). Ab 2015 ändert sich das PEPP-System dahin gehend, dass die Verweildauer eines Patienten maßgeblich wird, um das Fallgewicht festzulegen (Änderung im PEPP-Katalog 2015 ff.).
Fallzusammenfassung =	Das Krankenhaus hat eine Zusammenfassung der Aufenthaltsdaten zu einem Fall und eine Neueinstufung in ein Entgelt vorzunehmen, wenn eine Patientin oder ein Patient innerhalb von 21 Kalendertagen, bemessen nach der Zahl der Kalendertage ab dem Entlassungstag der vorangegangenen Behandlung, wieder aufgenommen wird und in dieselbe Strukturkategorie einzustufen ist. Das Kriterium der Einstufung in dieselbe Strukturkategorie findet keine Anwendung, wenn Fälle aus unterschiedlichen Jahren zusammenzufassen sind. Eine Zusammenfassung und Neueinstufung nach Absatz 1 ist

	nur vorzunehmen, wenn eine Patientin oder ein Patient innerhalb von 120 Kalendertagen ab dem Aufnahmedatum des ersten unter diese Vorschrift der Zusammenfassung fallenden Krankenhausaufenthalts wieder aufgenommen wird.
PEPP =	**P**auschalierende **E**ntgelte in der **P**sychiatrie bzw. **P**sychosomatik, die vom leistungserbringenden Krankenhaus nach dem am Aufnahmetag des Patienten gültigen Entgeltkatalog und den entsprechenden Abrechnungsbestimmungen abgerechnet werden.
Strukturkategorie =	Im PEPP-Konzept 2013 sind folgende Strukturkategorien vorgesehen: Vollstationär Versorgung als Kinder- und Jugendpsychiatrie, als Psychosomatik, als allgemeine Psychiatrie und als PRAE-PEPPs; teilstationäre Versorgung als Kinder- und Jugendpsychiatrie, als Psychosomatik und als allgemeine Psychiatrie.
Vergütungsstufe =	Die PEPP-Entgelte können gemäß Entgeltkatalog für 2013 in bis zu 5 Vergütungsstufen unterteilt werden. Die Unterteilung erfolgt derzeit ausschließlich über die Verweildauer. Für 2013 werden nur vier Vergütungsstufen verwendet.
Verweildauer =	Maßgeblich für die Ermittlung der Verweildauer ist die Zahl der Berechnungstage. Berechnungstage sind der Aufnahmetag sowie bis 2015 jeder weitere Tag des Krankenhausaufenthalts ohne den Verlegungs- oder Entlassungstag aus dem Krankenhaus; wird ein Patient oder eine Patientin am gleichen Tag aufgenommen und verlegt oder entlassen, gilt dieser Tag als Aufnahmetag. Ab 1.1.2015 wird je Fall auch ein Entlassungstag abgerechnet. Für Fallzusammenfassungen sind zur Ermittlung der Verweildauer der Aufnahmetag sowie jeder weitere Tag des Krankenhausaufenthalts zusammenzurechnen; hierbei ist nur der Verlegungs- oder Entlassungstag des zusammengeführten Falles nicht mit in die Verweildauerermittlung einzubeziehen. Vollständige Tage der Abwesenheit, die während eines Behandlungsfalles anfallen, sind keine Berechnungstage. Sie sind gesondert in der Rechnung auszuweisen und werden bei der Ermittlung der Vergütungsstufen nicht berücksichtigt.
Zusatzentgelte =	Der PEPP-Entgeltkatalog enthält auch einen Katalog psychiatrischer Zusatzentgelte. Diese können zusätzlich zu einer PEPP oder zu einem sonstigen Entgelt nach § 6 Abs. 1 BPflV abgerechnet werden.

Anlage 2: Checkliste zur Dokumentation

Die »Checkliste zur Dokumentation der Jahresabschlussaufstellung« können Sie unter folgendem Link herunterladen:
https://dl.kohlhammer.de/978-3-17-040858-6

Checkliste zur Dokumentation der Jahresabschlussaufstellung zum 31.12.2020 (eigene Akte der Buchhaltung und Doppel für die Wirtschaftsprüfung)

Nr.	Zu stellende bzw. zu erstellende Unterlagen	Anforderungsprofil/ Anmerkungen	Vorzubereiten durch ...	Fertig bis ...
A	**Unterlagen zu rechtlichen und wirtschaftlichen Verhältnissen**			
1.	Wirtschaftsplan des Berichtsjahres u. des Folgejahres	Als Datei, hilfsweise als Kopie		
2.	Evtl. neu abgeschlossene Chefarztverträge	Als Datei, hilfsweise als Kopie		
3.	Rechtsstreitigkeiten, die für die Beurteilung der wirtschaftlichen Lage d. Gesellschaft von Bedeutung sind	Sachverhaltsdarstellung digital; hilfsweise als Kopie		
4.	Fördermittelbescheide nach KHG für kurzfrist. Wiederbeschaffung 2012 (+ Bankauszüge) und Einzelfömi 2012 (+ Bankauszüge)	In eingescannter Form; Original bereit halten		
5.	Sonstige Zuwendungsbescheide oder im Berichtsjahr bewilligte Mittel für Investitionen	In eingescannter Form; Original bereit halten		
6.	Aktueller Feststellungsbescheid Krankenhausplan, Schulen	In eingescannter Form; Original bereit halten		
7.	Entgeltvereinbarung (inkl. Anlagen – LKA, AEB etc.)	In eingescannter Form; Original bereit halten		
8.	Genehmigungsbescheid der Aufsichtsbehörde über Budgetvereinbarung	In eingescannter Form; Original bereit halten		

Nr.	Zu stellende bzw. zu erstellende Unterlagen	Anforderungsprofil/ Anmerkungen	Vorzubereiten durch ...	Fertig bis ...
9.	Berichte der Innenrevision (falls vorhanden)	Als Datei, hilfsweise als eingescannte Kopie		
10.	Quartalsabschlüsse des Prüfungsjahres	Als Datei, hilfsweise als Kopie		
11.	Im Berichtsjahr durchgeführte steuerliche Außenprüfungen und sozialversicherungsrechtliche Prüfungen	Bereithalten zur Einsichtnahme; bei hohen Nachzahlungen Kopie der Berichte und Bescheide		
12.	Im Berichtsjahr durchgeführte Prüfungen des MDK – nicht Einzelfallprüfungen	Bereithalten zur Einsichtnahme; bei hohen Nachzahlungen Kopie		
13.	Presseveröffentlichungen in Tageszeitungen	Zur Einsicht		
B	**Unterlagen zur Buchführung**			
1.	Saldenliste per 31.12.	Digital und Papier		
2.	Bilanz und GuV per 31.12.	Digital und Papier		
3.	Ausdruck aller Sachkonten oder EDV-Lesezugriff auf alle Konten	Ggf. Papier oder alle Sachkontenbuchungen in Datei-Form		
C	**Unterlagen zum Anlagevermögen**			
1.	Anlagennachweis nach Bilanzpositionen u. Finanzierungsarten	Aufstellungen digital, hilfsweise Papier		
2.	Übersicht der Zugänge • EDV-Liste • nach Finanzierungsart	Aufstellungen digital, hilfsweise Papier; Bereithalten der Belege		
3.	Zusammenstellung bzw. Nachweis der selbsterstellten Immat. VG u. der entgeltlich erworbenen Firmenwerte	Aufstellungen digital, hilfsweise Papier sowie Gründe für die gewählte Nutzungsdauer		
4.	Wichtige Verträge über den Erwerb oder die Aufstockung von Beteiligungen, von Betrieben oder Teilbetrieben	Verträge digital als Scan, hilfsweise Papier		
5.	Übersicht Anlagen im Bau	Aufstellungen digital, hilfsweise Papier		
6.	Übersicht Anzahlungen auf Anlagen	Aufstellungen digital, hilfsweise Papier		

Nr.	Zu stellende bzw. zu erstellende Unterlagen	Anforderungsprofil/ Anmerkungen	Vorzubereiten durch …	Fertig bis …
7.	Übersicht/Zusammensetzung der Finanzanlagen • Beteiligungen • Wertpapiere des AV • Sonstige Finanzanl.Zusätzl. Bankbestätigungen/ Saldennachweis	Aufstellungen digital, hilfsweise Papier		
D	**Unterlagen zu den Vorräten (RHB-Stoffe, Waren, unfertige Leistungen)**			
1.	Inventuranweisung, -organisation, Inventurunterlagen	In Kopie bzw. digital als Scan		
2.	Bewertung der Inventurmengen	Hinweise/Dokumentation zur Preisbildung/ Herstellungskosten-Ermittlung		
3.	EDV-Bestandslisten zum 31.12. nach Bestandskonten (MAWI)	In Kopie bzw. bei großem Datenvolumen in Datei-Form		
4.	Differenzen-Liste (Bestandsaufnahme zu MAWI-Bestand)	Aufstellung		
5.	Unfertige Leistungen (Bestandsliste Überlieger-Patienten)	Aufnahmenummer, Aufnahmedatum, OP-Datum, Verweildauer, wenn möglich		
6.	Unfertige Leistungen (Bewertungsverfahren)	Herstellungskosten oder Umsatzerlöse abzügl. noch anfallende Kosten abzügl. Gewinnabschlag		
E	**Unterlagen zu den Forderungen**			
1.	Summen- und Saldenliste Debitoren per 31.12.	Digital und Papier		
2.	Offene Posten Liste zum Abschlussstichtag	Digital und Papier		
3.	Ermittlung der zum Prüfungszeitpunkt noch offenen Forderungen per 31.12.	Fertig zum Tag des Prüfungsbeginns		
4.	Ermittlung der kreditorischen Debitoren	Liste wg. Passivausweis; ggf. eingescannt		
5.	Entwicklung der Einzel- und Pauschalwertberichtigungen	Aufstellung		

Nr.	Zu stellende bzw. zu erstellende Unterlagen	Anforderungsprofil/ Anmerkungen	Vorzubereiten durch …	Fertig bis …
6.	Unterlagen zu den Forderungen ggü. Ärzten	Vorlage der CA-Abrechnungen je Chefarzt		
7.	Unterlagen zu den Forderungen ggü. KV	In Kopie		
F	**Unterlagen zu den Sonstigen Vermögensgegenständen**			
1.	Zusammensetzung der Sonstigen Vermögensgegenstände	Aufstellung		
2.	Sammelkonten sind aufzugliedern	Aufstellung		
G	**Unterlagen zu den liquiden Mitteln**			
1.	Kassenaufnahmeprotokolle und Kopie letzte Seite Kassenbücher	In Kopie; ggf. eingescannt		
2.	Bankauszüge und Saldenbestätigungen zum 31.12.	In Kopie; ggf. eingescannt		
3.	Übersicht über die Festgeldanlagen (Betrag, Zins, Laufzeit)	Besonders über Ultimo; möglichst digital		
4.	Ermittlung der Zinsen für die Anlage pauschaler Fördermittel	Aufstellung; ggf. eingescannt		
5.	Kapitalflussrechnung (sollte auch im Einzelabschluss erstellt werden)	DRS 21 ggf. ergänzt um Hinweise des KHFA als Datei		
6.	Finanzmittelfonds und seine Zusammensetzung	Als Datei		
7.	Bankauszüge und Saldenbestätigungen zum 31.3. des Folgejahres nach dem Stichtag	In Kopie; ggf. eingescannt bzw. als Datei mit der Darstellung der Entwicklung		
H	**Unterlagen zu den aktiven RAP**			
1.	Übersicht über abgegrenzte Aufwendungen	Aufstellung in Dateiform		
2.	Disagio	Kreditunterlagen, ggf. eingescannt und Plan über die Auflösung		
I	**Ausgleichsposten nach dem KHG**			
1.	Ausgleichsposten aus Darlehensförderung	Datei zum Abbau des Postens		

Nr.	Zu stellende bzw. zu erstellende Unterlagen	Anforderungsprofil/ Anmerkungen	Vorzubereiten durch …	Fertig bis …
2.	Ausgleichsposten für Eigenmittelförderung	Datei zum Anlage-vermögen dessen Abschreibungen noch neutralisiert werden		
J	**Unterlagen zum Eigenkapital**			
1.	Nachweis über Veränderungen des gezeichneten/festgesetzten Kapitals	Beschluss; ggf. neuer Handelsregisterauszug		
2	Nachweis über Feststellung Jahresergebnis Vorjahr durch zuständiges Organ	Feststellungsbeschluss in Kopie		
3	Nachweis über Veränderung der Rücklagen	Abstimmunterlagen		
K	**Unterlagen zu den Sonder- und Ausgleichsposten aus Darlehensförderung**			
1.	Übersicht über Sonderposten u. Ausgleichsposten; Abstimmung mit Anlagennachweis nach Finanzierungsarten	Aufstellungsdatei und Abstimmung zur Finanzierungsart im Anlagevermögen		
L	**Unterlagen zu den Rückstellungen**			
1.	Versicherungsmathematisches Gutachten über Pensionsverpflichtungen zum Bilanzstichtag	Gutachten in Kopie; als gescannte Datei		
2.	Erstellung eines Rückstellungsspiegels	Aufstellung als Datei		
3.	Begründung und Dokumentation für Inanspruchnahme, Auflösung und Zuführung jeder einzelnen Rückstellungsart, z. B.	Abstimmunterlagen, ggf. digital		

- Urlaubs-Rückstellung
- Freizeitausgleich
- Bereitschaftsdienst, Zeitzuschläge
- Gleitzeitguthaben
- Abfindungen
- Altersteilzeit
- BG-Beiträge
- JA-Kosten
- Kostensatzrisiken, Pflegesatzrisiken (MDK)
- Ausstehende Rechnungen
- Behördliche Auflagen
- Unterlassene Instand-haltung (vor BilMoG)

Nr.	Zu stellende bzw. zu erstellende Unterlagen	Anforderungsprofil/ Anmerkungen	Vorzubereiten durch …	Fertig bis …
M	**Unterlagen zu den Darlehensverbindlichkeiten**			
1.	Entwicklung der langfristigen Darlehensverbindlichkeiten • Nachweis/Saldenbestätigung • Restlaufzeit bis zu 1 Jahr • Restlaufzeit >5 Jahre	Kopien Tilgungspläne, ggf. digital		
2.	Entwicklung der kurzfristigen Darlehensverbindlichkeiten • Nachweis/Saldenbestätigung • KreditlinieVerwendungszweck	Kopien Kontokorrentvereinbarungen, ggf. digital		
N	**Unterlagen zu den Verbindlichkeiten – Kreditoren –**			
1.	Summen- und Saldenliste Kreditoren per 31.12.	Digital und Papier		
2.	Offene Posten Liste zum Abschlussstichtag	Digital und Papier		
3.	Durchführung Saldenbestätigung Kreditoren	Versand durch WP / Festlegung des Auswahlkriterium durch WP / Rücklauf an WP		
4.	Ermittlung der zum Prüfungszeitpunkt noch offenen Verbindlichkeiten per 31.12.			
O	**Unterlagen zu den Verbindlichkeiten KHG**			
1.	Entwicklung der Verbindlichkeiten Einzel- und pauschale Fördermittel	Aufstellung pdf-Format		
P	**Unterlagen zu den Sonstigen Verbindlichkeiten**			
1.	Nachweis Sozialversicherungsbeträge und Lohnsteuer Nov./ Dez. Berichtsjahr • Anmeldungen an FA bzw. Krankenkassen • Zahlungsbeleg	Abstimmunterlagen		
2.	Zusammensetzung der Sonstigen Verbindlichkeiten	Aufstellung pdf-Format		

Nr.	Zu stellende bzw. zu erstellende Unterlagen	Anforderungsprofil/ Anmerkungen	Vorzubereiten durch ...	Fertig bis ...
3.	Sammelkonten sind aufzugliedern	Aufstellung pdf-Format		
P	**Unterlagen zu den Erlösen aus Krankenhausleistungen / Pflegeleistungen**			
1.	Erlösverprobung der KH- Erlöse/ Zahlbeträge mit der Leistungsstatistik	Unterlagen in Kopie, Verträge über die Verhandlungsergebnisse für 2020 mit allen Anlagen, Feststellungsbescheide der Bez-Reg.		
2.	Belegungsstatistiken Krankenhaus nach Fachabteilungen (Bettenzahl, Pflegetage, Auslastung, Fälle, Verweildauer) und CM, CMI	Aufstellung		
3.	Verrechnung der Ausgleiche des Vorjahres	Unterlagen in Kopie		
4.	Berechnung der Ausgleiche für das Berichtsjahr	Berechnungsgrundlagen		
5.	Erlösverprobung der AH- Erlöse/ Zahlbeträge mit der Leistungsstatistik	BT nach Pflegegraden und nach Bestandteilen des Heimentgelts		
6.	Nachweis der gesonderten Bestandsführung der Investitionsmittel des AH	Nebenrechnung außerhalb der Buchhaltung		
7.	Belegungsstatistiken AH. nach Pflegegraden differenziert nach Anwesenheit und Abwesenheit	Aufstellung		
Q	**Unterlagen zu den Erlösen aus Wahlleistungen**			
1.	Erlösverprobung Ein- und Zweibettzimmer (Tage Einbettzimmer, Tage Zweibettzimmer, EUR-Betrag/Tag)	Vereinbarung mit PKV, Belegungsstatistik		
R	**Unterlagen zu den Erlösen aus ambulanten Leistungen**			
1.	Abgerechnete Fälle der Notfallambulanz	Aufstellung pdf-Format		
2.	Überblick über die abgerechneten Leistungen anderer ambulanter Leistungen des Krankenhauses	Berechnungsgrundlagen		
3.	Systematik der Leistungsabgrenzung KV			

Anlage 3: Inhaltsverzeichnis Dauerakte

Das »Inhaltsverzeichnis Dauerakte« können Sie unter folgendem Link herunterladen:
https://dl.kohlhammer.de/978-3-17-040858-6

Gesellschaftsrechtliche Grundlagen

1. Satzung bzw. Gesellschaftsvertrag des Krankenhausträgers
2. Verleihungsurkunde, Vereinsregisterauszug, Handelsregisterauszug
3. Zusammensetzung der Organe (Titel, Vornamen, Namen, Beruf und Wohnort) auch im Jahr ausgeschiedene oder neue Personen
4. Sitzungsprotokolle der Organe (z. B. Aufsichtsrat oder Gesellschafterversammlung)
5. besondere Vertreter (z. B. Prokuristen, Handlungsbevollmächtigte)
6. Geschichte und Entwicklung der Einrichtung/Körperschaft
7. Ggf. Betrauungsakt i. S. d. EU Wettbewerbsrechts
8. Kopie der letzten Offenlegung

Gesellschaftsrechtliche Verflechtungen

1. Liste der verbundenen Unternehmen in einem Konzern (Mutterunternehmen und alle Tochterunternehmen)
2. Liste der Beteiligungsunternehmen (mindestens 20 % am Kapital)
3. Liste der nahestehenden Unternehmen und Personen
4. Jahresabschlüsse dieser Tochter-Unternehmen (soweit vorhanden)

Verträge mit Mitarbeitern

1. Geschäftsführerverträge, Vorstandsverträge, ggf. Tantiemevereinbarungen
2. Chefarztverträge, Unterlagen zum Umfang der ambulanten Nebentätigkeit
3. Zugehörigkeit zum Tarifverbund (z. B. TVÖD, TV MB, AVR, Haustarifvertrag)
4. Individuelle Altersversorgungszusagen, beschäftigte Beamte, ZVK-Mitgliedschaft; Sanierungsgeldabrede
5. Poolordnung des Trägers; Poolabreden mit Chefärzten für Mitarbeiter
6. Gestellungsverträge

Sonstige wichtige Verträge

1. Wichtige Unternehmensverträge (z. B. Verschmelzungs-, Betriebsaufspaltungs-verträge etc.)
2. Besserungsscheinverpflichtungen
3. Bedeutsame Verträge mit Lieferanten und Abnehmern, die eine **langfristige** Bindung für das Krankenhaus bedeuten
4. Kreditverträge mit Banken/anderen Kreditgebern (z. B. WfA)
5. Auflistung der Wartungsverträge mit unkündbarer Vertragsdauer und Entgelt
6. Auflistung der Versicherungsverträge mit Versicherungsnummer, Versicherungsart, Versicherungssumme und Jahresprämie

Nachweise betreffend den Grundbesitz

1. Notarielle Kaufverträge (*soweit vorhanden*)
2. Aktuelle Grundbuchauszüge/Veränderungsmeldungen
3. Wertgutachten (*soweit vorhanden*)
4. Lageplan mit Katasternummern

Beziehung zum Finanzamt

1. Zuständiges Finanzamt, Steuernummer
2. Letzter Körperschaftsteuerfreistellungs-/Körperschaftsteuerbescheid
3. Letzter Umsatzsteuerbescheid
4. Letzter Gewerbesteuerbescheid
5. Bericht der letzten steuerlichen Außenprüfung
6. Liste der wirtschaftlichen Geschäftsbetriebe

Versorgungsauftrag

1. Feststellungsbescheid der Planbetten, Versorgungsauftrag
2. Belegarztverträge
3. Kooperationsverträge
4. Sonstige Versorgungsaufgaben (z. B. Standort für NAW oder RTW)
5. Feststellungsbescheid über Plätze der Ausbildungsstätten
6. Ausgewiesener Standort für Großgeräte

Nebenbetriebe

1. Daten zur Kapazität der Ambulanzen des Krankenhauses
2. Daten zu Art und Umfang der Chefarztambulanzen
3. Spezialambulanzen
4. MVZs
5. Wohnheime
6. Sonstige Nebenbetriebe

Fördermittelbescheide

1. Pauschale Fördermittel nach § 9 Abs. 3 KHG (Grundlagen- und Fördermittelbescheide)
2. Einzelfördermittel nach § 9 Abs. 1 KHG (Bewilligungsbescheide)
3. Sonstige Fördermittelbescheide Dritter

Organisation

1. Aktuelles Organigramm
2. Kontenplan, Kostenstellen-, Kostenträgerplan
3. Interne Bilanzierungsanweisungen des Trägers
4. Bei Erstprüfung: WP-Bericht des Vorprüfers

Anlage 4: Übersicht über die wichtigsten Gesetze für den KH-Jahresabschluss (Stand 31.03.2021)

Lfd. Nr.	Gesetz/Verordnung	Abkürzung	Fassung vom	Letzte Änderung
1.	Handelsgesetzbuch	HGB	10.05.1897	22.12.2020
2.	Einführungsgesetz zum Handelsgesetzbuch	EGHGB	10.05.1897	12.08.2020
3.	Krankenhaus-Buchführungsverordnung	KHBV	10.04.1978	21.12.2016
4.	Krankenhausfinanzierungsgesetz	KHG	10.04.1991	10.12.2015
5a.	Krankenhausgestaltungsgesetz NRW	KHGG NRW	11.12.2007	29.01.2021
5b.	Krankenhaus-Finanzierunggesetze der Länder	Diverse	–	–
6.	Bundespflegesatzverordnung	BPflV	26.09.1994	23.10.2020
7.	Abgrenzungsverordnung	AbgrV	12.12.1985	21.07.2012
8.	5. Buch des Sozialgesetzbuchs	SGB V	20.12.1988	18.01.2021
9.	Psychiatrie-Personalverordnung1)	Psych-PV	18.12.1990	21.07.2014
10.	Psychiatrie-Entgeltgesetz	PsychEntG	21.07.2012	
10.	Krankenhaus-Entgeltgesetz	KHEntgG	23.04.2002	22.12.2020
11.	Krankenhaus-Fallpauschalenvereinbarung und Fallpauschalenkatalog (GKV, PKV und DKG) 2)	FPV 2021	–	22.09.2020
12	Vereinbarung pauschalierende Entgelte Psychiatrie und Psychosomatik	PEPPV 2021		22.09.2020

1) Die Psychiatrie-Personalverordnung wird laut Artikel 7 und 8 des Psychiatrie-Entgeltgesetztes vom 21.07.2012 ab dem 01.01.2019 aufgehoben.
2) Seit 2003 werden jährlich – in der Regel Ende September für das Folgejahr – Fallpauschalen(abrechnungs-)vereinbarungen und ein Entgeltkatalog erlassen. Für die Jahre 2003, 2004 und 2012 erfolgte der Erlass im Wege der Verordnung als Ersatzvornahme und in den Jahren 2005 bis 2021 im Wege einer vertraglichen Vereinbarung der Selbstverwaltung.

Anlage 5: Gesetzliche Bescheinigungen

Gesetzesgrundlage	Erläuterung
§ 17a Abs. 7 Satz 2 KHG	Verwendung des Ausbildungsbudgets Der Krankenhausträger hat für die Budgetverhandlungen nach § 17a Abs. 3 KHG (Anm.: Verhandlungen des Ausbildungsbudget) eine vom Jahresabschlussprüfer bestätigte Aufstellung für das abgelaufene Jahr über die Einnahmen aus dem Ausgleichsfonds und den in Rechnung gestellten Zuschlägen, über Erlösabweichungen zum vereinbarten Ausbildungsbudget und über die zweckgebundene Verwendung der Mittel vorzulegen.
§ 9 Abs. 3 KHG	Verwendungsnachweis KHG-Fördermittel Verwendungsnachweise der pauschalen Fördermittel (ggf. nach dem § 21 Abs. 8 KHGG NRW) • Baupauschale • Wiederbeschaffungspauschale • Sonstige Landesmittel
§ 4 Abs. 3 Satz 7 KHEntgG	Erlösbescheinigung Zur Ermittlung der Mehr- oder Mindererlöse hat der Krankenhausträger eine vom Jahresabschlussprüfer bestätigte Aufstellung über die Erlöse nach § 7 Absatz 1 Satz 1 Nummer 1, 2 und 5 KHEntgG vorzulegen.
§ 4 Abs. 9 KHEntgG	Hygienebescheinigung §§ 4 Absatz 8 Satz 3 und 6 bis 11 sowie 5 Absatz 4 Satz 5 gelten entsprechend, wobei der Nachweis über die Stellenbesetzung und die zweckentsprechende Mittelverwendung berufsbildspezifisch zu erbringen ist. Der Betrag nach den Sätzen 5 und 6 darf keine Pflegepersonalkosten enthalten, die über das Pflegebudget finanziert werden.
§ 4 Abs. 8 KHEntgG	Pflegestellenförderprogramm *Gilt bis zum 31.12.2020; danach gestrichen.* [9] Für die Prüfung einer notwendigen Rückzahlung oder Minderung hat der Krankenhausträger den anderen Vertragsparteien folgende Bestätigungen des Jahresabschlussprüfers vorzulegen:

Gesetzesgrundlage	Erläuterung
	1. einmalig eine Bestätigung über die zum 31. Dezember 2018 festgestellte jahresdurchschnittliche Stellenbesetzung in der Pflege insgesamt und in dem nach Satz 1 geförderten Pflegebereich, jeweils differenziert in Voll- und Teilzeitkräfte und umgerechnet in Vollzeitkräfte, 2. eine Bestätigung über die im jeweiligen Förderjahr in der Pflege insgesamt und in dem nach Satz 1 geförderten Pflegebereich zum 31. Dezember festgestellte jahresdurchschnittliche Stellenbesetzung, jeweils differenziert in Voll- und Teilzeitkräfte und umgerechnet in Vollzeitkräfte, und 3. eine Bestätigung über die zweckentsprechende Verwendung der Mittel.
§ 4 Abs. 8a KHEntgG	**Vereinbarkeit von Familie und Beruf** [6]Der Krankenhausträger hat den anderen Vertragsparteien eine Bestätigung des Jahresabschlussprüfers vorzulegen, aus der hervorgeht, inwieweit die zusätzlichen Mittel zweckentsprechend für die geförderten Maßnahmen nach Satz 1 verwendet wurden.
§ 6a Abs. 3 Satz 4 KHEntgG	**Personal im Pflegepersonalkostenbudget** [4]Nach Ablauf des Vereinbarungsjahres hat der Krankenhausträger den anderen Vertragsparteien nach § 11 und dem Institut für das Entgeltsystem im Krankenhaus für die Weiterentwicklung des Entgeltsystems nach § 17b KHG zudem jährlich jeweils bis zum 30. September eine Bestätigung des Jahresabschlussprüfers über die jahresdurchschnittliche Stellenbesetzung der Pflegevollkräfte, gegliedert nach Berufsbezeichnungen, sowie über die Pflegepersonalkosten und über die zweckentsprechende Mittelverwendung vorzulegen.
§ 137i Abs. 4 Satz 1 SGB V	**Personaluntergrenzen** (4) Für die Jahre ab 2019 haben die Krankenhäuser durch Bestätigung eines Wirtschaftsprüfers, einer Wirtschaftsprüfungsgesellschaft, eines vereidigten Buchprüfers oder einer Buchprüfungsgesellschaft den Vertragsparteien nach Absatz 1 Satz 1, den Vertragsparteien nach § 11 des Krankenhausentgeltgesetzes und der jeweiligen für die Krankenhausplanung zuständigen Behörde den Erfüllungsgrad der Einhaltung der Pflegepersonaluntergrenzen, die in § 6 der Pflegepersonaluntergrenzen-Verordnung, in einer Vereinbarung nach Absatz 1 oder in einer Verordnung nach Absatz 3 Satz 1 festgelegt wurden, differenziert nach Berufsbezeichnungen und unter Berücksichtigung des Ziels der Vermeidung von Personalverlagerungseffekten, nachzuweisen. Zu diesem Zweck schreiben die Vertragsparteien nach Absatz 1 Satz 1 mit Wirkung für die Vertragsparteien nach § 11 des Krankenhausentgeltgesetzes die zwischen dem Spitzenverband Bund der Krankenkassen und der Deutschen Krankenhausgesellschaft getroffene Vereinbarung über den Nachweis zur Einhaltung von Pflegepersonaluntergrenzen vom 28. November 2018, die auf der Internetseite des Instituts für das Entgeltsystem im Krankenhaus veröffentlicht ist, jährlich bis zum 1. November, erstmals für das Jahr 2020 zum 1. November 2019, ent-

Gesetzesgrundlage	Erläuterung
	sprechend den in einer Vereinbarung nach Absatz 1 oder in einer Verordnung nach Absatz 3 Satz 1 festgelegten Vorgaben zu den Pflegepersonaluntergrenzen fort. Die Krankenhäuser übermitteln den Nachweis zum 30. Juni jeden Jahres für das jeweils vorangegangene Kalenderjahr, erstmals für das Jahr 2019 zum 30. Juni 2020. Der Erfüllungsgrad der Einhaltung der in § 6 der Pflegepersonaluntergrenzen-Verordnung, in einer Vereinbarung nach Absatz 1 oder in einer Verordnung nach Absatz 3 Satz 1 festgelegten Vorgaben, differenziert nach Berufsbezeichnungen, ist in den Qualitätsberichten der Krankenhäuser nach § 136b Absatz 1 Satz 1 Nummer 3 darzustellen. Kommt eine Fortschreibung der in Satz 2 genannten Vereinbarung bis zum 1. November des jeweiligen Jahres nicht zustande, trifft die Schiedsstelle nach § 18a Absatz 6 des Krankenhausfinanzierungsgesetzes auf Antrag einer Vertragspartei nach Satz 1 innerhalb von sechs Wochen die ausstehenden Entscheidungen. Die Krankenhäuser teilen zusätzlich den jeweiligen Vertragsparteien nach § 11 des Krankenhausentgeltgesetzes und dem Institut für das Entgeltsystem im Krankenhaus einmal je Quartal die Anzahl der Schichten mit, in denen die in § 6 der Pflegepersonaluntergrenzen-Verordnung, in einer Vereinbarung nach Absatz 1 oder in einer Verordnung nach Absatz 3 Satz 1 festgelegten Pflegepersonaluntergrenzen nicht eingehalten worden sind. Die Mitteilung muss spätestens bis zum Ablauf von zwei Wochen nach Beginn des folgenden Quartals, aufgeschlüsselt nach Monaten und nach der Art der Schicht, erfolgen. Das Institut für das Entgeltsystem im Krankenhaus übermittelt den Vertragsparteien nach Absatz 1 Satz 1, den jeweils zuständigen Landesbehörden, den Landesverbänden der Krankenkassen und den Ersatzkassen sowie auf Anforderung dem Bundesministerium für Gesundheit einmal je Quartal eine Zusammenstellung der Angaben nach Satz 6.
§ 18 Abs. 2 BPflV	Psych-PV Bescheinigung *Gilt bis zum 31.12.2019; danach gestrichen.* (2) Für die Jahre 2013 bis 2019 haben die Krankenhäuser, die eine Vereinbarung nach § 6 Absatz 4 in der am 31. Dezember 2012 geltenden Fassung abschließen, den anderen Vertragsparteien nach § 11 eine Bestätigung des Jahresabschlussprüfers über die tatsächliche jahresdurchschnittliche Stellenbesetzung in Vollkräften sowie über die zweckentsprechende Mittelverwendung vorzulegen; nicht zweckentsprechend verwendete Mittel sind zurückzuzahlen.
§ 9 Abs. 1 Nr. 7 KHEntgG i. V. m. § 3 Abs. 4 BPflV	Tarifsteigerung (1) Der Spitzenverband Bund der Krankenkassen und der Verband der Privaten Krankenversicherung gemeinsam vereinbaren mit der Deutschen Krankenhausgesellschaft (Vertragsparteien auf Bundesebene) mit Wirkung für die Vertragsparteien nach § 11 insbesondere … 7. die Erhöhungsrate für Tariferhöhungen nach § 10 Absatz 5 Satz 4, eine anteilige Erhöhungsrate unter Berücksichtigung, dass Kostensteigerungen für das Pflegepersonal in der unmittelbaren Patientenversorgung auf bettenführenden Stationen über das Pflegebudget zu finanzieren sind, sowie bis zum 31. März 2019 die Einzelheiten für einen Nachweis, dass die zusätzlichen Mittel für Tariferhöhungen

Gesetzesgrundlage	Erläuterung

von Pflegepersonal zweckentsprechend für dessen Finanzierung verwendet werden, und ein Verfahren, das gewährleistet, dass Krankenhäuser Mittel zurückzuzahlen haben, die sie nicht zweckentsprechend verwendet haben, die Erhöhungsrate für Tariferhöhungen nach § 10 Absatz 5 Satz 4, eine anteilige Erhöhungsrate unter Berücksichtigung, dass Kostensteigerungen für das Pflegepersonal in der unmittelbaren Patientenversorgung auf bettenführenden Stationen über das Pflegebudget zu finanzieren sind, sowie bis zum 31. März 2019 die Einzelheiten für einen Nachweis, dass die zusätzlichen Mittel für Tariferhöhungen von Pflegepersonal zweckentsprechend für dessen Finanzierung verwendet werden, und ein Verfahren, das gewährleistet, dass Krankenhäuser Mittel zurückzuzahlen haben, die sie nicht zweckentsprechend verwendet haben,…

§ 3 (4) BPflV Bei der Vereinbarung einer Erhöhungsrate für Tariferhöhungen nach § 9 Absatz 1 Nummer 7 des Krankenhausentgeltgesetzes ist der von den Vertragsparteien vereinbarte Gesamtbetrag nach Absatz 2 oder Absatz 3 um 55 Prozent der nach § 9 Absatz 1 Nummer 7 des Krankenhausentgeltgesetzes vereinbarten Erhöhungsrate für Tariferhöhungen erhöhend zu berichtigen, wobei der Berichtigungsbetrag über das Budget des nächstmöglichen Pflegesatzzeitraums abzuwickeln ist; Absatz 2 Satz 5 zweiter Halbsatz und Absatz 3 Satz 12 sind zu beachten. Eine Begrenzung nach Absatz 3 Satz 5 gilt insoweit nicht.

Anlage 6: Verlautbarungen des IDW

Verlautbarungen des Krankenhausfachausschusses (KHFA) des Instituts der Wirtschaftsprüfer in Deutschland e.V.

Bezug Krankenhausabschluss:

Verlautbarung des IDW	Inhalt
IDW RS KHFA 1 n.F.	IDW Stellungnahme Nr. 1 zur Rechnungslegung: »Rechnungslegung von Krankenhäusern«, verabschiedet im KHFA am 03.02.2011, gebilligt im Hauptfachausschuss (HFA) am 28.02.2011
IDW RH KHFA 1.001	*Zur Bilanzierung der Instandhaltungspauschale nach § 17 Abs. 4b KHG IDW RH KHFA 1.001* → **aufgehoben am 05.06.2008**
IDW RH KHFA 1.002	IDW Rechnungslegungshinweis: »Bilanzielle Konsequenzen von im Landesbasisfallwert enthaltenen Ausgleichsbeträgen«, verabschiedet im KHFA am 23.05.2011, gebilligt im Hauptfachausschuss (HFA) am 15.07.2011

Bezug Krankenhausprüfung:

Verlautbarung des IDW	Inhalt
IDW PH 9.400.1	IDW Prüfungshinweis: Zur Erteilung des Bestätigungsvermerks bei Krankenhäusern
IDW PH 9.420.1	IDW Prüfungshinweis: Berichterstattung über die Prüfung der Verwendung pauschaler Fördermittel nach Landeskrankenhausrecht
IDW PH 9.420.4	IDW Prüfungshinweis: Vermerk des Abschlussprüfers nach § 17a Abs. 7 Satz 2 KHG

Anlage 7: Prüfungspflicht der Krankenhausabschlüsse nach Landesrecht

Prüfungspflicht der Krankenhausabschlüsse in Baden-Württemberg, Bayern, Berlin und Brandenburg

	Baden-Württemberg	Bayern	Berlin	Brandenburg
Gesetzesfassung Letzte Änderung	29.11.07 24.07.18	28.03.07 26.03.19	01.03.01 25.10.20	11.05.94 08.07.09
• Prüfungspflicht	Nein	Nein	Nein*	Ja**
• Prüfungsvorschrift nach Landes-KHG			Aber § 8 (5) LKG BE	§ 22 (1) LKG Bbg
• Prüfungsumfang:				
– Buchführung und Jahresabschluss				X
– übriges Rechnungswesen				
• Ordnungsmäßigkeit der Geschäftsführung				
• Wirtschaftliche Verhältnisse inkl.				
– Vermögens- und Ertragslage, Liquidität und Rentabilität				
– Ursachen eines in der GuV ausgewiesenen Fehlbetrages				
– Anzahl der voll- und teilstationär behandelten Fälle, der Pflegetage und der Geburten				
• zweckentsprechende, sparsame u. wirtschaftliche Verwendung der Fördermittel				X

	Baden-Württemberg	Bayern	Berlin	Brandenburg
– Fördermittel				X
– pauschalen Förder-mittel			X	
– Mittel aus Baupau-schalen für Neu-, Um- und Erweiterungsbau				
Gesonderte Bankkonten bzw. Zinsertragsregelung	§ 15 (6) LKHG BW	Art. 12 (4) BayKrG	§ 8 (2) LKG BE	§ 16 (5) LKG Bbg

* Für die Verwendung der Pauschalfördermittel erfolgt der Nachweis durch Wirtschafts-prüfer.
** Es besteht grundsätzlich **keine** Prüfungspflicht für Krankenhäuser in Brandenburg, aber als Nachweis für die ordnungsgemäße Verwendung der Fördermittel nach § 22 BbgKHEG wird der Abschlussprüfungsbericht gesetzlich verlangt.

Prüfungspflicht der Krankenhausabschlüsse in Bremen, Hamburg, Hessen und Mecklenburg-Vorpommern

	Bremen	Hamburg	Hessen	Mecklenburg-Vorpommern
Gesetzesfassung Letzte Änderung	12.04.11 20.10.20	17.04.91 17.12.18	21.12.10 18.09.18	13.05.02 16.05.18
• **Prüfungspflicht**	**Nein***	**Ja**	**Ja****	**Nein*****
• **Prüfungsvorschrift nach Landes-KHG**	§ 18 (1) BremKrhG	§ 29 HambKHG	§ 16 HKHG	
• **Prüfungsumfang:**				
– Buchführung und Jah-resabschluss		X	X	
– übriges Rechnungswe-sen		X	X	
• **Ordnungsmäßigkeit der Geschäftsführung**		X		
• **Wirtschaftliche Verhältnis-se inklusive**		X	X	
– Vermögens- und Er-tragslage, Liquidität und Rentabilität		X		

	Bremen	Hamburg	Hessen	Mecklenburg-Vorpommern
– Ursachen eines in der GuV ausgewiesenen Fehlbetrages		X		
– Anzahl der voll- und teilstationär behandelten Fälle, der Pflegetage und der Geburten				
• Zweckentsprechende, sparsame und wirtschaftliche Verwendung der				
– öffentl. Fördermittel		X	X	
– pauschalen Fördermittel	X			
– Mittel aus Baupauschalen für Neu-, Um- und Erweiterungsbau	X			
• Gesonderte Bankkonten bzw. Zinsertragsregelung	§ 10 Abs. 5 BremKrhG	§ 22 (3) HambKHG	§ 26 (5) HKHG	§ 38 (1) LKHG M-V

* Die geförderten Krankenhäuser haben der Gesundheitssenatorin jährlich einen Verwendungsnachweis über die zweckentsprechende Verwendung der Fördermittel nach §§ 10, 11, 13–15 mit dem Testat eines Wirtschaftsprüfers vorzulegen.
** Prüfung kann auch durch vereidigte Buchprüfer erfolgen
*** Prüfung der Fördermittelverwendung kann im Förderbescheid als Nebenbestimmung verlangt werden

Prüfungspflicht der Krankenhausabschlüsse in Niedersachsen, Nordrhein-Westfalen, Rheinland-Pfalz und Saarland

	Niedersachsen	NRW	Rheinland-Pfalz	Saarland
Gesetzesfassung	12.11.86	11.12.07	28.11.86	06.11.15
Letzte Änderung	15.07.20	30.01.21	19.12.18	22.08.18
• Prüfungspflicht	Nein*	Ja**	Nein	Ja***
• Prüfungsvorschrift nach Landes-KHG	Aber § 10 (1) NKHG	§ 30 KHGG NRW		§ 20 SKHG
• Prüfungsumfang:				
– Buchführung und Jahresabschluss		X		X

	Nieder-sachsen	NRW	Rhein-land-Pfalz	Saarland
– übriges Rechnungswesen				X
• **Ordnungsmäßigkeit der Geschäftsführung**				
• **Wirtschaftliche Verhältnisse inklusive.**				X
– Vermögens- und Ertragslage, Liquidität und Rentabilität				
– Ursachen eines in der GuV ausgewiesenen Fehlbetrages				
– Anzahl der voll- und teilstationär behandelten Fälle, der Pflegetage und der Geburten				X
• **Zweckentsprechende, sparsame und wirtschaftliche Verwendung der**				
– Fördermittel				
– pauschalen Fördermittel	X			X
– Mittel aus Baupauschalen für Neu-, Um- und Erweiterungsbau	X			X
• **Gesonderte Bankkonten bzw. Zinsertragsregelung**	§ 7 (5) NKHG	§ 21 (7) KHGG NRW	-	§ 31 (6) SKHG

* Es besteht grundsätzlich <u>keine</u> Prüfungspflicht für Krankenhäuser, aber wenn eine Prüfung erfolgt und wenn die ordnungsgemäße Verwendung der Fördermittel bestätigt wird, genügt der Abschlussprüfungsbericht als Verwendungsnachweis.
** Hat das Krankenhaus einen Lagebericht aufzustellen, so ist auch dieser in die Prüfung einzubeziehen.
*** Die Bestellung des Wirtschaftsprüfers erfolgt jährlich.

Prüfungspflicht der Krankenhausabschlüsse in Sachsen, Sachsen-Anhalt, Schleswig-Holstein und Thüringen

	Sachsen	Sachsen-Anhalt	Schleswig-Holstein	Thüringen
Gesetzesfassung Letzte Änderung	19.08.93 26.04.18	14.04.05 20.01.15	12.12.86 31.12.20	30.4.03 02.07.19
● **Prüfungspflicht**	Ja*	Nein**	Nein	Ja***
● **Prüfungsvorschrift nach Landes-KHG**	§ 35 Sächs KHG	§ 12 KHG LSA	§ 25 (2) LKHG SLH Entwurf	§ 30 ThürKHG
● **Prüfungsumfang:**				
– Buchführung und Jahresabschluss	X			X
– übriges Rechnungswesen	X			
● **Ordnungsmäßigkeit der Geschäftsführung**				
● **Wirtschaftliche Verhältnisse inklusive.**	X			X
– Vermögens- und Ertragslage, Liquidität und Rentabilität				
– Ursachen eines in der GuV ausgewiesenen Fehlbetrages				
– Anzahl der voll- und teilstationär behandelten Fälle, der Pflegetage und der Geburten				
● **Zweckentsprechende, sparsame und wirtschaftliche Verwendung der**				§ 14a ThürKHG
– Fördermittel		X		
– pauschalen Fördermittel	X		X	X
– Mittel aus Baupauschalen für Neu-, Um- und Erweiterungsbau				

	Sachsen	Sachsen-Anhalt	Schleswig-Holstein	Thüringen
• **Gesonderte Bankkonten bzw. Zinsertragsregelung**	§ 11 (4) SächsKHG	-	-	§ 12 (3) ThürKHG

* hat das Krankenhaus einen Lagebericht aufzustellen, so ist auch dieser in die Prüfung einzubeziehen.

** es besteht grundsätzlich **keine** Prüfungspflicht für Krankenhäuser, aber die ordnungsgemäße Verwendung der Fördermittel ist durch Prüfbescheinigungen zu bestätigen: 1. Bei kommunalen Krankenhäusern durch das Rechnungsprüfungsamt des Trägers; 2. Bei nicht kommunalen Krankenhäusern durch den Wirtschaftsprüfer.

***Jedes Krankenhaus, das Förderung nach dem ThürKHG erhält, ist zur Erstellung eines Jahresabschlusses nach den Regelungen nach der KHBV verpflichtet. Dies gilt auch für Krhs., die nicht unter den Geltungsbereich der KHBV fallen. Es besteht Prüfungspflicht. Der Abschlussprüfer wird vom Krankenhausträger bestellt. Die Bestimmungen der Thüringer Kommunalordnung bleiben unberührt.

Anlage 8: Checkliste Pflichtangaben im Anhang des Krankenhausabschlusses

Checkliste Pflichtangaben im Anhang des Krankenhausabschlusses – §§ HGB

Nr.	§§-HGB	Stichworte	KHBV	Kleine Kap.G.	Mittlere Kap.G.	Große Kap.G.
1.	§ 264 Abs. 1a	**Eckdaten zum Unternehmen**: Firma, Sitz, Registergericht, Handelsregister-Nummer, ggf. Liquidation oder Abwicklung (z. B. Deckblatt, Kopf der Bilanz etc.)	Ja	Ja	Ja	Ja
2.	§ 264 Abs. 2	**Zusätzliche Angaben** zur Vermittlung des den tatsächlichen Verhältnissen entsprechenden Bildes der Vermögens-, Finanz- und Ertragslage	Ja	Ja	Ja	Ja
3.	§ 265 Abs. 1	Angabe und Begründung der Abweichungen von der **Darstellungsstetigkeit** in Bilanz und GuV	Nein	Ja	Ja	Ja
4.	§ 265 Abs. 2 S. 2	Angabe und Erläuterung nicht vergleichbarer **Vorjahresbeträge**	Ja	Ja	Ja	Ja
5.	§ 265 Abs. 2 S. 3	Angabe und Erläuterung angepasster **Vorjahresbeträge**	Ja	Ja	Ja	Ja
6.	§ 265 Abs. 3 S. 1	**Mitzugehörigkeitsvermerke** soweit nicht in Bilanz bzw. GuV dargestellt	Nein	Ja	Ja	Ja
7.	§ 265 Abs. 4	Angabe und Begründung von **Gliederungsergänzungen** in Bilanz bzw. GuV	Nein	Ja	Ja	Ja
8.	§ 265 Abs. 7	Gesonderter Ausweis im Anhang, wenn Positionen in Bilanz oder GuV **zusammengefasst** wurden	nein	Ja	Ja	Ja
9.	§ 268 Abs. 1	Gesonderter Ausweis des **Gewinn- oder Verlustvortrags** soweit nicht in der Bilanz	Ja	Ja	Ja	Ja

Nr.	§§ -HGB	Stichworte	KHBV	Kleine Kap.G.	Mittlere Kap.G.	Große Kap.G.
10.	§ 268 Abs. 4 S. 2	Erläuterung der **Sonstigen Vermögensgegenstände**, die rechtlich erst nach dem Bilanzstichtag erstehen	Nein	Nein	Ja	Ja
11.	§ 268 Abs. 5 S. 3	Erläuterung der Verbindlichkeiten, die rechtlich erst nach dem Bilanzstichtag entstehen, wenn diese wesentlich	Nein	Nein	Ja	Ja
12.	§ 268 Abs. 6	Angabe eines Disagios in Bilanz oder Anhang	Nein	Nein	Ja	Ja
13.	§ 268 Abs. 7 1. HS	Angabe der **Haftungsverhältnisse** nach Gruppen/Pfandrechten/sonstige Sicherheiten ausschließlich im Anhang	Nein	Ja	Ja	Ja
14.	§ 268 Abs. 7 2. HS	Gesonderte Angabe der Haftungsverhältnisse gegenüber **verbundenen Unternehmen**	Nein	Ja	Ja	Ja
	§ 275 Abs. 1 HGB	Angabe zu Aufstellung der GuV nach dem UKV oder dem GKV	Nein	Ja	Ja	Ja
15.	§ 277 Abs. 3	**Außerplanmäßige Abschreibungen** sind in GuV oder Anhang gesondert anzugeben	Ja	Ja	Ja	Ja
	§ 277 Abs. 5 S. 2	Erträge aus der Abzinsung oder aus der Währungsumrechnung sind in GuV oder Anhang gesondert anzugeben	Nein	Ja	Ja	Ja
16.	§ 284 Abs.1 Satz 1	Angaben, die zu den einzelnen Posten der Bilanz oder der Gewinn- und Verlustrechnung vorgeschrieben sind; in der Reihenfolge wie in Bilanz und GuV	Nein	Ja	Ja	Ja
17.	§ 284 Abs. 1 Satz 2	Angabe aller **Posten**, die in Bilanz oder GuV vorgeschrieben sind, dort aber **nicht gezeigt** werden	Ja, weil GoB	Ja	Ja	Ja
18.	§ 284 Abs. 2 Nr. 1	**Angabe der Bilanzierungs- und Bewertungsmethoden** in Bilanz und GuV	Ja	Ja	Ja	Ja
19.	§ 284 Abs. 2 Nr. 2	Abweichungen von Bilanzierungs- und Bewertungsmethoden sowie deren Auswirkungen aus der Vermögens-, Finanz- und Ertragslage	Ja	Ja	Ja	Ja

Nr.	§§-HGB	Stichworte	KHBV	Kleine Kap.G.	Mittlere Kap.G.	Große Kap.G.
20.	§ 284 Abs. 2 Nr. 3	Nennung erheblicher Unterschiedsbeträge zum Marktpreis bei Anwendung der **Gruppenbewertung**	nein	Ja	Ja	Ja
21.	§ 284 Abs. 2 Nr. 4	Angabe der Einbeziehung von **Fremdkapitalzinsen** in die Herstellungskosten	Nein	Nein	Nein	Ja
22.	§ 284 Abs. 3	Anlagespiegel ist Pflichtbestandteil des Anhangs; je Posten ist anzugeben, welcher Betrag an Zinsen im Geschäftsjahr aktiviert worden ist.	Nein	Nein	Ja	Ja
23.	§ 285 Nr. 1a	Angabe der Verbindlichkeiten mit **Restlaufzeiten** >5 Jahre	Nein	Ja	Ja	Ja
24.	§ 285 Nr. 1b	Angabe der besicherten Verbindlichkeiten (nach **Sicherheiten**)	Nein	Ja	Ja	Ja
25.	§ 285 Nr. 2	Aufgliederung der Angaben in § 285 Nr. 1 HGB nach Gliederungsschema (**Verbindlichkeiten- und Sicherheitenspiegel**)	Nein	Nein	Ja	Ja
26.	§ 285 Nr. 3	Art und Zweck sowie **Risiken** und **Vorteile von nicht in der Bilanz enthaltenen Geschäften**, soweit dies für die Beurteilung der Finanzlage notwendig ist	Nein	Nein	Nein	Ja
27.	§ 285 Nr. 3a	Angabe der **sonstigen finanziellen Verpflichtungen** – davon gegenüber verbundenen oder assoziierten Unternehmen – davon für Altersversorgung –	Nein	Nein	Ja	Ja
28.	§ 285 Nr. 4	Aufgliederung der **Umsatzerlöse** (Pos. 1–4 der KHBV-GuV) nach Tätigkeitsbereichen und Märkten	Nein	Nein	Nein	Ja
29.	§ 285 Nr. 7	Durchschnittliche **Zahl der** im Geschäftsjahr beschäftigten **Arbeitnehmer** nach Gruppen	Nein	Nein	Ja	Ja
30.	§ 285 Nr. 8a	Bei Anwendung des **Umsatzkostenverfahrens** den **Materialaufwand** des Geschäftsjahres	Nein	Nein	Ja	Ja
31.	§ 285 Nr. 8b	Bei Anwendung des **Umsatzkostenverfahrens** den **Personalaufwand** des Geschäftsjahres	Nein	Ja	Ja	Ja

Nr.	§§-HGB	Stichworte	KHBV	Kleine Kap.G.	Mittlere Kap.G.	Große Kap.G.
32.	§ 285 Nr. 9a	**Bezüge** der Geschäftsführung, des Aufsichts- oder Beirats, eines ähnlichen Organs; bei börsennotierten Kap.G. sind die Bezüge je Mitglied namentlich anzugeben; neben den Bezügen des Geschäftsjahres sind gewährte Bezugsrechte und sonstige aktienbasierte Vergütungen mit ihrer Anzahl und dem beizulegendem Zeitwert anzugeben	Nein	Nein	Ja	Ja
33.	§ 285 Nr. 9b	**Bezüge** der früheren Geschäftsführung, des früheren Aufsichts- oder Beirats, eines früheren ähnlichen Organs und für diese Gruppe gebildete Pensionsrückstellungen und der Betrag der nicht gebildeten Rückstellungen	Nein	Nein	Ja	Ja
34.	§ 285 Nr. 9c	**Vorschüsse und Kredite** an die unter 38. u. 39. genannten Personen unter Angabe der Konditionen	Nein	Ja	Ja	Ja
35.	§ 285 Nr. 10	Alle **Mitglieder der Geschäftsführung**, des **Aufsichts- oder Beirats**, eines ähnlichen Organs mit vollem Namen und Beruf; Vorsitzende und Stellvertreter sind zu nennen	Nein	Ja	Ja	Ja
36.	§ 285 Nr. 10	Börsennotierte Kap.G.: Angabe auch der **Mitgliedschaft in Aufsichtsräten** und anderen Kontrollgremien i.S.d. § 125 Abs. 1 Akt.G. (auch in freiwillig gebildeten Aufsichtsräten bzw. ähnlichen Gremien)	Nein	Ja	Ja	Ja
37.	§ 285 Nr. 11	Angabe der **Beteiligungsliste** (Name, Sitz, Höhe des Anteils, Eigenkapital, letztes Jahresergebnis) für Anteilsbesitz größer/gleich 20 %	Nein	Ja	Ja	Ja
38	§ 285 Nr. 11a	Name, Sitz und Rechtsform der Unternehmen, deren unbeschränkt haftender Gesellschafter die Kapitalgesellschaft ist	Nein	Ja	Ja	Ja
39.	§ 285 Nr. 11b	Börsennotierte Kap.G.: Angabe von allen Beteiligungen an großen Kap.G., die 5 % der Stimmrechte überschreiten	Nein	Ja	Ja	Ja

Nr.	§§ -HGB	Stichworte	KHBV	Kleine Kap.G.	Mittlere Kap.G.	Große Kap.G.
41.	§ 285 Nr. 12	Erläuterung wesentlicher sonstiger **Rückstellungen**	Nein	Nein	Ja	Ja
42.	§ 285 Nr. 13	Jeweils eine Erläuterung des Zeitraums, über den ein entgeltlich erworbener Geschäfts- oder Firmenwert abgeschrieben wird	Nein	Ja	Ja	Ja
43.	§ 285 Nr. 14	Name und Sitz des Mutterunternehmens der Kapitalgesellschaft, das den Konzernabschluss für den größten Kreis von Unternehmen aufstellt, sowie der Ort, wo der von diesem Mutterunternehmen aufgestellte Konzernabschluss erhältlich ist	Nein	Ja	Ja	Ja
44.	§ 285 Nr. 14a	Name und Sitz des Mutterunternehmens der Kapitalgesellschaft, das den Konzernabschluss für den kleinsten Kreis von Unternehmen aufstellt, sowie der Ort, wo der von diesem Mutterunternehmen aufgestellte Konzernabschluss erhältlich ist	Nein	Ja	Ja	Ja
45.	§ 285 Nr. 15	Soweit es sich um den Anhang des Jahresabschlusses einer Personenhandelsgesellschaft im Sinne des § 264a Abs. 1 handelt: Name und Sitz der Gesellschaften, die persönlich haftende Gesellschafter sind, sowie deren gezeichnetes Kapital	Nein	Ja	Ja	Ja
	§ 285 Nr. 15a	Angabe über das Bestehen von genussscheinen, genussrechten, Wandelschuldverschreibungen, Optionsscheinen, Optionen, Besserungsscheinen oder vergleichbaren Wertpapieren oder Rechten, unter Angabe der Anzahl und der Rechte, die sie verbriefen	Nein	Nein	Ja	Ja
46.	§ 285 Nr. 16	Dass die nach § 161 AktG vorgeschriebene Erklärung abgegeben und wo sie öffentlich zugänglich gemacht worden ist	Nein	Ja	Ja	Ja
47.	§ 285 Nr. 17	**Das vom Abschlussprüfer** für das Geschäftsjahr berechnete **Gesamthonorar** aufgeschlüsselt in das Honorar für a) die Abschlussprüfung	Nein	Nein	Nein, aber Übermittlung an WP	Ja

Nr.	§§-HGB	Stichworte	KHBV	Kleine Kap.G.	Mittlere Kap.G.	Große Kap.G.
		b) sonstige Bestätigungs- oder Bewertungsleistungen c) Steuerberatungsleistungen d) sonstige Leistungen soweit die Angaben nicht in einem das Unternehmen einbeziehenden Konzernabschluss enthalten sind			Kammer	
48.	§ 285 Nr. 18	Für zu den Finanzanlagen gehörende Finanzinstrumente, die über ihrem beizulegenden Zeitwert ausgewiesen werden, da eine außerplanmäßige Abschreibung unterblieben ist a) der Buchwert und der beizulegende Zeitwert der einzelnen Vermögensgegenstände oder angemessener Gruppierungen sowie b) die Gründe für das Unterlassen der Abschreibung einschl. der Anhaltspunkte, die darauf hindeuten, dass die Wertminderung voraussichtlich nicht von Dauer ist;	Nein	Ja	Ja	Ja
49.	§ 285 Nr. 19	Für jede Kategorie nicht zum beizulegenden Zeitwert bilanzierter derivativer Finanzinstrumente a) deren Art und Umfang, b) deren beizulegender Zeitwert, soweit er sich nach § 255 Abs. 4 verlässlich ermitteln lässt, unter Angabe der angewandten Bewertungsmethode, c) deren Buchwert und der Bilanzposten, in welchem der Buchwert, soweit vorhanden, erfasst ist, sowie d) die Gründe dafür, warum der beizulegende Zeitwert nicht bestimmt werden kann;	Nein	Nein	Ja	Ja
50.	§ 285 Nr. 20	Für mit dem beizulegenden Zeitwert bewertete derivative Finanzinstrumente a) die grundlegenden Annahmen, die der Bestimmung des beizulegenden Zeitwertes mit Hilfe	Nein	Ja	Ja	Ja

Nr.	§§ -HGB	Stichworte	KHBV	Kleine Kap.G.	Mittlere Kap.G.	Große Kap.G.
		allgemein anerkannter Bewertungsmethoden zugrunde gelegt wurden, sowie b) Umfang und Art jeder Kategorie derivativer Finanzinstrumente einschließlich der wesentlichen Bedingungen, welche die Höhe, den Zeitpunkt und die Sicherheit künftiger Zahlungsströme beeinflussen können				
51.	§ 285 Nr. 21	Zumindest die nicht zu marktüblichen Bedingungen zustande gekommenen Geschäfte, soweit sie wesentlich sind, mit nahe stehenden Unternehmen und Personen, einschließlich Angaben zur Art der Beziehung, zum Wert der Geschäfte sowie weiterer Angaben, die für die Beurteilung der Finanzlage notwendig sind; ausgenommen sind Geschäfte mit und zwischen mittel- oder unmittelbar in 100 %igem Anteilsbesitz stehenden in einen Konzernabschluss einbezogenen Unternehmen; Angaben über Geschäfte können nach Geschäftsarten zusammengefasst werden, sofern die getrennte Angabe für die Beurteilung der Auswirkungen auf die Finanzlage nicht notwendig ist	Nein	Nein	Ja	Ja
52.	§ 285 Nr. 22	Im Fall der Aktivierung nach § 248 Abs. 2 HGB der Gesamtbetrag der Forschungs- und Entwicklungskosten des Geschäftsjahrs sowie der davon auf die selbst geschaffenen immateriellen Vermögensgegenstände des Anlagevermögens entfallende Betrag	Nein	Nein	Ja	Ja
53.	§ 285 Nr. 23	Bei Anwendung des § 254 HGB (Bildung von Bewertungseinheiten), a) mit welchem Betrag jeweils Vermögensgegenstände, Schulden, schwebende Geschäfte und mit hoher Wahrscheinlichkeit erwartete Transaktionen zur Absicherung	Nein	Ja	Ja	Ja

Nr.	§§-HGB	Stichworte	KHBV	Kleine Kap.G.	Mittlere Kap.G.	Große Kap.G.
		welcher Risiken in welche Arten von Bewertungseinheiten einbezogen sind sowie die Höhe der mit Bewertungseinheiten abgesicherten Risiken, b) für die jeweils abgesicherten Risiken, warum, in welchem Umfang und für welchen Zeitraum sich die gegenläufigen Wertänderungen oder Zahlungsströme künftig voraussichtlich ausgleichen einschließlich der Methode der Ermittlung, c) eine Erläuterung der mit hoher Wahrscheinlichkeit erwarteten Transaktionen, die in Bewertungseinheiten einbezogen wurden, soweit die Angaben nicht im Lagebericht gemacht werden				
54.	§ 285 Nr. 24	Zu den Rückstellungen für Pensionen und ähnliche Verpflichtungen das angewandte versicherungsmathematische Berechnungsverfahren sowie die grundlegenden Annahmen der Berechnung, wie Zinssatz, erwartete Lohn- und Gehaltssteigerungen und zugrunde gelegte Sterbetafeln	Nein	Ja	Ja	Ja
55.	§ 285 Nr. 25	Im Fall der Verrechnung von Vermögensgegenständen und Schulden nach § 246 Abs. 2 Satz 2 HGB die Anschaffungskosten und der beizulegende Zeitwert der verrechneten Vermögensgegenstände, der Erfüllungsbetrag der verrechneten Schulden sowie die verrechneten Aufwendungen und Erträge; § 285 Nr. 20 Buchstabe a HGB ist entsprechend anzuwenden	Nein	Ja	Ja	Ja
56.	§ 285 Nr. 26	Zu Anteilen an Sondervermögen i. S. d. § 1 Abs. 10 KABG des KABG oder Anlageaktien an Investmentaktiengesellschaften mit veränderlichem Kapital i. S. d. §§ 108 bis 123 des KAGB oder vergleichbaren EU-Investmentvermögen oder vergleichbaren ausländischen Investmentvermögen von mehr als dem	Nein	Ja	Ja	Ja

Nr.	§§-HGB	Stichworte	KHBV	Kleine Kap.G.	Mittlere Kap.G.	Große Kap.G.
		zehnten Teil, aufgegliedert nach Anlagezielen, deren Wert im Sinn der §§ 168, 278 KAGB oder des § 36 des Investmentgesetzes in der bis zum 21. Juli 2013 geltenden Fassung oder vergleichbarer ausländischer Vorschriften über die Ermittlung des Marktwertes, die Differenz zum Buchwert und die für das Geschäftsjahr erfolgte Ausschüttung sowie Beschränkungen in der Möglichkeit der täglichen Rückgabe; darüber hinaus die Gründe dafür, dass eine Abschreibung gemäß § 253 Abs. 3 S. 6 HGB unterblieben ist, einschließlich der Anhaltspunkte, die darauf hindeuten, dass die Wertminderung voraussichtlich nicht von Dauer ist; § 285 Nr. 18 HGB ist insoweit nicht anzuwenden				
57.	§ 285 Nr. 27	Für nach § 268 Abs. 7 HGB (Haftungsverhältnisse) im Anhang ausgewiesene Verbindlichkeiten und Haftungsverhältnisse die Gründe der Einschätzung des Risikos der Inanspruchnahme	Nein	Ja	Ja	Ja
58.	§ 285 Nr. 28	Der Gesamtbetrag der Beträge im Sinn des § 268 Abs. 8 HGB (Ausschüttungssperre), aufgegliedert in Beträge aus der Aktivierung selbst geschaffener immaterieller Vermögensgegenstände des Anlagevermögens, Beträge aus der Aktivierung latenter Steuern und aus der Aktivierung von Vermögensgegenständen zum beizulegenden Zeitwert	Nein	Ja	Ja	Ja
59.	§ 285 Nr. 29	Auf welchen Differenzen oder steuerlichen Verlustvorträgen die latenten Steuern beruhen und mit welchen Steuersätzen die Bewertung erfolgt ist	Nein	Nein	Nein	Ja
60.	§ 285 Nr. 30	Wenn latente Steuerschulden in der Bilanz angesetzt werden, die latenten Steuersalden am Ende des Geschäftsjahrs und die im Laufe des Geschäftsjahrs erfolgten Änderungen dieser Salden	Nein	Ja	Ja	Ja

Nr.	§§-HGB	Stichworte	KHBV	Kleine Kap.G.	Mittlere Kap.G.	Große Kap.G.
61.	§ 285 Nr. 31	Jeweils der Betrag und die Art der einzelnen Erträge und Aufwendungen von außergewöhnlicher Größenordnung oder außergewöhnlicher Bedeutung, soweit die Beträge nicht von untergeordneter Bedeutung sind	Nein	Ja	Ja	Ja
62.	§ 285 Nr. 32	Eine Erläuterung der einzelnen Erträge und Aufwendungen hinsichtlich ihres Betrags und ihrer Art, die einem anderen Geschäftsjahr zuzurechnen sind, soweit die Beträge nicht von untergeordneter Bedeutung sind	Nein	Ja	Ja	Ja
63.	§ 285 Nr. 33	Vorgänge von besonderer Bedeutung, die nach dem Schluss des Geschäftsjahrs eingetreten und weder in der Gewinn- und Verlustrechnung noch in der Bilanz berücksichtigt sind, unter Angabe ihrer Art und ihrer finanziellen Auswirkungen	Nein	Ja	Ja	Ja
64.	§ 285 Nr. 34	Der Vorschlag für die Verwendung des Ergebnisses oder der Beschluss über seine Verwendung	Nein	Ja	Ja	Ja
	§ 286 Abs. 4 HGB	Bei Gesellschaften, welche nicht börsennotierte Aktiengesellschaften sind, können die Angaben über die Gesamtbezüge der in § 285 Nr. 9 a und b genannten Personen unterbleiben, wenn sich anhand der Angaben die Bezüge eines Mitglieds dieser Organe feststellen lassen	Nein	Ja	Ja	Ja
	§ 291 Abs. 2 Nr. 4	Der Konzernabschluss – und Lagebericht eines Mutterunternehmens mit Sitz in einem EU-Mitgliedstaat haben befreiende Wirkung, wenn der Anhang des zu befreienden Unternehmens folgende Angaben enthält: • Name und Sitz des Mutterunternehmens • Hinweis auf die Befreiung von der Verpflichtung • Erläuterung der im befreienden Konzernabschluss	Nein	Ja	Ja	Ja

Nr.	§§ -HGB	Stichworte	KHBV	Kleine Kap.G.	Mittlere Kap.G.	Große Kap.G.
		vom deutschen Recht abweichend angewandten Bilanzierungs-, Bewertungs- und Konsolidierungsmethoden.				

Checkliste Pflichtangaben im Anhang des Krankenhausabschlusses – §§ EG-HGB

Nr.	§§ EG-HGB	Stichworte	KHBV	Kleine Kap.G.	Mittlere Kap.G.	Große Kap.G.
1.	Art. 24 Abs. 6	Angabepflicht, dass bei erstmaliger Aufstellung des Bruttoanlagenspiegels die Altbestände zu Restbuchwerten übernommen wurden	Nein	Ja	Ja	Ja
	Art 24 Abs. 3, Art. 48 Abs. 5 EGHGB	Bei Erstmaliger Anwendung des § 268 Abs. 2 HGB ist im Anhang anzugeben, wenn bei der Darstellung der Entwicklung des Anlagevermögens die Anschaffungs- oder Herstellungskosten nicht ohne unverhältnismäßige Kosten oder Verzögerungen feststellbar sind, und daher die Buchwerte aus dem Jahresabschluss des vorhergehenden Geschäftsjahres fortgeführt wurden.	Nein	Ja	Ja	Ja
2.	Art. 28 Abs. 2	Angabepflicht, wenn vom Passivierungswahlrecht für Pensionsverpflichtungen gem. Art. 28 Abs. 1 Gebrauch gemacht wird und Fehlbetragsnennung	Ja	Ja	Ja	Ja
3.	Art. 42 Abs. 3 S. 3	Angabe des gezeichneten Kapitals in DM im Anhang, wenn der JA in Euro aufgestellt wird und das gezeichnete Kapital noch auf DM lautet	Ja	Ja	Ja	Ja
4	Art. 67 Abs. 1	Soweit auf Grund der geänderten Bewertung der laufenden Pensionen oder Anwartschaften auf Pensionen eine Zuführung zu den Rückstellungen erforderlich ist, ist dieser Betrag bis spätestens zum 31. Dezember 2024 in jedem	Nein	Ja	Ja	Ja

Nr.	§§ EG-HGB	Stichworte	KHBV	Kleine Kap.G.	Mittlere Kap.G.	Große Kap.G.
		Geschäftsjahr zu mindestens einem Fünfzehntel anzusammeln. Ist auf Grund der geänderten Bewertung von Verpflichtungen, die die Bildung einer Rückstellung erfordern, eine Auflösung der Rückstellungen erforderlich, dürfen diese beibehalten werden, soweit der aufzulösende Betrag bis spätestens zum 31. Dezember 2024 wieder zugeführt werden müsste. Wird von dem Wahlrecht nach Satz 2 kein Gebrauch gemacht, sind die aus der Auflösung resultierenden Beträge unmittelbar in die Gewinnrücklagen einzustellen. Wird von dem Wahlrecht nach Satz 2 Gebrauch gemacht, ist der Betrag der Überdeckung jeweils im Anhang und im Konzernanhang anzugeben.				
5	Art. 67 Abs. 2	Bei Anwendung des Absatzes 1 müssen Kapitalgesellschaften, Kreditinstitute und Finanzdienstleistungsinstitute im Sinn des § 340 des Handelsgesetzbuchs, Versicherungsunternehmen und Pensionsfonds im Sinn des § 341 des Handelsgesetzbuchs, eingetragene Genossenschaften und Personenhandelsgesellschaften im Sinn des § 264a des Handelsgesetzbuchs die in der Bilanz nicht ausgewiesenen Rückstellungen für laufende Pensionen, Anwartschaften auf Pensionen und ähnliche Verpflichtungen jeweils im Anhang und im Konzernanhang angeben.	Nein	Ja	Ja	Ja
6.	Art. 75 Abs. 6	Unternehmen dürfen für einen Jahresabschluss, der sich auf ein Geschäftsjahr bezieht, das nach dem 31. Dezember 2014 beginnt und vor dem 1. Januar 2016 endet, auch die ab dem 17. März 2016 geltende Fassung des § 253 Absatz 2 des HGB anwenden. Mittelgroße und große Kap.-Gesell. haben die Ausübung des Wahlrechts in Form von Anhangangaben zu erläutern	Nein	Nein	Ja	Ja

Checkliste Pflichtangaben im Anhang des Krankenhausabschlusses – §§ GmbH; PHG

Nr.	§§-GmbH; PHG	Stichworte	KHBV	Kleine Kap.G.	Mittlere Kap.G.	Große Kap.G.
1.	§ 29 Abs. 4 S. 2	Besondere Rücklagenzuführung aus Sonderposten mit Rücklageanteil alter Art zum Eigenkapital	Nein	Ja	Ja	Ja
2.	§ 42 Abs. 3	Angabe der Ausleihungen, Forderungen und Verbindlichkeiten gegenüber Gesellschaftern in Bilanz oder Anhang	Nein	Ja	Ja	Ja

Checkliste Pflichtangaben im Anhang des Krankenhausabschlusses – §§ AktG

Nr.	§§-AktG	Stichworte	KHBV	Kleine Kap.G.	Mittlere Kap.G.	Große Kap.G.
1.	§ 58 Abs. 2a	Angabe der in die anderen Gewinnrücklagen eingestellten Beträge (EK-Anteil) aus Wertaufholungen und aus in der Handelsbilanz nicht mehr zulässigen steuerrechtlichen Sonderposten	Nein	Ja	Ja	Ja
2.	§ 152 Abs. 2	Angabe des Betrages der Einstellungen in die bzw. aus der Kapitalrücklage	Nein	Ja	Ja	Ja
3.	§ 152 Abs. 3	Angabe der Beträge der Einstellungen in die bzw. aus den einzelnen Posten der Gewinnrücklagen	Nein	Ja	Ja	Ja
4.	§ 158 Abs. 1 S. 2	Ergebnisverwendung nach dem Jahres-überschuss-/-fehlbetrag: 7 • Gewinn- und Verlustvortrag aus dem Vj. • Entnahmen aus der Kapitalrücklage • - Entnahmen aus Gewinnrücklagen	Nein	Ja	Ja	Ja
5.	§ 160 Abs. 1 Nr. 1	Angaben über Bestand, Zugang und Verwertung von Vorratsaktien	Nein	Ja	Ja	Ja

Nr.	§§-AktG	Stichworte	KHBV	Kleine Kap.G.	Mittlere Kap.G.	Große Kap.G.
6.	§ 160 Abs. 1 Nr. 2	Angabe über Bestand, Erwerb und Veräußerung von eigenen Aktien	Nein	Ja	Ja	Ja
7.	§ 160 Abs. 1 Nr. 3 1. HS	Angabe über die Zahl und bei Nennbetragsaktien den Nennbetrag der Aktien je Gattung	Nein	Ja	Ja	Ja
8.	§ 160 Abs. 1 Nr. 3 2. HS	Gesonderte Angabe der aus einer bedingten Kapitalerhöhung od. einem genehmigten Kapital im Gj. gezeichneten Aktien	Nein	Ja	Ja	Ja
9.	§ 160 Abs. 1 Nr. 4	Angaben über das genehmigte Kapital	Nein	Ja	Ja	Ja
10.	§ 160 Abs. 1 Nr. 5	Angaben über die Zahl der Bezugsrechte; der Wandelschuldverschreibungen und vergleichbarer Wertpapiere	Nein	Ja	Ja	Ja
11.	§ 160 Abs. 1 Nr. 6	Angaben über Genussrechte; Rechte aus Besserungsscheinen und ähnliche Rechte unter Angabe der Art und Zahl der jeweiligen Rechte sowie die im Gj. neu entstandenen Rechte	Nein	Ja	Ja	Ja
12.	§ 160 Abs. 1 Nr. 7	Angaben über das Bestehen einer wechselseitigen Beteiligung unter Angabe des Unternehmens	Nein	Ja	Ja	Ja
13.	§ 160 Abs. 1 Nr. 8	Angabe einer Beteiligung über 25 % oder über 50 % unter Namensnennung	Nein	Ja	Ja	Ja
14.	§ 240 S. 3	Erläuterung der Verwendung von Beträgen aus einer Kapitalherabsetzung	Nein	Ja	Ja	Ja
	§ 312 Abs. 3 S. 3 AktG	Abhängige Gesellschaften (AG/KGaA), die einen Abhängigkeitsbericht aufzustellen haben (gesetzlich/satzungsgemäß) und auf die Aufstellung eines Lageberichts nach § 264 Abs. 3 HGb verzichten, haben die Schlusserklärung in den Anhang aufzunehmen.	Nein	Ja	Ja	Ja

Anlage 9: Abgestimmte Bilanz nach Finanzierungsarten

Abgestimmte Bilanz nach Finanzierungsarten (Aktiva)

	31.12.2021 EUR	31.12.2020 EUR	Veränderung EUR
a) Fördermittelbilanz nach KHG			
Anlagevermögen			
gefördert aus Einzelfördermitteln	26.137.441,02	22.351.096,00	+3.786.345,02
gefördert aus Pauschalfördermitteln	3.549.324,74	2.432.043,00	+1.117.281,74
gefördert aus Eigenmitteln vor KHG	1.736.627,00	1.812.252,00	-75.625,00
Anlagevermögen KHG-gefördert	*31.423.392,76*	*26.595.391,00*	*+4.828.001,76*
Forderungen aus Einzelfördermitteln	1.433.500,00	190.000,00	+1.243.500,00
Fehlverwendung Einzelfördermittel	29.913,37	401,31	+29.512,06
Flüssige Mittel – Fördermittel –	17.037,11	1.250.000,00	-1.232.962,89
Umlaufvermögen KHG-gefördert	*1.480.450,48*	*1.440.401,31*	*+40.049,17*
Betriebsvermögen KHG-gefördert	**32.903.843,24**	**28.035.792,31**	**+4.868.050,93**
b) Eigenmittelbilanz			
Anlagevermögen			
finanziert aus Zuwendungen Dritter	183.370,00	191.658,00	-8.288,00
finanziert aus Eigenmitteln/Pflege-satz	3.410.011,95	3.981.531,45	-571.519,50
Anlagevermögen nicht gefördert	*3.593.381,95*	*4.173.189,45*	*-579.807,50*
Vorräte	338.416,34	287.008,71	+51.407,63

	31.12.2021 EUR	31.12.2020 EUR	Veränderung EUR
Forderungen und sonst. Vermögensgegenstände	5.819.103,29	4.008.689,72	+1.810.413,57
Forderungen gegen den Fördermittelbereich	528.914,96	402.877,58	+126.037,38
Flüssige Mittel	51.145,73	73.485,98	-22.340,25
Umlaufvermögen nicht gefördert	*6.737.580,32*	*4.772.061,99*	*+1.965.518,33*
Betriebsvermögen nicht gefördert	**10.330.962,27**	**8.945.251,44**	**+1.385.710,83**
BETRIEBSVERMÖGEN	**43.234.805,51**	**36.981.043,75**	**+6.253.761,76**

Abgestimmte Bilanz nach Finanzierungsarten (Passiva)

	31.12.2021 EUR	31.12.2020 EUR	Veränderung EUR
a) Fördermittelbilanz nach KHG			
Eigenkapital betreffend AV vor KHG	2.123.655,00	2.123.655,00	+,00
Ausgleichsposten für Eigenmittelförderung	-387.028,00	-311.403,00	-75.625,00
Eigenkapital und Ausgleichsposten	*1.736.627,00*	*1.812.252,00*	*-75.625,00*
Sonderposten aus Fördermitteln			
gebildet aus Einzelfördermitteln	25.137.441,02	22.295.250,00	+2.842.191,02
gebildet aus Pauschalfördermitteln	3.963.192,41	1.918.935,11	+2.044.257,30
Sonderposten nach KHG	*29.100.633,43*	*24.214.185,11*	*+4.886.448,32*
Verbindlichkeiten aus Einzelfördermitteln	1.309.132,66	380.401,31	+928.731,35
Verbindlichkeiten aus Vorgriff pauschale Fördermittel	586.132,33	1.594.936,89	-1.008.804,56
Verbindlichkeiten nach KHG	*1.895.264,99*	*1.975.338,20*	*-80.073,21*
Verbindlichkeiten L + L betr. KHG	*171.317,82*	*34.017,00*	*+137.300,82*
Betriebskapital KHG-gefördert	32.903.843,24	28.035.792,31	+4.868.050,93

	31.12.2021 EUR	31.12.2020 EUR	Veränderung EUR
b) Eigenmittelbilanz			
Eigenkapital betreffend Eigenmittel	4.187.579,00	3.804.437,15	+383.141,85
Sonderposten aus Zuwendungen Dritter	183.370,00	191.658,00	-8.288,00
Verbindlichkeiten nach der BPflV	123.007,71	0,00	+123.007,71
Rückstellungen	820.469,74	514.951,64	+305.518,10
Verbindlichkeiten gegenüber Kreditinstituten	2.671.856,74	1.279.652,08	+1.392.204,66
übrige Verbindlichkeiten	2.344.679,08	3.154.552,57	-809.873,49
Rückstellungen/übrige Verbindlichkeiten	5.837.005,56	4.949.156,29	+887.849,27
Betriebskapital nicht gefördert	**10.330.962,27**	**8.945.251,44**	**+1.385.710,83**
BETRIEBSVERMÖGEN	**43.234.805,51**	**36.981.043,75**	**+6.253.761,76**

Anlage 10: Verprobungsformular E1

258

Musterkrankenhaus

Teil 1

Verprobungsformular E1   **Aufstellung der FP für das Krankenhaus/für die Abteilung**

G-DRG Code (Haupt- u. Belegabteilung getrennt)	Bewertete Fälle insgesamt			Fälle insgesamt als Normallieger				davon Kurzlieger			
	Brutto-fallzahl	durchschn. Bewertungs-relation je G-DRG inkl. Zu- und Abschläge	Mit effektiven Bewertungs-relationen gewichtete Fälle	Brutto-fallzahl	Anzahl Tage Normal-lieger	Bewer-tungsre-lation lt. Katalog ohne Zu- u. Abschläge	Mit Bewertungs-relationen für Normallieger gewichtete Fälle	Anzahl Fälle Kurz-lieger	Anzahl Tage mit Abschlag Kurzlieger	Bewer-tungs-relation Abschlag	Σ Rela-tivgew. Ab-schläge
1	2	3	4	5	6	7	8	9	10	11	12
	Σ	CMI	Σ	Σ	Σ	CMI	Σ	Σ	Σ	CMI	Σ

Musterkrankenhaus

Teil 2

Verprobungsformular E1   **Aufstellung der FP für das Krankenhaus/für die Abteilung**

G-DRG Code (Haupt- u. Belegabteilung getrennt)	davon Aufnahmeverlegungen				davon Entlassungsverlegungen				davon Langlieger			
	Anzahl Fälle Verlegung	Anzahl Tage mit Verlegungsabschlag "Aufnahme"	Bewertungsrelation pro Tag; Abschlag lt. Katalog	Σ Relativgew. Abschläge	Anzahl Fälle Verlegung	Anzahl Tage mit Verlegungsabschlag "Entlassung"	Bewertungsrelation pro Tag; Abschlag lt. Katalog	Σ Relativgew. Abschläge	Anzahl Überliegerfälle obere GVD	Anzahl Tage mit Zuschlägen o. GVD-Überlieger	Bewertungsrelation pro Tag; Zuschlag lt. Katalog	Σ Relativgew. Zuschläge
1	13	14	15	16	17	18	19	20	21	22	19	20
	Σ	Σ	CMI	Σ	Σ	Σ	CMI	Σ	Σ	Σ	CMI	Σ

Anlage 11: Übersicht über die abrechnungsrelevanten Landesbasisfallwerte

Übersicht über die abrechnungsrelevanten Landesbasisfallwerte mit Kappung und Ausgleichen im Landesbudget, Stand: 22.02.2021 (Quelle: AOK: www.aok-gesundheitspartner.de, vdek: www.vdek.com)

Bundesland	2012	2013	2014	2015	2016	2017	2018	2019	2020	2021
	EUR	EUR	EUR	EUR	EUR	EUR	EUR	EUR	EUR	EUR
Baden-Württemberg	3.036,13	3.121,04	3.193,50	3.226,64	3.272,21	3.350,01	3.453,17	3.539,12	3.672,40	3.750,41
Bayern	3.051,50	3.090,00	3.188,00	3.255,50	3.312,00	3.365,00	3.442,48	3.533,70	3.660,92	3.739,35
Berlin	2.970,07	3.017,50	3.117,36	3.190,81	3.278,19	3.350,91	3.449,91	3.532,50	3.670,45	3.750,11
Brandenburg	2.949,97	3.013,00	3.117,36	3.278,19	3.013,00	3.347,67	3.444,50	3.530,00	3.622,36	3.741,50
Bremen	3.045,33	3.105,00	3.185,00	3.250,59	3.278,19	3.378,67	3.463,39	3.547,00	3.674,63	3.749,00
Hamburg	3.043,47	3.109,00	3.178,52	3.197,00	3.278,19	3.350,00	3.449,00	3.534,91	3.667,25	3.743,70
Hessen	3.004,70	3.065,41	3.143,17	3.176,96	3.264,35	3.352,50	3.449,89	3.532,67	3.664,56	3.740,21[1]
Mecklenburg-Vor-pommern	2.955,00	3.019,90	3.117,36	3.190,81	3.278,19	3.350,85	3.451,86	3.529,85	3.666,23	3.746,00
Niedersachsen	2.945,98	3.016,00	3.117,36	3.190,81	3.278,19	3.341,67	3.443,30	3.528,55	3.662,97	3.739,40
Nordrhein-Westfalen	2.975,72	3.037,50	3.117,36	3.190,81	3.278,19	3.355,00	3.452,70	3.537,00	3.664,45	3.738,55
Rheinland-Pfalz	3.191,91	3.250,70	3.325,00	3.393,00	3.645,02	3.530,50	3.618,98	3.683,97	3.786,00	3.851,85
Saarland	3.107,75	3.141,42	3.208,00	3.283,00	3.340.00	3.388,00	3.483,00	3.568,50	3.695,80	3.773,00
Sachsen	2.957,25	3.016,62	3.117,15	3.190,81	3.278,19	3.341,67	3.443,00	3.528,65	3.662,09	3.738,74
Sachsen-Anhalt	2.962,50	3.013,00	3.013,00	3.190,81	3.278,19	3.344,75	3.443,50	3.528,65	3.662,13	3.738,74
Schleswig-Holstein	2.945,74	3.012,04	3.012,04	3.190,81	3.278,19	3.346,50	3.439,00	3.528,50	3.662,73	3.739,00
Thüringen	2.924,87	3.013,75	3.013,75	3.190,81	3.278,19	3.341,67	3.344,00	3.528,65	6.663,17	3.738,74

[1] Jahresdurchschnittlicher LBFW 2021, Zahlbetrag ab 01.05.2021: EUR 3.783,24

Anlage 12: Krankenhausbuchführungsverordnung (KHBV)

Verordnung über die Rechnungs- und Buchführungspflichten von Krankenhäusern

(Krankenhaus-Buchführungsverordnung – KHBV)

Vom 10. April 1978 (BGBl. I S. 473) in der Fassung der Bekanntmachung vom 24. März 1987 (BGBl. I S. 1045) (BGBl. III 2126-9-6), zuletzt geändert durch Artikel 25 Absatz 2 des Gesetzes vom 7. August 2021 (BGBl. I S. 3311, 3333)

§ 1
Anwendungsbereich

(1) Die Rechnungs- und Buchführungspflichten von Krankenhäusern regeln sich nach den Vorschriften dieser Verordnung und deren Anlagen, unabhängig davon, ob das Krankenhaus Kaufmann im Sinne des Handelsgesetzbuchs ist, und unabhängig von der Rechtsform des Krankenhauses. Soweit die Absätze 3 und 4 nichts anderes bestimmen, bleiben die Rechnungs- und Buchführungspflichten nach dem Handels- und Steuerrecht sowie nach anderen Vorschriften unberührt.

(2) Diese Verordnung gilt nicht für

1. die Krankenhäuser, auf die das Krankenhausfinanzierungsgesetz nach seinem § 3 Satz 1 Nr. 1 bis 4 keine Anwendung findet,

2. die Krankenhäuser, die nach § 5 Abs. 1 Nr. 2, 4 oder 7 des Krankenhausfinanzierungsgesetzes nicht gefördert werden, es sei denn, dass diese Krankenhäuser auf Grund Landesrechts nach § 5 Abs. 2 des Krankenhausfinanzierungsgesetzes gefördert werden oder

3. die Bundeswehrkrankenhäuser und die Krankenhäuser der Träger der gesetzlichen Unfallversicherung.

(3) Krankenhäuser, die Kapitalgesellschaften im Sinne des Zweiten Abschnitts des Dritten Buchs des Handelsgesetzbuchs sind, brauchen auch für Zwecke des Handelsrechts bei der Aufstellung, Feststellung und Offenlegung ihres Jahresabschlusses nach dem Handelsgesetzbuch die Gliederungsvorschriften der §§ 266 und 275 des Handelsgesetzbuchs nicht anzuwenden. Nehmen die Krankenhäuser nach Satz 1 das Wahlrecht nach Satz 1 in Anspruch, so haben sie bei der Aufstellung, Feststellung und Offenlegung die Bilanz nach Anlage 1, die Gewinn- und Verlustrechnung nach Anlage 2 und den Anlagennachweis nach Anlage 3 zu gliedern. Nehmen die Krankenhäuser nach Satz 1 das Wahlrecht nach Satz 1 nicht in Anspruch, haben sie außerhalb des handelsrechtlichen Jahresabschlusses zusätzlich gesonderte Dokumente bestehend aus den in Satz 2 näher bezeichneten Unterlagen zu erstellen. Die im Anlagennachweis vorgeschriebenen Angaben sind auch für den Posten, „Immaterielle Vermögensgegenstände" und jeweils für die Posten des Finanzanlagevermögens zu machen.

(4) Bei Inanspruchnahme des Wahlrechts nach Absatz 3 Satz 1 für Zwecke des Handelsrechts gelten die Erleichterungen für kleine und mittelgroße Kapitalgesellschaften nach § 266 Abs. 1 Satz 3 und § 276 des Handelsgesetzbuchs bei der Aufstellung und Feststellung

nicht; bei der Offenlegung nach den §§ 325 bis 328 des Handelsgesetzbuchs dürfen § 266 Abs. 1 Satz 3 und § 276 des Handelsgesetzbuchs mit der Maßgabe angewendet werden, dass in der Bilanz nach Anlage 1 und im Anlagennachweis nach Anlage 3 nur die mit Buchstaben und römischen Zahlen bezeichneten Posten ausgewiesen werden müssen und dass in der Gewinn- und Verlustrechnung nach Anlage 2 die Posten 1 bis 8 und 10 zu dem Posten „Rohergebnis" zusammengefasst werden dürfen.

§ 2
Geschäftsjahr

Das Geschäftsjahr ist das Kalenderjahr.

§ 3
Buchführung, Inventar

Das Krankenhaus führt seine Bücher nach den Regeln der kaufmännischen doppelten Buchführung; im Übrigen gelten die §§ 238 und 239 des Handelsgesetzbuchs. Die Konten sind nach dem Kontenrahmen der Anlage 4 einzurichten, es sei denn, dass durch ein ordnungsmäßiges Überleitungsverfahren die Umschlüsselung auf den Kontenrahmen sichergestellt wird. Für das Inventar gelten die §§ 240 und 241 des Handelsgesetzbuchs.

§ 4
Jahresabschluss

(1) Der Jahresabschluss des Krankenhauses besteht aus der Bilanz, der Gewinn- und Verlustrechnung und dem Anhang einschließlich des Anlagennachweises. Die Bilanz ist nach der Anlage 1, die Gewinn- und Verlustrechnung nach der Anlage 2, der Anlagennachweis nach der Anlage 3 zu gliedern; im Übrigen richten sich Inhalt und Umfang des Jahresabschlusses nach Absatz 3.

(2) Der Jahresabschluss soll innerhalb von vier Monaten nach Ablauf des Geschäftsjahres aufgestellt werden.

(3) Für die Aufstellung und den Inhalt des Jahresabschlusses gelten die §§ 242 bis 256a sowie § 264 Absatz 1a und 2, § 265 Abs. 2, 5 und 8, § 268 Abs. 1 und 3, § 270 Abs. 2, die §§ 271, 272, 274, 275 Absatz 4, § 277 Absatz 1 bis 3 Satz 1 und § 284 Absatz 2 Nummer 1 und 2 des Handelsgesetzbuchs sowie Artikel 28, 42 bis 44 des Einführungsgesetzes zum Handelsgesetzbuch, soweit diese Verordnung nichts anderes bestimmt.

§ 5
Einzelvorschriften zum Jahresabschluss

(1) Vermögensgegenstände des Anlagevermögens, deren Nutzung zeitlich begrenzt ist, sind zu den Anschaffungs- oder Herstellungskosten, vermindert um Abschreibungen, anzusetzen. Kann ein Krankenhaus, das erstmals nach den Grundsätzen dieser Verordnung eine Bewertung des Anlagevermögens vornimmt, zum Stichtag der Eröffnungsbilanz die tatsächlichen Anschaffungs- oder Herstellungskosten nicht ohne unvertretbaren Aufwand ermitteln, so sind den Preisverhältnissen des vermutlichen Anschaffungs- oder Herstellungszeitpunkts entsprechende Erfahrungswerte als Anschaffungs- oder Herstellungskosten anzusetzen. Vermögensgegenstände des Anlagevermögens, die am 1. Januar 1972 bis auf einen Erinnerungsposten abgeschrieben waren, können mit diesem Restbuchwert angesetzt werden.

(2) Nicht auf dem Krankenhausfinanzierungsgesetz beruhende Zuweisungen und Zuschüsse der öffentlichen Hand für Investitionen in aktivierte Vermögensgegenstände des Anlagevermögens sind in der Bilanz auf der Passivseite als „Sonderposten aus Zuweisungen und Zuschüssen der öffentlichen Hand", vermindert um den Betrag der bis zum jeweiligen Bilanzstichtag angefallenen Abschreibungen auf die mit diesen Mitteln finanzierten Vermögensgegenstände des Anlagevermögens, auszuweisen.

(3) Fördermittel nach dem Krankenhausfinanzierungsgesetz für Investitionen in aktivierte Vermögensgegenstände des Anlagevermögens sind in der Bilanz auf der Passivseite als „Sonderposten aus Fördermitteln nach KHG", vermindert um den Betrag der bis zum jeweiligen Bilanzstichtag angefallenen Abschreibungen auf die mit diesen Mitteln finanzierten Vermögensgegenstände des Anlagevermögens, auszuweisen.

(4) Sind Fördermittel für Lasten aus Darlehen, die vor Aufnahme des Krankenhauses in den Krankenhausplan für förderungsfähige Investitionskosten des Krankenhauses aufgenommen worden sind, bewilligt worden, ist in Höhe des Teils der jährlichen Abschreibungen auf die mit diesen Mitteln finanzierten Vermögensgegenstände des Anlagevermögens, der nicht durch den Tilgungsanteil der Fördermittel gedeckt ist, in der Bilanz auf der Aktivseite ein „Ausgleichsposten aus Darlehensförderung" zu bilden. Ist der Tilgungsanteil der Fördermittel aus der Darlehensforderung höher als die jährlichen Abschreibungen auf die mit diesen Mitteln finanzierten Vermögensgegenstände des Anlagevermögens, ist in der Bilanz in Höhe des überschießenden Betrages auf der Passivseite ein

„Ausgleichsposten aus Darlehensförderung" zu bilden. Für die in § 2 Nr. 1a des Krankenhausfinanzierungsgesetzes genannten Ausbildungsstätten gelten Satz 1 und 2 entsprechend.

(5) In Höhe der Abschreibungen auf die aus Eigenmitteln des Krankenhausträgers vor Beginn der Förderung beschafften Vermögensgegenstände des Anlagevermögens, für die ein Ausgleich für die Abnutzung in der Zeit ab Beginn der Förderung verlangt werden kann, ist in der Bilanz auf der Aktivseite ein „Ausgleichsposten für Eigenmittelförderung" zu bilden.

(6) Unter dem Eigenkapital sind bei Krankenhäusern in einer anderen Rechtsform als der Kapitalgesellschaft oder ohne eigene Rechtspersönlichkeit als „festgesetztes Kapital" die Beträge auszuweisen, die vom Krankenhausträger auf Dauer zur Verfügung gestellt werden. Als „Kapitalrücklagen" sind sonstige Einlagen des Krankenhausträgers auszuweisen. Für Gewinnrücklagen gilt § 272 Abs. 3 des Handelsgesetzbuchs entsprechend.

§ 6
Aufbewahrung und Vorlegung von Unterlagen

Für die Aufbewahrung von Unterlagen, die Aufbewahrungsfristen und die Vorlegung von Unterlagen gelten die §§ 257 und 261 des Handelsgesetzbuchs.

§ 7
(gestrichen)

§ 8
Kosten- und Leistungsrechnung

Das Krankenhaus hat eine Kosten- und Leistungsrechnung zu führen, die eine betriebsinterne Steuerung sowie eine Beurteilung der Wirtschaftlichkeit und Leistungsfähigkeit erlaubt; sie muss die Ermittlung der pflegesatzfähigen Kosten sowie bis zum Jahr 2016 die Erstellung der Leistungs- und Kalkulationsaufstellung nach den Vorschriften der Bundespflegesatzverordnung in der am 31. Dezember 2012 geltenden Fassung ermöglichen. Dazu gehören folgende Mindestanforderungen:

1. Das Krankenhaus hat die auf Grund seiner Aufgaben und Struktur erforderlichen Kostenstellen zu bilden. Es sollen, sofern hierfür Kosten und Leistungen anfallen, mindestens die Kostenstellen gebildet werden, die sich aus dem Kostenstellenrahmen der Anlage 5 ergeben. Bei abweichender Gliederung dieser Kostenstellen soll durch ein ordnungsmäßiges Überleitungsverfahren die Umschlüsselung auf den Kostenstellenrahmen sichergestellt werden.

2. Die Kosten sind aus der Buchführung nachprüfbar herzuleiten.

3. Die Kosten und Leistungen sind verursachungsgerecht nach Kostenstellen zu erfassen; sie sind darüber hinaus den anfordernden Kostenstellen zuzuordnen, soweit dies für die in Satz 1 genannten Zwecke erforderlich ist.

§ 9
Befreiungsvorschrift

Ein Krankenhaus mit bis zu 100 Betten oder mit nur einer bettenführenden Abteilung kann von den Pflichten nach § 8 befreit werden, soweit die mit diesen Pflichten verbundenen Kosten in keinem angemessenen Verhältnis zu dem erreichbaren Nutzen stehen und die in § 8 Satz 1 genannten Zwecke auf andere Weise erreicht werden können. Über die Befreiung entscheidet auf Antrag des Krankenhauses die zuständige Landesbehörde; dabei sind einvernehmliche Regelungen mit den in § 18 Absatz 1 Satz 2 des Krankenhausfinanzierungsgesetzes genannten Beteiligten anzustreben.

§ 10
Ordnungswidrigkeiten

Ordnungswidrig im Sinne des § 334 Absatz 1 Satz 1 Nummer 6 des Handelsgesetzbuchs handelt, wer als Mitglied des vertretungsberechtigten Organs oder des Aufsichtsrats eines Krankenhauses, das Kapitalgesellschaft ist, bei der Aufstellung oder Feststellung eines Jahresabschlusses

1. entgegen § 1 Abs. 3 Satz 2

   a) die Bilanz nicht nach Anlage 1,

   b) die Gewinn- und Verlustrechnung nicht nach Anlage 2 oder

   c) den Anlagennachweis nicht nach Anlage 3 gliedert oder

2. entgegen § 1 Abs. 3 Satz 4 die dort bezeichneten zusätzlichen Angaben im Anlagennachweis nicht, nicht in der vorgeschriebenen Form oder nicht mit dem vorgeschriebenen Inhalt macht.

§ 11
Übergangsvorschrift

(1) § 279 des Handelsgesetzbuchs ist letztmals auf einen Jahresabschluss anzuwenden, der für ein Geschäftsjahr aufzustellen ist, das vor dem 1. Januar 2010 beginnt. Die Anlagen 1 und 4 mit den Änderungen, die durch das Bilanzrechtsmodernisierungsgesetz vom 25. Mai 2009 (BGBl. I S. 1102) und durch Artikel 1 Nummer 3 und 4 der Verordnung zur Änderung von Rechnungslegungsverordnungen vom 9. Juni 2011 (BGBl. I S. 1041) erfolgt sind, sind erstmals auf Jahresabschlüsse für Geschäftsjahre anzuwenden, die nach dem 31. Dezember 2009, im Fall des Artikels 66 Absatz 3 Satz 6 des Einführungsgesetzes zum Handelsgesetzbuch nach dem 31. Dezember 2008 beginnen. Die Anlagen 1 und 4 in der bis zum 28. Mai 2009 geltenden Fassung sind letztmals auf einen Jahresabschluss anzuwenden, der für ein Geschäftsjahr aufzustellen ist, das vor dem 1. Januar 2010 beginnt. Soweit im Übrigen in dieser Verordnung auf Bestimmungen des Handelsgesetzbuchs in der Fassung des Bilanzrechtsmodernisierungsgesetzes vom 25. Mai 2009 (BGBl. I S. 1102) verwiesen wird, gelten die in den Artikeln 66 und 67 des Einführungsgesetzes zum Handelsgesetzbuch enthaltenen Übergangsregelungen entsprechend. Artikel 66 Abs. 3 Satz 6 des Einführungsgesetzes zum Handelsgesetzbuch gilt entsprechend.

(2) § 1 Absatz 3, § 10 Nummer 2, die Gliederung der Gewinn- und Verlustrechnung (Anlage 2) sowie die Kontenrahmen für die Buchführung in der Fassung des Bilanzrichtlinie-Umsetzungsgesetzes vom 17. Juli 2015 (BGBl. I S. 1245) sind erstmals auf den Jahresabschluss für das nach dem 31. Dezember 2015 beginnende Geschäftsjahr und die gegebenenfalls hierauf bezogenen Dokumente nach § 1 Absatz 3 Satz 3 anzuwenden.

(3) § 4 Absatz 3 sowie die Anlagen 2 und 4 in der Fassung der Zweiten Verordnung zur Änderung von Rechnungslegungsverordnungen vom 21. Dezember 2016 (BGBl. I S. 3076) sind erstmals auf den Jahresabschluss für das nach dem 31. Dezember 2015 beginnende Geschäftsjahr und die gegebenenfalls hierauf bezogenen Dokumente nach § 1 Absatz 3 Satz 3 anzuwenden.

§ 12
(gestrichen)

§ 13
(Inkrafttreten)

Anlage 1 der KHBV

Gliederung der Bilanz [*]

Aktivseite

A. Anlagevermögen:

    I.   Immaterielle Vermögensgegenstände

        1. Selbst geschaffene gewerbliche Schutzrechte und ähnliche Rechte und Werte (KUGr. 0901) . . . .

        2. entgeltlich erworbene Konzessionen, gewerbliche Schutzrechte und ähnliche Rechte und Werte sowie Lizenzen an solchen Rechten und Werten (KUGr 0902)

        3. Geschäfts- oder Firmenwert (KUGr. 0903)

        4. geleistete Anzahlungen (KUGr. 091) . . .

    II. Sachanlagen:

        1. Grundstücke und grundstücksgleiche Rechte mit Betriebsbauten einschließlich der Betriebsbauten auf fremden Grundstücken (KGr 01; KuGr. 050, 053)

        2. Grundstücke und grundstücksgleiche Rechte mit Wohnbauten einschließlich der Wohnbauten auf fremden Grundstücken (KGr. 03, KUGr. 052; KUGr. 053, soweit nicht unter 1.) . . . . . .

        3. Grundstücke und grundstücksgleiche Rechte ohne Bauten (KGr. 04) . . . .

        4. technische Anlagen (KGr. 06) . . . .

        5. Einrichtungen und Ausstattungen (KGr. 07)

        6. geleistete Anzahlungen und Anlagen im Bau (KGr. 08) . . . .

III. Finanzanlagen:

1. Anteile an verbundenen Unternehmen
   (KUGr 092) **) . . . .

2. Ausleihungen an verbundene Unter-
   nehmen (KUGr. 093) **) . . . .

3. Beteiligungen (KUGr. 094) . . . .

4. Ausleihungen an Unternehmen, mit
   denen ein Beteiligungsverhältnis
   besteht (KUGr. 095) **) . . . .

5. Wertpapiere des Anlagevermögens
   (KUGr. 096) . . . .

6. sonstige Finanzanlagen (KUGr. 097), ...
   davon bei Gesellschaftern bzw.
   dem Krankenhausträger . . . .

B. Umlaufvermögen:

I. Vorräte:

1. Roh-, Hilfs- und Betriebsstoffe
   (KUGr. 100-105) . . . .

2. unfertige Erzeugnisse, unfertige
   Leistungen (KUGr. 106) . . . .

3. fertige Erzeugnisse und Waren
   (KUGr. 107) . . . .

4. geleistete Anzahlungen (KGr. 11). . . . .

II. Forderungen und sonstige Vermögensgegenstände:

1. Forderungen aus Lieferungen und
   Leistungen (KGr. 12), ...
   davon mit einer Restlaufzeit von
   mehr als einem Jahr

2. Forderungen an Gesellschafter bzw.
   den Krankenhausträger (KUGr. 160),
   davon mit einer Restlaufzeit von
   mehr als einem Jahr

3. Forderungen nach dem Krankenhausfinanzierungsrecht (KGr. 15), ...
   davon nach der BPflV und/oder dem
   KHEntgG (KUGr. 151),
   davon mit einer Restlaufzeit von
   mehr als einem Jahr ....

4. Forderungen gegen verbundene
   Unternehmen (KUGr. 161) **), ...
   davon mit einer Restlaufzeit von
   mehr als einem Jahr ....

5. Forderungen gegen Unternehmen,
   mit denen ein Beteiligungsverhältnis besteht (KUGr. 162) **), ...
   davon mit einer Restlaufzeit von
   mehr als einem Jahr ....

6. Eingefordertes, noch nicht eingezahltes Kapital (KUGr. 164) **) . . . .

7. sonstige Vermögensgegenstände
   (KUGr. 163), ...
   davon mit einer Restlaufzeit von
   mehr als einem Jahr ....

III. Wertpapiere des Umlaufvermögens
      (KGr. 14), ...
      davon Anteile an verbundenen
      Unternehmen (KUGr. 140) **) ....

IV. Schecks, Kassenbestand, Bundes-
     bank- und Postgiroguthaben, Gut-
     haben bei Kreditinstituten (KGr. 13) ....

C. Ausgleichsposten nach dem KHG:

    1. Ausgleichsposten aus Darlehens-
      förderung (KUGr. 180) . . . .

    2. Ausgleichsposten für Eigenmittel-
      förderung (KUGr. 181) . . . .

D. Rechnungsabgrenzungsposten:

    1. Disagio (KUGr. 170) . . . .

    2. andere Abgrenzungsposten
      (KUGr. 171) . . . .

E. Aktive latente Steuern (KGr. 19) . . . .

F. Aktiver Unterschiedsbetrag aus
   der Vermögensverrechnung. . . . .

G. Nicht durch Eigenkapital gedeckter
   Fehlbetrag . . . .

Passivseite

A. Eigenkapital:

    1. Eingefordertes Kapital (KUGr. 2003)
      Gezeichnetes/festgesetztes Kapital
      (KUGr. 2001) . . . .
      abzüglich nicht eingeforderter ausstehen-
      der Einlagen (KUGr. 2002)

    2. Kapitalrücklagen (KUGr. 201) . . . .

    3. Gewinnrücklagen (KUGr. 202) . . . .

    4. Gewinnvortrag/Verlustvortrag (KUGr. 203)

    5. Jahresüberschuss/Jahresfehlbetrag
      (KUGr. 204) . . . .

B. Sonderposten aus Zuwendungen zur
Finanzierung des Sachanlagevermögens:

   1. Sonderposten aus Fördermitteln nach
      dem KHG (KGr. 22) . . . .

   2. Sonderposten aus Zuweisungen und
      Zuschüssen der öffentl. Hand (KGr. 23)   . . . .

   3. Sonderposten aus Zuwendungen Dritter
      (KGr. 21) . . . .

C. Rückstellungen:

   1. Rückstellungen für Pensionen und ähn-
      liche Verpflichtungen (KGr. 27) . . . .

   2. Steuerrückstellungen (KGr. 280) . . . .

   3. sonstige Rückstellungen (KGr. 281) . . . .

D. Verbindlichkeiten:

   1. Verbindlichkeiten gegenüber Kreditinsti-
      tuten (KGr. 34) . . . .
      davon gefördert nach dem KHG . . . .
      davon mit einer Restlaufzeit bis zu
      einem Jahr . . . .

   2. erhaltene Anzahlungen (KGr. 36), ...
      davon mit einer Restlaufzeit bis zu
      einem Jahr . . . .

   3. Verbindlichkeiten aus Lieferungen und
      Leistungen (KGr. 32) . . . .
      davon mit einer Restlaufzeit bis zu
      einem Jahr . . . .

   4. Verbindlichkeiten aus der Annahme
      gezogener Wechsel und der Aus-
      stellung eigener Wechsel (KGr. 33)   . . . .
      davon mit einer Restlaufzeit bis zu
      einem Jahr . . . .

   5. Verbindlichkeiten gegenüber Gesell-
      schaftern bzw. dem Krankenhaus-
      träger (KUGr. 370), ...
      davon mit einer Restlaufzeit bis zu
      einem Jahr . . . .

6. Verbindlichkeiten nach dem Krankenhausfinanzierungsrecht (KHG) (KGr. 35),...
davon nach der BPflV und/oder dem
KHEntgG (KUGr. 351), ...
davon mit einer Restlaufzeit bis zu
einem Jahr ....

7. Verbindlichkeiten aus sonstigen Zuwendungen zur Finanzierung des Anlagevermögens (KUGr. 371), ...
davon mit einer Restlaufzeit bis zu
einem Jahr ....

8. Verbindkeiten gegenüber verbundenen Unternehmen (KUGr. 372)[**], ...
davon mit einer Restlaufzeit bis zu
einem Jahr ....

9. Verbindkeiten gegenüber Unternehmen, mit denen ein Beteiligungsverhältnis besteht (KUGr. 373)[**], ...
davon mit einer Restlaufzeit bis zu
einem Jahr ....

10. sonstige Verbindlichkeiten (KUGr. 374),
davon mit einer Restlaufzeit bis zu
einem Jahr ....

E. Ausgleichsposten aus Darlehensförderung (KGr. 24)............................

F. Rechnungsabgrenzungsposten (KGr. 38)

G. Passive latente Steuern (KGr. 39)

Haftungsverhältnisse: ....

---

*)   Die Klammerhinweise auf den Kontenrahmen entfallen in der Bilanz
**)   Ausweis dieser Posten nur bei Kapitalgesellschaften

Anlage 2 der KHBV

Gliederung der Gewinn- und Verlustrechnung *)

1. Erlöse aus Krankenhausleistungen (KGr. 40)

2. Erlöse aus Wahlleistungen (KGr. 41) . . . . . .

3. Erlöse aus ambulanten Leistungen
des Krankenhauses (KGr. 42) . . . .

4. Nutzungsentgelte der Ärzte (KGr. 43) . . . . . .

4a. Umsatzerlöse nach § 277 Absatz 1 des
Handelsgesetzbuchs (KGr. 44, 45, 57, 58;
KUGr. 591), soweit nicht in den Nummern
1 bis 4 enthalten . . . .
davon aus Ausgleichsbeträgen für
frühere Geschäftsjahre (KGr. 58) . . . .

5. Erhöhung oder Vermietung des Be-
standes an fertigen und unfertigen
Erzeugnissen/unfertigen Leistungen
(KUGr. 550 und 551) . . . .

6. andere aktivierte Eigenleistungen (KUGr. 552)

7. Zuweisungen und Zuschüsse der
öffentlichen Hand, soweit nicht
unter Nr. 11 (KUGr. 472)

8. sonstige betriebliche Erträge . . . .
(KUGr. 473, 520; KGr. 54; KUGr. 592),
davon aus Ausgleichsbeträgen für
frühere Geschäftsjahre (KGr. 58) . . . .

9. Personalaufwand

   a) Löhne und Gehälter (KGr. 60, 64) . . . . . .

   b) soziale Abgaben und Aufwendungen
   für Altersversorgung und für Unterstützung (KGr. 61-63), ...
   davon Altersversorgung (KGr. 62) . . . .

10. Materialaufwand

    a) Aufwendungen für Roh-, Hilfs- und
       Betriebsstoffe . . . .
       (KUGr. 650, KGr. 66 ohne Kto. 6601,
       6609, 6616 und 6618; KGr. 67; KUGr.680;
       KGr. 71)

    b) Aufwendungen für bezogene Leistungen   . . . .
       (KUGr. 651 Kto. 6601, 6609, 6616
       und 6618; (KUGr. 681)

Zwischenergebnis . . . .

11. Erträge aus Zuwendungen zur Finanzie-
    rung von Investitionen (KGr. 46;
    KUGr. 470, 471), ...
    davon Fördermittel nach dem KHG
    (KGr. 46)   . . . .

12. Erträge aus der Einstellung von Aus-
    gleichsposten aus Darlehensförderung
    und für Eigenmittelförderung (KGr. 48)   . . . .

13. Erträge aus der Auflösung von Sonder-
    posten/Verbindlichkeiten nach dem
    KHG und auf Grund sonstiger Zuwen-
    dungen zur Finanzierung des Anlage-
    vermögens (KUGr. 490–491) . . . .

14. Erträge aus der Auflösung des Ausgleichs-
    postens für Darlehensförderung (KUGr. 492)   . . . .

15. Aufwendungen aus der Zuführung zu
    Sonderposten/Verbindlichkeiten nach
    dem KHG und auf Grund sonstiger Zu-
    wendungen zur Finanzierung des An-
    lagevermögens (KUGr. 752, 754, 755) . . .   .

16. Aufwendungen aus der Zuführung zu
    Ausgleichsposten aus Darlehensför-
    derung (KUGr.753) . . . .

17. Aufwendungen für die nach dem KHG
    geförderte Nutzung von Anlagegegen-
    ständen (KGr. 77) . . . .

18. Aufwendungen für nach dem KHG
    geförderte, nicht aktivierungsfähige
    Maßnahmen (KUGr. 721) . . . .

19. Aufwendungen aus der Auflösung der
Ausgleichsposten aus Darlehensförde-
rung und für Eigenmittelförderung
(KUGr. 750, 751) . . . .

20. Abschreibungen

   a) auf immaterielle Vermögensgegen-
      stände des Anlagevermögens und
      Sachanlagen (KUGr. 760, 761) . . . .

   b) auf Vermögensgegenstände des Umlauf-
      vermögens, soweit diese die im Kranken-
      haus üblichen Abschreibungen über-
      schreiten (KUGr. 765) . . . .

21. sonstige betriebliche Aufwendungen . . . . .
(KGr. 69, 70; KUGr. 720, 731, 732, 763, 764,
781, 782, 790, 791, 793, 794),
davon aus Ausgleichsbeträgen für frühere
Geschäftsjahre (KUGr. 790) . . . .

Zwischenergebnis . . . .

22. Erträge aus Beteiligungen (KUGr. 500, 521),
davon aus verbundenen Unternehmen
(Kto. 5000)[**]

23. Erträge aus anderen Wertpapieren und
aus Ausleihungen des Finanzanlagevermögens (KUGr. 501, 521), ...
davon aus verbundenen Unternehmen
(Kto. 5010, 5210)[**]

24. sonstige Zinsen und ähnliche Erträge
(KGr. 51) . . . .
davon aus verbundenen Unternehmen
(KUGr. 510)[**]

25. Abschreibungen auf Finanzanlagen
und auf Wertpapiere des Umlaufver-
mögens (KUGr. 762 . . . .

26. Zinsen und ähnliche Aufwendungen
(KGr. 74). . . . .
davon für Betriebsmittelkredite
(KUGr. 740),
davon an verbundenen Unternehmen
(KUGr. 741)[**]

27. Steuern (KUGr. 730), ...
davon vom Einkommen
und vom Ertrag   . . . .

28. Jahresabschluss/Jahresfehlbetrag . . . .

---

*) Die Klammerhinweise auf den Kontenrahmen entfallen in der Gewinn- und Verlustrechnung
**) Ausweis dieser Posten nur bei Kapitalgesellschaften

Anlage 3

Anlagennachweis

Bilanzposten: B.II. Sachanlagen	Entwicklung der Anschaffungswerte					Entwicklung der Abschreibungen						Rest- buch- werte (Stand 31.12.)
	Anfangs- stand	Zugang	Um- buchungen	Abgang	Endstand	Anfangs- stand	Abschrei- bungen des Geschäfts- jahres	Um- buchungen	Zuschrei- bungen des Geschäfts- jahres	Entnahme für Abgänge	Endstand	
	Euro	Euro	Euro	Euro	Euro	Euro	Euro	Euro	Euro	Euro	Euro	Euro
1	2	3	4	5	6	7	8	9	10	11	12	13
1. Grundstücke und grundstücksgleiche Rechte mit Betriebsbauten einschließlich der Betriebsbauten auf fremden Grundstücken												
2. Grundstücke und grundstücksgleiche Rechte mit Wohnbauten einschließlich der Wohnbauten auf fremden Grundstücken												
3. Grundstücke und grundstücksgleiche Rechte ohne Bauten												
4. technische Anlagen												
5. Einrichtungen und Ausstattungen												
6. geleistete Anzahlungen und Anlagen im Bau												

Anlage 4 der KHBV

Kontenrahmen der Buchhaltung

Kontenklasse 0: Ausstehende Einlagen und Anlagevermögen

00   **Ausstehende Einlagen auf das gezeichnete/festgesetzte Kapital**

01   **Grundstücke und grundstücksgleiche Rechte mit Betriebsbauten**
010   Bebaute Grundstücke
011   Betriebsbauten
012   Außenanlagen

02   **frei**

03   **Grundstücke und grundstücksgleiche Rechte mit Wohnbauten**
030   Bebaute Grundstücke
031   Wohnbauten
032   Außenanlagen

04   **Grundstücke und grundstücksgleiche Rechte ohne Bauten**

05   **Bauten auf fremden Grundstücken**
050   Betriebsbauten
051   frei
052   Wohnbauten
053   Außenanlagen

06   **Technische Anlagen**
060   in Betriebsbauten
061   frei
062   in Wohnbauten
063   in Außenanlagen

07   **Einrichtungen und Ausstattungen**
070   in Betriebsbauten
071   frei
072   in Wohnbauten
076   Gebrauchsgüter
0761   Wiederbeschaffte, geringwertige Gebrauchsgüter (mit Anschaffungs- oder Herstellungskosten ohne Umsatzsteuer von mehr als 51 bis 410 Euro)
0762   Wiederbeschaffte Gebrauchsgüter mit Anschaffungs- oder Herstellungskosten ohne Umsatzsteuer von mehr als 410 Euro
077   Festwerte in Betriebsbauten
078   frei
079   Festwerte in Wohnbauten

08   **Anlagen im Bau und Anzahlungen auf Anlagen**
080   Betriebsbauten
081   frei
082   Wohnbauten

09   **Immaterielle Vermögensgegenstände, Beteiligungen und andere Finanzanlagen**
090   Immaterielle Vermögensgegenstände
0901   Selbst geschaffene gewerbliche Schutzrechte und ähnliche Rechte und Werte
0902   entgeltlich erworbene Konzessionen, gewerbliche Schutzrechte und ähnliche Rechte und Werte sowie Lizenzen an solchen Rechten und Werten
0903   Geschäfts- oder Firmenwert
091   geleistete Anzahlungen
092   Anteile an verbundenen Unternehmen

093 Ausleihungen an verbundene
Unternehmen
094 Beteiligungen
095 Ausleihungen an Unternehmen, mit denen ein Beteiligungsverhältnis besteht
096 Wertpapiere des Anlagevermögens
097 Sonstige Finanzanlagen

Kontenklasse 1: Umlaufvermögen, Rechnungsabgrenzung

10 Vorräte
100 Vorräte an Lebensmitteln
101 Vorräte des medizinischen Bedarfs
102 Vorräte an Betriebsstoffen
103 Vorräte des Wirtschaftsbedarfs
104 Vorräte des Verwaltungsbedarfs
105 Sonstige Roh-, Hilfs- und Betriebsstoffe
106 Unfertige Erzeugnisse, unfertige Leistungen
107 Fertige Erzeugnisse, Waren

11 Geleistete Anzahlungen
(soweit nicht in Kontengruppe 08 auszuweisen)

12 Forderungen aus Lieferungen und Leistungen

13 Schecks, Kassenbestand, Bundesbank- und Postgiroguthaben, Guthaben bei Kreditinstituten

14 Wertpapiere des Umlaufvermögens
140 Anteile an verbundenen Unternehmen

15 Forderungen nach dem Krankenhausfinanzierungsrecht
150 Forderungen nach dem KHG
151 Forderungen nach der Bundespflegesatzverordnung

16 Sonstige Vermögensgegenstände
160 Forderungen an Gesellschafter bzw. den Krankenhausträger
161 Forderungen gegen verbundene Unternehmen
162 Forderungen gegen Unternehmen, mit denen ein Beteiligungsverhältnis besteht
163 Andere sonstige Vermögensgegenstände
164 Eingefordertes, noch nicht eingezahltes Kapital

17 Rechnungsabgrenzung
170 Disagio
171 Andere Abgrenzungsposten

18 Ausgleichsposten nach dem KHG
180 Ausgleichsposten aus Darlehensförderung
181 Ausgleichsposten für Eigenmittelförderung

19 Aktive latente Steuern, Aktiver Unterschiedsbetrag aus der Vermögensverrechnung
190 Aktive latente Steuern
191 Aktiver Unterschiedsbetrag aus der Vermögensverrechnung

Kontenklasse 2: Eigenkapital, Sonderposten, Rückstellungen

20 Eigenkapital
200 Gezeichnetes/festgesetztes Kapital

2001 Gezeichnetes Kapital/festge-
setztes Kapital
2002 Nicht eingeforderte ausstehende Einlagen
2003 Eingefordertes Kapital
201 Kapitalrücklagen
202 Gewinnrücklagen
203 Gewinnvortrag/Verlustvortrag
204 Jahresüberschuss/Jahresfehl-
betrag

**21 Sonderposten aus Zuwen-
dungen Dritter**

**22 Sonderposten aus Förder-
mitteln nach dem KHG**

**23 Sonderposten aus Zuweisun-
gen und Zuschüssen der öffentlichen Hand**

**24 Ausgleichsposten aus Darle-
hensförderung**

27 Pensionsrückstellung

28 Andere Rückstellungen
280 Steuerrückstellungen
281 Sonstige Rückstellungen

29 frei

Kontenklasse 3: Verbindlichkeiten,
Rechnungsabgrenzung

**30 frei für spätere Entwicklun-
gen**

**31 frei für spätere Entwicklun-
gen**

**32 Verbindlichkeiten aus Liefe-
rungen und Leistungen**

**33 Verbindlichkeiten aus der
Annahme gezogener Wech-
sel und der Ausstellung eigener Wechsel**

**34 Verbindlichkeiten gegenüber
Kreditinstituten**

**35 Verbindlichkeiten nach dem
Krankenhausfinanzierungs-
recht**
350 Verbindlichkeiten nach dem
KHG
351 Verbindlichkeiten nach der
Bundespflegesatzverordnung

36 Erhaltene Anzahlungen

37 Sonstige Verbindlichkeiten
370 Verbindlichkeiten gegenüber
Gesellschaftern bzw. dem
Krankenhausträger
371 Verbindlichkeiten aus sonstigen Zuwendungen zur Finanzierung des Sachanlagevermögens
372 Verbindlichkeiten gegenüber
verbundenen Unternehmen
373 Verbindlichkeiten gegenüber
Unternehmen, mit denen ein
Beteiligungsverhältnis besteht
374 Andere sonstige Verbindlichkeiten

38 Rechnungsabgrenzung

39 Passive latente Steuern

Kontenklasse 4: Betriebliche Erträge

**40 Erlöse aus Krankenhausleis-
tungen**
400 Erlöse aus tagesgleichen Pflegesätzen

4001	Erlöse aus Basispflegesatz, vollstationär
4002	Erlöse aus Basispflegesatz, teilstationär
4003	Erlöse aus Abteilungspflegesätzen, vollstationär
4004	Erlöse aus Abteilungspflegesätzen, teilstationär
4005	Erlöse aus Pflegesätzen für besondere Einrichtungen, vollstationär
4006	Erlöse aus Pflegesätzen für besondere Einrichtungen, teilstationär
401	Erlöse aus Fallpauschalen und Sonderentgelten
4010	Erlöse aus Fallpauschalen
4011	Erlöse aus Sonderentgelten
402	Erlöse aus vor- und nachstationärer Behandlung
4020	Erlöse vorstationärer Behandlung nach § 115 a SGB V
4021	Erlöse aus nachstationärer Behandlung nach § 115 a SGB V
403	Erlöse aus Ausbildungskostenumlage
404	Ausgleichsbeträge nach BPflV
405	Zuschlag nach § 18b KHG

41 Erlöse aus Wahlleistungen

410	Erlöse aus wahlärztlichen Leistungen
411	Erlöse aus gesondert berechneter Unterkunft
413	Erlöse aus sonstigen nichtärztlichen Wahlleistungen

42 Erlöse aus ambulanten Leistungen des Krankenhauses

420	Erlöse aus Krankenhausambulanzen
421	Erlöse aus Chefarztambulanzen einschließlich Sachkosten
422	Erlöse aus ambulanten Operationen nach § 115 b SGB V

43 Nutzungsentgelte (Kostenerstattung und Vorteilsausgleich) und sonstige Abgaben der Ärzte

430	Nutzungsentgelte für wahlärztliche Leistungen
431	Nutzungsentgelte für von Ärzten berechnete ambulante ärztliche Leistungen
433	Nutzungsentgelte der Belegärzte
434	Nutzungsentgelte für Gutachtertätigkeit u.ä.
435	Nutzungsentgelte für die anteilige Abschreibung medizinisch-technischer Großgeräte

44 Rückvergütungen, Vergütungen und Sachbezüge

440	Erstattungen des Personals für freie Station
441	Erstattungen des Personals für Unterkunft
442	Erstattungen des Personals für Verpflegung
443	Erstattungen des Personals für sonstige Leistungen

45 Erträge aus Hilfs- und Nebenbetrieben, Notarztdienst

450	aus Hilfsbetrieben
451	aus Nebenbetrieben
452	aus der Bereitstellung von Krankenhausärzten für den Notarztdienst

46 Erträge aus Fördermitteln nach dem KHG

460	Fördermittel, die zu passivieren sind
461	Sonstige Fördermittel

47 Zuweisungen und Zuschüsse der öffentlichen Hand sowie Zuwendungen Dritter

470 Zuweisungen und Zuschüsse der öffentlichen Hand zur Finanzierung von Investitionen (soweit nicht unter 46)

471 Zuweisungen Dritter zur Finanzierung von Investitionen

472 Zuweisungen und Zuschüsse der öffentlichen Hand zur Finanzierung laufender Aufwendungen

473 Zuwendungen Dritter zur Finanzierung laufender Aufwendungen

48 Erträge aus der Einstellung von Ausgleichsposten aus Darlehensförderung und für Eigenmittelförderung

49 Erträge aus der Auflösung von Sonderposten, Verbindlichkeiten nach dem KHG und Ausgleichsposten aus Darlehensförderung

490 aus der Auflösung von Sonderposten aus Fördermitteln nach dem KHG, zweckentsprechend verwendet

491 aus der Auflösung von Sonderposten aus Zuweisungen und Zuschüssen der öffentlichen Hand

492 aus der Auflösung von Ausgleichsposten aus Darlehensförderung

Kontenklasse 5: Andere Erträge

50 Erträge aus Beteiligungen und anderen Finanzanlagen

500 Erträge aus Beteiligungen

5000 Erträge aus Beteiligungen an verbundenen Unternehmen

501 Erträge aus anderen Finanzanlagen

5010 Erträge aus anderen Finanzanlagen in verbundenen Unternehmen

51 Sonstige Zinsen und ähnliche Erträge

510 Sonstige Zinsen und ähnliche Erträge aus verbundenen Unternehmen

52 Erträge aus dem Abgang von Gegenständen des Anlagevermögens und aus Zuschreibungen zu Gegenständen des Anlagevermögens

520 Sachanlagevermögen

521 Finanzanlagevermögen

5210 Finanzanlagen in verbundenen Unternehmen

53 frei

54 Erträge aus der Auflösung von Rückstellungen

55 Bestandsveränderungen und andere aktivierte Eigenleistungen

550 Bestandsveränderungen der fertigen und unfertigen Erzeugnisse

551 Bestandsveränderungen der unfertigen Leistungen

552 Andere aktivierte Eigenleistungen

56 frei

57 sonstige ordentliche Erträge

58 Erträge aus Ausgleichsbeträgen für frühere Geschäftsjahre

59 Übrige Erträge
590 (weggefallen)
591 Periodenfremde Erträge
592 Spenden und ähnliche Zuwendungen

Kontenklasse 6: Aufwendungen

60 Löhne und Gehälter
6000 Ärztlicher Dienst
6001 Pflegedienst
6002 Medizinisch-technischer Dienst
6003 Funktionsdienst
6004 Klinisches Hauspersonal
6005 Wirtschafts- und Versorgungsdienst
6006 Technischer Dienst
6007 Verwaltungsdienst
6008 Sonderdienste
6010 Personal der Ausbildungsstätten
6011 Sonstiges Personal
6012 Nicht zurechenbare Personalkosten

61 Gesetzliche Sozialabgaben
(Aufteilung wie 6000-6012)

62 Aufwendungen für Altersversorgung
(Aufteilung wie 6000-6012)

63 Aufwendungen für Beihilfen und Unterstützungen
(Aufteilung wie 6000-6012)

64 Sonstige Personalaufwendungen
(Aufteilung wie 6000-6012)

65 Lebensmittel und bezogene Leistungen
650 Lebensmittel
651 Bezogene Leistungen

66 Medizinischer Bedarf
6600 Arzneimittel (außer Implantate und Dialysebedarf)
6601 Kosten der Lieferapotheke
6602 Blut, Blutkonserven und Blutplasma
6603 Verbandmittel, Heil- und Hilfsmittel
6604 Ärztliches und pflegerisches Verbrauchsmaterial, Instrumente
6606 Narkose- und sonstiger OP-Bedarf
6607 Bedarf für Röntgen- und Nuklearmedizin
6608 Laborbedarf
6609 Untersuchungen in fremden Instituten
6610 Bedarf für EKG, EEG, Sonographie
6611 Bedarf der physikalischen Therapie
6612 Apothekenbedarf, Desinfektionsmaterial
6613 Implantate
6614 Transplantate
6615 Dialysebedarf
6616 Kosten für Krankentransporte (soweit nicht Durchlaufposten)
6617 Sonstiger medizinischer Bedarf
6618 Honorare für nicht im Krankenhaus angestellte Ärzte

67 Wasser, Energie, Brennstoffe

68 Wirtschaftsbedarf
680 Materialaufwendungen
681 Bezogene Leistungen

69 Verwaltungsbedarf

Kontenklasse 7: Aufwendungen

70 Aufwendungen für zentrale Dienstleistungen
700 Zentraler Verwaltungsdienst
701 Zentraler Gemeinschaftsdienst

71 Wiederbeschaffte Gebrauchsgüter (soweit Festwerte gebildet wurden)

72 Instandhaltung
720 Pflegesatzfähige Instandhaltung
7200 Instandhaltung im Sinne von § 17 Abs. 4 b Satz 2 KHG, soweit nicht gefördert[1]
7201 Instandhaltung Medizintechnik[2]
7202 Instandhaltung Sonstiges[3]
721 Nicht aktivierungsfähige, nach dem KHG geförderte Maßnahmen

73 Steuern, Abgaben, Versicherungen
730 Steuern
731 Sonstige Abgaben
732 Versicherungen

74 Zinsen und ähnliche Aufwendungen
740 Zinsen und ähnliche Aufwendungen für Betriebsmittelkredite
741 Zinsen und ähnliche Aufwendungen an verbundene Unternehmen
742 Zinsen und ähnliche Aufwendungen für sonstiges Fremdkapital

75 Auflösung von Ausgleichsposten und Zuführungen der Fördermittel nach dem KHG

zu Sonderposten oder Verbindlichkeiten
750 Auflösung des Ausgleichspostens aus Darlehensförderung
751 Auflösung des Ausgleichspostens für Eigenmittelförderung
752 Zuführungen der Fördermittel nach dem KHG zu Sonderposten oder Verbindlichkeiten
753 Zuführung zu Ausgleichsposten aus Darlehensförderung
754 Zuführung von Zuweisungen oder Zuschüssen der öffentlichen Hand zu Sonderposten oder Verbindlichkeiten (soweit nicht unter KUGr. 752)
755 Zuführung der Nutzungsentgelte aus anteiligen Abschreibungen medizinisch-technischer Großgeräte zu Verbindlichkeiten nach dem KHG

76 Abschreibungen
760 Abschreibungen auf immaterielle Vermögensgegenstände
761 Abschreibungen auf Sachanlagen
7610 Abschreibungen auf wiederbeschaffte Gebrauchsgüter
762 Abschreibungen auf Finanzanlagen und auf Wertpapiere des Umlaufvermögens
763 Abschreibungen auf Forderungen
764 Abschreibungen auf sonstige Vermögensgegenstände
765 Abschreibungen auf Vermögensgegenstände des Umlaufvermögens, soweit diese die im Krankenhaus üblichen Abschreibungen überschreiten

---

[1] geändert gemäß Bundesratsvorlage der 5. Verordnung zur Änderung der BPflV

[2] siehe Fußnote 1
[3] siehe Fußnote 1

77 Aufwendungen für die Nutzung von Anlagegütern nach § 9 Abs. 2 Nr. 1 KHG

78 Sonstige ordentliche Aufwendungen
781 Sachaufwand der Ausbildungsstätten
782 Sonstiges
7821 Aufwendungen aus Ausbildungsstätten-Umlage nach § 15 Abs. 3 BPflV

79 Übrige Aufwendungen
790 Aufwendungen aus Ausgleichsbeträgen für frühere Geschäftsjahre
791 Aufwendungen aus dem Abgang von Gegenständen des Anlagevermögens
792 (weggefallen)
793 Periodenfremde Aufwendungen
794 Spenden und ähnliche Aufwendungen

87 Abgrenzungen der Aufwendungen, die nicht in die Kostenrechnung eingehen

88 Kalkulatorische Kosten

89 frei

Kontenklasse 8:

80 frei

81 frei

82 frei

83 frei

84 frei

85 Eröffnungs- und Abschlusskonten

86 Abgrenzungen der Erträge, die nicht in die Kostenrechnung eingehen

Zuordnungsvorschriften zum Kontenrahmen

Kontengruppe, -untergruppe bzw. Konto

03 und
052 Hier sind Wohnbauten zuzuordnen, die für den Krankenhausbetrieb nicht unerlässlich notwendig sind und deshalb nach dem KHG nicht gefördert werden. Sie müssen gegenüber Kontengruppe 01 und 050 ausreichend abgegrenzt werden

150 Die Fördermittel sind mit Eingang des entsprechenden Bewilligungsbescheides als Forderung in Kontengruppe 15 mit Gegenbuchung im Ertrag, Kontengruppe 46, zu buchen. Zur Neutralisierung im Ergebnis des laufenden Geschäftsjahres werden
a) die für die Anschaffung von aktivierten Anlagegütern zweckentsprechend verwendeten Fördermittel bei Kontenuntergruppe 752 als Aufwendungen gebucht und mit der Gegenbuchung bei Kontengruppe 22 in die Sonderposten aus Fördermitteln nach KHG eingestellt; soweit über die als Forderungen aktivierten Fördermittel durch Vorfinanzierung verfügt wurde, ist der entsprechende Betrag ebenfalls als Sonderposten einzustellen;
b) die noch nicht zweckentsprechend verwendeten Fördermittel bei Kontenun-

tergruppe 752 als Aufwendungen gebucht und mit der Gegenbuchung bei Kontenuntergruppe 350 als Verbindlichkeiten behandelt.

200 Bei einem nicht in der Rechtsform der Kapitalgesellschaft geführten Krankenhaus ist das Konto im Einklang mit § 5 Absatz 6 entsprechend anzupassen.

60 Vergütungen für Überstunden, Bereitschaftsdienst und Rufbereitschaft, Zuschläge, Zulagen, Sachbezüge für freie Station, Mutterhausabgaben und Gestellungsgelder sind der Kontengruppe 60 „Löhne und Gehälter" zuzuordnen. Aufwendungen für fremdes Personal sind den Konten zuzuordnen, die in Anlage 2 in den Klammerhinweisen unter Nr. 10 Buchstabe b „Aufwendungen für bezogene Leistungen" oder unter Nr. 20 „sonstige betriebliche Aufwendungen" genannt sind.
Kosten für Fremdleistungen sind als Sachkosten bei der Kontengruppe 70 zu buchen.

6000 Vergütung an alle Ärzte, Vergütung an Ärzte im Praktikum, soweit diese auf die Besetzung im Ärztlichen Dienst angerechnet werden. An fremde Ärzte gezahlte Honorare sind dem Konto 6618 zuzuordnen.

6001 Vergütung an die Pflegedienstleitung und an Pflege- und Pflegehilfspersonal im stationären

Bereich (Dienst am Krankenbett). Dazu gehören auch Pflegekräfte in Intensivpflege- und -behandlungseinheiten sowie Dialysestationen, ferner Vergütungen an Schüler und Stationssekretärinnen, soweit diese auf die Besetzung der Stationen mit Pflegepersonal angerechnet werden (siehe auch Konto 6011 „Sonstiges Personal).

Vergütungen für Pflegepersonal, das im medizinisch-technischen Dienst, Funktionsdienst, Wirtschafts- und Versorgungsdienst oder Verwaltungsdienst eingesetzt wird, sind auf die entsprechenden Konten (6002, 6003, 6005 und 6007) zu buchen.

6002 Vergütungen an Apothekenpersonal (Apotheker, pharmazeutisch-technische Assistentinnen, Apothekenhelferinnen, Laborantinnen, Dispensierschwestern)
Arzthelfer
Audiometisten
Bio-Ingenieure
Chemiker
Chemotechniker
Cytologieassistenten
Diätassistenten
EEG-Assistenten
Gesundheitsingenieure
Kardiotechniker
Krankengymnasten
Krankenhausingenieure
Laboranten
Logopäden
Masseure
Masseure und medizinische Bademeister
Medizinphysiker
Medizinisch-technische Assistenten
Medizinisch-technische Gehilfen
Medizinisch-technische Laboratoriumsassistenten
Medizinisch-technische Radiologieassistenten
Orthoptisten
Personal für die medizinische Dokumentation
Physiker
Physikalisch-technische Assistenten
Psychagogen
Psychologen
Nichtärztliche Psychotherapeuten
Schreibkräfte im ärztlichen und medizinisch-technischen Bereich
Sonstige Kräfte im medizinisch-technischen Bereich
Sozialarbeiter
Tierpfleger und Sektionsgehilfen
Zahnärztliche Helferinnen
sowie vergleichbares medizinisch-technisches Personal
Zum medizinisch-technischen Behandlungsbereich gehören: Apotheken, Laboratorien einschließlich Stationslaboratorien, Röntgen-, EKG-, EEG-, EMG-, Grundumsatzabteilungen, Bäder- und Massageabteilungen, elektro-physikalische Abteilungen, Sehschulen, Sprachschulen, Körperprüfabteilungen usw.

6003 Vergütungen an Krankenpflegepersonal für Operationsdienst

Krankenpflegepersonal für Anästhesie
Hebammen und Entbindungspfleger, an fremde Hebammen und Entbindungspfleger gezahlte Honorare sind dem Konto 6617 zuzuordnen
Krankenpflegepersonal in Polikliniken
Krankenpflegepersonal im Bluttransfusionsdienst
Krankenpflegepersonal in der Funktionsdiagnostik
Krankenpflegepersonal in der Endoskopie
Kindergärtnerinnen, soweit zur Betreuung kranker Kinder eingesetzt
Krankentransportdienst
Beschäftigungstherapeuten (einschließlich Arbeitstherapeuten)
Personal der Zentralsterilisation

6004 Vergütungen an Haus- und Reinigungspersonal der Kliniken und Stationen

6005 Vergütungen an Personal, das in folgenden Bereichen bzw. mit folgenden Funktionen eingesetzt wird:
Desinfektion
Handwerker (soweit nicht in Konto 6006)
Hausmeister
Hof- und Gartenarbeiter
Hol- und Bringedienst
Küchen- und Diätküchen (einschließlich Ernährungsberaterinnen)
Lager
Reinigungsdienst, ausgenommen klinisches Hauspersonal

Transportdienst (nicht Krankenhaustransportdienst, siehe Konto 6003)
Wäscherei und Nähstube
Wirtschaftsbetriebe (z.B. Metzgereien, Schweinemästereien, Gärtnereien, Ökonomien)
Zentrale Bettenaufbereitung
Personal, das mit Verwaltungsarbeit beschäftigt ist, muss bei Konto 6007 ausgewiesen werden

6006 Vergütungen an Personal, das in folgenden Bereichen bzw. mit folgenden Funktionen eingesetzt wird:
Betriebsingenieure
Einrichtungen zur Versorgung mit Heizwärme, Warm- und Kaltwasser, Frischluft, medizinischen Gasen, Strom
Technische Betriebsassistenten
Technische Servicezentren
Instandhaltung, z.B. Maler, Tapezierer und sonstige Handwerker

6007 Vergütungen für das Personal der engeren und weiteren Verwaltung, der Registratur, ferner der technischen Verwaltung, soweit nicht bei Konto 6006 (z.B. Betriebsingenieur) erfasst, z.B. Aufnahme- und Pflegekostenabteilung
Bewachungspersonal
Botendienste (Postdienst)
Büchereien
Einkaufsabteilung
Inventar- und Lagerhaltung
Kasse und Buchhaltung (einschließlich Nebenbuchhaltung)
Personalverwaltung

Pförtner
Planungsabteilung
Registratur
Statistische Abteilung
Technische Verwaltung, soweit nicht bei Konto 6006 erfasst
Telefonisten und Personal zur Bedienung zentraler Rufanlagen
Verwaltungsleitung
Verwaltungsschreibkräfte
Wirtschaftsabteilung

6008 Vergütungen an
Oberinnen
Hausschwestern
Heimschwestern
Schwestern in der Schwesternverwaltung
Seelsorger
Krankenhausfürsorger
Mitarbeiter, die zur Betreuung des Personals und der Personalkinder eingesetzt sind

6010 Vergütungen für Lehrkräfte, die für diese Tätigkeit einen Arbeits- oder Dienstvertrag haben (evtl. anteilig). Sonstige Entschädigungen, z.B. Honorare für nebenamtliche Lehrtätigkeit von Krankenhausmitarbeitern oder Honorare nicht fest eingestellter Lehrkräfte, sind dem Sachaufwand der Ausbildungsstätten (KUGr. 781) zuzuordnen.

6011 Vergütungen für
Famuli
Schülerinnen (Schüler), soweit diese auf die Besetzung der Stationen mit Pflegepersonal nicht angerechnet werden
Vorschülerinnen

Praktikantinnen und Praktikanten jeglicher Art, soweit nicht auf den Stellenplan einzelner Dienstarten angerechnet
Taschengelder und ähnliche Zuwendungen

61 (Aufteilung wie 6000-6012)
Hier sind die Arbeitgeberanteile zur Kranken-, Renten- und Arbeitslosenversicherung sowie die Beiträge zur gesetzlichen Unfallversicherung zu buchen. In ihrer Höhe gesetzlich festgelegte Arbeitnehmeranteile, die ganz oder teilweise vom Arbeitgeber übernommen werden, sind als Löhne und Gehälter zu behandeln.

62 (Aufteilung wie 6000-6012)
Hier sind nur die Aufwendungen für Altersversorgung, und zwar Beiträge zu Ruhegehalts- und Zusatzversorgungskassen sowie anderen Versorgungseinrichtungen, ferner Ruhegehälter für ehemalige Mitarbeiter des Krankenhauses zu buchen. Alle übrigen freiwilligen Sozialleistungen gehören – soweit es nicht Beihilfen und Unterstützungen sind – zu den sonstigen Personalaufwendungen.

63 (Aufteilung wie 6000-6012)

64 (Aufteilung wie 6000-6012)
Sonstige Personalaufwendungen, wie Erstattungen von Fahrtkosten zum Arbeitsplatz und freiwillige soziale Leistungen an die Mitarbeiter (freiwillige Weihnachtsgeschenke, Jubiläumsgeschenke und -zuwendungen, Zuschuss zum Mittagessen).

6618 Honorare für nicht am Krankenhaus angestellte Ärzte sind in der Gewinn- und Verlustrechnung der Nr. 10 Buchstabe b zuzuordnen. Im Kosten- und Leistungsnachweis werden diese Aufwendungen unter dem „sonstigen medizinischen Bedarf" ausgewiesen.

Anlage 5 der KHBV

Kostenstellenrahmen für die Kosten- und Leistungsrechnung

90   Gemeinsame Kostenstellen
900   Gebäude einschließlich Grundstück und Außenanlagen
901   Leitung und Verwaltung des Krankenhauses
902   Werkstätten
903   Nebenbetriebe
904   Personaleinrichtungen (für den Betrieb des Krankenhauses unerlässlich)
905   Aus-, Fort- und Weiterbildung
906   Sozialdienst, Patientenbetreuung
907   frei
908   frei
909   frei

91   Versorgungseinrichtungen
910   Speisenversorgung
911   Wäscheversorgung
912   Zentraler Reinigungsdienst
913   Versorgung mit Energie, Wasser, Brennstoffen
914   Innerbetriebliche Transporte
915   frei
916   frei
917   Apotheke/Arzneimittelausgabestelle (ohne Herstellung)
918   Zentrale Sterilisation
919   frei

92   Medizinische Institutionen
920   Röntgendiagnostik und -therapie
921   Nukleardiagnostik und -therapie
922   Laboratorien
923   Funktionsdiagnostik
924   Sonstige diagnostische Einrichtungen
925   Anästhesie, OP-Einrichtungen und Kreißzimmer
926   Physikalische Therapie
927   Sonstige therapeutische Einrichtungen
928   Pathologie
929   Ambulanzen

93-95 Pflegefachbereiche –
**   Normalpflege**
930   Allgemeine Kostenstelle
931   Allgemeine Innere Medizin
932   Geriatrie
933   Kardiologie
934   Allgemeine Nephrologie
935   Hämodialyse/künstliche Niere (alternativ 962)
936   Gastroenterologie
937   Pädiatrie
938   Kinderkardiologie

939   Infektion
940   Lungen- und Bronchialheilkunde
941   Allgemeine Chirurgie
942   Unfallchirurgie
943   Kinderchirurgie
944   Endoprothetik
945   Gefäßchirurgie
946   Handchirurgie
947   Plastische Chirurgie
948   Thoraxchirurgie
949   Herzchirurgie
950   Urologie
951   Orthopädie
952   Neurochirurgie
953   Gynäkologie
954   HNO und Augen
955   Neurologie
956   Psychiatrie
957   Radiologie
958   Dermatologie und Venologie
959   Zahn- und Kieferheilkunde, Mund- und Kieferchirurgie

96   Pflegefachbereiche – abweichende Pflegeintensität
960   Allgemeine Kostenstelle
961   Intensivüberwachung
962   Intensivbehandlung
963   frei
964   Intensivmedizin
965   Minimalpflege
966   Nachsorge
967   Halbstationäre Leistungen
      – Tageskliniken
968   Halbstationäre Leistungen
      – Nachtkliniken
969   Chronisch- und Langzeitkranke

97   Sonstige Einrichtungen
970   Personaleinrichtungen (für den Betrieb des Krankenhauses nicht unerlässlich)
971   Ausbildung
972   Forschung und Lehre
973
979   frei

98   Ausgliederungen
980   Ambulanzen
981   Hilfs- und Nebenbetriebe
982
989   frei

99   frei

Abkürzungsverzeichnis

Abs.	Absatz
AbgrV	Abgrenzungsverordnung
AdöR	Anstalt des öffentlichen Rechts
a.F.	alte Fassung
AfA	Absetzung für Abnutzung
AöR	Anstalt des öffentlichen Rechts
AG	Aktiengesellschaft
AltTG	Altersteilzeitgesetz
AO	Abgabenordnung
AOK	Allgemeine Ortskrankenkasse
Art.	Artikel
ATZ	Altersteilzeit
ATG	Altersteilzeitgesetz
AVR	Allgemeine Vertragsrichtlinien
AZ	Aktenzeichen
BAT	Bundesangestellten-Tarifvertrag
BbG	Brandenburg
BfArM	Bundesinstitut für Arzneimittel und Medizinprodukte
BFH	Bundesfinanzhof
BilMoG	Bilanzrechtsmodernisierungsgesetz
BilReG	Bilanzrechtsreformgesetz
BiRiLiG	Bilanzrichtlinien-Gesetz
BilRUG	Bilanzrichtlinien-Umsetzungsgesetz
BGB	Bürgerliches Gesetzbuch
BGH	Bundesgerichtshof
BMF	Bundesfinanzministerium
BMJ	Bundesjustizministerium
BMGS	Bundesministerium für Gesundheit
BPflV	Bundespflegesatzverordnung
BSG	Bundessozialgericht
BSSichG	Beitragssicherungsgesetz
bzw.	beziehungsweise
BT	Berechnungstage
CD Compact	Disc
CMI	Case-Mix-Index

d. h.	das heißt
DIMDI	Deutsches Institut für Medizinische Dokumentation und Information seit 26.05.2020 integriert in das BfArM
DIN	Deutsche Industrienorm
DKG	Deutsche Krankenhausgesellschaft
DKI	Deutsches Krankenhausinstitut
DM	Deutsche Mark
DMP	Disease Management Programm
DRG	Diagnosis Related Groups (siehe auch G-DRG)
DRS	Deutscher Rechnungslegungs-Standard
DRSC	Deutsches Rechnungslegungs-Standardisierungs Committee
DVD	Digitale Versatile Disc
EBITDA	Earning before interests, taxes, depreciation and amortisation
EBM	Einheitlicher Bewertungsmaßstab
EDV	Elektronische Datenverarbeitung
EG	Europäische Gemeinschaft
EGBGB	Einführungsgesetz zum BGB
EGHGB	Einführungsgesetz zum Handelsgesetzbuch
ehem.	ehemals
EigVO	Eigenbetriebsverordnung
EStG	Einkommensteuergesetz
EStR	Einkommensteuerrichtlinie
ET	Ergänzende Tagesentgelte
EUR	EURO
etc.	et cetera (und so weiter)
e. V.	eingetragener Verein
EZ	Einzelzimmer
Fibu	Finanzbuchhaltung
FP	Fallpauschalen
FPÄndG	Fallpauschalenänderungsgesetz
FPV	Fallpauschalenvereinbarung
G-BA	Gemeinsamer Bundesausschuss
gem.	gemäß
ggf.	gegebenenfalls
G-DRG	German-Diagnosis Related Groups
GG	Grundgesetz
GKV	Gesetzliche Krankenversicherung
GKV-FQWG	GKV-Finanzstruktur- und Qualitäts-Weiterentwicklungsgesetz
GKV-VStG	GKV-Versorgungsstrukturgesetz
GKV-NOG	Gesetz zur Neuordnung der gesetzlichen Krankenversicherung
GLS	Grundlohnsumme
GmbH	Gesellschaft mit beschränkter Haftung
GmbHG	GmbH-Gesetz

GOÄ	Gebührenordnung der Ärzte
GOB	Grundsätze ordnungsmäßiger Buchführung
grds.	grundsätzlich
GSG	Gesundheitsstrukturgesetz
GuV	Gewinn- und Verlustrechnung
GVD	Grenzverweildauer
HBFG	Hochschulbauförderungsgesetz
HDG	Haupt Diagnose Gruppe
HFA	Hauptfachausschuss
HGB	Handelsgesetzbuch
HGrG	Haushaltsgrundsätze-Gesetz
HKHG	Gesetz zur Neuordnung des Krankenhauswesens in Hessen
HmbKHG	Hamburgisches Krankenhausgesetz
Hrsg.	Herausgeber
IAS	International Accounting Standards
ICD	International Classification of Diagnostics
ICPM	International Classification of Procedures in Medicin
i. d. F.	in der Fassung
i. d. R.	in der Regel
IDW	Institut der Wirtschaftsprüfer in Deutschland e.V., Düsseldorf
i. e.	Lat.: Id est; das ist
IFRS	International Financial Reporting System
inkl.	inklusive
InEK	Institut für das Entgeltsystem im Krankenhaus gGmbH, Siegburg
i. S. d.	in Sachen des
i. V. m.	in Verbindung mit
KapCoRiLiG	Kapitalgesellschaften und Co-Richtliniengesetz
KBV	Kassenärztliche Bundesvereinigung
KdöR	Körperschaft des öffentlichen Rechts
KH	Krankenhaus
KHBV	Krankenhaus-Buchführungsverordnung
KHEntgG	Krankenhaus-Entgeltgesetz
KHFA	Krankenhausfachausschuss des IDW
KHG	Krankenhausfinanzierungsgesetz
KHGG NRW	Krankenhausgestaltungsgesetz NRW
KHG LSA	Gesetz des Landes Sachsen-Anhalt zum Bundesgesetz zur wirtschaftlichen Sicherung der Krankenhäuser und zur Regelung der Krankenhauspflegesätze
KHSG	Krankenhausstrukturgesetz
KHRG	Krankenhausfinanzierungsreformgesetz
KFPV	Krankenhausfallpauschalenverordnung
KonTraG	Gesetz zur Kontrolle und Transparenz im Unternehmensbereich
Kto.	Konto

KUGr   Kontenuntergruppe
KV   Krankenversicherung
KZVK   Kirchliche Zusatzversorgungskasse

LBFW   Landesbasisfallwert
lfd.   laufend
LKA   Leistungs- und Kalkulationsaufstellung
LKGBbg   Krankenhausgesetz des Landes Brandenburg
LKHG M-V   Landeskrankenhausgesetz Mecklenburg-Vorpommern
lt.   laut

max.   maximal
MDC   Major Diagnosis Kategorie
MDK   Medizinischer Dienst der Krankenkassen
Mio.   Millionen
MoMiG   Modernisierungs- und Missbrauchsbekämpfungsgesetz
MVZ   Medizinisches Versorgungszentrum

ND   Nutzungsdauer
NRW   Nordrhein-Westfalen
Nr.   Nummer
n. F.   neue Fassung
NOG   Neuordnungsgesetz
NUB   Neue Untersuchungs- und Behandlungsmethoden

OECD   Organisation für wirtschaftliche Zusammenarbeit (Organisation
            for Economic Cooperation and Development
o. g.   oben genannt
OLG   Oberlandesgericht
OP   Operation oder Operationssaal
OPS   Operationsschlüssel

PBV   Pflegebuchführungsverordnung
PC   Personal Computer
PCCL   Patientenbezogener Gesamtschweregrad
PIA   Psychiatrische Institutsambulanz
PEPP   Pauschalierendes Entgeltsystem für Psychiatrie und Psychosomatik
PKV   Private Krankenversicherung
PPR   Pflege-Personalregelung
Psych-PV   Psychiatrie-Personalverordnung
PsychEntgG Psychiatriw-Entgeltgesetz
PTA   Pharmazeutisch-technische Assistent/-in
PTCA   Herzkranzgefäß-Erweiterung

Reha   Rehabilitation
RHB-Stoffe Roh-, Hilfs- und Betriebsstoffe

RS	Rechnungslegungsstandard
RückAbzinsV	Rückstellungsabzinsungsverordnung
SächsKHG	Gesetz zur Neuordnung des Krankenhauswesens (Sächsisches Krankenhausgesetz)
SdbR	Stiftung des bürgerlichen Rechts
SE	Sonderentgelte
SGB	Sozialgesetzbuch
SGB V	Sozialgesetzbuch 5. Buch (gesetzliche Krankenversicherung
SGB XI	Sozialgesetzbuch 11. Buch (Pflegeversicherung)
SGB XII	Sozialgesetzbuch 12. Buch (Sozialhilfe)
SKHG	Saarländisches Krankenhausgesetz
sog.	sogenannte
ThürKHG	Thüringisches Krankenhausgesetz
Tz.	Textziffer
TVöD	Tarifvertrag öffentlicher Dienst
TV MB	Tarifvertrag Marburger Bund
u. a.	unter anderen/anderem
u. ä.	und ähnliche
UGVD	untere Grenzverweildauer
US-GAAP	Generally Accepted Accounting Principles
UStG	Umsatzsteuergesetz
u. U.	unter Umständen
VBL	Versorgungsanstalt des Bundes und der Länder, Karlsruhe
VD	Verweildauer
VdAK	siehe VDEK
VDEK	Verband der Ersatzkrankenkassen (früher VdAK)
vgl.	vergleiche
WP	Wirtschaftsprüfer
z. B.	zum Beispiel
ZE	Zusatzentgelt
Ziff.	Ziffer
ZVK	Zusatzversorgungskasse
ZZ	Zweibettzimmer
zzt.	zurzeit

Abbildungs- und Tabellenverzeichnis

Abbildungen

Tabellen

Literaturverzeichnis

Gesetzeskommentare

Dietz/Bofinger (2021): Krankenhausfinanzierungsgesetze, Bundespflegesatzverordnung und Folgerecht. Loseblatt, 72. Aktualisierung.
Graumann (2021): Rechnungslegung und Finanzierung der Krankenhäuser. 4. aktual. Auflage, Herne: NWB Verlag.
Grottel u. a. (Hrsg) (2022): Beck'scher Bilanzkommentar: Handelsbilanz, Steuerbilanz. 13. Auflage. München: C. H. Beck.
Hoffmann/Lüdenbach (2021): NWB-Kommentar Bilanzierung: Handels- und Steuerrecht, 13. Auflage, Herne: NWB Verlag.
Purzer/Haertle (2021): Das Rechnungswesen der Krankenhäuser. Loseblatt, 68. Aktualisierung.

Verlautbarungen des KHFA

IDW (Hrsg.) (2020): IDW Verlautbarungen (IDW PS), IDW Stellungnahmen zur Rechnungslegung (IDW RS) einschließlich der zugehörigen Entwürfe und Hinweise. Düsseldorf: IDW Verlag GmbH.
IDW (Hrsg.) (2020): WP Handbuch: Wirtschaftsprüfung und Rechnungslegung. 17. Auflage. Düsseldorf: IDW-Verlag.

Arbeitshilfen

Bundessteuerblatt 1995 I: AfA-Tabelle Gesundheitswesen, Seite 84.
Lilig (Hrsg.): Abgrenzungen und Zuordnungen nach dem Krankenhausrecht inklusive Berliner-Artikelkatalog, Loseblatt. Herne: Wanne-Eickel Verlag.

Fachzeitschriften

f&w – führen und wirtschaften im Krankenhaus, hrsg. von Bibliomed-Medizinische Verlagsgesellschaft mbH, Melsungen.
das Krankenhaus, hrsg. von W. Kohlhammer Verlag, Stuttgart.
ku, Gesundheitsmanagement, hrsg. von Mediengruppe Oberfranken, Fachverlage GmbH&Co. KG, Kulmbach.

Nützliche Links

Gesetze

Offizielle Homepage des Deutschen Bundestages mit einer Suchfunktion für Drucksachen: www.bundestag.de/dokumente.

Das Bundesministerium für Gesundheit und soziale Sicherung (BMGS) stellt Gesetzesentwürfe, Gesetzesbeschlüsse und Gesetze, die zum Arbeitsbereich des Ministeriums gehören, zur kostenlosen Verwendung ins Internet. Die Verordnungen finden Sie immer bei den entsprechenden Gesetzen: https://www.bundesgesundheitsministerium.de/service/gesetze-und-verordnungen.html.

Das Bundesministerium der Justiz bietet mit seinem Angebot »Gestze im Internet« einen weiteren Service an. Hier sind die wichtigsten Gesetze aller Ministerien archiviert. Falls Sie zu diesem Angebot Fragen haben, dann wenden Sie sich bitte direkt an das Bundesjustizministerium: http://bundesrecht.juris.de/bundesrecht/index.html.

Vereinbarungen der Selbstverwaltung

Institut für das Entgeltsystem im Krankenhaus (InEK gGmbH): www.g-drg.de.

Kostenloses Service-Angebot für Krankenhäuser und andere interessierte Besucher der AOK: www.aok.de/gp/verwaltung.

DKG Deutsche Krankenhausgesellschaft: www.dkgev.de.

GKV-Spitzenverband: www.gkv-spitzenverband.de.

Verlautbarungen des KHFA

IDW Prüfungsstandards (IDW PS), IDW Stellungnahmen zur Rechnungs-legung (IDW RS) einschließlich der zugehörigen Entwürfe und Hinweise, IDW Verlag GmbH, Düsseldorf: www.idw.de.

Informationen

myDRG – Dienstleistungen im Gesundheitswesen Burkhard Sommerhäuser (verantwortlich gemäß § 6 MDStV) Arzt, Krankenhausbetriebswirt (VKD) Germanenstraße 51, 53859 Niederkassel: www.mydrg.de.

Baden-Württembergische Krankenhausgesellschaft: https://www.bwkg.de/

Bayerische Krankenhausgesellschaft e.V.: https://www.bkg-online.de/

Brandenburgische Krankenhausgesellschaft: https://lkb-online.de/

Berliner Krankenhausgesellschaft e.V.: https://www.bkgev.de/

Die Hamburgische Krankenhausgesellschaft e.V.: https://www.hkgev.de/

Hessische Krankenhausgesellschaft e.V.: https://www.hkg-online.de/

Krankenhausgesellschaft der Freien Hansestadt Bremen e.V.: https://www.hbkg.de/

Krankenhausgesellschaft Mecklenburg-Vorpommern: https://kgmv.de/

Krankenhausgesellschaft Nordrhein-Westfalen e.V.: https://www.kgnw.de/
Krankenhausgesellschaft Rheinland-Pfalz e.V.: https://www.kgrp.de/
Niedersächsische Krankenhausgesellschaft e.V.: https://nkgev.info/
Saarländische Krankenhausgesellschaft e.V.: https://skgev.de/
Krankenhausgesellschaft Sachsen e.V.: https://khg-sachsen.de/
Krankenhausgesellschaft Sachsen-Anhalt e.V.: https://www.kgsan.de
Krankenhausgesellschaft Schleswig-Holstein: https://www.kgsh.online/
Landeskrankenhausgesellschaft Thüringen e.V.: https://lkhg-thueringen.de/

Stichwortverzeichnis

U

Überkapazitäten 13
Überlieger-Patienten 178
Umbuchung aus den Verbindlichkeiten in
  die Sonderposten 73
Umsatzerlöse 104
Umsatzsteuer 172
Unfertige Leistungen 178
Universitätskliniken 20

V

Veräußerbarkeit 59
Verbindlichkeitsrückstellungen 26, 74
Verhandlungen auf Bundesebene 114
Verjährungsfristen 149
Vermögensgegenstände 58
– selbst erstellte immaterielle des
  Anlagevermögens 60
Veröffentlichungspflicht, gesetzliche 24
Verpflichtungen
– pensionsähnliche 75
Verschlüsselung nach dem Psych-
  Entgeltgesetz 109
Vorgriff auf die pauschalen Fördermittel
  98

W

Wirtschaftliche Einheit Krankenhaus 22
Wirtschaftliche Lage 197
Wirtschaftliches Eigentum 23, 59

Z

Zinserträge aus noch nicht verwendeten
  Pauschal- oder Einzelfördermitteln 67
Zu- und Abschläge 44, 128
Zusatzaltersversorgung 185
Zusatzentgelt 40
Zusatzentgelte 128, 139
Zuzahlungsbetrag 56